Pertenece a

Jenny
Tinoco
Baptista

PÁGINAS DEL ALMA

Reflexiones cotidianas para la mujer de hoy

NANCY CACHERO VÁSQUEZ

EDITORA

Pacific Press® Publishing Association
Nampa, Idaho
Oshawa, Ontario, Canadá
www.pacificpress.com

Editora: Nancy Vásquez
Portada: Tim Larson
Diseño del interior: Steve Lanto

A no ser que se indique de otra manera, todas las citas de las Sagradas Escrituras están tomadas
de la versión Reina-Valera 1960.

Primera edición, 2003

Editado e impreso por
PUBLICACIONES INTERAMERICANAS
Pacific Press® Publishing Association
P. O. Box 5353, Nampa, Idaho 83653,
EE. UU. de N. A.

8.000 ejemplares en circulación

ISBN 0-8163-9409-1

Printed in the United States of America

PUBLICACIONES
ADVENTISTAS DEL 7ª DIA

03 04• 02 01

Reconocimientos

Deseo agradecer a las siguientes personas que hicieron posible este proyecto. Por su ayuda en la promoción y obtención de artículos: Lupita Aragón, Hope Benavides, Gloria Ceballos, Naomi Coutsoumpos, Ruth Collins, Nohemí Escamilla, Norma Familia, Raiza Fernández, Olga Marly Galindo, Marisol Mercado, Dra. Lourdes Morales-Gudmundsson. Julio Ochoa, Norita Ramos, Gloria Turcios, Keila Silva y Zoila Villarreal. Por su ayuda en el proceso de revisión: Hilda Amaro y Miriam Castillo; por ayuda miscelánea, Kathy Castillo; consultor, Dr. Miguel Valdivia; patrocinadora, Mary Maxson, y también como patrocinador, Dr. Manuel Vásquez, quien abrió los recursos de su departamento para este proyecto. Un agradecimiento especial para Jorge Pillco, quien fue enviado por el Señor con ayuda en área de revisión y un espíritu dispuesto cuando más lo necesitaba.

Todas las ganancias por derecho de autor de este libro serán utilizadas en un fondo de becas para mujeres hispanas.

Prefacio

Hay momentos en la vida cuando se perciben indicaciones indiscutibles de que el Espíritu Santo está guiando las cosas. Así sucedió con este libro. Cerca de un año atrás, tuve la intensa impresión de que ya era hora de que tuviésemos un libro devocional de todo el año, escrito por mujeres hispanas para mujeres hispanas. Lo discutí con mi esposo, pero sin fondos disponibles, parecía únicamente otra buena idea. Un par de meses después, Susan Harvey, vicepresidenta de Pacific Press, visitó las oficinas de la División y se acercó a mi esposo con una idea que el Señor había colocado en su corazón: la necesidad de un libro devocional para mujeres hispanas. Mi esposo inmediatamente nos puso en contacto y el Señor abrió las puertas para que este sueño se cumpliese.

Muchas de las lecturas en este libro representan el primer esfuerzo literario de sus autoras. Otras fueron redactadas por escritoras de experiencia. La lista de oficios representados incluye empleadas domésticas, maestras, administradoras, evangelistas y amas de casa. Separadas por la geografía, la edad y la cultura, tienen algo en común: aman y confían en el Señor.

Al leer estos recuentos verdaderos y personales de cómo Dios ha intervenido en la vida de las autoras, descubrirá cuánto ama Dios el Padre a sus hijas y cómo él está en control de todo lo que las afecta. Espero que al compartir estas experiencias cada mañana por medio de la lectura, su alma se vea nutrida y su amor y su fe en Dios pueda crecer. Que Dios la bendiga abundantemente.

Nancy Cachero Vásquez, editora

Como un olor a limpio

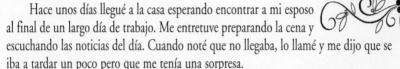

Crea en mí, oh Dios, un corazón limpio, y renueva un espíritu recto dentro de mí. Salmo 51:10.

Hace unos días llegué a la casa esperando encontrar a mi esposo al final de un largo día de trabajo. Me entretuve preparando la cena y escuchando las noticias del día. Cuando noté que no llegaba, lo llamé y me dijo que se iba a tardar un poco pero que me tenía una sorpresa.

Después de 25 años de casada ya conozco las sorpresas de mi esposo, por lo general consisten en algún artículo electrónico o un carro nuevo. Esta vez no me equivoqué. Cuando escuché la puerta del garaje, salí a recibirlo y allí estaba, un automóvil nuevecito. Como varias veces en el pasado, mi esposo no podía esperar para contarme el porqué había escogido ese modelo y, por supuesto, quería que entrara al auto para mostrármelo por dentro. Lo primero que noté fue el olor fresco y nuevo del carro, ese olor que no dura mucho tiempo y que muchos han tratado de imitar con refrescantes de aire que se supone tengan olor a carro nuevo.

Los olores de cosas nuevas son incomparables y no se pueden reproducir. Pienso en el olor de una casa nueva, de una comida recién hecha, de un bebé recién nacido y del aire al amanecer.

Me gusta pensar que el año nuevo tambien tiene olor a nuevo. En el aire siento el olor a las nuevas bendiciones que Dios tiene sólo para mí. Puedo oler las lecciones nuevas que he de aprender al estudiar su Palabra diariamente y que me ayudarán a crecer espiritualmente.

Aun las lecciones duras que aprenderé tendrán olor a nuevo porque a través de ellas, mi carácter será formado. Siento el olor refrescante de nuevas amistades y de nuevas almas que en este año vendrán a los pies de Cristo. Sobre todo, siento el olor del perdón que recibo a través de Jesús quien me hace una nueva criatura cada vez que me acerco a él al comenzar un nuevo día. Te invito a respirar profundo. ¿Sientes el olor del año nuevo?

Gloria Ceballos

Elige hoy

> *Y si mal os parece servir a Jehová, escogeos hoy a quien sirváis... pero yo y mi casa serviremos a Jehová. Josué 24:15.*

Escuché una vez un reportaje en que se les preguntaba a varias damas cuáles eran sus resoluciones de año nuevo. Sus respuestas fueron: "Perder peso, hacer ejercicio, pasar más tiempo con la familia, escuchar más, tener paciencia..." Todas habían sido parte de mi lista personal por años. Pero, la última dama tocó mi corazón: "No pienso hacer resoluciones de nuevo año esta vez —dijo ella—. Estoy cansada de hacerlas y romperlas antes de que pase mucho tiempo". Así también me siento yo, pensé, cansada de la misma rutina de año nuevo.

El anciano líder Josué me amonestó esta mañana. Mirando a los ojos de un pueblo cansado y amedrentado, le habló a mi corazón: "¿Te parece mal servir al Señor? ¿Te parece mal servir a Aquel que te ha libertado, sanado, cuidado?" Mirando hacia el mar de cabezas que se contaba en más de dos millones de personas, el viejo guerrero prosiguió: "Israel, ¿te has olvidado de lo que ha hecho Jehová contigo? ¿Has leído en los manuscritos sagrados de cómo fuiste liberado de la esclavitud? ¿Has oído las historias de cómo tus padres y sus padres cruzaron el Gran Mar caminando en tierra firme? Y todavía te preguntas a quién servirás, si a los dioses de los egipcios, los cuales encadenaron a tus antepasados. —hizo una pausa para dar al pueblo oportunidad de digerir lo dicho—. "Y si mal os parece servir a Jehová —su voz surcó el valle y rebotó en las colinas cercanas—, escogeos hoy a quien sirváis".

Es posible que tú, al igual que yo, hayas pasado por un árido desierto. El enemigo te hirió con veneno mortal y tu única esperanza fue mirar a la cruz levantada en lo alto. Quizá en tu peregrinaje hubo días secos, donde el agua y el pan de vida eran sólo un elusivo recuerdo. Puede ser que en tu desesperación hayas levantado un becerro de tu propio deseo y te hayas rendido a sus pies en adoración.

Pero mira hacia arriba. Porque aún tu vida está intacta, bajo la nube de su protección.

¿Te parece mal servir al Señor? ¿Te parece mal servir a Aquel que te ha libertado, sanado, cuidado? Él ha abierto mares de posibilidades ante tus pies.

Elige hoy. Toma a tu familia de la mano. Da un paso al frente y únete conmigo y el anciano Josué: Y digamos: "Yo y mi familia, serviremos al Señor".

Raiza de los Ríos Fernández

Ayuda a los necesitados

Bienaventurados los misericordiosos, porque ellos alcanzarán misericordia. Mateo 5:7.

Íbamos de regreso por tren desde Tapachula, México, a Guatemala, mi hermana, su suegra y sus tres niños y no teníamos dinero para comprar todos los boletos. Después de reunir hasta el último centavo, todavía nos faltaba un pasaje. Me tocó la suerte de viajar sin pagar. Era un riesgo grande, porque para llegar a la Ciudad de Guatemala el tren se detenía en 30 estaciones. En cada una de ellas, el inspector perforaba los boletos, y si me descubría, me bajaba del tren en cualquier lugar desconocido.

Oramos al Señor y, sin más alternativa, nos lanzamos a la aventura. Cada vez que el tren anunciaba su llegada a una estación, corría a esconderme al baño. Al principio me pareció un juego, pero pronto me sentí cansada y débil. La gente compraba fruta y golosinas en las estaciones y las devoraba con placer. Hubo un momento que hasta codicié las cáscaras de unas mandarinas que un pasajero abandonó en una bolsita, pero no me atreví a sacarlas, a pesar de que mi estómago de adolescente rogaba ser alimentado. Después de unas doce estaciones, me senté rendida en un rincón. No me importaba que el conductor me arrojara del tren.

Comencé a fantasear. Tal vez me llevarían a la cárcel, y me imaginaba ante mí al carcelero trayendo un plato de frijoles y arroz, que según había oído, era con lo que alimentaban a los prisioneros. Sin advertirlo fui quedándome dormida, pero desperté sobresaltada al sentir que alguien tocaba mi hombro. Creyendo que era el conductor, le dije agitada: "¡Me bajo enseguida!" Pero era un caballero que viajaba con su esposa.

El bondadoso hombre me contestó en voz baja: "No te preocupes. No soy el conductor. Toma, te compré un boleto hasta la Ciudad de Guatemala, ¡No tienes por qué esconderte más! Ven. También compramos alimentos para ustedes". Creyendo que estaba soñando, lo miré desconcertada y lo seguí al lugar donde iban los demás. ¡No quería despertar de ese sueño maravilloso!

Por fin vi los deliciosos alimentos que con tanto gusto ellos saboreaban. El plato que me esperaba me pareció lo más hermoso del mundo. Casi sin creerlo todavía, volví a mirar al compasivo pasajero. Le agradecí su bondadoso gesto, y entonces vino a mi mente uno de los pasajes bíblicos que mi madre me había enseñado: "Porque tuve hambre, y me disteis de comer... en cuanto lo hicisteis a uno de estos mis hermanos más pequeños, a mí lo hicisteis" (Mat. 25:35, 40).

Ruth A. Collins

Muéstrate amigable

El hombre [la mujer] que tiene amigos, ha de mostrarse amigo.
Proverbios 18:24.

Durante mi infancia, era muy tímida, ¡así que puedes imaginar mi terror cuando me pedían que demostrara cómo lavaba mis dientes frente al grupo de sexto grado! No podía hacerlo. Sin embargo, tuve muchos amigos hasta que llegué a la escuela secundaria o de nivel medio. Pero cuando no me unía con los otros muchachos para copiar en la clase, las cosas cambiaron. Desde entonces gastaba demasiado tiempo en mí misma.

Crecí en una familia metodista en un pequeño pueblo de Nebraska, y asistí a la escuela pública. Sólo hasta después de cumplir 20 años escuché hablar de los adventistas del séptimo día. Cuando llegué a la escuela preparatoria, deseaba estar en el equipo de porristas. Pero como era tan penosa y tenía pocas amigas, nunca fui elegida por voto popular para ser porrista.

Una de las personas más importantes en mi vida fue mi abuelo. Él tuvo dos hijos, el menor era mi padre. A él le gustaba tener una nieta, y me lo dejaba saber. Recuerdo que siempre estaba presente cuando lo necesitaba. Al comienzo del primer año de la escuela preparatoria, me dijo: "Nancy, tú has sido una buena estudiante. Has conseguido buenas calificaciones, pero no ríes suficiente". Pocos días después, mi abuelo murió de un infarto cardíaco. La muerte lo arrebató de mi vida. Yo estaba devastada. Pero empecé a salir del túnel, a rehacer mis prioridades, haciendo esfuerzos conscientes para platicar con otros estudiantes, especialmente con aquellos que no eran muy populares. El comentario de mi abuelo inconscientemente fue haciéndome más amigable y menos temerosa de los demás. Empecé a sonreír más.

Al final de mi tercer año en la preparatoria, la escuela aplicó las pruebas para seleccionar el equipo de porristas para mi último año de estudios de preparatoria. Y yo hice la prueba. ¡Cuán emocionada estuve cuando me eligieron para ser miembro del equipo! Durante mi último año fui elegida por mis compañeros para ¡ser reina de la escuela!

Los Proverbios dan buenos consejos en una forma muy hermosa para reflejar la imagen de Dios al ser amigables con todos. ¿No es placentero dar y recibir sonrisas? Recuerdo el título que elegí para titular la fotografía de mi clase de graduandos en nuestro anuario: "Una sonrisa añade valor a tu rostro".

"Querido Padre, ayúdame a ser siempre amigable con aquellos que me rodean, compartiendo con ellos una sonrisa que provenga del amor que tú me das. Amén".

Nancy Pardeiro

Vale la pena olvidar

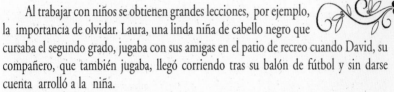

De cierto os digo, que si no os volvéis y os hacéis como niños, no entraréis en el reino de los cielos. Mateo 18:3.

Al trabajar con niños se obtienen grandes lecciones, por ejemplo, la importancia de olvidar. Laura, una linda niña de cabello negro que cursaba el segundo grado, jugaba con sus amigas en el patio de recreo cuando David, su compañero, que también jugaba, llegó corriendo tras su balón de fútbol y sin darse cuenta arrolló a la niña.

Como consecuencia, Laura cayó de cara al pavimento y uno de sus dientecitos se partió. De inmediato se generó una gran agitación. David, al darse cuenta de lo acontecido se escondió, pero después, arrepentido, la buscó en la enfermería y le pidió perdón. La niña lloraba sin consuelo y no quiso perdonarlo, así que él también se molestó. Tuvimos que llamar a los padres de ambos niños, quienes al conocer lo sucedido se enfrentaron entre sí. Los más molestos eran los padres de la niña, quienes imaginaban que ella quedaría con su boca deforme, como un monstruo. Aunque el daño causado en el diente de Laura no era para tanto, ellos discutían la manera de resolver el daño.

Mientras esto sucedía dentro de la oficina, los niños que horas atrás se odiaban, que se miraban con enojo, no solamente estaban jugando, sino también compartiendo unas frutas del refrigerio de Laura. Todos quedamos sorprendidos. Los padres no valoraron aquello lo suficiente y cada uno se llevó a su hijo con disgusto.

Es triste ver cómo los adultos somos capaces de reprimir los más nobles sentimientos de nuestros niños. Sin embargo, ellos nos enseñan la importancia de olvidar el dolor que otros nos causan. Esto es fundamental para otorgar o pedir el verdadero perdón.

¿Podrías tú hacer lo mismo que hizo Laura? ¿Olvidarías el mal y perdonarías a aquel que te acaba de hacer daño? Quizá no acaba de hacerlo. Quizá te haya hecho daño hace muchísimo tiempo y no lo has podido olvidar. Tal vez no te hayan quitado un diente. Tal vez te hayan quitado otras cosas que duelan más, quizá tu corazón. Entonces debes recordar que Jesús puede devolverte lo perdido y que volverás a sonreír. Ningún dolor albergado en el corazón nos puede hacer bien, pero "si fuereis como un niño, heredaréis el reino de los cielos".

Olga Marly Galindo

Dios se interesa por nosotros

Pedid, y se os dará; buscad, y hallaréis; llamad, y se os abrirá. Porque todo aquel que pide, recibe; y el que busca, halla; y al que llama se le abrirá. ¿Qué hombre hay de vosotros, que si su hijo le pide pan, le dará una piedra? ¿O si le pide un pescado, le dará una serpiente? Pues si vosotros, siendo malos, sabéis dar buenas dádivas a vuestros hijos, ¿cuánto más vuestro Padre que está en los cielos, dará buenas cosas a los que le pidan? Mateo 7:9-11.

Dios quiere que aprendamos a depender de él, no sólo cuando enfrentamos problemas abrumadores, sino en cada momento de nuestra vida. No importa cuán sencilla sea la situación, Dios está ahí para ayudarnos. Así lo prometió cuando dijo: "He aquí yo estoy con vosotros todos los días, hasta el fin del mundo" (Mat. 28: 20).

Cuando salgo de compras siempre voy con una oración constante en mi boca. Mientras voy comprando, estoy orando en mi mente y mi corazón. Recuerdo una vez que necesitaba un vestido nuevo, pero no contaba con mucho dinero. Le dije: "Señor, necesito un vestido nuevo, pero sólo cuento con 20 dólares. ¿Podrías ayudarme a comprarlo con tan pequeña cantidad?"

Continué mirando los trajes en la tienda, hasta que encontré lo que andaba buscando: un vestido lindo que me gustó, y justo costaba 20 dólares. Estaba contenta por haberlo encontrado, pero le volví a pedir: "¡Ay, Señor, si me costara un poco menos para que me sobrara dinero!" Sólo un milagro de Dios podría hacer que un vestido nuevo, semiformal y bonito me costara menos de 20 dólares. Seguí buscando a ver si Dios hacía el milagro, pero con el vestido de 20 dólares en mis manos. Después de un rato dejé de buscar y me dirigí a la caja para pagar. Cuando pasaron mi vestido por el "scanner" el precio era de 15 dólares. Tenía una rebaja adicional.

Sí, amiga lectora, quizá esta historia te cause risa, pero Dios se interesa aun por las situaciones más simples de nuestra vida cotidiana. Él estuvo ayer contigo, y lo estará hoy y mañana. Se interesa por ti cuando muere algún familiar, y también cuando necesitas un dólar. Aprendamos a depender de él.

Keila Silva

¿Deseas mejor salud?

Amado, yo deseo que tú seas prosperado en todas las cosas, y que tengas salud, así como prospera tu alma. 3 Juan 2.

Según diversas encuestas la salud es la mayor riqueza a la que un ser humano puede aspirar. Dios nos concede fácil acceso a todas las cosas necesarias para vivir con buena salud, sin costo alguno y sin tomar en cuenta procedencia, color o sexo. Sólo debemos decidirnos a disfrutar el sol, el aire, el agua y el ejercicio. Las tres primeras nos llegan directamente desde el cielo. ¿Verdad que es maravilloso?

El ejercicio debe ser programado de acuerdo a la capacidad, la edad y el lugar donde vivimos, pero... ¿habrá algo más productivo y beneficioso? ¿Has experimentado una caminata para empezar o terminar un día de trabajo? ¿Y el efecto tonificante de un baño? Creo que no hay mejor solución para el estrés, el cansancio y los problemas digestivos.

Las penas y las preocupaciones se diluyen cuando respiramos aire puro pues así todo el sistema se oxigena. El problema que parecía no tener solución empieza a desvanecerse, porque el cerebro está renovado y dispuesto a trabajar inteligentemente.

Desde muy pequeña, recuerdo haber escuchado este consejo: cuando te sientas nerviosa respira profundamente tres veces, de preferencia, aire puro, y experimentarás inmediatamente una sensación de tranquilidad. ¡Pruébalo! Después de todo, no cuesta nada, ni tiene efectos secundarios.

Otra recomendación era: empieza el día con un buen vaso de agua y te quedarás sorprendida de los efectos benéficos de una práctica tan simple. La mayoría de las dietas saludables incluyen la práctica de tomar ocho vasos de agua diarios para corregir una serie de problemas. ¡Compruébalo!

Si además de estos beneficios añadimos el de una buena alimentación, lo más natural posible, con abundancia de frutas, verduras y semillas, nuestro cuerpo lo agradecerá y trabajará en mejores condiciones. Aun los problemas y enfermedades heredadas se retrasan un poco.

Aunque vivamos en ciudades con aire contaminado, recordemos que los árboles se encargan de purificarnos el ambiente, y mientras dormimos, la naturaleza cumple con esa labor tan importante para nuestro sistema respiratorio.

A cambio de un poco de voluntad, decisión y constancia, podemos disfrutar del bienestar que está al alcance de nuestra mano. No lo despreciemos pues paga grandes dividendos y podremos llegar a ser millonarias en salud. Recordemos que en las obras de Dios nada es inútil. Todo es perfecto y ha sido hecho para nuestro bien.

Esperanza Pico

La desobediencia trae consecuencias

Si bien todos nosotros somos como suciedad, y todas nuestras justicias como trapos de inmundicia; y caímos todos nosotros como la hoja, y nuestras maldades nos llevaron como viento. Isaías 64:6.

Cuando yo era niña, mamá acostumbraba hacer obra misionera cada sábado de tarde. Un día decidió ir a las afueras de la ciudad, acompañada de una hermana llamada Noncita y yo. En el trayecto había un campo verde cercado con alambre de púas, que al cruzarlo nos acortaría el camino. Bueno, esa era mi idea. Mamá no aceptó mi sugerencia por temor a cualquier peligro.

Sin hacer caso a las palabras de mamá, comencé a correr en medio del campo gritando, "Mami, voy a llegar antes que tú y la hermana Noncita". Cuando de pronto, no muy lejos de mí, venían una vaca y un toro. Mami comenzó a gritar, "¡Corre, corre. Te va a cornear. Corre!" Entonces comencé a correr. Los animales estaban cada vez más cerca de mí. Mamá no podía pasar por en medio de los alambres ya que el espacio entre ellos era demasiado estrecho. En mi angustia por salvarme, quise pasar bajo los alambres, pero mi vestido quedó enredado en las púas. La vaca me alcanzó y con un golpe me lanzó a la corriente sucia y negra que discurría de las casas.

¡Era un cuadro horrible! Mi madre, a pesar de su fatiga, extendió su mano para rescatarme. Cuando salí, inmediatamente me abrazó. Mi vestido estaba roto y desde la cabeza hasta los pies estaba yo tan sucia al punto que la hermana Noncita fue vomitando por todo el camino; pero yo ya estaba salva en los brazos de mi madre. Ella sabía que esa experiencia me había enseñado una valiosa lección. Con su silencio noté que me había perdonado.

Dos sábados después vi mi vestido limpio y diferente. Mami le había bordado bonitas flores en cada hueco que dejaron esas púas.

Cuando ofendemos a Dios, nuestras vidas quedan como trapos de inmundicia. Si entonces te sientes tan sucia que no te soportas, levanta tu mano a Jesús que él tomará la tuya para limpiarte completamente. Y si el enemigo te llegara a empujar a lo más profundo de la alcantarilla, de allí te rescatará el Señor. Tus ropas serán emblanquecidas y los huecos del pecado serán cubiertos con el manto de justicia, porque "si vuestros pecados fueran como grana, como la nieve serán emblanquecidos, si fueren rojos como el carmesí, vendrán a ser como blanca lana" (Isa. 1:18). No dejemos al Señor con los brazos extendidos, refugiémonos en él.

Ana Clemencia Calvo

Elegidos

No me elegisteis vosotros a mí, sino que yo os elegí a vosotros... Yo os elegí del mundo. Juan 15:16, 19.

Mi maestra de quinto grado había mandado a todo el grupo a formarse en el patio de la escuela. "Vamos a elegir a los equipos ahora", nos informó. Mi mejor amiga y yo éramos muy buenas en béisbol, así que la señorita Slocum seguramente nos elegiría como capitanas en equipos opuestos. ¿Por qué nunca podíamos estar en el mismo lado? ¡Habríamos formado un extraordinario equipo!

El proceso de selección comenzó, y nosotras sabíamos exactamente a quien queríamos. Pero después de elegir a las mejores jugadoras, quedaba siempre la desagradable tarea de "escoger" a las que quedaban. Sólo hasta que llegué al nivel medio superior y me cambié a otra escuela comprendí cómo se sentían las que no eran elegidas.

La primera vez que los capitanes comenzaron a elegir para conformar su equipo, yo, ingenuamente, me formé con todos los muchachos en el patio. Era obvio que todos se estaban preguntando por qué estaba yo en la fila en vez de estar en la sección de las porras con las otras muchachas. Cada vez que el capitán elegía a alguien, mi ansiosa expectación de ser elegida se iba haciendo añicos, hasta que finalmente habíamos quedado sólo dos y entonces eligieron al otro muchacho. Increíble, pero yo había "sobrado". Con un asentimiento de cabeza, el capitán se resignó, con disgusto, a tener una muchacha en su equipo.

¡Qué experiencia tan humillante es ser elegida al final! ¡Eso duele! Pero "elegida" no era la palabra apropiada. En realidad ellos "no" habrían decidido elegirme, si hubieran tenido otra opción.

Hice lo mejor posible para probarme en el juego en el que había sido sobresaliente en toda la escuela primaria. Pero era muy difícil competir con los muchachos del nivel medio superior. Mi confianza propia fue minada y aquello no fue, de ninguna manera, divertido. Pronto me cansé de la experiencia humillante de no ser "elegida" al final, y con el tiempo tomé mi lugar entre las espectadoras donde algunas veces fui "elegida" para cuidar un reloj o una camiseta de uno de los jugadores.

Tal vez esa experiencia sea una de las razones porque la Escritura es tan significativa para mí hoy. Jesús me eligió. No tuve que probarle nada a él. No tuve que ser la mejor atleta, o la muchacha más guapa, ni siquiera la mejor persona. Él, sencillamente, me escogió.

¡Se siente bien ser elegido! Gracias, Jesús, por elegirme y por amarme incondicionalmente. Y porque tú me elegiste, ¡yo te elijo a ti! Y estando del mismo lado, ¡qué asombroso equipo haremos! (Usado con permiso de *God's Garden*).

Nancy Cachero Vázquez

Yo te ayudo

Porque yo Jehová soy tu Dios, quien te sostiene de tu mano derecha, y te dice: No temas, yo te ayudo. Isaías 41:13.

"Yo te ayudo". Tan sólo tres palabras pero con un gran significado. Cuando el Señor pronunció estas palabras, lo hizo con el propósito de alentar al pueblo de Israel en el tiempo del profeta Isaías. A través de él, el Señor envió mensajes de fortaleza y seguridad para su pueblo.

Hoy también él nos dice: "yo te ayudo". Cuando enfrentamos pruebas difíciles, muchas veces nuestra confianza en el Señor mengua. Entonces cometemos el error de querer solucionar nuestros problemas sin antes haber consultado a Dios. Es en esos momentos, cuando más desamparadas nos sentimos, que el Señor nos dice: "yo te ayudo".

En nuestra vida enfrentaremos muchas pruebas y dificultades, porque el enemigo no descansa. Pero recordemos que Dios tampoco. Él está atento a nuestras necesidades, a nuestras dificultades. Él siempre está dispuesto a ayudarnos, pero sólo si se lo permitimos. El Señor ha prometido socorrernos cuando lo necesitemos, no importa la situación en que nos encontremos. Él acudirá en nuestro auxilio si clamamos por su ayuda. ¡Qué maravilloso es saber que contamos con alguien que nos cuida y protege! Alguien en quien podemos confiar sin temor de que nos defraude. Ese es nuestro Señor, el único que nos brinda paz y seguridad.

Hace algunos años, después de pasar una difícil prueba, escribí un poema. Es el reconocimiento del maravilloso amor de Dios, de su cuidado, y expresa mi confianza plena en él. Espero que esos pensamientos poéticos que ofrezco a continuación te sirvan de aliento, y que puedas tener la completa seguridad de que el Señor te ayudará en todo momento. Siente su paz y seguridad y alaba su maravilloso amor.

Señor, cuando sola yo me siento, tú me hablas en mi soledad,
susurran en mi pensamiento tus palabras de bondad.

Señor, tú me das la paz que mi alma necesita,
y cubres de bondad toda mi alma marchita.

Señor, tú me brindas protección, cuando desesperada me encuentro,
me provees consolación para continuar viviendo.

Señor, cuán maravilloso es tu amor, cuán grande es tu misericordia,
que me brindas el perdón y me llevas en victoria.

Norma Utz

Primero que cualquier otra cosa

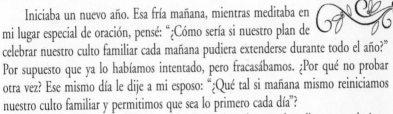

Mas buscad primeramente el reino de Dios y su justicia, y todas estas cosas os serán añadidas. Mateo 6:33.

Iniciaba un nuevo año. Esa fría mañana, mientras meditaba en mi lugar especial de oración, pensé: "¿Cómo sería si nuestro plan de celebrar nuestro culto familiar cada mañana pudiera extenderse durante todo el año?" Por supuesto que ya lo habíamos intentado, pero fracasábamos. ¿Por qué no probar otra vez? Ese mismo día le dije a mi esposo: "¿Qué tal si mañana mismo reiniciamos nuestro culto familiar y permitimos que sea lo primero cada día"?

Por la noche sonó el teléfono. Era mi esposo. Usualmente él me llama para decirme que ya viene en camino a casa. Esa noche era especial, ya que tendríamos nuestro culto para el día siguiente. Sin embargo, esa no fue la razón de su llamada.

"Amor, estoy en el estacionamiento. El carro no prende. Hace frío. Ven a buscarme". Minutos después, me dirigía en mi carro a buscarlo mientras pensaba: "No puede ser. ¿Por qué hoy? Esto no había sucedido antes". De regreso ya el tema era otro, y el único pensamiento que llenaba la mente de mi esposo era: "Mañana tendré que levantarme bien temprano para ir a buscar el carro y llevarlo al taller". Yo estuve de acuerdo con su preocupación, pero guardé silencio. No podía creer cómo en unas cuantas horas nuestro plan había fracasado.

Me desperté temprano, dispuesta a iniciar lo que ya habíamos planeado. Coloqué música instrumental suave y las niñas fueron despertando. No hicimos ningún comentario acerca del auto, y como si nada malo estuviera sucediendo, nos sentamos y empezamos a cantar.

Realizamos nuestro culto según las edades de nuestras hijas; por lo tanto usamos un devocional infantil. Las niñas estaban atentas, mi esposo pensativo. Abrí la primera lectura y empecé a leer: "¡Pum! ¡Pum! ¡Pum! Iba el carro con dificultad por el camino cubierto de nieve... El calentador ya no trabajaba y Papá no tenía ni tiempo ni dinero para reparar el carro..." Nuestras hijas se miraban, sonriendo, como diciendo: "¡Qué bien adapta Mamá las historias!", mientras que mi esposo me miraba con asombro como diciéndome con su mirada: "Increíble que Dios se tomara el tiempo para escribirnos la lectura devocional que necesitábamos en este día". Desde ese momento decidimos, como familia, hacer nuestro culto familiar. Y adoptamos un lema: "En nuestra casa, el culto es primero que cualquier otra cosa".

Dios tiene preparado pan espiritual fresco cada día para los que temprano le buscan.

Sandra Mosquera

Pedid y se os dará

Echando toda vuestra ansiedad sobre él, porque él tiene cuidado de vosotros. 1 Pedro 5:7.

Centímetro por centímetro, linterna en mano y arrodillada, buscaba el lente de contacto que se me había perdido en la alfombra.

Comencé a usar lentes a los dos años de edad. El diagnóstico había sido esotropía con astigmatismo hipermetrope, y el doctor pronosticó que mi visión empeoraría. Así fue que mi papá empezó a orar todos los días por el sanamiento de mis ojos.

Mis primeros lentes eran una curiosidad: diminutos, redondos y de armadura color café. A mediados de los años 70, usé un tipo de lentes puntiagudos, muy estilizados que me hacían sentir una niña muy moderna, y en los años 80 usé lentes grandotes con patitas super elaboradas. Aunque me gustaban mis lentes, mis ojos no mejoraban, lo cual requería que usara lentes cada vez más gruesos, hasta que conseguí lentes de contacto en mi segundo año de bachillerato.

¿Pero dónde estaba el esquivo lente de contacto? Pensé que se me debió haber caído la noche anterior al pie del escaparate, cuando los estaba guardando. Me regresé a la sección de la alfombra frente al escaparate, y volví a buscarlo en forma cuidadosa, pero sin resultados.

Comencé a sentirme frustrada y ansiosa, y decidí orar. Caminé hasta mi escritorio, al otro extremo del cuarto, y me arrodillé. Le pedí a Jesús que me ayudara a encontrar el lente de contacto. Ahora, esto va a sonar como una historia de fantasía, pero pasó lo siguiente: al abrir los ojos, justo al lado de mi rodilla derecha vi mi lente de contacto transparente, que mide menos de siete milímetros. ¡No podía creerlo! Me emocioné mucho, y le agradecí a Dios por haberme demostrado cuánto se interesa aun las pequeñas ansiedades de mi vida, y por haberme dado una experiencia personal para compartir con los demás.

Pero ese no fue el final de la historia. Papá nunca dejó de orar por mis ojos. Unos meses después, tuve la desgracia de perder el lente de contacto del ojo derecho, mi ojo débil; se me escurrió dos veces por el desagüe del lavamanos. Pero esa pérdida fue una bendición disfrazada porque me obligó a usar el ojo débil por varios días, ya que como estaba en un internado, no podía regresar enseguida a la casa para reemplazar el lente. Me di cuenta que al usar el ojo débil, lo iba fortaleciendo. Tanto así, que la próxima vez que fui al oftalmólogo descubrí que tenía visión 20/20.

Nancy Newball-Rivera

Por nada estéis ansiosas, ¡confiad!

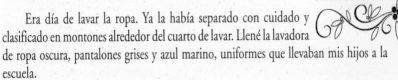

Así que, no os afanéis por el día de mañana, porque el día de mañana traerá su afán. Basta a cada día su propio mal. Mateo 6:34.

Era día de lavar la ropa. Ya la había separado con cuidado y clasificado en montones alrededor del cuarto de lavar. Llené la lavadora de ropa oscura, pantalones grises y azul marino, uniformes que llevaban mis hijos a la escuela.

Terminado el ciclo, pasé la ropa a la secadora. Todo estaba bajo control, o así lo creía yo. Mis hijos, entonces pequeños, jugaban en el pasillo de la casa y yo, afanada, corría de un lado a otro. Al sonido del timbre de la secadora, fui presta para sacar la ropa, pues no quería que se arrugara. Cual fue mi sorpresa al abrir la puertecita. Había rayones negros alrededor del tanque y de la puerta. No pude menos que gritar, "¡Oh, no! ¿Que pasó?" Mis hijos acudieron rápidamente para saber qué había sucedido.

Saqué toda la ropa. Se encontraba toda manchada de crayón negro, y había pedazos volando por todos lados. Eran las crayolas. En mi afán de tener todo listo, había olvidado revisar las bolsas de los pantalones. En la bolsa de los pantalones de Jasón se asomaban algunos residuos. Mi hijo tenía entonces cinco años de edad, y su pasatiempo favorito era recoger todo lo que encontraba y ponerlo en sus bolsillos; nada extraño en un niño.

Volteo y veo a mis hijos, y casi a punto de llorar le digo a Jasón: "Jasón, ¡mira lo que pasó con tu crayón negro que traías en la bolsa del pantalón!" Y con rostro sereno y sin preocupación alguna me contestó: "¡Mami, no te preocupes, allá en la escuela tengo otro crayón negro!"

La vida siempre me ha enseñado gandes lecciones a través de mis hijos, y esta fue una de ellas. Aprendí que necesitaba tener la mente de un niño, para no dejar pasar lo que es importante en mi preparación para el reino de los cielos.

Nuestro Padre amante nos dice: "No os afanéis por vuestra vida". Quiere que cambiemos nuestras ansiedades por una completa confianza en él. Cada situación adversa de nuestra vida puesta en las manos de Cristo Jesús tiene solución. Probablemente sus planes no son nuestros planes, pero estoy segura que son los mejores.

Ayúdame, Padre amoroso, a buscar primero "el reino de Dios y su justicia".

Lupita Castillo-Aragón

¿Dónde dejaste a Jesús hoy?

Y me buscaréis y me hallaréis, porque me buscaréis de todo vuestro corazón. Jeremías 29:13.

Íbamos hacia el correo para comprar un giro postal. Habíamos hecho nuestra caminata matinal y Jacqueline, mi hermana, estaba cansada y no quería seguir andando, así que tomó la bicicleta y proseguimos al correo. Después de caminar como siete cuadras, instintivamente busqué el sobre con el dinero, pero no lo encontré. Por un momento no supe qué hacer, y sin titubear, Jacqueline le dio vuelta a la bicicleta y pedaleó lo más rápido que pudo. Yo salí tras ella orando. Caminaba tan rápido como los pies me lo permitían. Miraba hacia el suelo, pidiéndole a Dios que me indicara el lugar donde había caído el sobre con el dinero.

Los momentos vividos fueron sumamente angustiosos, pero ¿cuántas veces nos ocurre lo mismo con nuestro Salvador? ¿Cuántas veces hemos descuidado nuestra devoción personal y perdemos de vista al Único que verdaderamente nos ama? El sobre cayó a dos cuadras de la casa. Habíamos transitado cinco cuadras del lugar. No teníamos idea de dónde se nos había caído, pero una cosa sí sabíamos, teníamos la esperanza de que Dios nos devolvería ese sobre.

Al igual, no siempre sabemos dónde dejamos a Jesús, o en qué momento o circunstancia perdimos de vista su presencia, pero una cosa sí sabemos: regresar por el mismo "camino". Bajo la antorcha de su Palabra se ilumina la única esperanza.

José y María tuvieron la misma experiencia. Perdieron de vista al Salvador. Un momento de descuido les ocasionó tres días de angustiosa e intensa búsqueda. Me imagino que en esos tres días. María no pudo comer, ni dormir, ni concentrarse en nada más que encontrar a su Hijo. Pero tuvieron que transcurrir tres largos e interminables días para enseñarles que no podían tomar livianamente el estar en la presencia de Jesús. Nosotros también debemos aprenderlo. No perdamos por un segundo el privilegio de su comunión. Hemos de buscarlo como mi hermana y yo buscamos el dinero, con el afán que José y María buscaron a Jesús.

Es interesante saber que Jesús no era el que estaba perdido. Estaba donde sus padres lo habían dejado, en el templo. Asimismo, nosotros somos los que lo dejamos a él, por tanto, debemos regresar al lugar donde sabemos que lo hallaremos. Con diligente perseverancia entremos en su presencia, en su templo, por medio de su Palabra, con oración y ayuno, y allí lo hallaremos... esperándonos.

Ligia Holmes

En tu vejez

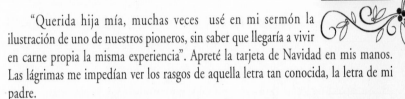

No me deseches en el tiempo de la vejez; cuando mi fuerza se acabare, no me desampares. Salmo 71:9.

"Querida hija mía, muchas veces usé en mi sermón la ilustración de uno de nuestros pioneros, sin saber que llegaría a vivir en carne propia la misma experiencia". Apreté la tarjeta de Navidad en mis manos. Las lágrimas me impedían ver los rasgos de aquella letra tan conocida, la letra de mi padre.

Es la historia de un hombre que durante años ensilló caballos para llevar las ofrendas destinadas a las misiones. Pasaron los años. La hija de este pionero era ya una enfermera graduada con llamado para ir a trabajar en el campo misionero. Él ensilló los caballos y luego se arrodilló en un rincón del granero. La hija, al ver que demoraba, fue a buscarlo y lo encontró susurrando un leve lamento ante el Señor: "Padre, tantas veces ensillé los caballos para llevar las ofrendas hasta el tren, pero nunca pensé que llegaría el día en que ensillaría los caballos para llevar a mi propia hija como ofrenda para las misiones".

"Hija, me siento orgulloso de que el Señor te haya llevado como misionera —decía la tarjeta de Navidad—, pero como humano, a veces quisiera tenerte cerca". Sabía que la leucemia estaba consumiendo lentamente la vida de mi padre.

El Señor había indicado que no era el momento de abandonar Australia para visitar a mi padre. Faltaban dos años de labor para el vencimiento del contrato misionero. ¿Qué hacer?

"Padre celestial —fue mi oración—, concédele vida a mi padre hasta que yo pueda regresar a vivir nuevamente a su lado. Quiero que él sienta la tranquilidad de que estaré allí para cuidar de mi madre".

Dos años después de mi regreso pude cerrar los ojos de mi padre en su lecho de muerte. Le pregunté al médico de cabecera: "¿Doctor, cuántos tratamientos de quimioterapia resiste este tipo de pacientes?" Él contestó: "Su padre tuvo mucha suerte". Yo sabía que únicamente el Señor lo había mantenido con vida en respuesta a la promesa que había reclamado en su nombre: "No me deseches en el tiempo de la vejez; cuando mi fuerza se acabare, no me desampares". ¿Piensas que el Señor no se fija en tu soledad? ¿Estás enferma y se te apaga la vida? ¿Por qué no clamas a Dios? Él te escucha. Su promesa para ti en este día es: "No te desampararé, ni te dejaré" (Heb.13:5).

Gloria Roque Turcios

No tengas miedo

Ejemplo os he dado, para que como yo os he hecho, vosotros también hagáis. Juan 13:15.

Al llegar a mi trabajo esa tarde, recogí la lista de pacientes que se me habían asignado para darles su tratamiento de terapia, y vi el nombre del Sr. Eagan. Trabajaba en el hospital de la Universidad de Loma Linda, y daba tratamientos manuales, y de vez en cuando mecánicos, a pacientes que padecían de asma, pulmonía o bronquitis aguda. Mis compañeros de trabajo trataban vehementemente de evitar el tener que dar tratamientos al Sr. Eagan porque era muy repugnante, y dificultaba el trabajo a cualquiera que le atendiera.

Con mis manos listas para masajear y mi preparación mental, entré en su cuarto. Cuando lo saludé, no recibí respuesta alguna. Él sólo me miraba con una mezcla de odio y dolor.

Comencé mis tratamientos, y decidí cantar "Cristo es el rayo de luz en mi vida". Por un momento pensé que él me echaría de su cuarto como solía hacer con cualquiera que se le acercara, pero no lo hizo. Se quedó tranquilo hasta el final del tratamiento.

Dos días más tarde, me avisaron que el Sr. Eagan me solicitaba. Al acercarme a su cama, sus manos temblorosas se extendieron hacia mí. Me acerqué y tomé su mano entre las mías. Me miró directamente a los ojos y me pidió que orara por él. Me llené de emoción y mis labios comenzaron a temblar. Me atreví a preguntarle el motivo de su tristeza, y me contó que tenía un cáncer incurable y le quedaban sólo unos pocos días de vida. Ahora comprendía su motivo de enojo y frustración hacia los que lo rodeaban.

Con lágrimas en mis ojos, puse al Sr. Eagan en las manos de Dios, y le pedí que le diera tranquilidad y ánimo. Al terminar mi oración, tomé la mano del Sr. Eagan y le conté del amor de Dios. Le dije que Dios deseaba abrazarlo con sus brazos de amor. Él me miró y con un semblante más sereno me dijo que aceptaba el amor de Dios, que deseaba ver a Jesús y reunirse con su familia cuando él regresara. A los tres días el Sr. Eagan murió.

Confieso que cuando me dijeron que el Sr. Eagan quería verme, sentí temor. Pero le doy gracias a Dios que quitó mi temor y pude hablarle palabras de ánimo que le trajeron tranquilidad y felicidad en sus últimos días de vida.

Ruth Elizabeth Cortés de Santos

Guardianes secretos

El ángel de Jehová acampa alrededor de los que le temen, y los defiende. Salmo 34: 7.

Hace varios años, cuando dirigía el Colegio Adventista Libertad en Colombia, planeamos con los jóvenes adolescentes y varios maestros, salir de paseo a un lugar muy hermoso, donde corría un pequeño e inofensivo arroyuelo, el cual formaba una especie de represa como una piscina.

Al llegar la fecha nos reunimos para celebrar un servicio de adoración. Oramos pidiendo la protección divina y salimos rebosantes de entusiasmo. Los muchachos entonaron muchos cánticos durante el viaje. Pronto llegamos. El lugar invitaba a disfrutar del día soleado, el agua cristalina y el ambiente tranquilo y acogedor. Los estudiantes y maestros pronto estuvieron en el agua. Unas dos horas más tarde, les pedí que salieran a almorzar.

Pronto estuvieron todos sentados; cada cual buscó su merienda, y entre risas y chistes comieron gozosos. Era como la una de la tarde y el día seguía esplendoroso. Tras descansar una media hora regresaron al agua llenos de alborozo. Desde la orilla yo los contemplaba y me sentía feliz al ver cómo se gozaban esos estudiantes a quienes tanto amaba. De pronto, miré a lo lejos, hacia a la izquierda, al lugar de donde descendía el arroyuelo y divisé unas pocas nubes oscuras. Pensé en la posibilidad de lluvia y sentí en mi corazón una angustia inexplicable, un presentimiento que presagiaba una desgracia. Pregunté a un hombre de la región si el arroyuelo era peligroso. Su respuesta me hizo estremecer.

En ese instante entendí que Dios me estaba hablando silenciosamente. Inmediatamente hice sonar el silbato y ordené salir del agua sin perder tiempo. Hubo protestas, caras largas, descontento, pero obedecieron. No habían pasado cinco minutos cuando oímos un ruido ensordecedor. ¿Qué ocurría? El arroyuelo había crecido hasta convertirse en un río de aguas amarillas y turbulentas que arrastraba troncos, ramas y enormes piedras, con una fuerza arrolladora. Ante nuestro asombro, no pudimos hacer otra cosa que agradecer al Señor por su milagrosa protección. Si mis alumnos y maestros hubieran estado en el agua, habríamos perdido un buen número de ellos. La corriente los hubiera arrastrado. Muy callados se cambiaron de ropa. Subimos al autobús y emprendimos el camino a casa, cantando himnos de alabanza a nuestro Dios.

No hay duda de que aquel día los ángeles acamparon muy cerca de ese grupo de bulliciosos estudiantes.

Isabel Afanador

Aprendiendo a ser humilde

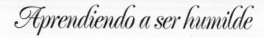

Señor, digno eres de recibir la gloria y la honra y el poder; porque tú creaste todas las cosas, y por tu voluntad existen y fueron creadas. Apocalipsis 4:11.

Estaba muy emocionada por la noticia. La organizadora de un concierto de música religiosa me invitó a participar, y en un auditorio muy grande. A pesar de que por muchos años había cantado en mi congregación y de vez en cuando en otras iglesias, nunca había tenido la oportunidad de cantar sola en un auditorio grande.

Mientras más se acercaba el día, más pensé en lo maravilloso que saldría todo y en los aplausos que llenarían ese auditorio. "Todos querrán que cante en sus congregaciones después de esto", me dije a mí misma.

Finalmente llegó el día esperado. Al despertar y abrir mis ojos, sentí un dolor extraño en la garganta. Durante el transcurso de la mañana, se intensificó. No estaba afónica, pero temí lo peor. Conté las horas y tomé mucha agua. Justo una hora antes, empecé a vestirme y a orar. "Señor, quiero alabar tu nombre como tú lo mereces. Canta conmigo y que la gloria sea para ti". Repetí esa corta oración muchas veces, pero me sentía muy insegura. ¿Sería posible que mi primera experiencia sola en un gran concierto fuera tan desagradable?

Estando en el auditorio, mientras miraba cómo se llenaba el lugar, hice un trato con Dios: "Señor, guía mi voz, que las alabanzas sean hermosas, pero ayúdame a mantenerme humilde".

Empezó la música, llené mi diafragma y canté mis primeras palabras. Inmediatamente noté que mi ángel guardián cantaba conmigo porque la voz que escuchaba era firme y melodiosa, nada como la personita nerviosa y temblorosa que era yo en ese momento.

Pero de repente, la música se detuvo. Muchos pensamientos corrieron por mi mente, sin embargo decidí seguir cantando. El público empezó a aplaudir rítmicamente mientras que yo cantaba de la segunda venida de Cristo.

Tomé mi asiento y me reí. Esa tarde aprendí dos grandes lecciones: primero, debo vivir para alabar a Dios y si en algún momento pierdo la perspectiva y empiezo a gloriarme en mi propia "grandeza", con mucho amor y de maneras muy creativas, él me lo recordará. Y segundo, aprendí que sólo al depender de Dios se logra el éxito.

Dinorah Blackman

Una actitud diferente

He aquí yo estoy a la puerta y llamo; si alguno oye mi voz y abre la puerta, entraré a él, y cenaré con él, y él conmigo. Apocalipsis. 3:20.

Cuando niña yo era físicamente diferente a mi dos hermanas. Yo tenía cabellos dorados, piel blanca y ojos azules. Mis hermanas tenían cabello negro, piel canela y ojos color marrón. Pero no sólo éramos diferentes físicamente, sino también en las actitudes. En mi opinión era aburrido jugar con muñecas; a mí me encantaba jugar con carritos y canicas. Ellas eran tranquilas y yo hiperactiva.

A medida que crecía, mis actitudes negativas crecían conmigo. Mis padres no sabían qué hacer. Cada día otros padres les daban más quejas de mis peleas con sus niños y de mis travesuras. Un día cuando mi abuela no pudo más con la situación, me advirtió que la próxima vez que yo hiciera una travesura, me daría una paliza y además me daría otro castigo. Ante la advertencia traté de cambiar mis actitudes. Dos horas después de la advertencia, fui a conversar con una amiguita muy apacible y enseguida se nos acercó una niña más alta que yo, se paró frente a mí y me golpeó. No me quedó más remedio que contestarle el golpe, y comenzó otra pelea. Muy enojada mi abuela iba a cumplir lo prometido, pero mi amiga salió en mi defensa y mi abuela sólo me castigó encerrándome en su habitación hasta la tarde. Cuando mis padres volvieron del trabajo, mi abuela les contó lo sucedido. Ella les sugirió que me llevaran a la iglesia junto con mis dos hermanas. Tal vez eso me ayudaría.

En la primera visita, nada parecía gustarme. Al siguiente sábado me interesó un poco más la escuela sabática. El tercer sábado fue crucial para mí y mis hermanitas. Sentimos que aquel Jesús de quien habían hablado en los días anteriores, estaba obrando en mi vida. Ya no quería hacer las mismas maldades, ni travesuras, ni pelear con mis amiguitos. Todos los sábados tenía interés de encontrarme con más personas y con mi nuevo amigo Jesús. Ahora Cristo es mi mejor amigo.

Permite que Cristo Jesús entre en tu corazón y more en tu vida para siempre. Verás que no te arrepentirás. Él estará contigo aun en las pruebas y en todo momento. Cristo hará de ti una nueva persona con una actitud diferente.

Laura Sánchez

Un sueño cantado

Y si mal os parece servir a Jehová, escogeos hoy a quién sirváis... pero yo y mi casa serviremos a Jehová. Josué 24:15.

Cuando era pequeña tuve la oportunidad de visitar el Colegio Adventista de Cuba, situado en la ciudad de Santa Clara. Cuando apenas tenía once o doce años de edad asistí a un campamento de menores, dirigido por el pastor Alejandro Delgado. Nunca podré olvidar dos sucesos que me ocurrieron allí.

Los acampantes debíamos llevar de nuestros hogares una ración de arroz para la comida. Mi madre consiguió una maleta y con mucho amor preparó mis artículos personales. Estaba lloviendo mucho aquel día y el auto que nos llevó al colegio nos dejó a la entrada. Debíamos caminar hasta la habitación, pero como la maleta era de cartón se reblandeció y se rompió. Todo el arroz que mamá me había preparado para la cena se derramó. Nunca olvidaré que tuve que recoger uno a uno, cada granito de arroz, mientras los muchachos que pasaban se quedaban mirándome. Sin embargo, a pesar de ese mal momento Dios había preparado algo bueno para mí. Toda la programación del campamento fue especial; pero el corito tema se quedó grabado en mi mente.

A la mañana siguiente, todos en casa no hacían más que hablar de lo que había sucedido la noche anterior. Dicen que lo único que hice fue sentarme en la cama y cantar con todas mis fuerzas las estrofas de ese hermoso canto:

Quiero servirte a ti, Señor;
dar el mensaje al pecador
de tu poder y de tu amor
Quiero servirte hoy.

Aquel corito, aprendido en el campamento de menores en Cuba, se había quedado tan grabado dentro de mi alma que lo canté de nuevo al día siguiente mientras celebrábamos nuestro acostumbrado culto matutino. ¡Hasta mi madre se lo había aprendido!

Tuve la oportunidad de asistir a otros campamentos, pero ése en particular dejó una gran huella en mi vida. No pude realizar el sueño de estudiar allí, porque el Colegio de las Antillas, como se llamaba antes, fue cerrado al poco tiempo. Desde entonces, el mensaje del corito tema de ese campamento ha sido la meta que he tratado de alcanzar en la vida. No importa si las circunstancias me son favorables, o si mi ración de comida se ha derramado, recogeré hasta el último granito. Quiero decirle a mi Salvador lo que dijo Josué: "Yo y mi casa serviremos a Jehová".

Amarilys Torres

El sendero de la felicidad

Y los redimidos de Jehová volverán, y vendrán a Sión con alegría; y gozo perpetuo será sobre sus cabezas; y tendrán gozo y alegría, y huirán la tristeza y el gemido. Isaías 35:10.

¡Enamórate! Tómale la mano a tu compañero y camina con alegría por la vereda de la vida a su lado. Ríete, ríete tú sola, ríete tan fuerte que la cara te duela. Reír, por el puro gusto de reír, absolutamente sin razón alguna, es el mejor remedio para el ser humano. Estamos tan envueltas en nuestras preocupaciones diarias, que muchas veces somos incapaces de distinguir entre un cielo azul y un día tormentoso.

Cierta vez que atravesaba por un período de depresión, comencé a notar que todos los días amanecía nublado. Le comenté a mi madre la ocurrencia, y para mi sorpresa, escuché que me dijo: "Si te cambiaras los lentes internos que llevas puestos, hija mía, te darías cuenta de que en verdad, el sol brilla en estos días con más intensidad que nunca".

Su respuesta bien podría parecernos irónica, pero en realidad, la manera como tomamos las cosas o percibimos la vida, tiene mucho que ver con nuestro ánimo. Nuestra percepción ante los problemas o las contrariedades que nos presenta la vida, determina en gran medida nuestra dicha o nuestra infelicidad.

Las mujeres tenemos un punto en común: el desánimo. Más que los hombres, tendemos a deprimirnos con facilidad. Pero no tenemos que permanecer a merced del desánimo. El impío trata de alimentar nuestras propias ansiedades humanas, pero nosotras sabemos que nuestro Señor Jesucristo es el gran antídoto contra el veneno de la depresión.

Así como la gran serpiente fascinó a Eva para que desobedeciera y perdiera su derecho al cielo, el enemigo de nuestras almas contiende por extirparnos la fe que nos ayudará a ver un cielo azul de posibilidades. Pero Dios no juega a los dados. Nuestra felicidad no se basa en la casualidad, sino en la voluntad del Salvador, quien dijo: "Yo he venido para que tengan vida y para que la tengan en abundancia" (Juan 10:10). Una vida abundante significa una vida llena de felicidad; por lo tanto, nuestra felicidad ya está determinada. Todo depende de nosotros mismos.

La cura para la depresión y la ansiedad radica en la Biblia y en nuestra confianza en Dios. La próxima vez que te veas tentada a ceder ante la preocupación o el desánimo, decide por la felicidad, y te sorprenderás ante los resultados.

Olga L. Valdivia

Las misericordias de Dios

Esto traigo a mi corazón, por esto tengo esperanza: Que las misericordias del Señor jamás terminan. Lamentaciones 3:21, 22, Biblia de las Américas.

Cuando enseñaba en el Colegio de la Unión del Atlántico (Atlantic Union College) un día el presidente de la universidad me llamó a su despacho para decirme que le parecía que el trabajo que yo realizaba en aquella institución ameritaba el darme tiempo libre para empezar mis estudios doctorales, cosa que jamás había pasado por mi mente.

No me podían apoyar financieramente, pero una colega, con las mejores intenciones, me prometió recomendarme con sus familiares en otro Estado, los cuales otorgaban becas. Pero después de haberme trasladado con mi esposo e hijita a la universidad que me había aceptado para realizar los estudios, mi colega me anuncia que las becas eran exclusivamente para personas que residían en aquel Estado.

Ahí, pues, me encontraba sin saber de dónde iba a salir el dinero para empezar mis estudios. Nos pusimos a orar, y al día siguiente me fui a la Facultad de Estudios Graduados y le expliqué a la señora que ya me habían aceptado, pero que no tenía recursos financieros para empezar a estudiar. Faltaba apenas una semana para comenzar las clases. Me escuchó atentamente y luego me informó que precisamente porque faltaba poco para empezar las clases, ya habían distribuido todos los préstamos y becas.

Cuando yo me le quedé mirando, estupefacta, ella me miró como queriendo empatizar con mi dilema. De pronto se levantó y caminó lentamente hacia el archivo y abrió la primera gaveta.

"Yo estoy segura que ya entregamos todas las solicitudes ¡Ah! pero, fíjese, —con esa exclamación, sacó un legajo y dijo—: Fíjese, qué casualidad. Aquí queda una última solicitud —siguió escudriñando la gaveta—. Sí, ésta es la última".

Con esa solicitud de préstamo pude cubrir los gastos de aquel primer semestre, y gracias a las infinitas mercedes de Dios, pude terminar el año con la beca y estudiar el año entrante becada por completo. Sin duda alguna, "las misericordias del Señor jamás terminan".

Lourdes Morales-Gudmundsson

El poder de la oración

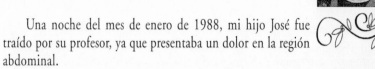

Y todo lo que pidiereis en oración, creyendo, lo recibiréis. Mateo 21:22.

Una noche del mes de enero de 1988, mi hijo José fue traído por su profesor, ya que presentaba un dolor en la región abdominal.

Como enfermera que fui, Dios me dio entendimiento para actuar rápidamente. En menos de una hora su estado empeoró a tal gravedad, que no había fuerza humana que lo remediara, y advertí que se estaba muriendo. Desesperada, salí corriendo por ayuda, sola. Llegué a casa de un hermano de apellido Meza. Juntos regresamos al hospital. Frente a su cama, en la unidad de cuidados intensivos, oré: "Señor, apiádate de mi hijo. Es tuyo. Te lo entrego a ti".

Al concluir la oración empezaron a llegar mis amigos médicos para decirme: "Está grave, muy grave. Tiene oclusión intestinal con peritonitis aguda". Yo creía y creo que miles de ángeles se unieron a este humilde anciano, el hermano Meza, quien a pesar de no tener un doctorado en lenguas o títulos, poseía el doctorado que Dios da a sus fieles hijos. Tenía mucha fe en el poder de la oración. Al amanecer del sábado, recibí la noticia: hay que operar, y sólo hay dos opciones, vida o muerte.

Las horas corrieron lentamente haciéndome daño. Fueron seis largas horas de oración sin cesar.

Al final salió el cirujano, y me dijo: "Sabes, Dios ha hecho un milagro, pues a pesar de que la peritonitis era inminente, ha sucedido algo raro, inexplicable para mí, porque todo el núcleo de la infección se concentró en un solo segmento del colon. No tuve que mutilarlo, simplemente abrí para limpiar y acomodar sus vísceras en sus lugares respectivos. Es la primera vez que como director de cirugía tengo esta experiencia. Anda, vé a tu hijo. Él vive".

Y yo te pregunto hoy: ¿Quieres vivir a partir de este momento junto al Señor? No importa si las circunstancias son buenas o malas; si crees en Jesús, invítalo a entrar en tu vida.

El Señor te cobijará bajo sus alas. "El que habita al abrigo del Altísimo morará bajo la sombra del Omnipotente (Sal. 91:1). "Me invocará, y yo le responderé; con él estaré yo en la angustia; lo libraré y le glorificaré" (vers. 15). Amén.

Rafaela Ángeles Almanza

¡Qué bueno que me equivoqué!

El hombre mira lo que está delante de sus ojos, pero Jehová mira el corazón. 1 Samuel 16:7.

Un pastor amigo me invitó a dar estudios bíblicos a una familia con niñas adolescentes. Yo le respondí al pastor que no quería perder mi tiempo, pues esas niñas eran muy prepotentes. Así que lo lamenté mucho. Sí, aunque me parecí entonces a Jonás, lo lamenté mucho. Pero no fui.

En ese entonces mi esposo era gerente de la Agencia de Publicaciones (ABC) pero, al haber cambios regulares, él pasó a pastorear la iglesia adonde asistían esas adolescentes que yo había rechazado tiempo atrás. Una hermana de la iglesia había continuado dándoles los estudios bíblicos a esas jovencitas y de nuevo recibí la invitación para hacer trabajo misionero con esa familia.

Trabajamos con denuedo, dedicación y oración, pero al final de los estudios no se habló de bautismo. Confiábamos que el Espíritu Santo es quien convierte los corazones de las almas que le buscan. Por causa de mi trabajo tenía que viajar mucho y me fui de viaje a otro país. Al regresar, cuál no fue mi sorpresa: ¡Todo estaba listo para el bautismo! Sólo me estaban esperando para esa ocasión. Mi esposo tuvo el privilegio de bautizar a esas jovencitas.

Quiero agregar que el pastor amigo también se había equivocado. Él había comentado que no le gustaba trabajar con damas que sólo buscaban a Dios cuando tenían problemas y, luego que los solucionaban, entonces se olvidaban de él.

Él también quedó sorprendido al enterarse del bautismo. Hoy esa familia se mantiene activa en la iglesia y ha trabajado en muchos de sus diferentes departamentos. Ellas también hicieron algo muy peculiar: prepararon un taller de oratoria para niños, en el cual muchos de los niños de la iglesia desarrollaron ese don tan admirado por los adultos y aprobado por nuestro Dios.

Debo confesar que me equivoqué. Hoy amo mucho a esa familia tan activa y especial, incluso a aquellas niñas que yo llamé "prepotentes y enérgicas". ¡Qué bueno que me equivoqué! Hoy ellas son muy especiales para nosotros. Al escribir estas notas, enero de 2002, mi esposo y yo nos estamos preparando para viajar a celebrar las bodas de una de esas señoritas y, si Dios nos presta vida y tiempo, esperamos dedicar sus hijos públicamente a Dios.

Sara Capellán

Momentos difíciles

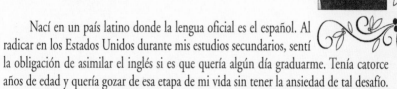

Echando toda vuestra ansiedad sobre él porque él tiene cuidado de vosotros. 1 Pedro 5:7.

Nací en un país latino donde la lengua oficial es el español. Al radicar en los Estados Unidos durante mis estudios secundarios, sentí la obligación de asimilar el inglés si es que quería algún día graduarme. Tenía catorce años de edad y quería gozar de esa etapa de mi vida sin tener la ansiedad de tal desafío.

Recuerdo cuando cada mañana subía al autobús, repleto de estudiantes que hablaban otro idioma. ¡Qué ansiedad! En este autobús había sólo una chica, que al igual que yo sabía español, pero también hablaba inglés. Ella me interpretaba todo lo que podía y me enseñaba palabras nuevas cada día. "Lástima que ella no puede venir a casa —me decía a mí misma—. ¿Quién me ayudará con la tarea?"

No olvidaré las largas mañanas de las charlas instructivas del profesor de historia. En su clase me dormía sobre el libro sin entender absolutamente nada. Todos los chicos y las chicas me sonreían, pero la amistad parecía ser bloqueada por la barrera del idioma. Por las tardes cuando llegaba a casa, me enfrentaba con la cruel realidad de no poder hablar inglés. Diariamente oraba a Dios con mis manos sobre los libros, pidiéndole que me ayudase a entenderlos.

¿Te has sentido alguna vez con cargas y ansiedades difíciles de sobrellevar? Tal vez halla sido también con el inglés, o tal vez no. Permíteme compartir la siguiente ilustración que dice muy bien lo que debemos hacer con las penas y ansiedades:

"Tengo en mis manos dos cajas que Dios me ha dado para que sostenga. Él me dijo: 'pon todas tus ansiedades en la negra, y todas tus alegrías en la dorada'. Yo escuché sus palabras, y en ambas cajas guardé mis alegrías y tristezas. Pero la dorada se fue poniendo más pesada y la negra estaba tan liviana como antes. Con curiosidad abrí la caja negra para saber por qué seguía tan liviana y encontré, en el fondo de la caja, un hueco por el cual habían caído todas mis ansiedades. Mostré a Dios el hueco y reflexioné en voz alta: 'me pregunto ¿donde se habrán ido mis ansiedades?'

"Él me sonrió: 'Hijo mío, todas tus ansiedades están conmigo'. Le pregunté: '¿Señor, por qué me has dado las dos cajas, por qué la dorada y la negra con un hueco?'

"Hijo mío, la dorada es para que cuentes tus bendiciones, y la negra es para que descargues todas tus ansiedades en mí".

Claudia Bernhardt

Yo respondo

Antes que ellos me llamen, yo les responderé, antes que terminen de hablar, yo los escucharé. Isaías 65:24, Versión Dios Habla Hoy.

El viernes de noche, al repasar el tema central para la escuela sabática, se me ocurrió que una persona hablara por el micrófono para pedir a la congregación que identificara quién está hablando. Pensé en Maru, hija de mi mejor amiga. Pero misteriosamente no la llamé; se me hizo imposible.

El sábado temprano me iba recriminando el no haber llamado la noche anterior a Maru. Pensé que tal vez ella no llegaría temprano. Efectivamente, no llegó temprano. Después de llegar a la iglesia, llegó la hermana Cuéllar con sus dos nietos que la estaban visitando. Así que pensé pedirle a César su nieto que me ayudara en la escuela sabática. Cuando le propuse el plan, se negó, pero al ofrecerle $10.00, aceptó.

Aún después de haber hablado con César, todavía me estaba recriminando el no haber llamado a Maru la noche anterior.

A la hora prevista César diría por el micrófono: "Aquí tengo $10.00 ven por ellos". La persona que identificara la voz vendría y se los llevaría. Varios hermanos dijeron varios nombres, pero nadie identificó la voz hasta que la hermana Cuéllar levantó la mano y dijo: "Es mi nieto, César".

Después de eso, explique que la hermana Cuéllar reconoció la voz de César porque ella tenía una relación estrecha con su nieto y el resto de los hermanos no lo conocía. Lo mismo pasa con Dios, cuando lo vemos solamente cada sábado no podemos reconocerlo. Quedé muy satisfecha porque los hermanos habían captado lo que yo quería decir.

Al terminar la escuela sabática, la hermana Cuéllar se levantó y dijo: "Hermanos, quisiera dar un testimonio de agradecimiento. Esta mañana cuando les serví el desayuno a mis nietos, ellos se tomaron lo último que había de leche en la casa y al entrar al carro vi que el nivel de gasolina estaba llegando a la reserva. No tengo dinero, así que hice una oración a Dios pidiéndole que él proveyera. Con esto que acabo de recibir, le pondré $5.00 de gasolina al carro y con $5.00 compraré leche y pan para que mis nietos desayunen mañana".

Al escuchar a la hermana Cuéllar, yo tenía lágrimas en mis ojos, pues había planeado dar ese dinero a alguien que tal vez no lo necesitaba. Muchos pensamientos acudieron a mi mente pero lo que resaltó fue lo siguiente: ¿Por qué no llamé a Maru el viernes de noche? ¿Por qué no la llamé el sábado en la mañana? ¿Por qué llegó tarde ese día? Porque, "antes que clamen responderé yo; mientras aún hablan, yo habré oído" (Isa. 65:24). ¡Alabado sea el nombre de Dios!

Asceneth Garza de Juárez

Salvado de las llamas

El fuego no había tenido poder alguno sobre sus cuerpos, ni aun el cabello de sus cabezas se había quemado; sus ropas estaban intactas, y ni siquiera olor de fuego tenían. Daniel 3:27.

Una noche, teníamos en casa muchas visitas, la mayoría niños. En mi pueblecito no había electricidad. Se usaban velas y lámparas de kerosén para alumbrarse. Así que mi abuela tenía combustible almacenado en el patio de la casa.

Esa noche, ella tomó el único de diez galones que contenía gasolina. Inocentemente, mi abuelita se dirigió hacia la cocina y allí comenzó a llenar la lámpara con el combustible.

Los niños estaban en la cocina, y ella estaba llenando con gasolina la lámpara que estaba encendida. En cuestión de segundos la lámpara se encendió en las manos de mi abuela y luego el galón de gasolina. Ella rápidamente soltó ambos objetos, pero la gasolina se estaba regando por toda la cocina.

Mi abuela tomó el galón y lo lanzó al patio. Afuera había una fuente llena de agua y cuando el galón cayó sobre el agua ésta se incendió, pues la gasolina puede mantenerse encendida en el agua. Uno de mis hermanos se aventuró a sacar un tanque de gas propano que estaba en la cocina antes que éste explotase. Y los niños, ¿dónde estaban? Casi todos salieron corriendo. Los adultos trataron de buscarlos entre las llamas y la oscuridad. Finalmente pensaron que todos estaban afuera porque ya no veían a nadie más.

Los vecinos llegaron para ayudar a apagar el fuego y nosotros comenzamos a orar y a llorar a la vez. Mi madre gritaba: "¿Donde está Andy? ¡Está adentro!" Andy sólo tenía unos tres años. Mi madre, desesperada, trató de ir a buscarlo, pero varios hombres la sujetaron. Ella, con la fuerza que Dios le dio, logró soltarse y entró a la cocina. Allí lo buscó, pero no lo encontraba. Por fin lo halló detrás del refrigerador. Allí estaba el pequeño Andy, sano y salvo, asombrado, mirando la terrible escena. Mi madre pudo salir con él sin sufrir ningún daño. Finalmente el fuego fue sofocado con arena y todos estuvimos a salvo.

Así como Dios protegió a los tres amigos de Daniel de aquel horno de fuego, Dios también cuidó a mi familia. Yo sé que los ángeles estaban allí y escucharon nuestra súplica por ayuda. "Pues a su ángeles mandará acerca de ti, que te guarden en todos tus caminos" (Sal. 91:11).

Pamela García

Ya no necesito de tu ayuda

¿De dónde vendrá mi socorro? Mi socorro viene de Jehová. Salmo 121:1, 2.

El pesado tráfico desde Nueva York a Nueva Jersey transformó nuestro recorrido al aeropuerto en un viaje más largo de lo anticipado. Al llegar, corrí al mostrador de la aerolínea para la verificación rutinaria de equipaje y documentación. Allí se me informó que el vuelo estaba a punto de salir.

Rápidamente me despedí de mi esposo, cuando escuché a una dama detrás de mí. "¿Señora, podría usted esperarme? Así podríamos caminar juntas a la terminal". Mis instintos de buena samaritana me hicieron acceder a esa petición sin titubeos.

Pronto ambas nos encontrábamos caminando apresuradamente hacia la terminal 92. Mientras avanzábamos entre la multitud, compartíamos información. Mi nueva "amiga" al igual que yo, viajaba a Panamá. Ella a visitar a sus padres, y yo, aunque también tendría la dicha de ver a los míos, iba primordialmente a practicarme un procedimiento médico. Ella vivía en Brooklyn hacía ya 17 años, y yo en Queens por tres.

Finalmente, sin aliento, arribamos a la terminal. Al hacer fila para la verificación de documentos, comentamos sobre los distintos acentos de los pasajeros; bolivianos, dominicanos, colombianos, panameños, todos probablemente, al igual que nosotras, regresaban a sus tierras de origen.

Al finalizar la verificación me hice a un lado para esperar a mi amiga. "Tal vez podremos encontrar algún espacio para sentarnos y seguir conversando", pensé mirando a mi alrededor. Pero para mi gran sorpresa, al terminar de verificar sus documentos, mi amiga, en vez de acompañarme me miró fijamente y dijo con amabilidad: "Muchas gracias, pero ya no necesito de su ayuda". El impacto de la humillación me hizo enmudecer. Paralizada y boquiabierta me quedé observando la figura de mi nueva "amiga" que se retiraba. Al recuperarme de aquella impresión me senté sola, en una esquina, tratando de aliviar mi espíritu adolorido.

Al poner este incidente en perspectiva, me he dado cuenta que yo he tratado a Dios de esta manera en muchas ocasiones. Cada vez que debo enfrentar una crisis o algún desafío y sé que requiero de la ayuda de Dios, pido su asistencia inmediata. Por algún tiempo, camino de la mano con él, atendiendo a todas sus indicaciones. Pero tan pronto como experimento el éxito, cambio de actitud. Mis oraciones se vuelven menos frecuentes y menos fervientes y ya no medito en él. En oración, le pedí perdón al Señor, pues yo también le he dicho en muchas ocasiones: "Ya no necesito de tu ayuda".

Norka Blackman-Richards

En él confiaré

Diré yo a Jehová: Esperanza mía, y castillo mío; mi Dios, en quien confiaré. Salmo 91:2.

Ocurrió en 1960. Yo vivía con mi esposo, Carlos, y mis tres pequeños hijos, Carlos, Martha y Esther, en la ciudad de Temuco, Chile. Un domingo mi esposo y yo fuimos a la iglesia para ayudar en el centro de beneficencia Dorcas. Habíamos ido en autobús y estábamos a pocos pasos de la iglesia cuando ¡de repente sentimos que la tierra temblaba fuertemente! Al mirar al suelo, vimos que la tierra se movía como las olas del mar y tuvimos que sostenernos unos a otros para no caer. ¡Era un pavoroso terremoto de magnitud 8.6 que duró cinco largos minutos!

Mi cuarto hijo estaba por nacer en sólo unas pocas semanas. En ese momento queríamos estar al lado de los niños que habían quedado al cuidado de la nana y de una vecina. Pero no había autobuses transitando y estábamos a varias cuadras de la casa.

Comenzamos a caminar. Mucha gente se hallaba en la calle y algunas madres embarazadas, presa del pánico, dieron a luz allí en la vía pública. Clamé a mi Padre celestial: "Señor, no permitas que mi bebé nazca ahora". Él oyó mi oración. Llegamos a casa y allí estaban los niños llorosos. Como la casa era de madera, sólo fue sacudida y todos los libros y varios objetos estaban esparcidos por el suelo.

Como mi esposo era presidente de la Asociación del Sur de Chile, tuvo que viajar al día siguiente al lugar del epicentro, donde centenares de personas fallecieron y las ciudades quedaron destruidas. Por más de diez días no supe de él pues no había vías de comunicación. Los temblores continuaron por casi un mes.

Al verme sola con tres niños pequeños, sin saber de mi esposo y tan lejos de toda mi familia, aprendí lo que significa confiar en Dios.

Hasta el día de hoy no alcanzo a comprender cómo pude sentirme tan tranquila, cuando en mi derredor toda la gente presa de pánico se había ido a la calle por temor de estar en sus casas. Sólo sé que él no nos deja solos y nos da la fortaleza y la confianza para hacerle frente a cada situación. Al fin, aunque se adelantó diez días en nacer, Dios me concedió la dicha de dar a luz a mi cuarto hijo, Jairo, y ese mismo día llegó también mi esposo. "Señor, ayúdame a recordar que siempre has sido mi amparo y mi refugio. ¡En ti confiaré!"

Esther Vega de Ayala

Descansa en mí

Venid a mí todos los que estáis trabajados y cargados, y yo os haré descansar. Mateo 11:28.

Habíamos terminado otro retiro de damas. El Señor había bendecido tan ricamente las reuniones que decidimos tomar tiempo para agradecerle. Debajo de unas palmeras, y sobre el pasto verde, nos arrodillamos. Éramos cinco hermanas del equipo que había estado ministrando durante ese fin de semana. Parece que el Señor nos reunió allí a fin de que nosotras mismas pudiésemos ser ministradas.

Comenzamos a orar y a derramar nuestros corazones delante de Dios. Había tanto que decirle que los minutos comenzaron a correr sin darnos cuenta. Pronto dejamos nuestra posición de suplicantes y nos acomodamos más a gusto en aquella alfombra verde. Después de un rato, mi compañera de al lado reposó su cabeza sobre mi hombro. Reconocí su cansancio. Ella había sido la oradora principal.

Nuestra sesión de oración continuó. Las oraciones de alabanza se transformaron en oraciones de intercesión. Después de un rato de estar envueltas en esa experiencia, el Señor me dio la lección más grande de mi vida. Fue a través de mi compañera que tranquilamente reposaba su cabeza en mi hombro, que el Señor me habló diciendo: "Descansa en mí. ¿Por qué te preocupas por esto o aquello? Si yo tengo el control de tu vida, si yo puedo hacer por ti lo que para ti es imposible? Descansa en mí. ¿Acaso no soy tu Padre, capaz de cuidarte, protegerte y ayudarte? Descansa en mí".

Desde entonces, cuando la ansiedad halla cabida en mi ser, recuerdo aquellas palabras de mi Padre y entrego en sus manos cualquier cosa que me cause inquietud. Es el deseo de nuestro Padre celestial que encontremos reposo en él. Esto sólo será posible si estamos dispuestas a confiar todo en las manos de Aquel que diera su vida por nosotras. Descansa en él ahora. Entrégale cualquier cosa que te cause ansiedad, tristeza o temor. Él desea darte su paz. Recuerda siempre sus palabras: "Descansa en mí".

Cenia E. García

Preparación para el día santo

Acuérdate del día de reposo para santificarlo. Éxodo 20: 8.

Al mismo principio del cuarto mandamiento el Señor dijo: "Acuérdate". Él sabía que en medio de la multitud de cuidados y perplejidades el hombre se vería tentado a excusarse de satisfacer todo lo requerido por la ley, o se olvidaría de su importancia sagrada. Por lo tanto dijo: "Acuérdate del día de reposo para santificarlo".

Cuando el sábado es así recordado, no se permitirá que lo temporal usurpe lo que pertenece a lo espiritual. Ningún deber que pertenece a los seis días hábiles será dejado para el sábado. Durante la semana nuestras energías no serán agotadas de tal manera en el trabajo temporal que en el día en que el Señor descansó y fue refrigerado, estemos demasiado cansados para dedicarnos a su servicio...

Termínense el viernes los preparativos para el sábado. Cuidad de que toda la ropa esté lista y que se haya cocinado todo lo que debe cocinarse... El sábado no ha de destinarse a reparar ropas, a cocinar alimentos, a los placeres o a ningún otro empleo mundanal. Antes de que se ponga el sol debe ponerse a un lado todo trabajo secular y todos los periódicos de ese carácter deben ser puestos fuera de la vista. Padres, expliquen su trabajo y su propósito a sus hijos, y permitan que ellos compartan en su preparación para guardar el sábado conforme al mandamiento.

Hay otra obra que debe recibir atención en el día de la preparación. En este día todas las diferencias entre los hermanos, sean en la familia o en la iglesia, deberán dejarse a un lado. Expulsemos del alma toda amargura, furia o malicia. En un espíritu de humildad, "confesad vuestras faltas los unos a los otros y orad los unos por los otros".

Antes de la puesta del sol congréguense los miembros de la familia para leer la Palabra de Dios, para cantar y orar.

Debemos cuidar celosamente las extremidades del sábado. Recordemos que cada momento es tiempo santo y consagrado (*La fe por la cual vivo*, p. 34).

Elena G. de White

Si siembras manzanas, ¿cosecharás peras?

No os engañéis; Dios no puede ser burlado; pues todo lo que el hombre sembrare eso también segará. Gálatas 6:7.

El amanecer de un nuevo día se filtraba a través del ventanal e iluminaba la cama de mi esposo en el Hospital Ortopédico de La Habana, Cuba. Llevábamos allí más de 100 días, debido a una complicación de la operación de hernia discal a la que Ignacio había sido sometido.

En el cuarto de al lado de la sala donde nos encontrábamos había una señora que a cada rato daba gritos desgarradores de dolor. Decidimos acercarnos a ella para consolarla. Al hacerlo, nos dimos cuenta que su dolor no era solamente físico, sino esa clase de dolor que se experimenta cuando se está vacío interiormente. Su hija le decía: "Mamá, ¡aférrate, aférrate!" Ella respondía: "¿A qué me voy a aferrar hija? No tengo nada a lo cual aferrarme".

Tratamos de hablarle de Dios, de la paz que nosotros mismos estábamos experimentado en una situación similar. Por muchos años esa señora había sembrado en su corazón semillas de incredulidad, ateísmo y escepticismo, las que al crecer cumplieron las palabras del apóstol Pablo: "Todo lo que el hombre sembrare, eso también segará". Al sembrar incredulidad, esa dama había cosechado falta de fe y de esperanza. Había sembrado manzanas y, por supuesto, no podía cosechar peras.

¿Qué estás sembrando? ¿Qué semillas estás plantando en tu corazón? Piensa en estos personajes bíblicos: Caín sembró odio y celos, y cosechó homicidio y perdió el derecho a la vida eterna. Jacob sembró engaño hacia Isaac, y cosechó el engaño de Labán y de sus propios hijos. Saúl sembró orgullo y suficiencia propia. Cosechó ruina. Judas, quién sembró codicia y amor al dinero, cosechó la horca y la perdición. Demas sembró amor al mundo y cosechó apostasía.

¿Qué estás sembrando tú en tu centro de trabajo o en la escuela? ¿Qué estás sembrando en tu hogar? Cosecharás comunicación con tus hijos adultos, si ahora estás sembrando "tiempo" para jugar con ellos.

Si hoy siembras "tiempo" para hablar y compartir tu vida con Cristo, cosecharás tranquilidad, seguridad y paz en tiempos difíciles, y al fin la vida eterna.

No podemos engañarnos a nosotras mismas ni a Dios. Si siembras manzanas, vas a cosechar manzanas. No podemos cambiar la cosecha. No lo dejes para mañana. Comienza hoy mismo a sembrar las semillas que mañana te proporcionarán la cosecha que anhelas.

Ana Rosa Chaviano

¿ Lengua de vida o muerte ?

La muerte y la vida están en poder de la lengua. Proverbios 18:21.

Desde pequeña he sido una persona introvertida. En mis años de adolescencia no me gustaba hablar en público. Pasé por momentos difíciles por ser callada y tímida. Creo que esto se debe al hecho de que en varias ocasiones, al hablar en español algunas personas se rieron de mí. Crecí en un hogar con un padre que habla inglés y una madre hispana, pero siempre asistimos a una iglesia hispana. Al mirar atrás, pienso que simplemente tenía miedo de hablar y equivocarme Mi timidez llegó al punto de que me daba pena hacer preguntas al maestro en la escuela. Ahora entiendo que esta es una fase por la cual pasan muchos adolescentes.

Aún recuerdo un programa de sociedad de jóvenes en mi iglesia. Tenía yo quince años. Grande fue mi sorpresa al ver el drama que había sido preparado como parte de la programación de ese sábado de tarde. Se trataba de una muchacha orgullosa que no hablaba con nadie porque pensaba que era mejor que todos los demás. Más grande fue mi sorpresa cuando alguien se me acercó y me dijo que esta representación era acerca de mí. No te puedes imaginar cuánto me dolió esa acción, ya que la razón de mi silencio no era el orgullo sino la timidez e inseguridad. Nunca me pasó por la mente dejar la Iglesia Adventista, pero sí pensé en pedir a mis padres que nos fuéramos a otro lugar.

Agradezco a Dios porque las cosas han cambiado mucho, por sus bendiciones y sus dones que he podido descubrir a medida que pasa el tiempo. También le agradezco por darme la oportunidad de crecer en un hogar donde se hablan dos idiomas. Pero al mirar al pasado me doy cuenta de la importancia de las acciones y de las palabras. Todo lo que hacemos y decimos en esta vida tiene el poder de afectar vidas, ya sea para bien o para mal.

Cada vez que digas una palabra o hagas una acción, piensa en las repercusiones que estas pueden traer a las personas a tu alrededor. Yo le he pedido a Dios que mi lengua, mis palabras, y mis acciones tengan el poder de la vida. "La lengua apacible es árbol de vida; mas la perversidad de ella es quebrantamiento de espíritu" (Prov. 15:4).

Joanne M. Cortés

Tragedia transformada en bendición

Cercano está Jehová a los quebrantados de corazón; y salva a los contritos de espíritu. Salmo 34:18.

El gozo de la salvación se veía reflejado en el carácter de mi padre. Lo expresaba en sus cantos, y en la convivencia con su familia y las personas que le rodeaban. Jesús llenaba su corazón y sentía que él era su mejor amigo. Su vida había cambiado a través de una trágica experiencia que Dios transformó en bendición.

Juan Rodríguez y su hermano eran los músicos que amenizaban toda fiesta donde había baile y alcohol. Una noche que no había asistido a la fiesta, le dieron la noticia de que su único hermano había sido asesinado. Mi padre juró vengar su muerte, y revólver en mano salió de la Guajira*, buscando al asesino, que ya estaba huyendo.

Lo buscó día y noche en diferentes ciudades. Una noche pasó por una iglesia en Barranquilla donde escuchó música. Entró con su revólver, pensando que el asesino se refugiaría allí. La música que el pastor Gilberto Bustamante tocaba en su guitarra era diferente, e impresionó su corazón. Mi padre siguió asistiendo a las conferencias. La última noche el pastor hizo un llamado a "dejar todas las cargas a los pies de Jesús y recibir su paz y perdón". Mi padre nunca había sentido tanto alivio. Contó al pastor la razón de su visita. Metió su mano en el bolsillo, sacó el arma y la entregó al pastor, quien a cambio le dio una Biblia, regalo que consideró su más grande tesoro. Entregó su vida a Jesús, se bautizó, y contrajo matrimonio con Elena, joven colportora sencilla que amaba mucho a Dios. Su pasado quedó enterrado. Mi padre se sentía ahora el hombre más feliz de la tierra.

Años después el fugitivo se encontró con el hombre convertido, y arrojándose a sus pies le suplicó que no le quitara la vida. Mi padre le dio la mano, lo levantó y lo abrazó. Le dijo que desde hacía muchos años lo había perdonado, que Jesús lo había salvado, y que ese mismo Jesús podía salvarlo a él. Fue hasta entonces que el asesino volvió perdonado a su tierra y a su familia.

El amor de Dios fue la razón de la felicidad de mi padre. Su convicción fue la del salmista quien declaró: "Jehová es mi fortaleza y mi escudo; en él confió mi corazón, y fui ayudado. Por lo que se gozó mi corazón, y con mi cántico le alabaré" (Sal. 28:7).

*La Guajira es una región en Colombia donde familias enteras se han exterminado por venganzas.

Sarita Newball

Conversando con Dios

Llegue mi oración a tu presencia; inclina tu oído a mi clamor. Salmo 88:2.

Una taza de leche en la mano y el cabello enmarañado. Bostezo, aún tengo sueño, pero por las rendijas de la ventana, se cuela ya impreciso el primer rayo del sol mañanero. ¿Descansará alguna vez la naturaleza? ¡Debería de imponerse, protestar e irse a dormir! Debería de internarse en su mutismo, y descansar mucho, pero qué mucho. ¡Así como quisiera hacerlo yo! Pero algo me dice que tal ilusión provocaría una catástrofe universal.

Sentada en la silla del comedor sólo por el tiempo que me tomará tragarme la leche, trato de apaciguar el irreflexivo paso de lo cotidiano. Hay tanto que hacer, tanto que asumir, que no atino a decidir si la silueta que se advierte en el horizonte es la del lunes o es más bien la de un viernes en la mañana.

Entonces, de repente, algo penetra en mi pensamiento, algo que va deslizándose como una sombra lenta y sosegada. Es casi imperceptible; una idea que toma forma y que alzándose desde el abismo, se potencializa hacia la luz.

Sé que para lograrlo, me es necesario reclinarme en el sitial divino del Gran Monarca. "Pero no tienes tiempo —me digo a mí misma—. Tienes que arreglarte, preparar almuerzos, atender a los chicos, al perro, y al gato, y luego zumbarte a la locura de la autopista".

Pero luego, la otra voz —las mujeres solemos tener dos voces, ¿sabes? Una es la que habla, y la otra la que contradice. "Anda, híncate, que tienes mucho que contarle", me dice—. ¡Vamos, habla! Desahógate, confiésale tu temblor, tus problemas. ¡Olvídate del tiempo! Dile de tu inútil esfuerzo de ser, ¡cosa imposible!, siempre otra que tú misma". Quiero darme por vencida, dejar que la acusadora gane, pero todavía no estoy convencida.

Allá en el cielo, ¿habrá retórica? ¿Habrán diccionarios legales para aprender la jerga de los abogados y los códigos penales? Necesito olvidarme de mi trabajo cuando no estoy en él. ¡Necesito descanso! ¡Necesito a Dios, lo sé! No se trata de una ciencia, sino de la desesperada necesidad de seguir el centro de gravedad que marca mi espíritu, y mi espíritu lo que necesita es paz. Entonces, olvido el tiempo y doy paso a la idea de encontrarme con Dios.

No sé cuánto tiempo pasé de rodillas, determinada a no levantarme sino hasta que el milagro sucediera. Hasta que al fin, la paz. ¡Bendita paz —fuente viviente, refrescante! ¡Bendito Jesús!

Olga L. Valdivia

Elegidas

Yo os elegí a vosotros. Juan 15:16.

Cuando yo tenía cuatro años, mi madre me llevó de compras. Mientras ella hacía sus compras yo me distraía en el departamento de muebles. Allí encontré una sillita que me llamó la atención y decidí sentarme en ella. Al finalizar sus compras, mi madre me llamó para retirarnos pero no respondí ni me puse de pie. Al observar mi extraña actitud, mi madre se dio cuenta que probablemente me había enamorado de la sillita y nuevamente insistió. Las vendedoras y el supervisor del departamento se acercaron a observarnos. Mamá trató de convencerme de mil maneras: prometió comprarme algún juguetito o dulce, me prometió que regresaríamos otro día, logró que el supervisor tratara de ayudarle, y él me aseguró que me guardaría la silla.

Pero aun así no me moví de la silla. Mamá se acercó nuevamente y trató de explicarme que no tenía el dinero para comprar la silla en esa ocasión (en esos tiempos no existía la comodidad de las tarjetas de crédito) pero prometió que al llegar a casa convenceríamos a Papá de traernos de vuelta para comprarla. Tampoco dio resultado. Frustrada, Mamá amenazó con dejarme en la tienda. Aun así me mantuve sentada en la sillita, pues yo había decidido que no me iba a mover a menos que esa silla viniera conmigo. Sin patalear, llorar o gritar, me senté en silencio como en huelga de hambre.

Ante tal resolución, mi madre sacó sus últimos dólares y me compró la sillita. Entonces me puse de pie y nos la llevamos a casa. Esa sillita plástica de color verde oscuro, estuvo con nosotros por muchos años y muchos niños disfrutaron de ella y escucharon la historia de cómo llegó a formar parte de nuestro hogar.

Siempre me he preguntado por qué escogí esa sillita. Pues a diferencia de otros muebles para niños, esta silla no era de colores atractivos, ni de asiento suave y esponjado, ni siquiera era fuerte. Sus patas hechas de aluminio se doblaban con facilidad. Realmente no existe explicación lógica para mi elección.

Es de la misma manera tan inexplicable que Cristo nos elige a nosotras. Él pudo simplemente haber dicho a su padre que no iba a morir por nosotras. Pero sufrió humillación y dolor por amor a toda la humanidad. Nos eligió aun conociendo nuestra pecaminosidad, egocentrismo, terquedad, y dureza de corazón. Él nos eligió porque nos ama y desea que experimentemos libertad y vida eterna. Toma tiempo hoy y agradécele por haberte elegido.

Norka Blackman-Richards

La creación más bella

Entonces Jehová Dios hizo caer sueño profundo sobre Adán, y mientras éste dormía, tomó una de sus costillas, y cerró la carne en su lugar. Y de la costilla que Jehová Dios tomó del hombre, hizo una mujer, y la trajo al hombre. Génesis 2:21, 22.

Te hizo el Creador, eres única. Con amor te formó en el vientre de tu madre. Te perfeccionó con gran gozo. Recuerda con gran placer el día que te hizo. Para él eres invaluable. Te ama incondicionalmente. Le gusta verte feliz. Te hizo bella, pero a causa del pecado, tu belleza exterior se desvanece. Por eso él desea que cultives la belleza interna que dura para siempre. Te hizo un poco más dependiente de lo que a ti te gusta ser, porque desea que lo busques y confíes en él. Conoce tu corazón, sabe que si no hubiese sido así, te olvidarías fácilmente de tu Creador. Te da muchas cosas buenas y placenteras porque te ama.

Sufre cuando tu corazón está quebrantado y quisiera que confiaras más en él. Cuando caes, está a tu lado para levantarte. Has aprendido muchas lecciones a fuerza de chascos y decepciones, porque no quisiste escuchar su voz. Él te observa con tristeza cuando sigues tus propios caminos sin tomarlo en cuenta. Y cuando vuelves a sus brazos triste y abatida, nunca te rechaza, siempre te recibe y te anima a seguir adelante.

En su afán de restaurar en ti la imagen perdida, te busca y te declara vez tras vez su amor por ti, mas no te obliga a amarlo.

"La mujer cristiana es una dama. En sus labios está siempre la ley de la bondad. No pronuncia palabras apresuradas... Cada mujer debiera desarrollar una mente bien equilibrada y un carácter puro, que refleje únicamente lo verdadero, lo bueno y lo bello... Vuestro compasivo Redentor os observa con amor y simpatía, listo para oír vuestras oraciones y prestaros la ayuda que necesitáis en vuestra obra de la vida. El amor, el gozo, la paz, la tolerancia, la amabilidad, la fe y la caridad son los elementos del carácter" (*El ministerio de la bondad*, pp. 159-161).

Ruth A. Collins

¿Soy realmente cristiana?

Hablamos; no como para agradar a los hombres, sino a Dios, que prueba nuestros corazones. 1 Tesalonicenses 2:4.

Hace aproximadamente 26 años me mudé de la ciudad de Long Beach, California a Phoenix, Arizona. El cambio de ciudad fue contrastante; de las playas californianas al desierto árido de Arizona.

Al vivir en Arizona aprendí a admirar los cactus y toda la belleza natural que nuestro Dios ha creado con tanta delicadeza. Pero lo que más me llamaba la atención no eran los cactus sino la cantidad de árboles de naranjas que adornan los camellones de las calles principales de la ciudad. En tiempo de dar fruto veía con tristeza las naranjas tiradas por dondequiera. Los carros las aplastaban y no había quien se preocupara por recogerlas.

Un día me detuve en un centro comercial y me dije: "Voy a recoger unas cuantas naranjas para darles a mis hijos. Las llevé a casa. Después de un rato las partí. Eran tan hermosas y olían muy bien, pero al probar una, casi vomité. Eran tan amargas y agrias, imposibles de comer. Las tiré a la basura.

Si colocamos una naranja agria con otra dulce, no hay diferencia alguna por fuera.

Las dos son iguales. Así es también en la vida cristiana. Hay quienes aparentan ser cristianos y son todo lo contrario.

Detengámonos a pensar en nuestra vida espiritual. Examinémonos profundamente a nosotras mismas y hagámonos esta pregunta: ¿Estoy reflejando yo el carácter de mi Salvador? o ¿tan sólo soy cristiana por fuera?

Sé que es difícil hoy en día alcanzar el ideal cristiano con todas las tareas que nuestra vida diaria requiere, pero si al levantarnos por la mañana ponemos en primer lugar a Dios y nos vestimos con su armadura, estaremos listas para enfrentar las trampas del enemigo. Además, no seremos cristianas de apariencia solamente, sino que seremos cristianas verdaderas, ya que somos nuevas personas por medio de la sangre de Cristo Jesús, quién pagó el precio en la cruz por ti y por mí.

María F. Denneny

Decisión correcta

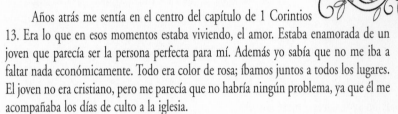

No os unáis en yugo desigual con los incrédulos; porque ¿qué compañerismo tiene la justicia con la injusticia? ¿Y qué comunión la luz con las tinieblas? 2 Corintios 6:14.

Años atrás me sentía en el centro del capítulo de 1 Corintios 13. Era lo que en esos momentos estaba viviendo, el amor. Estaba enamorada de un joven que parecía ser la persona perfecta para mí. Además yo sabía que no me iba a faltar nada económicamente. Todo era color de rosa; íbamos juntos a todos los lugares. El joven no era cristiano, pero me parecía que no habría ningún problema, ya que él me acompañaba los días de culto a la iglesia.

Pasó el tiempo y a los dos años y medio de noviazgo, él comenzó a llegar un poco tarde a mi casa los días de visita. Comenzó a invitarme a las fiestas a las que él acostumbraba ir, e insistía que yo viera programas de televisión con él los viernes por la noche. Mientras más tiempo teníamos de noviazgo, más aumentaban las discusiones entre ambos. Ya no era lo mismo. Comencé a sospechar que él estaba sosteniendo relaciones amorosas con otras mujeres. Un día no pude soportar más y entré a mi cuarto. Me puse de rodillas y comencé a orar sin cesar, como nunca lo había hecho. Le pedí a Dios que me diera una prueba contundente para saber que mis sospechas eran ciertas, y si era así, rompería esa relación inmediatamente. Tres días después, una amiga me contó todo lo que estaba pasando con él, y era exactamente lo que yo suponía.

La ruptura del noviazgo fue algo muy triste, ya que solo faltaban siete meses para casarnos y tenía todo preparado para el acontecimiento, aun los planos de la casa con la que yo siempre había soñado.

Fue difícil, pero sentí que tomé la decisión correcta. Sabía que Dios algún día encontraría el hombre que podría hacerme feliz y yo a él por el resto de mi vida, y así fue; meses después él llegó a mi vida. Dios nunca nos abandona, especialmente si ponemos nuestras vidas en sus manos. Y si te sientes débil, él no te dejará, te dará fuerzas para tomar la decisión correcta. Cuando se trata de agradar a Dios por sobre todas las cosas, debemos tomar la decisión correcta, la que él desea que diariamente nosotras sus hijas elijamos. Si seguimos a Dios pronto veremos las recompensas terrenales y sobre todo las más importantes, las celestiales, cuando Jesús venga en gloria a buscarnos para vivir con él por la eternidad.

Laura Sánchez

El gozo de compartir su Palabra

El que creyere y fuere bautizado, será salvo; mas el que no creyere, será condenado. Marcos 16:16.

Trabajábamos abriendo obra nueva en un lugar de Tegucigalpa, Honduras. Mi esposo celebraría una serie de conferencias, pero no encontrábamos un salón que reuniera los requisitos necesarios para las reuniones. Después de haber buscado en diferentes lugares encontramos una escuela; la directora nos proveyó un salón de muy buen tamaño; lo usaríamos sólo durante las vacaciones. Hicimos bastante propaganda y todas las noches el salón se llenaba completamente.

Durante el día visitábamos a las personas que asistían. Entre ellos había un hombre que era superintendente de la Iglesia Bautista y su esposa era maestra de la escuela. Empezamos visitándolos dos veces por semana y estudiábamos el curso "Tesoros de Vida". Ellos no faltaban a las conferencias de cada noche. Yo corregía las lecciones de más de 100 asistentes así que tenía suficiente trabajo durante el día.

Al final de las conferencias, 27 personas decidieron bautizarse. Cuando llegó el sábado, el día del bautismo, faltaban dos personas: el superintendente bautista y su esposa. Esperamos y oramos a la vez. La ceremonia bautismal sería en el río. Cuando ya estábamos saliendo, llegaron los dos, muy agitados: "Perdónennos por llegar tarde —nos dijeron—. Anoche llegaron a nuestra casa dos dirigentes de la Iglesia Bautista que nos dijeron: 'Sabemos que ustedes serán bautizados en la Iglesia Adventista y hemos venido a rogarles que no lo hagan'. Luego nos mostraron diversos textos bíblicos con la intención de persuadirnos.

"Eran las 4:00 de la mañana cuando estos pastores abandonaron nuestra casa. Mi esposa y yo nos quedamos muy confundidos y me puse a orar, pidiéndole a Dios que nos mostrara si debíamos bautizarnos en la Iglesia Adventista. De pronto mi cuarto se iluminó con una luz celestial y oí una voz que me dijo: 'Napoleón, bautízate. Esta es la verdad'. Tres veces vi la luz y escuché las mismas palabras. Y es por eso que hasta ahora venimos y queremos ser bautizados".

Compartir las enseñanzas de Cristo es una experiencia de gozo y satisfacción. Todavía tenemos las puertas abiertas. Pero pronto llegará el día en que ya no podremos. "El que siembra escasamente, también segará escasamente; y él que siembra generosamente, generosamente también segará" (2 Cor. 9:6).

Olivia López-Porras

Una historia de amor

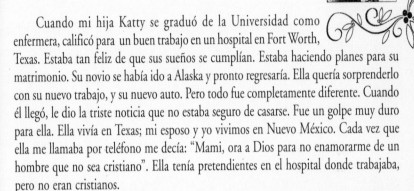

Las muchas aguas no podrán apagar el amor, ni lo ahogarán los ríos. Cantares 8:7.

Cuando mi hija Katty se graduó de la Universidad como enfermera, calificó para un buen trabajo en un hospital en Fort Worth, Texas. Estaba tan feliz de que sus sueños se cumplían. Estaba haciendo planes para su matrimonio. Su novio se había ido a Alaska y pronto regresaría. Ella quería sorprenderlo con su nuevo trabajo, y su nuevo auto. Pero todo fue completamente diferente. Cuando él llegó, le dio la triste noticia que no estaba seguro de casarse. Fue un golpe muy duro para ella. Ella vivía en Texas; mi esposo y yo vivimos en Nuevo México. Cada vez que ella me llamaba por teléfono me decía: "Mami, ora a Dios para no enamorarme de un hombre que no sea cristiano". Ella tenía pretendientes en el hospital donde trabajaba, pero no eran cristianos.

Un día me encontré con Mary Martínez, mi buena amiga. Su hijo menor, David, también pasó por una experiencia similar a la de mi hija. Él se encontraba en California como maestro de una escuela adventista. Decidimos, ella y yo, orar para que Dios hiciera un milagro a fin de que nuestros dos hijos se encontraran y pudieran entablar una amistad. Estábamos haciendo el papel de Abrahán cuando envió a Eliezer a conseguirle esposa a su hijo Isaac. Oramos y pusimos una fecha para que ellos dos se encontraran, pero nos falló. No se pudo. Ninguno de los dos pudo venir. Todavía no se conocían.

Mi hija, como siempre, creía que esa era una de mis locuras y que jamás se realizaría. Pero el día llegó. Fuimos a pasar la Navidad con ella. Y esa noche del viernes, ella recibió una llamada telefónica. Era David que por primera vez decidió hablarle por teléfono. Después de presentarse, le contó cómo su madre le había dado el teléfono de ella. "Busco —le dijo— una esposa cristiana que tenga las siguientes cualidades:

La compasión de la Madre Teresa, la habilidad en la cocina de Betty Crocker, y las cualidades físicas de Marilyn Monroe".

Kathy se reía porque le parecía gracioso todo lo que le estaba diciendo David. Pero le contestó que sí a todo lo que él pedía. Así que formalizaron su amistad, y con la ayuda de Dios realizaron sus planes. Se casaron y ahora tienen dos preciosos niños que son la alegría y el orgullo de Mary y de mí.

Muchas veces Dios nos permite que pasemos por altos y bajos, por aguaceros y tormentas, pero al final siempre veremos el arco iris.

Emma Lutz

Estableciendo metas

Enséñanos de tal modo a contar nuestros días, que traigamos al corazón sabiduría. Salmo 90:12.

¿Qué harías si supieras que solamente tienes un año de vida? ¿Cómo utilizarías tu tiempo?

El tiempo es un elemento irreversible, no podemos volver al pasado. El tiempo es un elemento incierto, desconocemos el futuro. Dios nos otorga el presente y nos hace responsables por el bien o el mal uso del mismo.

A través de los siglos llegan a nosotros las palabras inspiradas del rey Salomón, que cobran un significado especial en los días que vivimos: "Enséñanos de tal modo a contar nuestros días, que traigamos al corazón sabiduría" (Sal. 90:12). El contar nuestros días se refiere a vivir con propósito, fijándonos y alcanzando metas. Nuestro padre celestial desea que tengamos vidas exitosas, productivas y abundantes. Pero algunas deficiencias de carácter nos limitan al intentar alcanzar nuestras metas. La procrastinación que consiste en dejar todo para el último minuto, diciendo: "mañana será otro día", es uno de los obstáculos.

La creencia de no haber podido alcanzar ciertas metas, como una educación universitaria, de manera que ahora es muy tarde, se puede tornar en un obstáculo que nos impida el desarrollo de la fe viviente que nos asegura: "Todo lo puedo en Cristo que me fortalece" (Fil. 4:13).

Las metas son sueños que pretendemos alcanzar en un tiempo determinado, y por ello esto puede causar cierta ansiedad. Por lo tanto, se sugiere lo siguiente:

Ponte metas realistas. Metas que puedas alcanzar.

Ponte metas que puedas medir. Si tu meta es ser mejor madre o cónyuge, ¿cómo vas a saber que has alcanzado esa meta? Es más efectivo dedicar tiempo para planear actividades para toda la familia.

Ponte metas que reflejen lo que tú quieres, no lo que piensas que quieres; metas que sean constructivas para tu crecimiento personal.

También debes saber cómo aceptar el aparente fracaso ante metas no alcanzadas. No te des por vencida. Tal vez no era el tiempo apropiado, o tal vez no era la meta apropiada. Pero el reto es comenzar ahora mismo. Haz una lista de siete cosas que son importantes en tu vida. Escoge dos cosas de la lista que son de suma importancia. Pregúntate, ¿qué calidad de tiempo le estoy dando a estas cosas? Con la ayuda de Dios, propongámonos invertir en esas cosas el tiempo debido y preparémonos para una vida abundante.

Norma Carmona

Yugo desigual

No os unáis en yugo desigual con los incrédulos; porque ¿qué compañerismo tiene la justicia con la injusticia? ¿Y qué comunión la luz con las tinieblas? 2 Corintios 6:14.

Desde muy joven tuve la oportunidad de conocer a Dios y de su Palabra. Sabía que Dios tiene unas reglas establecidas que no deben ser violadas si deseamos ser felices. Pero hubo un momento de mi vida en que pensé que Dios podría haber estado equivocado. Fue en el momento de elegir un esposo.

La palabra de Dios dice: "No os unáis en yugo desigual con los incrédulos" (2 Cor. 6:14). Pero el joven era bueno, amoroso, profesional, aunque no era cristiano. Estaba convencida de que él aceptaría el mensaje algún día. Dios no podía ser tan rígido. Mi novio era especial: él comenzó a acompañarme a la iglesia; cuando íbamos a restaurantes, me llevaba donde hubiese comida vegetariana. No se oponía a que yo estuviese en la iglesia. Me complacía a la hora de elegir música u otra actividad. Entonces se fijó la fecha de la boda. Tres meses más tarde comenzó la tragedia. Desapareció el chico en conquista y apareció su verdadero yo:

•Él era carnívoro. Su carne favorita era el cerdo; pero yo no comía carne de cerdo porque la Biblia dice que es inmunda (Lev. 11:7).

•A él le gustaba bailar y escuchar música; pero yo no bailaba ni me gustaba la música, a menos que fuera cristiana, porque sentía que ofendía a Jesús con esas melodías sensuales o escandalosas.

•A él le gustaban las películas de acción. Yo prefería algo más sano y tranquilo.

•Yo iba a la Iglesia Adventista, pero él prefería no ir a la católica.

•A mí me gustaba orar en familia, pero la oración no cabía en su agenda personal.

En fin, nuestro matrimonio fue un verdadero desastre. Cuando nacieron nuestros hijos las cosas empeoraron. Yo quería enseñarles los principios que había aprendido en la iglesia de Dios, pero él quería criarlos de otra manera. Como era de esperarse, nuestro matrimonio fracasó.

Amé mucho al padre de mis hijos y ruego a Dios siempre por él. Al principio se me hizo muy difícil la separación. Recuerdo que lloraba día y noche. Fue muy doloroso para los niños perder a su padre y ver a su madre sufrir tanto. Pero hoy me he levantado para amonestar a otras personas, ¡como a usted amiga lectora!

Keila Silva

La puntualidad de Dios

Pero los que esperan al Señor tendrán nuevas fuerzas, levantarán alas como las águilas. Isaías 40:31.

En la antigüedad una mujer era aceptada en la sociedad por la cantidad de hijos, especialmente varones, que podía darle a su esposo. Si ella no era capaz de darle hijos, entonces se le consideraba maldecida por Dios, y era humillada, insultada y ridiculizada. La historia no es ajena a dos mujeres a quienes admiramos y de las cuales podemos aprender grandes lecciones.

Sara y Ana eran estériles. Sufrieron amargamente por su esterilidad y ante las burlas de las otras mujeres fértiles. Ambas rogaron a Dios por años por un heredero, pero el hijo no llegaba.

Sara tenía la promesa de que Dios iba a hacer de Abrahán una gran nación y que todas las familias de la tierra iban a ser bendecidas en él (Gén. 12:1-3). Ana, en cambio, no tenía una promesa de Dios, sólo se aferraba a su fe de que un día Dios se iba a apiadar de ella y le iba a dar un hijo. Sara oró y esperó por muchos años, y al verse avanzada en edad su fe flaqueó y decidió ayudar a Dios. Sara pensó que toda la vida era demasiado tiempo para esperar.

Ana, al llegar al nivel más bajo de su depresión, tomó fuerzas de donde no había y surgió con la firme determinación de aferrarse a su Salvador con la poca fe que le quedaba, e hizo una solemne promesa: "Yo lo dedicaré a Jehová todos los días de su vida" (1 Sam. 1:11). Ana decidió esperar en Dios aunque le tomara toda su vida.

Nuestros deseos y motivos de oración varían enormemente, ya sea que oremos por un hijo, un esposo, un trabajo, o por una casa, una familia, un hogar, o cualquiera que sea nuestro anhelo; no olvidemos nunca la lección de Ana, vale la pena esperar. No es fácil esperar, y la respuesta de Dios no siempre viene como deseamos pero siempre es la mejor.

Al adelantarse, Sara atrajo para sí misma y para el resto de la humanidad un sinfín de problemas que aún estamos cosechando, pero Dios no la desechó, sino que la perdonó. Dios debe estar al timón de nuestras vidas. Y al vivir los últimos capítulos de la historia de la humanidad necesitamos tener la plena convicción de que Dios siempre acudirá a tiempo para salvarnos. Habrá ocasiones en las cuales las cosas no saldrán como nosotras esperamos, pero Dios nunca falla. Decidamos morir esperando en Jehová. Ana creyó y esperó, y Dios la bendijo.

Ligia Holmes

¡Me ama, no me ama!

Jehová se manifestó a mí hace ya mucho tiempo, diciendo: Con amor eterno te he amado; por tanto, te prolongué mi misericordia. Jeremías 31:3.

El caminar por las tardes a través de las colinas de Nuevo México, donde yo crecí, fue para mí una experiencia inolvidable. Las blancas nubes flotando en la lejanía formaban sombras con figuras a veces interesantes y caprichosas. El paisaje estaba lleno de muchos colores con diferentes matices, adornando las hermosas y acolchonadas praderas, cubiertas con una variedad de flores.

Yo siempre miraba alrededor mío, buscando algo. ¿Qué buscaba? Buscaba la flor perfecta para poder jugar mi juego favorito. Como toda chica, yo también tenía la mejor forma para descubrir si a cierto muchacho le agradaba, y si realmente él me quería.

Acostumbraba halar y cortar los pétalos lentamente, uno por uno, mientras repetía: "Me ama, no me ama, me ama, no me ama". Y por supuesto, el último pétalo era el que me daría la respuesta anhelada. Pero, ¿qué si no era lo que yo quería? Muy sencillo. Si el último pétalo no me daba la respuesta deseada, yo simplemente cortaba otra flor hasta que obtenía la respuesta que quería. Flores, las había en abundancia y pasar por el mismo proceso con otra era lo de menos. Así que mi juego empezaba de nuevo hasta que arribaba a la respuesta anhelada. El problema con ese método es que realmente yo no estaba segura si en efecto lo que la flor me indicaba era lo que sentía el joven al que yo admiraba. Mi juego con las flores era precisamente eso, solamente un juego.

Hoy que ya he crecido, que recuerdo los juegos de mi infancia, pienso que en el amor de Dios no hay dudas. No tengo que arrancar pétalos y deshojar flores para descubrir si él me quiere o no. Puedo ver su amor manifestado en su hermosa creación. Puedo experimentar su amor a través de sus hijos, de mi familia, mis amistades, mis hermanos. Sin necesidad de usar una flor de muchos pétalos, puedo decir plenamente convencida: "Sí, Dios me ama".

¡Gracias, mi Dios, por tu inmenso amor que no tiene límite!

Clara Valdés

Sin palabras

Hermanos míos, ¿puede acaso la higuera producir aceitunas, o la vid higos? Así ninguna fuente puede dar agua salada y dulce. Santiago 3:12.

Por estos días en Colombia ha salido un anuncio en televisión, que dice más o menos así: "Hay cosas que el dinero no puede comprar, para todo lo demás existe la tarjeta..." Es verdad, los cristianos sabemos el valor de las cosas intangibles. ¿Cuánto cuesta, por ejemplo, una sonrisa? ¿Cuánto pagaríamos por oír decir a una persona especial alguna palabra de halago o agradecimiento? Como humanos nos resultan gratificantes cualquiera de esas expresiones que animan y alegran nuestro corazón.

Tenemos el don del habla, pero hay también múltiples expresiones no verbales que comunican mensajes. Si alguien se acerca para querer hablar contigo y al sentarse cerca de ti cruzas tus brazos, emites un bostezo, lo miras de arriba abajo con el rostro serio, seguramente se alejará de ti muy pronto pues le habrás dicho: "No me interesa hablar contigo", a pesar de que no pronunciaste ninguna palabra.

Por eso es preferible que nos digan "¡Te odio!", si nos miran dulcemente y nos brindan un abrazo, a que nos digan "¡Te amo!" mientras se sostiene fruncido el ceño y se alejan presurosos de nostros.

Nuestro Dios nos dio estas formas de expresión para la vida en comunidad, y aun cuando pueden variar según la cultura en que vivamos, siempre existirán manifestaciones gratas, amables, bondadosas y tiernas, o aquellas toscas, bruscas y poco gentiles.

Ahora analicémonos. ¿Cuáles son nuestras expresiones más frecuentes? Las personas que nos conocen, ¿ven a diario expresiones amables en nuestro rostro o actitudes antipáticas?

En ocasiones solemos ser más agradables en nuestro trato con los compañeros de trabajo, o de la escuela o con las amistades, que con las personas que habitan nuestro hogar. Ellas más que nadie merecen dulces expresiones. Recordemos que seguir a Cristo representa andar en las virtudes que él nos enseñó. No podemos llamarnos cristianos tan sólo por pasar tiempo en la iglesia, mientras mantenemos actitudes descorteses con las personas. Ese no debe ser nuestro testimonio al mundo.

Tu próxima sonrisa abrirá puertas, disminuirá las tensiones, elevará la alegría, y el próximo gesto cordial le demostrará al mundo que eres una cristiana genuina, seguidora de un Salvador amoroso que vino al mundo a manifestarnos, a través de sus expresiones, su inmenso amor por ti y por mí.

Que tengas un día muy feliz, al brindar felicidad a cuantos te rodeen.

Olga Marly Galindo

¿Quieres ver mi foto?

He aquí que en las palmas de las manos te tengo esculpida. Isaías 49:16.

Te invito a venir conmigo al rincón donde cada mañana me encuentro con Jesús. Estoy rodeada de algunas de mis cosas favoritas. Frente a mí veo el piano sobre el que se encuentran varias fotos que resumen parte de mi vida. En una estamos mi esposo y yo cuando éramos novios. Esta foto es especial porque fue tomada cuando él me robaba un beso. Veo otra foto donde estoy con mi hijito de un año de nacido sentados en medio de unas flores. Al mirar esta foto siento el tierno calor de mi niñito que hoy es ya un hombre de veinte años.

Hay otra foto de mi esposo en su primera graduación universitaria en los Estados Unidos. Esta es especial porque fue con mucho esfuerzo como aprendió el idioma inglés y logró su sueño de convertirse en ministro.

A mi lado también tengo una canasta donde guardo una de mis Biblias, varios libros devocionales y otros libros favoritos. Uno de ellos es el libro titulado "Abba" donde la autora describe a Dios como su padre.

Si Dios es nuestro padre, ¿te lo imaginas con un álbum de fotos nuestras? Así como yo guardo mis fotos favoritas porque tienen un significado especial, me imagino que Dios también ha tomado y guarda sus fotos favoritas de mi vida. Yo pienso que él sonríe al mirar la foto de mi matrimonio. Le causa alegría el saber que acepté al compañero que él había escogido para mí y que iba a tener una vida muy feliz a su lado. También él tiene fotos de cuando nos otorgó el regalo —o los regalos— de los hijos y de cuando le dedicamos nuestro bebé. *¡Click!* Creo que su foto favorita fue tomada cuando a los 16 años le entregué mi vida y decidí seguirle, no porque mis padres me enseñaran sino porque salía de mi propio corazón. *¡Click!*

¿Te has preguntado alguna vez qué foto tendrá Abba de ti? ¿Será de alguna vez cuando de rodillas entendiste que su voluntad es que te sujetes totalmente a él para que entonces pueda llenar tu vida de bendiciones?

Somos sus hijas y como padre nuestro, él vela cada día por nosotras. Sus momentos favoritos son aquellos cuando se cumplen sus anhelos en nuestras vidas y somos usadas como instrumentos en su causa. ¿Qué fotos tomará Dios hoy de nosotras? *¡Click!*

Gloria Ceballos

La fuente de las bendiciones

Bienaventurado todo aquel que teme a Jehová, que anda en sus caminos. Salmo 128:1.

Mi esposo creció en un ambiente sin religión. Sus padres no asistían a ninguna iglesia. Así que cuando él tenía como doce años de edad, todavía no había sido bautizado en ninguna iglesia. Mi suegro decía que cuando ellos crecieran tomarían su propia decisión y escogerían la religión que ellos creyeran era la de Dios.

Así fue como desde niño mi esposo comenzó a estudiar las creencias de diferentes iglesias y discutía con sus miembros a la luz de la Biblia. En ese tiempo el párroco del lugar le recomendó asistir a los cursillos que celebraba la iglesia tradicional de la ciudad. A la mitad del retiro, algunos cursillistas se enteraron de que alguien sin bautizar estaba asistiendo al cursillo dentro del Convento de Santo Domingo, y eso ocasionó un gran revuelo.

En esa ocasión, un general del gobierno que asistía al cursillo se ofreció para ser el padrino. Pero el candidato al bautismo condicionó su aceptación del rito a que se le contestaran sus preguntas referentes a la divinidad de María, la observancia de los Diez Mandamientos, y el cambio de los mismos. Naturalmente, no hubo bautismo, ya que las respuestas no fueron bíblicas. Así que cuando lo conocí, ya él se había decidido por la iglesia que le hablaba solamente de la Palabra de Dios y estaba estudiando en el colegio de nuestra iglesia. Para él fue de gran bendición conocer las enseñanzas de la Biblia a tan temprana edad y tomó muy en serio el compromiso de ser fiel a Dios. Creyó en la Palabra de Dios y confió en sus promesas.

Su decisión fue definitiva y firme. Y así nos conocimos: yo hija de pastor, y él recién bautizado; 15 y 17 años de edad, respectivamente.

Él estaba en su primer amor y me impresionaba lo mucho que sabía de la Biblia y la fe que tenía en el Señor. Un día me dijo que iba a estudiar para llegar a ser un ministro del Evangelio, y yo no podía creerlo. ¡Iba a casarme con un pastor como mi padre! Él me leía la Palabra de Dios y enfatizaba la necesidad de permanecer fieles como lo leemos en Deuteronomio 15:5 y también en el capítulo 28. Un día me leyó el Salmo 128:4: "He aquí que será bendecido el hombre que teme a Jehová". Hoy, después de 30 años, permanecemos unidos en el santo matrimonio, y él sigue aferrado a las promesas divinas.

Norma Familia

Ángeles protectores

El ángel de Jehová acampa alrededor de los que le temen, y los defiende. Salmo 34:7.

Era un domingo de tarde. Yo tenía una cita para arreglarme el pelo. El salón de belleza se hallaba en una hermosa área de Washington, D.C., donde las casas están rodeadas de árboles grandes y pintorescos. Iba en mi carro con mis dos hijas, de cinco y siete años de edad, cuando de pronto el viento empezó a soplar, los árboles a mecerse, y grandes gotas de lluvia empezaron a caer. Encontré un estacionamiento a dos cuadras del salón de belleza. Rápidamente les dije a mis hijitas: "Apurémonos para no mojarnos tanto". Cerré el carro, cogí a cada nena de la mano, y empezamos a caminar rápidamente, tratando de cubrirnos de la lluvia bajo los techos de los edificios.

Cuando sólo faltaban como tres casas para llegar a nuestro destino, ¡de repente se oyó un gran ruido! Como a tres metros de nosotras, un árbol enorme se dobló completamente, se desgajó y cayó con tremendo ímpetu sobre un carro que se encontraba estacionado en la calle. El enorme tronco aplastó el carro por completo. Las ramas del gran árbol cayeron desparramadas por la acera por donde nosotras íbamos corriendo. Sentimos que las ramas nos rozaron las piernas. Mi corazón latía aceleradamente y parecía que se iba salir de mi pecho. Apreté las manitas de mis hijas y corrí lo más rápido que pude, para alejarnos de los árboles, en caso de que cayera otro. Clamé a Dios por su ayuda. Me preocupaba porque estaba con mis niñas, y no quería que algo malo les pasara. De pronto mi hija más grande me dijo: "Mami, no te preocupes, Jesús nos cuida".

En ese momento, miré hacia las casas y ¡que alivio fue ver el edificio donde se hallaba el salón de belleza, allí mismo en frente de nosotras! Subimos las escaleras, y con la respiración entrecortada, les conté a las damas que estaban allí lo que acabábamos de enfrentar.

Todas se acercaron a la ventana a mirar el árbol caído. No podían creer que eso hubiera sucedido tan repentinamente. Mientras esperaba mi turno, mis hijas se dirigieron a una mesa llena de libros y revistas y se pusieron a jugar. Se habían olvidado del incidente. Yo, en cambio, repasaba vez tras vez en mi mente la escena del peligro, con la completa seguridad de que mi Padre de amor había mandado a sus ángeles para protegernos, en el preciso momento que el árbol se desplomaba.

Martha Monsalve

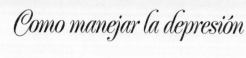

Como manejar la depresión

He aquí el ojo de Jehová sobre los que le temen, sobre los que esperan en su misericordia. Salmo 33:18.

La depresión y la tristeza aquejan a millones de personas. En la mayoría de los casos la depresión se muestra como un estado de tristeza, ansiedad, desesperanza, falta de interés en las actividades normales, incapacidad para tomar decisiones, insomnio, o sueño excesivo, y a veces dolores estomacales y de cabeza. La depresión puede provenir de causas orgánicas y neuróticas. Las orgánicas pueden ser: lesiones cerebrales, tumores, arteriosclerosis, etc. Las neuróticas: cansancio, traumas, etc.

Podemos sentir tristeza frente a alguna situación dolorosa, o afligirnos por algún recuerdo o sentir nostalgia por una mala noticia o experiencia. Es por eso que necesitamos tiempo para llorar, para meditar. Nuestro cuerpo necesita expulsar las toxinas físicas y emocionales. El llanto, y la meditación en la Palabra de Dios son una buena terapia para sentirnos relajadas.

Una mente contenta y un espíritu alegre son salud para el cuerpo y fortaleza del alma.

Vivimos en un mundo en que los que no están desanimados, están expuestos a serlo. Sin embargo, hoy por hoy hay muchas personas depresivas que aun estando en la multitud, lloran su soledad. Otros que siendo ricos tienen el alma pobre y muchos que en su pobreza no logran desarraigar su frustración. La tristeza, sin duda, ha llegado a ser como una bomba atómica que al estallar produjo muchas víctimas, pero sus efectos aún prosiguen. Si alguna vez has visto afectada tu vida espiritual y tu vida física, es porque esta situación ha rebosado sus límites. No permitamos que esa atmósfera antisocial se refleje en nuestros rostros. Pidamos al Señor que podamos tener rostros iluminados de simpatía y de bondad y que ponga en nuestros corazones sentimientos generosos que brillen con el amor y la paz de Cristo. Si alguna vez nos hemos sentido acongojadas o melancólicas, debemos aprender a sobreponernos pues, "he aquí el ojo de Jehová sobre los que le temen, sobre los que esperan en su misericordia" (Sal. 33:18).

Aprovecha hoy la oportunidad de confiar en Jesús una vez más. Llévale tus penas. Háblale con tu propio lenguaje. Exprésale tu dolor, y él te ayudará. Él estará contigo, y juntos pasarán más allá de los territorios de la pena a la experiencia de la dicha y la paz.

Ana Clemencia Calvo

Dios proveerá

Joven fui, y he envejecido, y no he visto justo desamparado, ni su descendencia que mendigue pan. Salmo 37: 25.

Hace 25 años quedé sola con mis dos hijos. Hubo momentos muy difíciles para mí, pero Dios siempre estuvo a mi lado.

Un sábado mí hijito me preguntó: "Mami, ¿qué vamos a comer hoy?" Yo sabía que esa pregunta vendría, pero de todos modos me dolió escucharla. Le contesté: "Ya verán". Para mis hijos parecía un juego, así que me preguntaron: "¿Qué sorpresa tienes Mami? ¡Anda, dinos!" Les contesté que las sorpresas no son sorpresas si se dicen.

Hacía seis meses que me había bautizado y sólo dos meses que mi esposo nos había abandonado y se había llevado todo el dinero que teníamos ahorrado.

Esa mañana, mientras caminábamos hacia la iglesia con nuestras Biblias en la mano, los niños iban cantando y saltando con su alegría usual, pero yo estaba angustiada. Tenía en mis manos un sobre de diezmos para entregarlo a la iglesia, y en mi casa no había qué almorzar. Me vi tentada a gastar el dinero en una compra. Pero, lo primero es que era sábado y sería un mal ejemplo para mis hijos si yo compraba algo en el día del Señor. Lo segundo es que mi madre siempre me decía que el diezmo es sagrado y no debe ser utilizado para ninguna necesidad propia porque le pertenece a Dios. Recordé aquel versículo que dice: "Traed todos los diezmos al alfolí y haya alimento en mi casa; y probadme ahora en esto, dice Jehová de los ejércitos, si no os abriré las ventanas de los cielos, y derramaré sobre vosotros bendición hasta que sobreabunde" (Mal. 3:1).

Así que llegué a la iglesia y entregué los diezmos. Escuchamos el sermón de aquella mañana y salimos de nuevo a casa. Nada había sucedido. No tenía alimentos para los niños, y aún me sentía angustiada y temerosa. Mientras meditaba en nuestra situación, escuché la voz de un vecino que llamaba. Me di vuelta hacia donde él estaba y entonces me dijo: "Hace rato que te estamos esperando. Tengo este racimo de plátanos y estas frutas para dártelas. Son de nuestra finca".

Mis ojos se arrasaron de lágrimas. Abracé a los vecinos y les di las gracias. Llegué a mi casa y pedí a mis hijos que se sentaran para explicarles cómo Dios nos había bendecido por haberle sido fieles. Esto había sido más que una sorpresa; había sido un milagro. Así que nos arrodillamos y le dimos gracias a nuestro infalible Proveedor.

Annie Aldahondo

Que tengas salud y prosperidad

Amado, yo deseo que tú seas prosperado en todas las cosas, y que tengas salud, así como prospera tu alma. 3 Juan 2.

¿No es maravilloso saber que por encima de todo, Dios desea que estemos sanos y que tengamos prosperidad? Y ha prometido mostrarnos cómo hacerlo. Se ha escrito mucho en la Biblia y en los escritos de Elena de White, que nos dan maravillosas enseñanzas con relación a la vida saludable. Personalmente experimenté un cambio dramático en mi vida como resultado de aplicar estos consejos, especialmente las ocho leyes de la salud: Buena nutrición, ejercicio regular, bastante agua, dosis saludables de sol, y aire fresco, descanso apropiado, temperancia en todas las cosas, y una total confianza en Dios para nuestro bienestar. Las investigaciones nos muestran que aquellos que siguen este sencillo estilo de vida, viven varios años más que otros.

Mi esposo y yo hemos sido vegetarianos por casi 30 años. La primera vez que hablamos acerca de hacernos vegetarianos, él estaba preocupado porque no tendría suficiente energía para mantenerse en condiciones de competir con sus amigos en el *surfing*, si no comía carne. Todavía recuerdo la última vez que compré carne. La puse en el congelador y empecé a preparar toda clase de buenos platillos sin carne. Después de tres meses con una dieta vegetariana, él sobrepasaba a sus amigos en el grupo de *surfing*, y la carne fue a dar al plato de nuestro perro.

Pero estos cambios no se pudieron lograr sin algo de resistencia. Mis padres estaban profundamente preocupados con nuestras elecciones dietéticas. Temían que los niños fueran débiles. Pero nuestros niños nunca perdieron un día de clases a causa de enfermedades y nunca tuvieron dientes cariados. Todos se han transformado en adultos altos y fuertes.

Mientras crecía, vi miembros de la familia sufrir con artritis reumática, cáncer, y enfermedades cardíacas. Como sabía que esto podría ocurrirle a cualquiera de nosotros, decidí aprender cómo evitar la mayoría de estas enfermedades degenerativas.

Cuando no nos sentimos bien, no tenemos buenas relaciones con los que nos rodean; tampoco con nosotros mismos, ni con nuestro Dios. La gente está sufriendo y muriendo cada día por causa de los hábitos perjudiciales y es posible que ni siquiera sepan qué están haciendo mal. Procura aprender cómo trabaja tu cuerpo, y pídele a Dios que te dé el deseo de dar los pasos necesarios para lograr y mantener una buena salud. Y eso incluye tu salud mental. Confía en Dios con todo tu corazón y él proveerá todo lo que necesites.

Nancy Pardeiro

Valor en la lucha

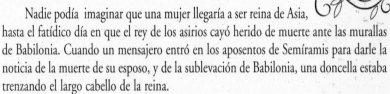

Mira que te mando que te esfuerces y seas valiente; no temas ni desmayes, porque Jehová tu Dios estará contigo en dondequiera que vayas. Josué 1:9.

Nadie podía imaginar que una mujer llegaría a ser reina de Asia, hasta el fatídico día en que el rey de los asirios cayó herido de muerte ante las murallas de Babilonia. Cuando un mensajero entró en los aposentos de Semíramis para darle la noticia de la muerte de su esposo, y de la sublevación de Babilonia, una doncella estaba trenzando el largo cabello de la reina.

Semíramis contuvo sus lágrimas, pidió un caballo y salió hacia Babilonia, donde convocó a los generales y dio las órdenes necesarias para el ataque. A los guerreros no les resultó fácil obedecer a una mujer, pero Semíramis no se dejó intimidar, pues tenía que conquistar la ciudad.

Gracias a su audaz estrategia, la reina y el ejército consiguieron la victoria. Al regresar a Kalah, capital del reino asirio, Semíramis fue proclamada "Señora Reina" y gobernó en nombre de su hijo que era demasiado joven para ocupar el trono. ¡Qué valor de mujer!

A pesar de estar pasando por momentos difíciles, cada vez que nosotros iniciamos un nuevo día aceptamos que junto con él vendrán sorpresas, desafíos y oportunidades, que inevitablemente debemos afrontar. Es posible que esta mañana, como muchas otras, te sientas impotente y temerosa. Quizá mientras lees este comentario, negras nubes de tristeza y dificultad llenan tu mente y lastiman tus sentimientos sin saber qué hacer ni por donde comenzar.

El recuerdo de algún ser querido que repentinamente fue llamado al descanso, el hijo que se ha apartado de la fe, la hija que se ha rebelado contra ti y se ha ido del hogar, el esposo que no reconoce tus valores y no ensalza tus virtudes, el trabajo y la fuente de ingresos que se ha perdido, etc., todo esto hace nuestro diario caminar difícil y tormentoso.

Pero hay alguien que quiere ayudarte. Ese alguien que tú necesitas no está lejos de ti, y no sólo te dice: "Mira que te mando que te esfuerces, y seas valiente", sino que también te dice: "He aquí yo estoy [contigo] todos los días, hasta el fin del mundo" (Mat. 28:20). Es Jesús quien te ayudará. No corras, ni siquiera camines sin asegurarte que has ido a él con fe, porque ante su cruz está la solución, y en él se encuentra el valor y la esperanza.

Sandy Reyes

Tocados por la cruz de Cristo

Pero lejos esté de mí gloriarme, sino en la cruz de nuestro Señor Jesucristo, por quien el mundo me es crucificado a mí, y yo al mundo. Gálatas 6:14.

La cruz de Cristo trajo salvación para toda la humanidad y fue un acontecimiento extraordinario para los que lo presenciaron. Todos los hechos de la vida y el ministerio de Jesús apuntaban hacia ese momento.

Fue fácil seguirle cuando la muchedumbre lo aclamaba como Rey. Fue muy significativo estar a su lado mientras la gente lo alababa por sus milagros. Pero reconocer a Jesús en su Calvario fue algo muy difícil, hasta para sus propios discípulos.

La cruz de Cristo trajo temor para sus seguidores. Huyeron y lo dejaron solo; pero tocó el corazón de otros, que apenas lo conocían o habían escuchado de él.

Simón cireneo fue movido por compasión y se acercó a la turba que caminaba hacia el Calvario. Al expresar sus sentimientos de dolor, lo tomaron y le colocaron sobre sus hombros el pesado madero. "Resultó una bendición para él llevar la cruz al Calvario y desde entonces estuvo siempre agradecido por esta providencia" (*El Deseado de todas las gentes,* p. 691).

El ladrón en la cruz fue tocado por comparación. Al verse, él y su compañero, al lado de Jesucristo, comparó sus vidas. "El Espíritu Santo iluminó su mente y poco a poco se fue eslabonando la cadena de la evidencia. En Jesús, magullado, escarnecido y colgado de la cruz, vio al Cordero de Dios, que quita el pecado del mundo" (*Ibíd.,* p. 698)

El tercero en ser conmovido por la cruz de Cristo fue el centurión romano que había presenciado la gloria del Hijo de Dios. Él fue tocado por contemplación. "Cuando el centurión vio lo que había acontecido, dio gloria a Dios, diciendo: Verdaderamente este hombre era justo" (Luc. 23:47).

"En el mismo día de su muerte, tres hombres, que diferían ampliamente el uno del otro, habían declarado su fe: el que comandaba la guardia romana, el que llevó la cruz del Salvador, y el que murió en la cruz a su lado" (*El Deseado de todas las gentes,* p. 715).

Busquemos a Jesús diariamente, y que en esa comunión podamos ser tocadas por la cruz de Cristo. Que esto traiga salvación a tu vida. Amén.

Miriam Castillo

El nido vacío

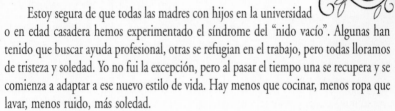

Dios es nuestro amparo y fortaleza, nuestro pronto auxilio en las tribulaciones... Jehová de los ejércitos está con nosotros; nuestro refugio es el Dios de Jacob. Salmo 46:1, 7.

Estoy segura de que todas las madres con hijos en la universidad o en edad casadera hemos experimentado el síndrome del "nido vacío". Algunas han tenido que buscar ayuda profesional, otras se refugian en el trabajo, pero todas lloramos de tristeza y soledad. Yo no fui la excepción, pero al pasar el tiempo una se recupera y se comienza a adaptar a ese nuevo estilo de vida. Hay menos que cocinar, menos ropa que lavar, menos ruido, más soledad.

Con todos estos cambios, surge poco a poco algo que yo he llamado "la ternura del nido vacío", porque entonces ambos cónyuges se dedican más tiempo el uno al otro. De pronto nos damos cuenta de que hablamos más de nosotros, de nuestros planes futuros. Y sin darnos cuenta, surge algo que se llama dependencia mutua. Nos necesitamos desesperadamente el uno al otro.

De esta manera se inicia un nuevo proceso: el de conocernos de nuevo. Un proceso de dejar las inhibiciones, siendo que, al no haber nadie alrededor, surge una caricia o un beso espontáneo. Los padres de conducta muy conservadora delante de sus hijos, ahora son más expresivos y los de conducta menos conservadora disfrutan la libertad que ahora tienen.

Por eso cuando los hijos regresan al hogar de vacaciones pueden percibir algo diferente, algo que no entienden; una fórmula milagrosa que es resultado del amor, el cual produce estabilidad y felicidad para ellos.

Las estadísticas indican que un gran número de divorcios ocurren después de la muerte de un hijo, debido a la depresión y el complejo de culpabilidad, pero al apoyarse mutuamente el matrimonio se fortalece y en realidad llegan a ser uno y no dos. Después de sobrevivir al síndrome del "nido vacío" o la pérdida de un hijo, se puede decir: "Juntos hasta que la muerte nos separe".

En mi experiencia personal, a pesar del dolor que me embarga, me he refugiado en mi Dios, pues él es "mi amparo y mi fortaleza, mi refugio en las tribulaciones" y en mi esposo, mi gran amigo y compañero por veintiocho años, quien me ofrece sus brazos para consolarme y siempre está a mi lado para darme su apoyo y comprensión.

Los dos anhelamos el pronto regreso de nuestro Señor en gloria y majestad pues nuestro blanco es el cielo y queremos llegar juntos.

Dilcia Gonzáles

El poder de la mujer

Y todo lo que hacéis, sea de palabra, o de hecho, hacedlo todo en el nombre del Señor Jesús, dando gracias a Dios Padre por medio de él. Colosenses 3:17.

Cuando tenía 40 años de edad fui bautizada en la Iglesia Adventista de Miami, Florida. Quería servir a Dios de todo corazón y hablar a otros de su amor. Para obtener el conocimiento necesario, tomé el curso de obrera bíblica, por lo cual adquirí mas conocimiento de las Sagradas Escrituras y de la voluntad de Dios.

A mis 52 años sufrí unas de las experiencias mas horrendas que le puede ocurrir a una madre. Perdí una de mis hijas en un trágico accidente automovilístico. El dolor y la angustia de perder un hijo es algo que no se puede explicar. Yo también quedé muy lastimada después del accidente y pasé cuatro meses en el hospital. Sólo el gran poder de mi Salvador, Amigo y Compañero Jesús pudo levantarme de ese lecho de dolor, donde no sólo mi cuerpo físico estaba lastimado sino también mi espíritu.

He dedicado mi vida al ministerio y Dios me ha bendecido grandemente, al poder traer a sus pies muchas almas que le aman de todo corazón.

Tengo 81 años de edad. En el año 1998 publiqué mi libro "Amor en Poesías".

Y para ti mujer, recuerda que tú también puedes servirle y ser útil en tu carrera, al poner todos los dones que te ha dado a su servicio. Quiero reconocer tu gran obra y tu mensaje en la vida a través de esta poesía.

EL PODER DE LA MUJER

*Mujer, por tanto tiempo despreciada
te has erguido en los años victoriosa,
los lazos que en la vida fuiste atada
ya son sólo conquistas poderosas.*

*Dios no quiso que fueras pisoteada
con maltratos, vejada y afligida,
para ayuda del hombre fuiste creada
con su amor y su fuerza protegida.*

*Pero el hombre, después que ha crecido
se olvida que en tu seno fue formado,
que arrullado en tus brazos fue mecido
y con leche materna fue criado.*

*Ya que con tu poder te has liberado
que venciste por fin la esclavitud,
no deshonres el triunfo conquistado.
Tus esfuerzos corona con virtud.*

Rosalina Gardano

"Debajo de sus alas estarás segura"

Con sus plumas te cubrirá y debajo de sus alas estarás seguro; escudo y adarga es su verdad. Salmo 91:4.

Siendo una niña muchas veces oí de mis padres la lectura del Salmo 91, algunas veces los viernes por la tarde al recibir el sábado y otras veces al despedirlo, así como en los cultos vespertinos de familia. Cuando íbamos de viaje y mientras mi papá manejaba el carro, mamá nos entretenía y experimentaba paz repitiendo este salmo. Así que inconscientemente lo aprendimos de memoria y llegó a ser parte de mi vida.

Recuerdo especialmente una ocasión en febrero de 1963. Mi esposo y yo regresábamos de Estados Unidos e íbamos con destino a Costa Rica, donde prestábamos nuestro servicio como maestros del Colegio Vocacional de América Central, lo que es hoy la Universidad Adventista de Centroamérica (UNADECA).

Salimos del territorio norteamericano y cruzamos todo el territorio mexicano, gozándonos de las bellezas naturales que Dios creó. Entramos a Guatemala, cruzando altas montañas, grandes pendientes y curvas peligrosas en caminos estrechos y polvorientos. Cuando llegamos a la capital, entrando a la calle principal, al poner los frenos en el primer semáforo, la rueda izquierda trasera de nuestro carro salió rodando delante de nosotros. Se había desprendido completamente del eje. Sin perder el control del carro pudimos estacionarlo en el único espacio vacío que había en esa calle.

Sabemos que los ángeles mantuvieron la rueda en su eje hasta que llegamos a un lugar seguro ya que los tornillos que la mantenían asegurada en su lugar habían desaparecido. No sólo llegamos a un lugar seguro, sino que fue un lugar donde pudimos encontrar la ayuda que necesitábamos para resolver el problema lo mas rápido posible y así poder continuar nuestro viaje.

Estamos completamente seguros que otra de las promesas del Salmo 91 se cumplió ese día en nosotros. "No te sobrevendrá mal, ni plaga tocará tu morada, pues a sus ángeles mandará acerca de ti, que te guarden en todos tus caminos" (vers. 10, 11).

Continuamos viajando ese mismo día agradeciendo a Dios por su protección y analizando cuántas promesas de protección divina hay en el Salmo 91.

Todavía seguimos leyendo o repitiendo de memoria este salmo, y creo con toda confianza que Dios protege bajo sus alas a sus hijas que creen en él.

C. Fe Leira de Díaz

Oración

Conceda Jehová todas tus peticiones. Salmo 20:5.

Era un jueves de mañana cuando me dirigía hacia mi trabajo. Tenía la opción de manejar por la autopista o por el campo y siempre decidía irme por el campo, cruzando pueblos pequeños, por dos razones: la primera, para orar durante el viaje, y la segunda, porque era relajante estar en contacto con la naturaleza.

Justamente en ese tiempo teníamos que tomar una decisión difícil. Nuestras hijas habían estudiando desde el jardín de infantes en escuelas de la iglesia. Ahora estaban en la escuela secundaria, y los gastos eran extremadamente altos para sostener dos hijas en la secundaria adventista con todos los gastos extras que esto trae. El pago de la escuela era más alto que el pago mensual de la casa y teníamos que escoger: dejar perder nuestra casa o retirar las hijas de la escuela.

Ese jueves de mañana oraba con toda mi alma. Le pedía humildemente a mi Dios derramando lágrimas, así como aquella mujer sirofenisa vino al Señor y se postró a sus pies, con un ruego en favor de su hija. Jesús le dio una respuesta muy dura, a nuestro parecer, pero ella le contestó: "Sí, Señor, pero aún los perrillos, debajo de la mesa, comen de las migajas". Yo en ese momento le suplicaba una de esas migajas. Le decía que no era nada malo lo que le estaba pidiendo, tan sólo que permitiera que mis hijas pudieran continuar estudiando en una escuela cristiana.

El sábado en la iglesia el pastor William Kilgore estaba predicando. Su sermón habló de la fe de la mujer sirofenisa, que se acercó al Señor a suplicarle algo y que rogaba una de esas migajas que caían de la mesa. Entonces dijo él: "No. El Señor Jesús no nos da migajas. Él nos sienta con él a su mesa y nos da el pan con su mano porque somos especiales para él".

Las lágrimas corrían por mis mejillas al escuchar esas palabras, porque en ese momento estaba completamente segura que mi oración había sido oída. Y así fue. Tres semanas después nuestro bendito Dios nos concedió no sólo que mis hijas continuaran sus estudios en escuelas de la iglesia, sino que también pudimos conservar nuestra casa, y conseguir un mejor trabajo para mi esposo y para mí también.

Así como esa petición, el Señor ha contestado muchas, muchas oraciones a lo largo de mi vida y mi corazón rebosa de gratitud por la gran misericordia que tiene para con sus hijos.

Elsy Muñoz

Bajo la sombra del Todopoderoso

Tú me hiciste en el vientre de mi madre. Mi embrión vieron tus ojos. Salmo 139:13,16.

Como esposa, madre de dos maravillosos hijos, y tres preciosos nietos, doy gracias a Dios por el sagrado don de la maternidad. El tema de la maternidad me encanta, lo disfruto, me deleita, me ennoblece y me estremece porque mi Dios tuvo a bien darme el privilegio de ser la persona humana que nutriría física y espiritualmente a esta criatura hecha a imagen de él y por él.

Sagrada tarea, gran responsabilidad, pero no estamos solas. Se ha dicho con verdad: "Después de Dios, el poder de la madre en favor del bien es el más fuerte que se conozca en la tierra" (*El hogar adventista*, p. 215).

Por esto, amada Mamá, si un nuevo corazón late dentro de ti, si tu cuerpo físico nutre una nueva vida, y esperas con ansias el nacimiento de un dulce bebé, te insto que vayas al Todopoderoso para que te cubra con su Santo Espíritu. Ante todo, preséntate tú ante Dios y no olvides esto: los niños que desean una íntima relación con Dios son aquellos que han observado una vida de oración en sus padres.

Después, cuando llegue ese día anhelado, cuando el cielo deposite en tus brazos esa pequeña criatura, tierna, suave, indefensa y completamente dependiente, no descuides ninguna oportunidad para interceder por ella.

"Aún el lactante en los brazos de la madre puede morar bajo la sombra del Todopoderoso por la fe de su madre que ora" (*Ibíd.*, p. 249).

En el silencio de las noches, cuando todo duerme y el instinto de madre o su llanto te lleva hacia él, allí a solas con tu hijo y tu Dios, ruega al cielo por él. Pídele que ame a Jesús. Pídele que crezca en Jesús. Pídele que aprenda de Jesús. Pídele que camine con Jesús y cuando Jesús venga le lleve al cielo con él.

¡Qué privilegio tan sagrado depositado en una mujer, llegar a ser el instrumento que tanto influirá en la vida de sus hijos tiernos, jóvenes y aún en la edad adulta!

Que el Señor te bendiga ricamente en esta tarea tan sagrada de guiar a los santos que poblarán la nueva Jerusalén de Dios.

Dámaris Pupo

Una oración de fe

Por nada estéis afanosos, sino sean conocidas vuestras peticiones delante de Dios en toda oración y ruego, con acción de gracias. Filipenses 4: 6.

Sucedió en Cuba. Mi hijo más pequeño se había enfermado de una laringitis aguda a los seis meses y medio de edad. Eran las doce de la noche y no teníamos carro para transportarnos. Tuve que salir a pie con mi hijo en brazos para el hospital. Allí reconocieron al niño y dijeron: "Hay que operarlo, pero aquí no tenemos los recursos". Los llevaron al hospital militar de emergencia. En ese momento llegó mi esposo en su bicicleta, que era su único medio de transporte. El doctor preguntó: "¿Qué edad tiene este niño?" y yo le contesté: "Seis meses y medio". Y luego él dijo: "Está muy chiquito, pero para poder salvarlo hay que hacerle una traqueotomía".

El doctor mandó buscar al anestesista. Le permitieron a mi esposo entrar al cuarto y juntos pusimos a nuestro hijo en las manos de Dios. Seguían llamando al anestesista por el altoparlante y no aparecía. De pronto entró una doctora y me preguntó, "¿A tu niño le han puesto ampicilina alguna vez?" y le contesté: "No, nunca se había enfermado antes". La doctora dijo: "Vamos a hacer la prueba a ver si le asienta".

Pero pasaron como diez minutos, y comencé a notar que el niño, respiraba mejor. Cuando la doctora regresó y lo reconoció, de nuevo gritó: "¡Bingo! le ganamos la batalla". Pero yo sabía que era Dios que había contestado nuestra oración.

Ella buscó al otro doctor que era jefe del grupo y le dijo: "Mire esto, es increíble. "Sólo veinte minutos han pasado, y qué bien respira". El doctor lo auscultó de nuevo y dijo: "Ya no hay que operarlo" y yo dije en voz alta: "¡Amén!" Ellos me miraron extrañados, pues eran comunistas y no creían en Dios. En ese momento, la puerta misteriosa se abrió y apareció con cara soñolienta el anestesista que no acostumbraba dormir en ese cuarto. Se había acostado allí para dormir, y por eso no lo encontraban. Pero yo sabía que había sido Dios quien había hecho todo.

Dios salvó a mi hijo de esa operación a tan temprana edad y ha preservado su vida hasta ahora que ya tiene veintiséis años de edad. Terminó una carrera, está trabajando y gracias a Dios también participa en la iglesia en favor de los jóvenes, de los niños del club de Aventureros y de la división de menores.

Nélida Carbonell de Martínez

Hablando la verdad con amor

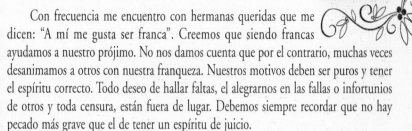

Sino que siguiendo [hablando] la verdad en amor, crezcamos en todo en aquel que es la cabeza, esto es, Cristo. Efesios 4:15.

Con frecuencia me encuentro con hermanas queridas que me dicen: "A mí me gusta ser franca". Creemos que siendo francas ayudamos a nuestro prójimo. No nos damos cuenta que por el contrario, muchas veces desanimamos a otros con nuestra franqueza. Nuestros motivos deben ser puros y tener el espíritu correcto. Todo deseo de hallar faltas, el alegrarnos en las fallas o infortunios de otros y toda censura, están fuera de lugar. Debemos siempre recordar que no hay pecado más grave que el de tener un espíritu de juicio.

Y bien, te preguntarás: ¿Cómo puedo ayudar a otros en forma positiva? He aquí algunas sugerencias: Primero, lee 1 Corintios 13 todos los días. ¿Y por qué no hacerlo ahora mismo? Ahora, mira a ver qué puedes aplicar a tu vida hoy.

Segundo, medita en las declaraciones que haces acerca de otras personas. Siéntate y analiza sus declaraciones y pregúntate qué quisiste decir con ello. Yo misma he descubierto que esto resulta muy doloroso. Al lidiar con otra persona, he hecho declaraciones que fueron menos que cristianas en espíritu y en su contenido. Eso no quiere decir que la persona no haya tenido faltas muy notorias, pero al sentarme y pensar en mi táctica, reconozco que mi enfoque contradecía el Evangelio que yo creía estar defendiendo. ¡Esto es terrible! Hay vigas en cada una de nosotras.

Tercero, recuerda que sacar algo de nuestros ojos es una operación difícil. No hay un órgano más sensible que los ojos. Al tratar el ojo, necesitamos emplear mucha paciencia y cuidado. Estas cualidades necesitan ser trasladadas al reino espiritual al tratar con otros. Como lo declaró el apóstol Pablo, necesitamos aprender a hablar la verdad en amor. Nuestras palabras deben ser siempre sazonadas con sal. Usar palabras que eleven, no que lastimen o aplasten el espíritu de los demás.

Hay que emplear más palabras que muestren aprecio, admiración, amor. "Hablando entre vosotros con salmos, con himnos y cánticos espirituales" (Efe. 5:19), para edificación del cuerpo de Cristo. Propongámonos hablar la verdad, con palabras dichas como conviene y en amor. Hemos de hacerlo comenzando con los de nuestra familia en el hogar y luego con los de la familia de Dios. Seamos cuidadosas al hablar a nuestros esposos, hijos, padres, hermanos, vecinos, compañeros de trabajo, de escuela, etc. El Espíritu Santo nos ha de ayudar y ha de ungir nuestros labios al hablar.

Adly Campos

Un regalo de bodas de nuestro Creador

Bueno es Jehová a los que en él esperan, al alma que le busca. Lamentaciones 3:25.

Muchas de nosotras hemos vivido en carne propia lo bueno que es Jehová. No importa dónde nos encontremos, a él siempre le interesa escuchar nuestras plegarias. A veces he pensado no molestar al Creador del universo con mis oraciones que realmente no expresan urgencias, pero me he dado cuenta que son esas pequeñeces las que realmente me han enseñado que a Dios le interesa todo lo nuestro, incluyendo aquellas cosas que a mí me parecen pequeñeces.

Era un día maravilloso, nuestra luna de miel estaba por terminar. Nos encontrábamos en las montañas de Cloud Croft, Nuevo México. Al día siguiente regresaríamos al sur de Texas, donde hasta donde yo sé, jamás ha nevado. Nunca había yo visto nieve descender del cielo, sólo lo había visto por medio del televisor. Bueno, como jamás había visto nieve descender y mi prometido y yo habíamos escuchado que en marzo en las montañas aún nieva, decidimos hacer planes para ir de luna de miel a Nuevo México.

Pasamos una semana entera y no había ninguna señal que indicara que iba a nevar. Le preguntábamos al dueño de las cabañas y nada. Él siempre respondía lo mismo: "No hay ni una sola nube que indique que vaya a nevar". Estábamos tristes porque hicimos un viaje muy largo para ver nieve descender del cielo y al parecer no se nos iba a conceder. El día antes de regresar al Estado de Texas, sintiéndonos un poco melancólicos, decidimos arrodillarnos y pedirle a nuestro Dios que por favor nos enviara un poco de nieve para que por lo menos pudiéramos captarla en vídeo.

Pasaron aproximadamente veinte minutos cuando alguien tocó la puerta de nuestra cabaña. Era el dueño de las cabañas. Venía a decirnos que estaba nevando un poco. Al asomarnos, notamos que el cielo se había cubierto de nubes gruesas y grises. Pasaron unos cinco minutos y comenzó a caer una copiosa nevada. Mi esposo y yo tuvimos el privilegio de captarlo en vídeo.

Ese día me di cuenta que para Dios no hay oraciones pequeñas, que para él no hay oraciones insignificantes. Él siempre quiere escuchar de ti, porque bueno es Jehová. A él tú le interesas, y como hijas del Rey tenemos el gran privilegio de buscarle y encontrarle. No hay nada muy grande o muy pequeño que a Dios no le sea importante. Si es lo suficientemente importante para ti, también lo es para él.

Sandra Leticia Juárez

Dios nunca falta a su promesa

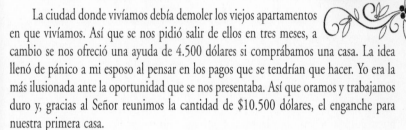

Mi Dios pues, suplirá todo lo que os falta conforme a sus riquezas en gloria en Cristo Jesús. Filipenses 4:19.

La ciudad donde vivíamos debía demoler los viejos apartamentos en que vivíamos. Así que se nos pidió salir de ellos en tres meses, a cambio se nos ofreció una ayuda de 4.500 dólares si comprábamos una casa. La idea llenó de pánico a mi esposo al pensar en los pagos que se tendrían que hacer. Yo era la más ilusionada ante la oportunidad que se nos presentaba. Así que oramos y trabajamos duro y, gracias al Señor reunimos la cantidad de $10.500 dólares, el enganche para nuestra primera casa.

Después de cuatro años de vivir en ella, estábamos a punto de perderla. Había estallado la guerra del Golfo Pérsico y la economía del país iba de mal en peor. Una tarde llamé a mis hijos y a mi esposo a mi recámara y los invité a que me acompañaran a orar de rodillas. Le suplicamos al Señor que nos mantuviera firmes en la fe aunque perdiéramos la casa. También le pedimos su ayuda, que aunque el trabajo fuera poco, que siempre fuéramos fieles con nuestros diezmos.

Para entonces mi esposo enfermó. Le apareció un tumor, no maligno, gracias a Dios, pero debía ser operado. Mi madre nos prestó 150 dólares para ir a ver a un médico en Mexicali, México. El doctor operó y la cuenta ascendió a 800 dólares. Entregué al doctor todo lo que tenía, 150 dólares, y un cheque por el resto, pidiendo que no lo cambiara hasta la siguiente semana, pues no teníamos fondos en ese momento. El doctor fue muy bondadoso y accedió. También nos dijo que mi esposo había llegado a tiempo pues el tumor había traspasado las capas de la piel y estuvo a punto de enredarse en la columna vertebral. Si eso hubiera ocurrido, mi esposo hubiera quedado inválido; gracias a Dios se atendió a tiempo.

Cuando regresamos a casa había un mensaje de oferta de trabajo y una carta del gobierno de la ciudad en la que se nos comunicaba que nos debían 11.473 dólares. Con eso pagamos los meses atrasados de la casa y dos meses de adelanto en ella. El Señor nos permitió vivir en ella durante nueve años y nunca nos faltó el trabajo. Sabemos que Dios contestó nuestras oraciones. Sus bendiciones fueron derramadas sobre nosotros. Una vez más las promesas de Dios se cumplieron. ¡Gloria a él!

Carmen Uriarte

Cuán hermosos son los pies

¡Cuán hermosos son sobre los montes los pies del que trae alegres nuevas, del que anuncia la paz, del que trae nuevas del bien, del que publica salvación, del que dice a Sion: Tu Dios reina! Isaías 52:7.

Mi padre, conocido como el pastor Porras, abrazó el mensaje con todo su corazón. Era profesor en una escuela, pero decidió colportar para ganarse una beca y estudiar el ministerio en un colegio cristiano. Empezó en las montañas de Guatemala. Era un muchacho fuerte, y estaba feliz de poder vender libros. Era un buen colportor. Ese día le tocaba entregar libros en una montaña cerca de Totonicapán, Guatemala, pero amaneció con fiebre. No podía darse el lujo de quedarse en cama, así que decidió levantarse después de elevar su corazón a Dios por ayuda.

Esa mañana temprano salió del cuarto que alquilaba, y se dispuso a subir la montaña. El cielo estaba oscuro. En los países tropicales cuando llueve, se abren las fuentes de los cielos. A medida que avanzaba se convencía que se avecinaba un fuerte aguacero, y que no le convenía mojarse. Además de la fiebre, podría perder los libros.

A pesar de su debilidad, caminó cuesta arriba. En silencio elevó su corazón a nuestro Padre celestial, pidiéndole que pudiera llegar a la primera casa antes que empezara a llover. Pero parecía que Dios no lo había escuchado. Empezaron a caer gotas grandes. Su preocupación principal era no mojar los libros. Él podía soportar el aguacero, tal vez le bajaría la fiebre, pero esas gotas pronto se convirtieron en chorros de agua tan fuertes que le mojaron los zapatos. Pero él siguió adelante. Pronto divisó la primera casa. Apuró sus pasos y al llegar tocó la puerta. Cuando salió la señora, se quedó muda de asombro al ver que ni una sola gota de agua había mojado sus libros y menos a él.

Milagros como estos nos esperan en los últimos días. Sólo debemos alimentar nuestra fe ahora para que cuando llegue el momento de la prueba, estemos preparados y listos para enfrentarla. "Cuando pasares por las aguas, yo estaré contigo; y si por los ríos, no te anegarán. Cuando pasares por el fuego, no te quemarás, ni la llama arderá en ti" (Isa. 43:2).

Emma Lutz

Jugando a "los encontrados"

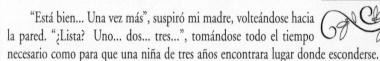

Buscad, y hallaréis... porque el que busca, halla; y al que llama, se le abrirá. Mateo 6:7, 8.

"Está bien... Una vez más", suspiró mi madre, volteándose hacia la pared. "¿Lista? Uno... dos... tres...", tomándose todo el tiempo necesario como para que una niña de tres años encontrara lugar donde esconderse.

"¿Donde estará Raicita? ¿Estará debajo de la cama como ayer, o quizá en el armario?"

Cinco minutos más tarde, después de buscar en todos los lugares, todavía no había tenido éxito. "Quizás si espero un poquito se cansará y saldrá", pensó ella.

"Bueno, dijo en voz alta, parece que mi niña se ha perdido. ¡Qué pena! ¡Y con lo rico que sabe el postre de esta tarde!" Con esa sonrisa pícara que la caracteriza, mi madre se dio a la tarea de preparar la cena. Aliñó los frijoles, sacó unos plátanos del refrigerador... y esperó... Cruzando hasta su cuarto, se detuvo en la entrada y escuchó. ¿Se lo habría imaginado?... allí estaba otra vez, en dirección de la esquina cerca del armario. Un leve bullicio emanaba por la ventana. Era un canto, un tararear bajito que por momentos sonaba a susurro. Se acercó a la cesta de ropa sucia, y allí dentro, cómodamente sentada, jugando con una muñeca y tarareando una canción, estaba yo. De repente, llena de ternura, mi madre se inclinó y me envolvió en sus brazos. Me sorprendí al ser encontrada, pues ya se me había olvidado que había estado perdida.

En el juego de la vida nos pasamos la vida quejándonos y argumentando que Dios es difícil de encontrar, pero en el juego de los escondidos entre Dios y tú, Dios es el más fácil de encontrar. Con su sonrisa que le caracteriza, va dejando pistas donde menos las esperamos. Y cuando estamos casi dándonos por vencidas, encontramos una prueba más de que él está cerca. Cuando pensamos estar solas ante la muerte de un ser querido, allí está él. Al caer de rodillas, llorando, con el corazón desgarrado por la desesperación, nos damos cuenta que, sin todavía haber clamado, él ya nos estaba esperando.

Pero a veces insistimos en ser nosotras las que nos escondemos. Sin dejar pista alguna, nos alejamos de Dios. Se nos olvida que fuimos nosotras quienes nos escondimos, y al ser halladas, nos sorprendemos al advertir que estábamos perdidas.

Cuando él llegue a la puerta de tu corazón, ¿te encontrará por tus quejidos? ¿Se dará cuenta por tus gritos y quejas, o te encontrará fácilmente por tu canto?

Raiza de los Ríos Fernández

El vaso destrozado

Vi también como un mar de vidrio mezclado con fuego; y los que habían alcanzado la victoria sobre la bestia y su imagen... en pie sobre el mar de vidrio con las arpas de Dios. Apocalipsis 15:2.

Era adolescente y líder de la iglesia. Era una de las "predicadoras", asistente de secretaria de iglesia y diaconisa. Pero tenía un temperamento de los "mil demonios" y ese carácter incontrolable era plaza pública de Satanás. Un día mientras discutía con una de mis hermanas menores, me enfurecí y tomé el vaso del cual estaba bebiendo y se lo lancé a mi hermana con todas mis fuerzas. Cuando me di cuenta, si ese vaso llega al blanco deseado, probablemente iba a ser la última vez que iba a ver a mi hermana viva.

En esos segundos, no pude pedir protección para mi hermana, sólo pude clamar al nombre del Padre, y cerrando mis ojos, sólo pude pensar: "Dios mío". Dos palabras que llegaron al cielo antes que el vaso llegara a la cabeza de mi hermana. Dos palabras que evitaron un desenlace fatal. Dos palabras que cambiaron mi vida. Comprendí que, gracias a la intervención pronta del Espíritu Santo, mi familia está más unida y el dolor de haber matado a mi hermana no pasó a ser historia.

Fue allí donde comprendí que Dios me estaba dando otra oportunidad para liberarme del dominio del enemigo. Si yo no aprendía a controlar mi temperamento, iba perder la oportunidad de ver al Padre cara a cara. Sin embargo lo terrible no es que estemos abrigando espíritus malignos en nuestro cuerpo, sino el disfrazarlo con los dones del Espíritu.

Como hizo con María, Dios quiere librarnos de las garras del enemigo. El Señor ha hecho una gran labor conmigo. Me ha transformado y cada día es una constante lucha por ser como Jesús. Dios es Todopoderoso y puede romper cualquier ligadura que nos ata a Satanás, si le entregamos a él (Dios) nuestro ser. Tal como el vaso que se destrozó al pegar contra la pared, nuestro mal carácter se hará añicos al caer postradas ante la cruz del Calvario, al contemplar el sacrificio de nuestro Salvador. Solo así empezaremos a parecernos más y más a Jesús.

Vayamos de rodillas con la firme determinación de permitir que el Espíritu Santo haga su obra en nosotros y que el Espíritu de Dios halle morada permanente en nuestro corazón.

Ligia Holmes

Misericordia

Ciertamente el bien y la misericordia me seguirán todos los das de mi vida. Salmo 23:6.

¡Misericordia! Esa sola palabra pronunciada en labios de un miembro de la junta de mi iglesia me hizo reflexionar, derramar lágrimas y angustiarme. ¿Por qué?

Desde que conocí el Evangelio 60 años atrás, he sido una persona dispuesta a ayudar y a servir al prójimo con amor y dedicación en cualquier circunstancia. Al jubilarme, me establecí en el Estado de la Florida y la junta de mi nueva iglesia me nombró directora de Servicios a la Comunidad (Dorcas). Se hicieron muchos cambios para poder involucrar al mayor número posible de personas en el trabajo de servir y ayudar a los necesitados, entre ellos, establecer un programa anual para recaudar fondos llamado "Mi talento para Jesús". En el mismo, se entrega la cantidad de cinco dólares al que quiere participar. Este dinero debe ser invertido y multiplicado por medio de diferentes actividades y también se utiliza para diferentes necesidades.

En una reunión de junta se presentó el caso de una familia que necesitaba pagar cuatro meses de alquiler atrasado o no tendría donde vivir. Se propuso que un porcentaje se pagara de nuestro fondo y yo me opuse tenazmente; aun así, les recalqué que acataría la decisión de la junta. En medio de la discusión, un querido hermano tocó las fibras de mi corazón cuando me dijo: ¿"Dónde está la misericordia que debemos tener por los demás y especialmente por los nuestros?" La ayuda fue aprobada. En esa reunión me tocó hacer la oración de clausura, y aproveché para pedir perdón al Señor.

Durante el viaje de regreso al hogar, oré y le dije al Señor con lágrimas en mis ojos: "Señor, ese dinero es tuyo y sé que vas a velar porque siempre haya dinero para ayudar al que lo necesite. Concédeme esa virtud tan maravillosa que es la misericordia". Recordé entonces el texto que dice: "Ciertamente el bien y la misericordia me seguirán todos los días de mi vida". Que esta sea nuestra oración en este día. Y que en todo momento mostremos misericordia hacia nuestro prójimo, hasta el fin de nuestros días.

Carmen Toledo

Aun lo insignificante

Encomienda a Jehová tus obras, y tus pensamientos serán afirmados. Proverbios 16:3.

La oración es maravillosa. Si sólo la usáramos más frecuentemente, cuánto mejor sería nuestra vida. La oración es gratuita. Cualquiera puede orar. Para orar y que Dios te escuche no tienes que ser rica, o inteligente, o hermosa. No tienes que hacer cita, ni memorizar un número. La línea nunca está ocupada, ni contesta una máquina para dejar mensajes. Tampoco es necesario tener un problema para hablar con Dios. A él le agrada escuchar la oración de gratitud.

Y no es necesario postrarnos de rodillas cada vez que oramos. Eso me gusta porque puedo hablar con Dios como a un amigo aun cuando salgo a caminar o si voy en el auto, en cualquier momento o lugar. ¡Cuán maravilloso es Dios! Él se interesa aun por las cosas sencillas que nos incomodan. No debemos esperar tener un problema serio, o un caso de vida o muerte para orar.

En cierta ocasión necesitaba preparar un álbum de fotos para una reunión familiar. Al revisar varias cajas de fotos, no tenía idea por dónde empezar, qué fotos escoger, qué álbum usar. Varias veces comencé la tarea y me sentí abrumada con tanta foto. Si no podía comenzar, ¿cómo podría terminar a tiempo? No era la primera vez que hacía un álbum. Tengo muchos: de un viaje a Nueva York, de vacaciones a diferentes lugares, otro de varios años en el campo misionero. Pero por alguna razón, no podía pensar ni avanzar. Un poco frustrada, acudí a Dios. "Padre, ayúdame con esta tarea. Necesito algo apropiado para las familias que verán este álbum. ¿Por dónde comienzo?"

Me senté a pensar. En unos momentos me vino una idea. Comienzo con mis padres, cuándo y dónde se conocieron, cuándo se casaron y dónde vivieron. Luego sigo con los hijos y sus respectivas familias. Con eso, supe exactamente las fotos que debía buscar. En poco tiempo tenía las fotos listas para colocar en el álbum.

Si Dios se interesa por las cosas insignificantes, cuánto más por la cosas difíciles o complicadas. Vivimos en una época llena de temor y desesperación. Es reconfortante, como cristianos, saber que tenemos un Padre amante a quien podemos acudir. Él dice "Clama a mí y yo te responderé" (Jer. 33:3). La oración es verdaderamente algo maravilloso. La sierva del Señor declara: "La oración es la respuesta a todos los problemas de la vida. Nos pone en armonía con la sabiduría divina, la cual sabe cómo ajustar todo a perfección".

Esperanza Ayala Benavides

Perdonar y olvidar

Pero yo os digo que cualquiera que se enoje contra su hermano, será culpable de juicio; y cualquiera que diga: Necio, a su hermano, será culpable ante el concilio; y cualquiera que le diga: Fatuo, quedará expuesto al infierno de fuego. Mateo 5:22.

Era una familia cristiana con tres hijos, que vivía el la ciudad de Bogotá, Colombia. El padre se dedicaba a las ventas, y la madre era enfermera. Una mañana, el niño mayor de ocho años decidió ir con sus hermanos menores a un lugar en el patio para enseñarles acerca de los componentes de la tierra. En ese instante una persona cortó el lazo que ataba una escalera a un árbol, és ta cayó y golpeó a Arturito en la cabeza y le ocasionó ocho hematomas.

La madre lo llevó de inmediato al hospital, donde lo internaron. Arturito quedó inválido y ciego. Un mes antes de morir, lo llevaron nuevamente al hospital y descubrieron que Arturito tenía un cociente intelectual de genio. Mientras estuvo internado, predicó el Evangelio a los médicos y enfermeras, y a los otros enfermos; siempre habló de la Nueva Jerusalén, hasta el último día.

Momentos antes de fallecer, Arturito llamó al personal del hospital para agradecerles y despedirse. Le hizo prometer a la madre allí presente, que junto con su padre todos juntos caminarían por las calles de oro de la santa ciudad cuando Cristo volviera. Con esta esperanza Arturito cerró los ojos. La gente lo despidió con pañuelos blancos. Allí quedó el recuerdo de Arturito y el vacío para sus padres.

Ahora la madre tenía que enfrentar a quien había matado el sueño de la familia, pero al verla cara a cara percibió en su mirada remordimiento y angustia, mientras que ella abrigaba una esperanza. No le reclamó nada, solamente la perdonó en silencio, y se marchó.

Unos meses después, mandaron a llamar a la madre de Arturito para que ayudara a esa persona a salvar las piernas: las várices se le habían reventado, y ambas piernas se le habían gangrenado. Sin vacilación la madre la auxilió, la curó durante un año todos los días, hasta que esa persona pudo volver a caminar. El motivo que impulsó a esta madre a perdonarla y amarla, era la esperanza de que esta mujer pudiera estar presente en aquel glorioso día, y presenciara el encuentro con Arturito, quien había muerto por una imprudencia de ella. Cristo se lo devolvería. Esta historia me conmueve mucho, porque yo soy la hermana de Arturito.

Ana Clemencia Calvo

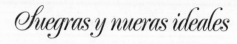

Suegras y nueras ideales

No me ruegues que te deje, y me aparte de ti; porque a dondequiera que tú fueres, iré yo; y dondequiera que vivieres, viviré. Tu pueblo será mi pueblo, y tu Dios mi Dios. Rut 1:16.

Durante mis años de experiencia como consejera, me ha tocado escuchar relatos desagradables de suegras y nueras que tienen relaciones muy conflictivas. Pero mis oídos también se han deleitado al escuchar experiencias positivas como éstas: "Tengo la mejor suegra del mundo". "Mi nuera es maravillosa. Fue la mejor elección que mi hijo pudo haber hecho".

¿De dónde se originan los conflictos entre suegras y nueras? Pienso que la raíz de todo es el egoísmo.

¿Qué podría motivar a una suegra a no llevarse bien con su nuera? Los celos y la inseguridad son factores que podrían influir. Es común que una madre posesiva no reciba a la esposa de su hijo amado como hija, sino como competidora, que según ella, le robó el cariño de su muchacho. En su afán, según ellas, de no "perderlo", siguen siendo controladoras e invasoras del nuevo hogar que se formó, provocando el desprecio de su nuera, que por otro lado, si proviene de un hogar conflictivo o quebrantado, donde no se llevaba bien con su madre o era una niña mimada y caprichosa, la actitud de su suegra puede darle motivo para ser menos tolerante. Es allí donde surgen los pleitos y los desacuerdos entre ambas mujeres.

Por un lado, la suegra ve pasar los años, y a menudo se siente descontenta con el pasado y temerosa del futuro. Sabe que está avanzando en edad y esto puede ser una fuente de crisis y conflictos interiores que la hacen sentirse amargada y frustrada.

Por otro lado, la nuera, joven e inexperta, llena de ilusiones y planes para su nuevo hogar, podría reaccionar en forma exagerada a cualquier observación o sugerencia de su suegra. Por eso vale la pena leer el maravilloso relato que el Señor nos da a través del libro de Rut.

La relación de amor y cortesía de estas abnegadas mujeres, es un ejemplo vivo del amor de Dios reflejado en sus corazones. Cuando Rut, la nuera de Noemí, insistió en acompañarla a Belén, después de haber quedado viudas, Noemí demostró nobleza de espíritu al decir a su nuera que no debía marchitar su vida joven sólo para consolarla y ayudarla a suplir sus necesidades. Pero Rut se sintió atraída hacia ella por la hermosura de su carácter.

Ruth A. Collins

Creciendo en el poder de Dios

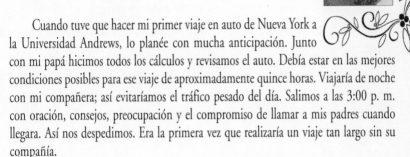

Enséñanos de tal modo a contar nuestros días, que traigamos al corazón sabiduría. Salmo 90:12.

Cuando tuve que hacer mi primer viaje en auto de Nueva York a la Universidad Andrews, lo planée con mucha anticipación. Junto con mi papá hicimos todos los cálculos y revisamos el auto. Debía estar en las mejores condiciones posibles para ese viaje de aproximadamente quince horas. Viajaría de noche con mi compañera; así evitaríamos el tráfico pesado del día. Salimos a las 3:00 p. m. con oración, consejos, preocupación y el compromiso de llamar a mis padres cuando llegara. Así nos despedimos. Era la primera vez que realizaría un viaje tan largo sin su compañía.

Alrededor de las 8:00 p. m. les hice la primera llamada telefónica porque había un ruido extraño en el auto que me preocupaba. Mi padre me dio varios consejos y, aún preocupados, oramos a Dios para que nos cuidara y nos librara del peligro en la carretera a esa hora de la noche. A eso de las 2:00 de la mañana tuve que llamarles otra vez porque ¡una goma estalló yendo a 100 km (60 millas) por hora! Gracias a Dios pudimos pasar al carril del acotamiento paralelo a la carretera sin haber causado un accidente.

Gracias a Dios, ¡nosotras estábamos bien y el carro también! Un caballero nos ayudó a ponerle aire al neumático y nos llevó al siguiente pueblo, ya que todo estaba cerrado a esas horas de la madrugada. Yo estoy segura que fue un ángel. Dios había obrado de una manera milagrosa y nosotras nos vimos libradas de una muerte inminente. ¡Dios nos había cuidado! ¡Qué grande es el poder Dios!

Al reflexionar en el cuidado que Dios nos prodiga, reconocemos que él tiene un plan para nuestra vida. Así podemos continuar creciendo cada día espiritualmente, de tal manera que podamos "traer al corazón sabiduría".

Como joven aprendí por experiencia personal los siguientes mensajes que aquí comparto: "Los jóvenes necesitan comprender la profunda verdad fundamental de la declaración bíblica, según la cual, con Dios está el manantial de la vida" (*La educación*, p. 193). "La vida natural es conservada momento tras momento por un poder divino; sin embargo, no es sostenida por un milagro directo, sino por el uso de las bendiciones puestas a nuestro alcance" (*El hogar adventista*, p. 206). ¡Que Dios nos ayude a conocer más de su poder a través de nuestras experiencias personales en esta vida, y esto traiga al corazón sabiduría!

Keren Familia

Si él cuida de las aves, cuidará también de ti

¿No se venden cinco pajarillos por dos cuartos?... No temáis, pues; más valéis vosotros que muchos pajarillos. Lucas 12:6, 7.

Un sábado de mañana mis padres, mi hermana menor, y yo nos levantamos muy temprano para visitar a unos de mis hermanos en una ciudad a cuatro horas de viaje en auto. Todo estaba listo; además había comprado un pajarito para regalar a mi sobrinito. Aunque mi familia no es cristiana, los invité a asistir a la iglesia conmigo primero, y después a visitar a mi hermano.

Yo estaba al timón de nuestro automóvil. A mi lado estaba mi padre, y mi madre y mi hermana en los asientos de atrás. Antes de salir, rogué a Dios por protección. Todos estábamos muy alegres, disfrutando nuestro viaje. Habían pasado unos quince minutos de circular por la autopista, cuando mi hermana gritó: "Cuidado con ese carro negro". Un Cadillac negro estaba invadiendo mi carril descuidadamente. Me moví a la izquierda, pero perdí el control. El auto comenzó a moverse de un lado para el otro. En un abrir y cerrar de ojos el auto se estrelló contra la pared de concreto que divide la autopista. Pensé que estaba por morir, así que oré en mi mente: "Señor, perdóname mis pecados. Adiós".

Momentos después, escuché la voz de mi madre llamándome. Abrí mis ojos y me di cuenta de que el carro estaba destrozado. Vi que mi padre ya no estaba a mi lado. Él era el único sin cinturón. Pensé que había muerto. Para mi alegría, mi padre estaba en la parte de atrás del carro. Todos estaban bien. Mi hermana colgaba de su cinturón a causa de la posición del carro. Pero nadie recibió daños mayores. Pronto llegó la policía y nos ayudó a salir del carro. Uno de ellos nos preguntó: "¿Es esto de ustedes?" Para nuestro asombro, era el pajarito. ¡Todavía estaba vivo! La jaula estaba destruida y el pajarito estaba en la calle.

Todos agradecimos a Dios por habernos protegido, incluso a un pequeño pajarito. Sabemos que si él cuida de las aves, cuidará también de nosotros. Nunca estamos solos. Tenemos un compañero que siempre estará con nosotros hasta el fin del mundo. Si nos mantenemos en comunión con él, somos uno con Cristo. Nuestra vida está escondida con Cristo en Dios.

Pamela García

Dios cumple sus promesas

Pues a sus ángeles mandará acerca de ti, que te guarden en todos tus caminos. En las manos te llevarán, para que tu pie no tropiece en piedra. Salmo 91:11, 12.

Corría el año 1974. En el Sanatorio Adventista del Plata, Argentina, las ansiadas vacaciones habían llegado y todas, con mucha excitación preparaban valijas para retornar al hogar. Para mí el hogar estaba muy distante, pues provenía de un país extranjero. "Tal vez —pensaba— si regreso a mi hogar, me será difícil retornar el próximo año". Yo anhelaba graduarme como enfermera.

Invité a una de mis mejores amigas para acompañarme en un viaje a Buenos Aires. Visitaríamos a una prima a quien yo no había visto desde que era muy pequeña. Con el escaso dinero, nos lanzamos a nuestro aventurado viaje.

Una vez en Buenos Aires, nos dirigimos hacia la casa de mi prima. Pero después nos enteramos que ella se había mudado y nadie conocía su dirección. Ahora, al mirar a nuestro alrededor en busca de soluciones, nos dimos cuenta de lo enorme que era la ciudad de Buenos Aires.

Decidimos buscar una Iglesia Adventista y después de agotar la guía telefónica, escuchamos la voz del pastor que dijo: "¿Solas en Buenos Aires? Es muy peligroso, pues ya comienza a oscurecer. Pueden tomar el tren y hospedarse con nosotros". El tren estaba lleno, muy lleno, y al llegar a la estación indicada, mi amiga me dijo: "¡Bajemos, es aquí!" Y escabulléndose, logró salir del tren. Yo traté de hacer lo mismo pero antes de que pudiera bajar, el tren se puso en movimiento, mi corazón comenzó a galopar cuando vi el tren alejarse. Decidí saltar antes de que la puerta se cerrara completamente, pero antes elevé una desesperada y corta oración: "Señor, por favor ayúdame y protégeme". Yo nunca vi su rostro, pero sentí que sus fuertes manos me tomaron y me plantaron en tierra más o menos a una milla de donde quedó mi amiga.

Corrí hacia atrás y el encuentro fue lleno de lágrimas y agradecimiento a Dios, pues una vez más había cumplido su promesa. "Pues a sus ángeles mandará acerca de ti, que te guarden en todos tus caminos". Qué maravilloso es tener un Dios que nunca nos abandona, y en la angustia él nos librará. Si hoy te encuentras sola o desesperada, clama a Jehová y él te responderá, acude a Cristo tal cual eres, pues "hoy es el día de buscar al Señor".

Doris Horner

Amistad familiar con Jesús

Nadie tiene mayor amor que este, que uno ponga su vida por sus amigos. Juan 15:13.

¿Anhelas tener una amistad familiar y permanente con Jesús? ¿Clama tu alma porque su presencia sea constante en tu vida? Jesús anhela ansiosamente ser tu amigo más íntimo, tener una constante comunión contigo y conmigo.

Durante los meses pasados mi vida cambió, se transformó en una sucesión de viajes, desde un aeropuerto a otro procurando encontrar mi asiento lleno de migas de pan, tratando de descubrir de dónde viene ese silbido de aire (del avión), buscando el auto blanco alquilado entre cientos de ellos, buscando el hotel en una noche de lluvia, procurando el número correcto de pieza, buscando un edificio específico o carpa donde voy a tener mi presentación. Buscando, buscando.

En los afanes de mi vida, he estado buscando muchas cosas, y con frecuencia he perdido de vista a mi Jesús a quien tanto amo.

"Tranquilízate, Mary —me susurra Jesús—. Permíteme que te muestre el camino. Te llevaré de la mano y trabajaremos juntos", son las muy bienvenidas palabras de Jesús. [Suspiro de alivio] "Dale tiempo a tu Amigo", me dice con un suave toque el Espíritu Santo.

Los amigos comprenden los pensamientos de los otros, aun antes de que hablen. Eso es lo que hace Jesús. Mi invisible Amigo es cada día más querido, más cercano y más maravilloso. ¡Ah! Y cómo atesoro mi tiempo con él. Jesús ansía mi amistad. "Nadie tiene mayor amor que este, que uno ponga su vida por sus amigos" (Juan 15:13). Él anhela vivir como nuestro Amigo.

¿Es tu vida un torbellino? ¿Tienes más trabajo que las horas que tiene el día? Entonces trata de darle a Jesús lo primero de tu tiempo, y el resto del día será vivido con él. Él caminará a tu lado. Él tomará las decisiones difíciles. Te dará ideas para escribir un artículo (como éste). Te dará las palabras oportunas que debes decirle a un amigo que está de duelo, o herido o desesperado. Jesús ansía darnos su fortaleza. Tiene el regalo de la vida eterna listo para que lo abras y aceptes.

Esta cariñosa y ardiente amistad madura rápidamente, y se mantiene creciendo más rica y más radiante cada mes. Nosotros ganamos en pureza de pensamientos, porque cuando mantenemos la presencia de Cristo, nuestros pensamientos se tornan puros como el arroyo de la montaña... Resulta fácil hablarle a los demás acerca de Cristo, porque nuestras mentes están inundadas de él (*Practicando su presencia*, pp. 35, 36).

Mary Maxson

Pide lo que deseas con fe y oración

Jesús les dijo: por vuestra poca fe; porque de cierto os digo, que si tuviereis fe como un grano de mostaza, diréis a este monte: Pásate de aquí allá y se pasará; y nada os será imposible. Mateo 17:20.

Nos encantaría recibir de Dios todo lo que queramos pero no somos dignos de arrodillarnos y pedirle a nuestro Dios con fe. Jesús dijo que si tuviéramos fe como un granito de mostaza nada nos sería imposible.

Hace 18 años que inmigré a los Estados Unidos, y comencé a trabajar en un hotel famoso en Washington D.C. Me fue de maravilla. Después de ocho años hubo cambios en la administración y el nuevo jefe implantó normas que afectaban mis principios, había que trabajar los sábados. Éramos tres adventistas los que no trabajamos el sábado. El jefe comenzó por hacerme insinuaciones. Si accedía a ser complaciente con él, me libraría de sus normas. Pero no me rendí y acudí a Dios en oración. Le pedí otro trabajo cerca de mi casa donde no tuviera que ir en auto y que no comenzara muy temprano. Oré fervientemente, hasta pensé que era demasiado lo que estaba pidiendo.

Después de tres meses de orar recibí una llamada de una hermana de otra iglesia que hacía más de seis años que no sabía de ella. Ella me dijo: "Hermana, en la ciudad donde usted vive están buscando una nana para cuidar dos niños. Es una familia anglosajona y ellos quieren que de preferencia sea cristiana". Ella me dio su número telefónico y me dijo: "Haga una cita, tal vez le den el trabajo". Llamé de inmediato y concerté una entrevista. Ellos me dijeron que me iban a avisar, pues tenían más señoras que entrevistar. Cuando tuve la entrevista, me dijeron que el trabajo era de lunes a viernes de 10 a.m. a 6 p.m. El sueldo era mucho más que lo que ganaba y a 20 minutos de mi casa. Me dije: "Esto es lo que yo deseo pero yo creo que sería mucha suerte si me lo dieran". Dudaba del poder de Dios.

Para mi sorpresa, una semana después me llamaron y me dijeron: "El trabajo es suyo y puede comenzar el lunes". Esa fue la respuesta a mi oración. Hasta el día de hoy trabajo con ellos. Son personas maravillosas. Tengo un mes al año de vacaciones pagadas, y muchos beneficios más.

Recuerda que no hay nada imposible para Dios. Siempre y cuando él vea que eso es lo mejor para ti. Pide todo. ¡Prueba a tu Dios y verás!

Maribel Alfaro

Un joven mártir

Todo el que pierda su vida por causa de mí, la hallará. Mateo 16:25.

Colombia es un país muy hermoso, lastimosamente golpeado por la actual situación de violencia. Los enfrentamientos entre ejército, guerrilla y grupos paramilitares dejan incontables víctimas cada año. Los adventistas no somos ajenos al conflicto. Los mártires en nuestro país ya son muchos. Uno de ellos fue Jair. Este joven pastor amó siempre la causa del Evangelio. Fue enviado para dirigir la obra en muchos lugares de nuestro país.

El último sitio al que se le llamó fue a un pequeño pueblo llamado Mesetas, en el departamento del Meta, donde la autoridad es ejercida en su totalidad por la guerrilla de las FARC. La Iglesia Adventista llevaba muchos años allí. Bajo una aparente calma los hermanos se reunían con libertad, pero al agravarse la situación del conflicto en Colombia, las condiciones cambiaron.

Este joven pastor había conducido una semana de oración en aquel lugar y al concluirla le fue sugerido por la guerrilla que se fuera. Él lo hizo. Sin embargo, las almas necesitaban urgentemente de la asistencia pastoral. El joven pastor se casó en la capital, y regresó en compañía de otro pastor conocido en la región para terminar su misión.

Una mañana, ambos pastores fueron abordados por guerrilleros, quienes no les permitieron muchas explicaciones. Sin que el otro pastor pudiera hacer algo para defenderlo, nuestro joven pastor fue asesinado. El pastor que le acompañaba fue dejado en libertad con el compromiso de marcharse de la región inmediatamente.

Jair murió en el cumplimiento de la causa del Señor. Creyó en él hasta su último aliento. Su muerte generó un gran dolor a toda la iglesia, pero su vida fue un ejemplo. El caso del pastor Jair en Colombia no es único. Varios hermanos han perdido la vida al seguir las huellas que nuestro Salvador nos ha indicado.

Muchas iglesias en diferentes lugares se han visto obligadas a cerrar sus puertas y hasta el momento, un gran número de hermanos valientes ha defendido la causa a pesar del peligro que representa.

¡Cuánto cuesta defender la fe! Tal nosotros que vivimos en grandes ciudades no estamos bajo alerta por la cercana persecución de la iglesia de Cristo. Pero cuando suceda, ¿habremos hecho los preparativos para mantenernos firmes a pesar de las amenazas de muerte? Es claro para nosotros que en esas circunstancias el morir, como escribió Pablo, puede convertirse en ganancia. ¡Es tiempo de prepararnos! ¡Maranata!

Olga Marly Galindo

Como el jardín de Dios

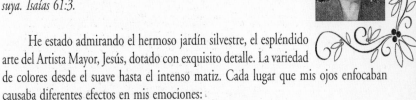

Y serán llamados árboles de justicia, plantío de Jehová, para gloria suya. Isaías 61:3.

He estado admirando el hermoso jardín silvestre, el espléndido arte del Artista Mayor, Jesús, dotado con exquisito detalle. La variedad de colores desde el suave hasta el intenso matiz. Cada lugar que mis ojos enfocaban causaba diferentes efectos en mis emociones:

Paz, la combinación del color azul pastel y oscuro del cielo.

Esperanza, los diferentes tonos del verde de la hierba y de los árboles.

Gozo, el encanto de las flores de variado color.

Serenidad, el vaivén del amarillo del trigo.

Respeto, el aspecto de la sombra clara y oscura.

Alabé al Señor por los diferentes matices de colores, aun por el oscuro de la sombra, porque al observarlo descubrí que así resaltan los variados colores.

¡Qué admirable es el Señor!

¡Qué magnifico Diseñador!

¡Qué espléndido Jardinero!

Verifiqué que Dios también es el Jardinero, el Artista, el Diseñador y el Creador de nuestra existencia. Él tiene un propósito para cada color y diseño en nuestra vida. Cuando elegimos contemplar las sombras o las espinas que sólo causan desaliento, Dios nos asegura que aun en medio de la oscuridad, si clamamos a él, nos guiará a descubrir la luz de su presencia y nos ayudará a enriquecer nuestra experiencia personal.

La tediosa hierba invade los jardines, pero la admiramos con embeleso, cuando estalla en su hermosa variedad de flores. Dios usa la hierba para enseñarnos lecciones de humildad.

Las pruebas nos ayudan a crecer en él. Dios, nuestro Jardinero y Diseñador, usa diferentes métodos para ayudarnos a perfeccionar nuestro carácter y llegar a ser las personas que él quiere que seamos. Él satisfará nuestras necesidades y nos guiará a experimentar una renovación espiritual de gozo y contentamiento. Cuando aceptemos que él sea el Diseñador y cultivador de nuestra vida, sentiremos la necesidad de doblar las rodillas en actitud de sumisión para permitir que el Sol de justicia bañe nuestras sombrías almas, rompa las cadenas de opresión, dándonos el sentir de libertad, paz, amor, perdón y aceptación. Entonces relucientes ante la gloria de su presencia, lo alabaremos con himnos de gratitud.

"Señor, ayúdame a conservar el jardín que tú has diseñado en mi vida, y que produzca la floración y la fragancia de una humilde sierva. Amén".

Judith Rivera

Como vasijas de barro

¿No podré yo hacer de vosotros como este alfarero, oh casa de Israel? dice Jehová. He aquí que como el barro en la mano del alfarero, así sois vosotros en mi mano, oh casa de Israel. Jeremías 18:6.

Cuando era niña, mis padres tenían una finca a unos pocos kilómetros del pueblito donde vivíamos. Yo era feliz cuando iba a aquel lugar. Lo que no me gustaba era que cuando llovía, el camino se hacía difícil. Aquello se convertía en un barro que se pegaba a los zapatos y casi no podíamos caminar. Nuestros zapatos se ponían pesados. Algunos se caían, otros se reían, pero a mí no me gustaba ese camino. Llegué a aborrecer ese barro.

Un día en ese camino encontramos a unos señores haciendo lindas vasijas con ese barro. Como niña, me llamó la atención. Recuerdo que me hicieron una ollita muy bonita. Desde ese día mi actitud cambió, y hasta me llevé un poco de barro para la casa para hacer otras vasijitas. Pero a mí nada me salió. Hice algunas cosas muy mal hechas que pronto se endurecieron y se rompieron. Pero siempre pensaba acerca de cómo esos señores podían hacer vasijas tan bonitas.

Al pasar el tiempo y visitar otros lugares, me he dado cuenta que aquellos señores no tenían mucha experiencia. En realidad, no hacían vasijas bonitas. Hoy, cuando voy a lugares de artesanía, pienso en el barro de mi tierra que no tuvo la oportunidad de estar en las manos de alfareros profesionales.

De igual forma cada una de nosotras, al caminar en este mundo hundido en el pecado, somos como el simple barro que cubre los caminos. Pero a diferencia del barro de mi pueblo, tenemos una gran ventaja. Nosotras podemos elegir en mano de qué alfarero queremos estar.

Jesús ha sido el gran alfarero de todos los tiempos. Él quiere moldearnos y hacernos preciosas vasijas. En este día dondequiera que estemos, debiéramos alabarle y decirle: "Cúmplase, oh Cristo, tu voluntad. Sólo tú puedes mi alma salvar. Cual alfarero, para tu honor, vasija útil, hazme Señor" (*Himnario adventista* N.º 260).

Mercedes Crousset

Mariposa

Jehová no estaba en el viento... no estaba en el fuego. Y tras el fuego un silbo apacible y delicado. 1 Reyes 19:11, 12.

Un día de primavera estaba por salir de mi casa con mis padres y por alguna razón que ahora no recuerdo, me sentía frustrada y de mal humor. Algo había sucedido que no iba de acuerdo con mis planes y rápidamente dejé sentir mi disgusto. Sin proponérmelo, mi rostro hizo visibles los sentimientos que llevaba dentro y decidí encerrarme en el auto y esperar a mis padres allí mientras se enfriaba mi genio. Mi mamá vio la cara larga que traía, y me dijo: "Hija, sonríe". Y sin meditar la respuesta, le contesté: "No tengo nada por qué sonreír".

Pero mientras iba caminando pensaba en la atrocidad que acababa de decir. Tantas cosas que Dios había hecho por mí, tantas bendiciones que había recibido, tantas oraciones contestadas y ¿no tenía nada por qué sonreír? ¡Qué mal agradecida había sido! Allí sentada en el auto, le pedí perdón a Dios por ser tan descuidada al hablar.

Mientras esperaba a mis padres, comencé a mirar las flores del patio y de pronto, como de la nada, apareció la mariposa más gigantesca que jamás haya visto. Revoloteaba por encima de las flores revelando el contraste entre su tamaño y el de las flores. Yo la miraba encantada. Cuando al fin se posó sobre una de las flores, ésta se inclinó. Así sucedía en cada flor que se posaba. Mientras seguía con la mirada a la mariposa, mi ceño dejó de fruncirse, mi corazón comenzó a sentirse liviano y de pronto, como si me estuvieran haciendo cosquillas, la misma persona que había dicho que no tenía nada por qué sonreír esbozó una sonrisa.

En ese momento mi mamá salía de la casa y al ver la mariposa, se detuvo y me hizo señales como diciendo: "¿Estás viendo a esa mariposa?" Con la misma sonrisa le indiqué que la estaba mirando mientras en mi interior pensaba: "Señor, me estás haciendo tragar mis palabras". Por último salió mi papá quien también vio a la gigantesca mariposa y así, todos terminamos sonriendo. Hasta el día de hoy seguimos recordando aquel día y aquella mariposa.

Esa tarde de primavera el Señor me dijo: "Te conozco". Nada se escapa de la vista y el oído de Dios y nada le es insignificante. De la misma manera que él conoce las pequeñeces del corazón, se revela a nosotros también en las cosas pequeñas.

Arlene Bonilla

¡Cuidado con el autobús!

El ángel de Jehová acampa alrededor de los que le temen, y los defiende. Salmo 34:7.

Desde niña mi madre me enseñó a repetir este verso cada día al salir a la calle y al ir a dormir.

El 21 de marzo de 2001 llovía copiosamente y con poca visibilidad, debido a la niebla que cubría la ciudad de Nueva York. Al salir del subterráneo, en unos pocos segundos debía decidir cuál de las dos calles cruzaría primero, la Calle 157 o la Calle Broadway.

En la primera calle corría el tráfico, en la segunda la luz peatonal me indicaba que podía cruzar. Esa fue la razón por la que me aventuré a cruzar para no mojarme tanto bajo la lluvia, cuando escuché la voz de un caballero que cruzaba conmigo, al cual nunca vi: "Señora, ¡cuidado con el autobús!"

Inmediatamente corrí y miré hacia el lado. Lo que vi fue espantoso: un enorme autobús urbano de dos pisos, tan alto como un edificio, estaba por embestirme y el chofer no me estaba mirando. En ese instante me vi muerta debajo del autobús. Se oyó un golpe sordo, y me vi lanzada hacia la acera. El monstruo aquel de hierro y acero me había impactado pero no me había derribado. Ya en la orilla, busqué al caballero que me había advertido sobre la abrupta llegada del autobús para agradecerle, pero no lo pude encontrar.

Decidí consultar algunos médicos para asegurarme de mi estado de salud. Al principio me daban el trato rutinario, pero inmediatamente que les decía que un autobús me había impactado, abrían sus ojos asombrados y me daban una atención especial.

Sólo al contar con la compañía divina podemos ir seguras por las calles de las grandes ciudades de hoy donde abunda el peligro: "Aférrense a los brazos del poder infinito, entonces encontrarán que él es precioso para su alma y todo el cielo estará a su servicio. Si andamos en luz como él está en luz, tendremos la compañía de sus ángeles santos.... Entonces los ángeles caminarán con él y el poder de Dios descansará sobre él en todas sus labores" (*Dios nos cuida*, p. 326). ¡Gracias a Dios por su cuidado y protección para nosotras sus hijas!

Hoy reconozco que el ángel de Jehová me libró de la muerte aquella noche. El Señor cumplió en mí su promesa del Salmo 34:7.

Norma Familia

El día que no llegamos

Con sus plumas te cubrirá, y debajo de sus alas estarás seguro. Salmo 91:4.

Trabajábamos como misioneros en Colón, República de Panamá. Había una iglesia a la que era muy difícil llegar. Una hora en auto para llegar la orilla del Lago Gatún, luego, una navegación en bote que duraba cuatro horas, hasta un lugar llamado Ciricito. Allí nos esperaban dos hermanos con una pequeña lancha en la que viajábamos hora y media río abajo. Finalmente, un hermano nos esperaba con dos caballos, uno para mi esposo y otro para mí, y viajábamos otra hora y media a caballo, por un camino estrecho y escabroso. Y cuando llegábamos, a eso de las nueve de la noche, allí estaba el grupo de 80 personas, miembros de iglesia e interesados, esperándonos. Así cansados como íbamos, nos poníamos a cantar. Yo tocaba el acordeón, y ellos felices esperaban el estudio, el alimento de sus almas que mi esposo les daba. Después, nos tenían una cama, hecha de caña, sin colchón. Yo generalmente no podía dormir.

Cierta vez salimos de nuestra casa en el auto y nos dirigimos hacia el Lago Gatún para tomar el bote. Algo raro nos pasó aquel día: Nos perdimos en plena ciudad. Estuvimos sin encontrar la dirección mucho tiempo y cuando la encontramos el bote ya se había ido. El viaje se frustró y no podíamos comunicarnos con los hermanos, quienes nos esperaban. Sólo una vez a la semana podíamos hablarles y era solamente por medio de la estación de radio, para decirles el día y la hora que llegaríamos. Aquel día, el bote no llegó a su destino pues naufragó.

Como a las 12 de la noche llegó el piloto sobre una tabla del bote que había sido destruido por las furiosas aguas. Solamente les dijo a los que esperaban a sus familiares que todo se había perdido y que sólo unas dos o tres personas se habían salvado. Los hermanos le preguntaron por nosotros y él les dijo que nosotros no habíamos llegado. Los hermanos se fueron a orar, dándole gracias a Dios por habernos librado de la muerte. Nosotros no sabíamos de la desgracia y estábamos muy preocupados por no haber podido ir a esa iglesia, pero esa fue la forma que el Señor usó para preservarnos la vida. Él nos hizo sentir el abrigo de su alas poderosas, y a través de esa experiencia nos dijo: "A mis ojos fuiste de grande estima... y yo te amé" (Isa. 43:4).

Olivia López-Porras

El perdón está provisto

Todos nosotros nos descarriamos como ovejas, cada cual se apartó por su camino; más Jehová cargó en él el pecado de todos nosotros. Isaías 53:6.

El ser humano no está exento de pecar. Fuimos comprados y perdonados por Cristo, pero aún vivimos en carne de pecado. Pero esta promesa nos anima: "Si alguno hubiere pecado, abogado tenemos para con el Padre, a Jesucristo el justo" (1 Juan 2:1).

A veces nos es difícil creer que fuimos perdonados, y vamos por la vida agobiados por el sentimiento de culpa. Pedimos perdón a Dios, pero continuamos llevando la carga de culpabilidad. Un día mi hermano me compartió una experiencia que me ayudó mucho en mi vida cristiana. Hoy quiero compartirla con ustedes:

Mi hermano había sido bautizado en la Iglesia Adventista, junto a su esposa e hijos. Eran una familia feliz. Pero la tragedia tocó a su puerta... se divorciaron. Para él fue muy difícil aceptar lo que había sucedido. Su fe tambaleaba. ¿Dónde estaba Dios que no hizo nada para evitar aquella tragedia? Desesperado comenzó a beber y a hacer cosas indebidas durante algún tiempo. Pronto descubrió que aquello sólo empeoraba las cosas. Un día decidió regresar a los brazos de Jesús y pedirle perdón, pero sentía que su pecado había sido demasiado grande. ¿Lo habría perdonado Dios cuando pecó deliberadamente? Mi hermano es electricista. Un día que trabajaba en un lugar rocoso, al montar unas lámparas, se le cayó al suelo una tuerca. Él sabía que sería difícil encontrarla. Aprovechó entonces la oportunidad para probar si Dios lo había perdonado. Oró a Dios: "Señor, si realmente me has perdonado, haz que yo me baje de esta escalera y encuentre esa tuerca. Si no la encuentro, entenderé que aún me falta algo por hacer, que todavía no estoy perdonado".

Al bajar la escalera buscó con mucho entusiasmo, pero no tuvo éxito. No encontró la tuerca. Triste y cabizbajo se fue a su hora de almuerzo. Allí se le acerca un amigo (con la tuerca en la mano) y le dice: "¿Esto era lo que tú estabas buscando?" El corazón de mi hermano saltó de alegría. Comprendió que lo que él todavía buscaba con tanto esmero, el perdón, ya Dios se lo había dado hacía mucho tiempo.

El perdón ha sido provisto. Desde antes de la fundación del mundo, Cristo se ofreció a sí mismo por nuestros pecados. No hay montaña tan alta que él no pueda cruzar, ni pecado tan grande que él no pueda perdonar. Ven a sus brazos.

Keila Silva

Ángeles en las montañas

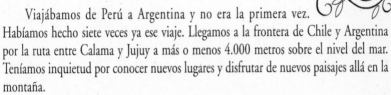

De manera que podemos decir confiadamente: El Señor es mi ayudador; no temeré lo que me pueda hacer el hombre. Hebreos 13:6.

Viajábamos de Perú a Argentina y no era la primera vez. Habíamos hecho siete veces ya ese viaje. Llegamos a la frontera de Chile y Argentina por la ruta entre Calama y Jujuy a más o menos 4.000 metros sobre el nivel del mar. Teníamos inquietud por conocer nuevos lugares y disfrutar de nuevos paisajes allá en la montaña.

Los hoteles de la zona no eran muy cómodos, pero la gente que nos atendió lo hizo con amabilidad y aprecio. Mientras ascendíamos, veíamos a jóvenes mochileros de todas las edades. Parecía que algunos de ellos ingerían drogas, y su vocabulario no era decente. En más de una ocasión nos asaltó el miedo. Mientras hacíamos los trámites en el cruce, notamos que los guardias tenían una actitud defensiva, no se mostraron atentos hasta que vieron que éramos una familia. En cuanto mi esposo, Alfredo, terminaba con los trámites, mis hijas adolescentes Yanina, Mariella y yo subimos al auto. Estábamos comiendo galletitas y tomando algo de líquido, cuando vimos a dos, a tres y finalmente un grupo de jóvenes rodear nuestro auto.

Paralizadas de miedo oramos al Señor. Una de mis hijas extendió la mano y les ofreció las galletas y el poco líquido que nos quedaba. Tenían hambre y sed. Cuando quisimos reanudar el viaje el auto no marchaba. Tenía un desperfecto en la caja de velocidades y no podíamos continuar. Faltaban varias horas de viaje para llegar a la ciudad más próxima y no podíamos pasar allí la noche. Era sumamente peligroso. Sin embargo un paquete de galletitas, un poco de agua y una sonrisa nos unieron a un grupo de jóvenes mochileros con aspecto desgreñado y sucio por el viaje, pero conocedores de autos y mecánicos que se ofrecieron a arreglarlo a cambio de nada. Y tampoco se atrevieron a dejarnos solos en aquellas montañas escabrosas y llenas de curvas y precipicios. Nos acompañaron hasta asegurarse de que todo estaba marchando bien. ¿Habrán sido ángeles? Tal vez sí. Dios se vale de todos los medios y usa a sus ángeles para que nos acompañen doquiera vayamos o estemos y... nosotros, sus hijos, somos sus instrumentos para llegar a otros y predicar con amor su verdad sin mirar las apariencias. ¡Qué bendición!

María del Pilar C. de Hengen

Anorexia

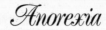

Escudriñad las Escrituras; porque a vosotros os parece que en ellas tenéis la vida eterna; y ellas son las que dan testimonio de mí. Juan 5:39.

La anorexia es la falta o la pérdida del apetito por los alimentos. La anorexia nerviosa es la condición seria en la que una persona pierde el apetito y sistemáticamente come poco o ningún alimento y pierde mucho peso hasta que no puede sostenerse por sí sola.

En nuestros tiempos la mujer se interesa por mantener su silueta esbelta y elegante. Los gimnasios y las dietas contribuyen en gran medida al plan de perder peso o de mantenerse en el peso deseado. A veces se recurre al ejercicio y a los alimentos ricos en calorías para aumentar de peso cuando se está muy delgada.

Las personas anoréxicas siempre se consideran gruesas por más delgadas que estén, y cada vez se alimentan menos hasta el punto que pierden sus fuerzas y no pueden sostenerse.

En la vida cristiana ocurre los mismo. Si hemos de mantenernos activas en la carrera cristiana, y con fe, el alimento espiritual ha de formar parte de la vida cotidiana. Debemos alimentarnos diariamente; esta clase de ayuno no nos fortifica en lo absoluto. "Escudriñad las Escrituras" es el consejo de nuestro Señor Jesucristo.

Cuando oramos, hablamos con Dios. Pero cuando estudiamos su Palabra, Dios nos habla por medio de sus profetas, nos fortalece, nos llena de su Espíritu, enriquece nuestra fe y nos capacita para las pruebas y dificultades del diario vivir. Y así como el cuerpo físico necesita alimentarse diariamente, nuestra dimensión espiritual también necesita de todas las fuerzas para enfrentar las batallas del diario vivir. ¿Qué pasa cuando descuidamos nuestra vida espiritual y somos negligentes en nuestro estudio diario? Nos vamos debilitando, no crecemos, y llega el momento que nos volvemos "anoréxicas" espirituales. Perdemos las fuerzas y espiritualmente dependemos de otros para que nos sostengan porque nuestras fuerzas nos abandonan. Si carecemos del oxígeno del Espíritu Santo, no venceremos, pereceremos. Así como el ser humano no puede estar sin oxígeno.

Cuando lleguen los días del invierno de este mundo, tendremos que sostenernos con lo que habremos almacenado en nuestras mentes, y si nos hemos alimentado conscientemente, no temeremos, nuestra fe no flaqueará. Llegaremos a ser estandartes espirituales que se mantengan firmes de parte de la verdad aunque se desplomen los cielos, esperando la venida de nuestro Señor y Salvador Cristo Jesús ¡MARANATA AMÉN. VEN, SEÑOR JESÚS!

Marjorie Daubar

Cómo conocí a Jesús

Y en los postreros días, dice Dios, derramaré de mi Espíritu sobre toda carne, y vuestros hijos y vuestras hijas profetizarán; vuestros jóvenes verán visiones, y vuestros ancianos soñarán sueños. Hechos 2:17.

En 1988 vi por televisión un reporte de los niños desamparados de África. Al verlos quedé tan conmovida que no pude contenerme y comencé a llorar. El Espíritu Santo me tocó en ese momento y decidí patrocinar un niño. Fue entonces cuando Dios comenzó a obrar en mí. Esa misma noche soñé que el mundo se estaba destruyendo y yo veía cómo descendía fuego del cielo según se profetiza en 2 Pedro 3:10.

En seguida dejé de correr. Alcé mis ojos y vi dos alas inmensas. Estoy segura que representaban la protección de Jesús, como dice el salmista: "Con sus plumas te cubrirá y debajo de sus alas estarás seguro". Luego Jesús me dijo en el sueño: "No huyas porque tú serás el medio que usaré para salvar a tus familiares".

Cuando desperté ya no era la misma persona. Había en mí un deseo desesperado por conocer a Dios y buscarlo. Le dije a Jesús: "Señor, hay muchas religiones. Dime cuál es la verdadera, pues yo no lo sé. Mándame a la que guarde todo lo que la Biblia enseña". En mi desesperación fui ese domingo a la iglesia y le dije a mi hermana Sofía que me acompañara. Pero me di cuenta ese mismo día, que esa no era la iglesia de Jesús.

Seguí orando a Dios. Una mañana llegaron a mi trabajo tres hombres para hacer un envío de dinero. Después de terminar estos jóvenes la transacción hablaron de Dios. ¡Oh qué gran emoción sentí!

Los llamé y les pregunté de qué religión eran. Me dijeron: "Somos adventistas del séptimo día". Nunca antes había escuchado de una iglesia tal. Ellos me ofrecieron estudios bíblicos, los cuales acepté encantada. También acepté a Jesús como mi Salvador. Al tomar los estudios y leer el Salmo 23, noté que lo podía decir de memoria.

Cuando me bauticé, compartí con mi madre el amor de Jesús. Fue hasta esa hora que supe dónde había aprendido el Salmo 23. Fue en mi Escuelita Sabática a la edad de cinco años. Pues mi madre, que en mi infancia asistía a la iglesia, se apartó después. Por la gracia de Dios después de 30 años se reconcilió y se bautizó. Mis primas, sus esposos e hijos y también mi abuelita se decidieron por Jesús; pues Dios cumple lo que promete.

Zaida del Rosario

Jesús sana

Ten misericordia de mí, oh Jehová, porque estoy enfermo; sáname, oh Jehová, porque mis huesos se estremecen. Salmo 6:2.

Mi hogar se había convertido en un infierno, y por aquel momento sufría tres enfermedades graves, una de ellas ocasionada por una caída, lo que generó la desviación de una vértebra de la columna. Cada día que pasaba sólo deseaba morir, pero lo que me ataba a la vida eran mis cuatro hijos, cuyas edades oscilaban entre los seis años y los tres meses.

Yo me consideraba una mujer muy cristiana, pero no conocía al Señor y le tenía cierto temor, así que le rezaba sólo a la Virgen, pues no sabía orar. Cierto día me visitó mi hermana y me habló del Señor Jesús. Me dijo que él me amaba y me podía sanar.

Yo luchaba por mi salud buscando a los médicos. Fui al hospital y me dijeron que si me operaban podía quedar paralítica. Cada vez era más difícil encontrar algún remedio y yo empeoraba. Así transcurrieron dos años y medio. Cuando fui al último médico salí sin ninguna esperanza.

Entonces oré a Dios por primera vez. Le expresé mi caso como a un amigo y le prometí que no volvería a consultar más médicos ni me haría ningún remedio. Sólo esperaba que él me sanara o me dejara morir.

Mi salud empeoró durante ocho días más. Una noche de aquellas tantas que pasaba sin dormir, escuché la voz de mi Señor decir: "Tus pruebas están terminadas, pero no estoy satisfecho con tu conducta. Debes practicar más la caridad".

Mi alegría fue tan grande que me olvidé que estaba enferma. Salté de la cama para decir a todos que Dios me había ayudado, cuando me di cuenta que estaba totalmente sana.

A partir de ese tiempo mi Señor y yo nos hicimos grandes amigos y le prometí vivir para servirle.

Con él he caminado por 23 años y estoy muy feliz de continuar diariamente caminando con mi Señor. Aunque muchas veces me he visto con dolencias, sé que como hace tanto tiempo, su promesa es la misma: que seamos prosperados y que tengamos salud así como prosperamos espiritualmente.

Dios nos ayude para poder hacer una realidad diaria la gran cantidad de promesas que Jesús tiene para ti y para mí, pues hoy, como ayer, Jesús sana.

Ana Garavito Benítez

La paz verdadera

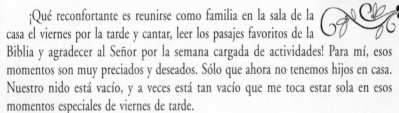

La paz os dejo, mi paz os doy; yo no os la doy como el mundo la da.
No se turbe vuestro corazón, ni tenga miedo. Juan 14:27.

¡Qué reconfortante es reunirse como familia en la sala de la
casa el viernes por la tarde y cantar, leer los pasajes favoritos de la
Biblia y agradecer al Señor por la semana cargada de actividades! Para mí, esos
momentos son muy preciados y deseados. Sólo que ahora no tenemos hijos en casa.
Nuestro nido está vacío, y a veces está tan vacío que me toca estar sola en esos
momentos especiales de viernes de tarde.

Generalmente invitamos a algunos de nuestros amigos que nos acompañen a recibir
el sábado. Pero ese viernes, por alguna razón, no lo hice. Mi esposo estaba en Sudáfrica,
cumpliendo su agenda por quince días. Así que, de acuerdo con la tradición, encendí
las velas y empecé mi culto. Toque el piano, canté, luego ocupé mi lugar en la sala, leí
un salmo y entonces me di cuenta que estaba sola. Es posible que esta sea también tu
experiencia.

Al verme sola, sin nadie visible con quien compartir mis pensamientos, empecé a
conversar con Dios como si estuviera frente a mí. Le agradecí por Jesús, su maravilloso
Hijo quien estuvo dispuesto a morir por mí, le agradecí por su Palabra que a través de
los años he aprendido a valorar como un tesoro, por la sabiduría que se encuentra en
sus páginas, y le agradecí por la forma maravillosa en que había cuidado y guiado mi
vida hasta ese momento. Le agradecí por su compañía cuando estaba sola y por la paz
que sentía en mi corazón.

Leí con voz fuerte como si estuviera en un lugar público lo siguiente: "Jehová es
mi fortaleza y mi escudo; en él confió mi corazón, y fui ayudado, por lo que se gozó mi
corazón y con mi cántico le alabaré" (Sal. 28:7).

Gracias, Señor, por tu promesa de darnos la seguridad de tu cuidado protector,
cuando al encontrarnos solas tú nos dices: "La paz os dejo, mi paz os doy... No se turbe
vuestro corazón ni tenga miedo".

Rosa Alicia Miranda

Lavado de dinero providencial

Probadme ahora en esto, dice Jehová de los ejércitos, si no os abriré las ventanas de los cielos, y derramaré sobre vosotros bendición hasta que sobreabunde. Malaquías 3:10.

Después de una agotadora jornada, llegué a casa un viernes de tarde. Nuestras niñas estaban por llegar de la escuela y me puse a prepararles algo de comer. Nos preparábamos también para recibir el sábado.

Sólo nos quedaban 2.00 dólares para hacer frente a los gastos de la semana siguiente. Mi esposo y yo estudiábamos en la Universidad de Loma Linda con una ayuda parcial brindada por nuestra entidad empleadora en Panamá. Así que, además de estudiar, ambos teníamos que trabajar.

Esa tarde tenía que llevar parte de la ropa a lavar a la lavandería pública y con el resto del dinero compraríamos los alimentos para la semana. En casa teníamos un sobre con diezmos y ofrendas que entregaríamos al día siguiente. Decidimos no tocar el dinero que le pertenecía a Dios y confiar en que él supliría lo que nos hiciera falta, según sus promesas. En feliz expectativa junto con nuestras hijas nos dirigimos a la lavandería.

Mientras esperábamos que la ropa se secara, sucedió algo extraordinario. Al abrir la máquina de secar la ropa descubrí unas hojitas verdes que resultaron ser billetes. Los recogí muy emocionada y los mostré a mi esposo. Cuando regresé a sacar más ropa, encontré otros dólares. En total fueron veinte dólares, lo necesario para cubrir nuestras necesidades mientras nos llegaba el cheque. Estábamos tan felices y emocionados que nos olvidamos del pan y la leche y regresamos enseguida a la casa para arrodillarnos y dar gracias a Dios por cumplir sus promesas y suplir nuestra necesidad.

¿Te gustaría saber de dónde salió ese dinero? De una camisa típica que mi esposo recibió como regalo de los hermanos en Guatemala. La guardamos con afecto durante varios años. Al viajar a los Estados Unidos, la llevamos con nosotros. Esa tarde sentí la necesidad de llevarla a la lavandería. Cuando ocurrió el incidente de la secadora, mi esposo recordó que fue en uno de los bolsillos de esa camisa donde él había guardado veinte dólares años atrás. El Señor guardó ese dinero, y lo preservó durante el proceso de lavado y secado para suplir nuestra necesidad en el momento oportuno.

Veinticinco años después de esa experiencia, todavía conservamos la camisa milagrosa que cada día nos recuerda lo que dijera el salmista David: "No he visto justo desamparado ni su simiente que mendigue pan" (Sal. 37:25).

Mercedes Torres de Williams

Dios proveerá

Más buscad primeramente el reino de Dios y su justicia, y todas estas cosas os serán añadidas. Mateo 6:33.

Una de las etapas que recuerdo con mayor nostalgia es aquella en la que dejé de trabajar por algunos años para criar a mis hijos. Tal vez tú estás pasando por esa dulce etapa, y a veces te hallas en la misma situación en la que yo me encontré, haciendo malabarismos para que alcanzara el dinero de un solo sueldo.

Había nacido mi segunda hijita y allí estaba yo en casa, convencida de que criar a mis hijos era lo más importante, pero sufriendo a veces por las limitaciones económicas. Una mañana estaba planchando ropa. Escuchaba en la radio un programa sobre estimulación temprana en los niños que describía una clase especial de juguetes muy coloridos que colaboraban en el desarrollo mental de los bebés. Como soy maestra me interesó el tema y las explicaciones me parecieron muy coherentes. Pero con un suspiro, me dije a mí misma: "Imposible comprarlo. No tengo dinero para eso". Al mismo tiempo, mientras planchaba un vestidito rojo para mi bebé, pensé que me gustaría comprarle algún ganchito (hebilla) para el cabello que combinara con el vestido.

En ese mismo momento sonó el timbre de mi casa y me encontré con una visita inesperada. Era una hermana de iglesia de un distrito lejano en el que habíamos servido mi esposo y yo años atrás. Fue una grata sorpresa. Luego de los abrazos y saludos iniciales, la hermana me entregó un regalo que me traía pues se había enterado del nacimiento de nuestra hijita. Cuando abrí el paquete, un escalofrío me recorrió el cuerpo al ver un juguete como el que acababa de escuchar describir en la radio y un par de hermosas hebillitas rojas. Con lágrimas en los ojos le agradecí a aquella querida hermana, y más aun a mi Padre Celestial por demostrarme una vez más en una forma tan clara que él estaba a mi lado bendiciendo mis esfuerzos al tratar de ser una madre de Israel.

Es mi anhelo que Dios ayude a todas las madres de nuestra iglesia para que confíen plenamente en que el Señor proveerá y suplirá todo lo que les falte en esos primeros años decisivos de la educación de sus hijos. Oro porque en el día final tengan la dicha de ver todos sus esfuerzos coronados y recompensados y puedan decirle a Jesús: "Aquí estoy yo y los hijos que me has dado".

Carmen Martínez Espósito

Manteniendo vivo el amor

Casadas, estad sujetas a vuestros maridos, como conviene en el Señor. Maridos, amad a vuestras mujeres, y no seáis ásperos con ellas. Colosenses. 3:18, 19.

Cuántos sinsabores y qué marea de ayes e infelicidad se evitaría si los hombres, y también las mujeres, siguieran cultivando la consideración, la atención y las bondadosas palabras de aprecio y las pequeñas cortesías que mantuvo encendido el amor y que ellos consideraban necesarias para conquistar a los compañeros de su elección. Si el marido y la mujer siguieran cultivando esas atenciones que alimentan el amor, serían felices en la compañía mutua y tendrían una influencia santificadora sobre sus familiares. Tendrían en ellos mismos un pequeño mundo de felicidad y no desearían salir de ese mundo a buscar nuevas atracciones y nuevos objetos de amor...

Muchas mujeres anhelan palabras de amor y ternura y las atenciones y las cortesías comunes que les deben sus maridos, quienes las han elegido como compañeras de la vida... Son estas pequeñas atenciones y cortesías lo que hacen la suma de la felicidad de la vida...

Si conserváramos la ternura del corazón en nuestras familias, si hubiera una noble y generosa deferencia hacia los gustos y las opiniones mutuas, si la esposa buscara oportunidades de expresar su amor en actos de cortesía hacia su esposo, si éste manifestara la misma consideración y bondadosos miramientos hacia la esposa, los hijos participarían del mismo espíritu. La influencia penetraría el hogar, y ¡qué marea de miseria se evitaría en las familias!...

Cada pareja que une sus intereses de la vida debería tratar de hacer la vida del otro tan feliz como sea posible. Lo que apreciamos tratamos de conservarlo y de hacerlo más valioso, si podemos. En el contrato matrimonial los hombres y las mujeres han realizado un convenio, una inversión para toda la vida, y por lo tanto deberían hacer todo lo posible por controlar sus expresiones de impaciencia y de mal humor, con más cuidado aun del que ponían antes de su casamiento, porque ahora su destino está unido durante toda la vida como esposo y esposa, y cada uno es valorado en proporción exacta a la cantidad de esfuerzo esmerado que dedica a retener y mantener fresco el amor (*En los lugares celestiales*, p. 208).

Elena G. de White

Caminando con Dios

Y caminó Enoc con Dios Génesis 5:22.

Hace doce años comencé a caminar todos los días para hacer ejercicio. Este hábito se ha convertido en parte integral de mi vida diaria. Es el único ejercicio que realmente me gusta ya que he podido mantener este régimen por todo este tiempo.

Los beneficios de este ejercicio son maravillosos. Disfruto mucho del aire libre al caminar afuera después de estar encerrada en mi oficina por largas horas. Recibo los beneficios de la luz, fortalezco los músculos que con tanta facilidad se debilitan, y mi mente se libera de las tensiones del día. Por sobre todo, mi espíritu se alimenta. Esas horas se han convertido en momentos muy especiales con mi Creador, pues caminamos juntos mano a mano. No sufrimos las interrupciones de la oficina, ni las de casa. No puedo sino amar más al Creador que creó las hermosas avecillas que llenan el aire con sus lindos cánticos y me divierten con su graciosa manera de caminar. Sus hermosas flores adornan mi camino y sus majestuosos árboles me hacen mirar hacia el cielo y pensar en él.

Todo esto me ha inspirado a desear conocer más a mi Dios y a meditar más en su amor y carácter. A menudo, durante mi caminata, trato de pensar en características de Dios. Pienso en todas las que pueda y las enlisto desde la letra "A" hasta la "Z" en el trayecto hacia la casa.

En cierta ocasión salí de la oficina muy apesadumbrada por algo que sucedió durante el fin de semana. Me sentía tan triste que en pocos minutos las lágrimas comenzaron a rodar por mis mejillas. Mientras oraba al Señor, pensé que debía clamar por una de sus características. Pensando en mis iniciales, usé la letra "C" y oré: "Señor, yo necesito que tú seas para mí ahora, mi Consolador." ¡Qué maravilloso es nuestro Señor! Al momento recibí su consuelo y mis pasos fueron mucho más livianos el resto de mi camino.

Clama a Dios cuando te encuentres en situaciones difíciles. Alábale por quien es él. No pierdas tu tiempo pensando en lo negativo de tu situación o en la persona que te ha ofendido. Eleva tus pensamientos a las grandiosas características de tu Salvador. Te beneficiarás emocional y espiritualmente.

Loida E. Covarrubias

La mayor tentación de la humanidad

Si oyeres atentamente la voz de Jehová tu Dios, e hicieres lo recto delante de sus ojos… ninguna enfermedad de las que envié a los egipcios te enviaré a ti; porque yo soy Jehová tu sanador. Éxodo 15:26.

Cuando decidí cambiar mi régimen alimenticio, advertí que desde la creación, la humanidad ha tenido que luchar con una de las más grandes tentaciones, la complacencia del apetito. Desafortunadamente, seis mil años después, todavía tenemos que enfrentarnos con la misma tentación que hizo caer a nuestros primeros padres.

Satanás usa la tentación del apetito para destruir a la humanidad. En la Biblia se nos dan ejemplos de personas que cedieron a esta tentación y sus desastrosos resultados. Por ejemplo: Eva fue tentada a comer el fruto prohibido y el resultado de su caída fue la entrada del pecado a este mundo.

Jesús dijo que los mismos pecados que trajeron los juicios sobre el mundo en los días de Noé, existirían en nuestro tiempo. Así será la venida del hijo del hombre. El resultado será la destrucción del pecado.

Sodoma y Gomorra: los mismos pecados de glotonería y embriaguez entenebrecieron las sensibilidades morales de los habitantes de Sodoma, de manera que el crimen y la disolución eran delicia de hombres y mujeres. ¿El resultado? fueron destruidos.

Daniel y sus amigos decidieron mantenerse fieles a Dios y no contaminarse con la comida del rey. Como resultado fueron hallados diez veces más sabios que sus condiscípulos.

Pero nuestro mejor ejemplo es Jesús. La primera tentación que enfrentó después de un largo ayuno en el desierto fue la del apetito. Venció para enseñarnos la necesidad de la abnegación y la templanza. Cristo sabía que para llevar adelante el plan de salvación tenía que comenzar la obra de redención exactamente donde se había iniciado la ruina.

Nosotros somos el Israel espiritual y la misma promesa que Dios le hizo al pueblo de Israel en el desierto nos la hace a nosotros. Si obedecemos sus estatutos y guardamos nuestro cuerpo como templo del Espíritu Santo, alejaremos de nosotros la enfermedad y se cumplirá la promesa del divino sanador (Éxo. 15:26).

Cristo está a las puertas. Es tiempo de que practiquemos y prediquemos la reforma pro-salud. Como pueblo escogido hemos de estar a la vanguardia en este tema para ser testimonios vivientes, y así otras personas lleguen a conocer a nuestro Salvador.

Nelva Chacón

Seguridad emocional en Cristo

Y dijo Jehová Dios: No es bueno que el hombre esté solo; le haré ayuda idónea para él... Y de la costilla que Jehová Dios tomó del hombre, hizo una mujer, y la trajo al hombre. Génesis 2:18, 22.

En la Biblia se nos dice que la mujer fue creada como un complemento del varón. La conclusión es inevitable, el propósito de la existencia de la mujer es complementar la existencia y la obra del varón. Pero de ningún modo esto quiere decir que la mujer sea inferior.

Lo que sí quiere decir es que la felicidad de la mujer está íntimamente ligada a sus relaciones con los varones. Por eso las madres viudas tienden a depender más de sus hijos varones que de sus hijas. Para la mujer, sus mayores satisfacciones emocionales se obtienen al sentirse apreciada por su esposo.

En vano luchan algunas mujeres por negar estas cosas. Es cierto que en la vida de muchas falta la presencia varonil, debido a la separación, el abandono o la muerte. En otras, el varón está presente, pero es egoísta y trabaja en exceso y la esposa se ve obligada a tomar decisiones y a llevar la responsabilidad familiar.

Cuando la presencia de Jesús llena la vida de una mujer, ya sea casada o soltera, las circunstancias adversas de la vida no logran quebrantar su ánimo, y permanece a salvo de la amargura.

Aunque el hombre que comparte su vida la deje sola, a causa de la muerte, o por decisión propia, ella podrá afrontar la necesidad urgente de tomar decisiones sabias, guiada por los principios de la Palabra divina. La dependencia de Jesús llena el ser con esos atributos que constituyen la belleza y la gloria más perdurables de la mujer: el buen ánimo, la paciencia, la dulzura de carácter, la abnegación, la lealtad, la fortaleza interior, la obediencia a los principios divinos, la firmeza de propósitos, la discreción, en fin, el reflejo de la personalidad de Jesús.

Si le has entregado el corazón a Jesús, tu divino Salvador, y te apoyas en su mano, nunca te sentirás sola, triste o abatida, porque tu confianza en él te dará vigor, energía y belleza perdurables.

La pluma inspirada nos dice: "Haga del querido Salvador su compañero diario y su amigo familiar. Dedique algo de tiempo al estudio de la Palabra de Dios" (*El hogar adventista*, p. 95).

Ruth A. Collins

Ahora entiendo

También les dijo: El sábado fue hecho para el hombre, no el hombre para el sábado. Marcos 2:27 (NRV 2000).

Respiro profundamente, mientras el sol se oculta lentamente tras el horizonte y arroja una suave sombra sobre las hojas caídas y la tranquila acera. Respiro por primera vez, según creo, desde hace aproximadamente 144 horas.

Esta semana ha sido de locura y no creo que haya tenido un momento de tranquilidad para estar a solas con Dios, desde que terminaron las horas de descanso del sábado pasado. Pero no puedo quejarme. Porque sin el horario sin pausas que viví los últimos seis días, no podría estar tan emocionada como estoy ante la cercanía del sábado.

Me gusta pensar del sábado en términos de estaciones. "Si no tuviéramos invierno, la primavera no sería tan alegre: si no probamos algunos momentos de adversidad, la prosperidad no es tan bienvenida", señala Anne Bradstreet. No fue sino hasta el pasado mes de marzo que comprendí verdaderamente esta cita. Acababa de experimentar mi primer invierno en el Colegio Unión de Nebraska. Recuerdo una semana de diciembre cuando el frío viento estuvo entre los 30 y 50 grados bajo cero todas las mañanas. También recuerdo un viernes de noche cuando mi novio, Michael, y yo, literalmente patinamos sobre hielo para ir a la vespertina, al cruzar los andadores y estacionamientos. Parecía que nunca podría ponerme suficientes abrigos, la nieve nunca se derritió, y el sol nunca brilló.

Pero finalmente la nieve se derritió y el sol salió lentamente a jugar. "Ochenta grados farenheit", dijo la radio en ese hermoso día de marzo. Busqué mis pantalones cortos y mi corpiño en mi gaveta de ropa de verano, largo tiempo abandonada. Mientras el brillante sol danzaba en el cielo, lanzando sus cálidos rayos sobre el césped, las plantas y las flores; sentí el calor. Sentí calor, creo, por primera vez en aproximadamente 144 días.

Jesús conocía las bendiciones que trae el sábado. "El sábado fue hecho para el hombre, no el hombre para el sábado", dijo (Mar. 2:27).

No fue sino hasta el final de una semana de locura que comprendí lo que Jesús realmente quería decir. Él sabía que nuestras vidas estarían ocupadas y que necesitaríamos 24 horas de tranquilidad, para pasarlas con él cada semana. Estas horas no eran para que las desperdiciáramos en nuestra diversión; tenían el propósito de ser un medio de estímulo para nuestras almas.

Ahora lo entiendo.

"Gracias por el sábado, Padre, y por mis días ocupados que me ayudan a apreciar tu santo día. Amén".

Amanda Sauder

El cuadro de San Martín de Porres

Mirad a mí, y sed salvos, todos los términos de la tierra, porque yo soy Dios, y no hay más. Isaías 45:22.

Se había iniciado una serie de conferencias con el objetivo de abrir una nueva iglesia en un barrio donde había mucha presencia hispana. Las conferencias se iniciaron en el salón de la escuela secundaria.

Casi todas las noches asistieron alrededor de 450 personas al Plan de Cinco días Para Dejar de Fumar. Desde la primera noche notamos la asistencia de un matrimonio que se sentaba en la segunda fila, de la extrema derecha, segunda fila. El instructor bíblico, ante la solicitud y el deseo de saber sobre las Escrituras de los esposos Z, les hacía dos o tres visitas semanales. Llegaron a pedir el bautismo, pero había un problema. La sala del hogar de los esposos Z, estaba completamente adornada por cuadros de diferentes santos, y en la esquina había un altar a la Virgen de la Caridad del Cobre.

El instructor bíblico le pidió al conferenciante y al pastor de la iglesia que lo acompañasen para hablar con ellos. Tras un agradable diálogo, la hermana Z se paró y con energía dijo: "Está bien, voy a quitar el altar y todos los cuadros, pero ese cuadro de San Martín de Porres no lo puedo quitar. Este santo representa la tradición de nuestra familia".

El pastor evitó discutir. Era martes, convinieron en una cita para el jueves. Superada la situación expuesta, los esposos Z recibirían el bautismo el sábado. El grupo de oración especial del ciclo tomó este caso como uno de sus principales temas de oración.

El jueves fue motivo especial de ayuno y oración del pastor y del instructor. A las 6:00 p.m. con mucha fe asistieron al compromiso. Los hermanos Z los recibieron con alegría. La sala había cambiado su decorado. El único cuadro que quedaba era el del santo. La única introducción fue una ferviente plegaria, luego, abrieron la Biblia en Isaías 45 y con reverencia y clamando por la manifestación del poder de Dios, leyeron el texto 22: "Mirad a mí, y sed salvos, todos los términos de la tierra, porque yo soy Dios, y no hay más". En ese instante el cuadro cayó al suelo. El milagro se produjo. El poder de Dios se manifestó en ese hogar. Los ojos de las cuatro personas se llenaron de lágrimas. El sábado los hermanos Z fueron bautizados.

Celia Morales

Confiando en Dios en las pruebas

Echa sobre Jehová tu carga, y él te sustentará; no dejará para siempre caído al justo. Salmo 55:22.

Mi hija Heidi, que vive en Ohio, estaba en su segundo embarazo. Cuando tenía cuatro meses, me dijo por teléfono que su vientre le estaba creciendo de un solo lado y que estaba asustada. El doctor le había dicho que algo no estaba bien. Al hacerle los exámenes más detallados, se encontró que tenía un tumor canceroso en el ovario. El doctor le recomendó que al terminar su embarazo se sometiera de inmediato a quimioterapia. Toda la familia y nuestros amigos rogamos por ella. Finalmente su hijita nació, saludable, el día de Acción de Gracias en los Estados Unidos y en agradecimiento a Dios le pusieron por nombre "Faith" que significa Fe.

Cuando apenas empezaba su tercer embarazo, le volvió a salir otro tumor. Esta vez cerca de la vena aorta. Ella debía ser operada de inmediato, pero esto ocasionaría la pérdida de su bebé. Entonces dije: "Yo no quiero perder a mi bebé. Ella es mi hija más pequeña". Nos aferramos a Dios. Cada día era agonizante. El tumor crecía más. Finalmente llegó el día de la cirugía a los cuatro meses de gestación. El tumor se encontraba muy cerca del corazón y era riesgoso. Ella debía recibir quimioterapia inmediatamente. Fue muy doloroso para mí ver cómo mi hija se debilitaba con esos tratamientos, cómo su cabello que le llegaba a la cintura se le fue cayendo hasta no quedarle nada. Estuve con ella en esos momentos terribles y muchas veces mi fe tambaleaba al verla sufrir tanto con sólo 24 años de edad.

Su tercer bebé nació de seis libras, un varoncito lindo y saludable, a pesar del tratamiento que ella recibió en su embarazo.

En los momentos cruciales sentía que Dios no escuchaba mi plegaria, y me preguntaba, por qué mi hija tan joven tenía que estar gustando este trago tan amargo. Pero la fe ha prevalecido. No importa la prueba por la que estemos pasando, confiemos en su bondad y en su amor: "Echa sobre Jehová tu carga, y él te sustentará" es la promesa.

Hoy que veo a mi hija con nuevo ánimo de seguir viviendo, su cabello en crecimiento, y en recuperación de los terribles tratamientos que recibió, alabo a mi Padre Dios porque él es bueno, porque para siempre es su misericordia. "Gracias Señor, porque oíste mi clamor de madre". Cuando la adversidad sobrevenga confiemos en que "Jehová es mi pastor, nada me faltará… aunque ande en valle de sombra de muerte, no temeré mal alguno, porque tú estarás conmigo" (Sal. 23:1, 4).

Emma Lutz

Una buena salud espiritual produce un buen carácter

Ninguno tenga en poco tu juventud, sino sé ejemplo de los creyentes en palabra, conducta, amor, espíritu, fe y pureza. 1 Timoteo 4:12.

Una mente despierta y unos modales bien constituidos se manifiestan en un carácter noble. Todo acto de la vida, por insignificante que parezca, ejerce una influencia en la formación del carácter. Por ejemplo, la firmeza moral, la voluntad resuelta y las facultades mentales que Dios nos ha dado, no constituyen el carácter. Son tan sólo talentos que, bien empleados formarán un carácter recto. Estas facultades deben ser cultivadas, desarrolladas y la conducta resultante determinará el carácter.

Recordemos al gran artista Miguel Ángel. Él tardó mucho tiempo en dar los últimos toques a una de sus obras más famosas. Cierto amigo que lo visitaba con frecuencia, le preguntaba siempre: "¿Qué has hecho hoy?" A lo cual el maestro contestaba: "Hoy he perfeccionado ese detalle en la mano. He mejorado la sombra en aquella arruga, he arreglado la luz en aquella parte del vestido".

"Esas son cosas insignificantes", dijo un día el amigo. "Ciertamente —contestó Miguel Ángel—, pero la perfección se hace de las cosas insignificantes, y la perfección no es una cosa insignificante".

El éxito en la edificación del carácter a la semejanza Cristo, dependerá de nuestra dependencia de Dios y la actitud frente a cualquier situación que se presente.

Si deseamos tener una vida sujeta al Espíritu, debemos pensar, actuar y caminar en sintonía con la Palabra de Dios, y así considerar que lo que estamos haciendo es lo más importante en el mundo. Y haríamos bien en contemplar el carácter de José, Job y Pablo, tres hombres cuyos principios nobles resaltaban en todo lo que hacían. Fue Pablo, quien con absoluta confianza en su Maestro, escribió a Timoteo en su última carta. "He peleado la buena batalla, he acabado la carrera, he guardado la fe. Por lo demás me está guardada la corona de justicia, la cuál me dará el Señor, Juez justo en aquel día; y no sólo a mí, sino también a todos los que amen su venida" (2 Tim. 4:7, 8).

Que nuestras pequeñas cosas de la vida, se cubran de integridad y honradez y éstas sean tan inquebrantables como las de Job, Pablo y José.

Ana Clemencia Calvo

Como gotas de agua sobre aceite

Sed, pues, vosotros perfectos, como vuestro Padre que está en los cielos es perfecto. Mateo 5:48.

Este es uno de mis textos favoritos, pero por mucho tiempo me preocupaba en gran manera el significado que estas palabras implican. Veo un imposible cada vez que pienso en estas palabras. Es natural que las personas esperen y hasta exijan de un cristiano que cumpla con las palabras de este texto, pero usted y yo sabemos que eso es muy difícil de lograr.

¿Qué debemos hacer o cómo reaccionar ante las "heridas del alma", esas que nos incomodan y hacen doler nuestro corazón? Cuando alguien te hace un desprecio o dice algo que te hiere, ¿puedes pasar este incidente inadvertido y que no te afecte? He aquí una fórmula maravillosa que es muy efectiva y que me ha dado momentos de serenidad y paz con mi Señor, resumida en esta frase:

"La unción del Espíritu es para mí como gotas de agua sobre aceite". Cada vez que el enemigo me agrede mentalmente, me unto del aceite del Espíritu Santo y las gotas de agua se deslizan y no penetran en mí. Entonces me siento más liviana y tranquila y puedo disfrutar las cosas sencillas y lindas de la vida.

Debemos cultivar, abonar y regar esta actitud. Así se cumple la encomienda: "Sed, pues, vosotros perfectos". Quiero compartir una experiencia acerca de cómo esta fórmula me ayudó. Mi esposo es pastor y estábamos recién llegados a un nuevo distrito. En una de las iglesias que íbamos a administrar, al salir de nuestro primer culto, se acercó a mí una líder de la iglesia. Luego de saludarme, me preguntó: "¿Sabe usted tocar piano?" No me quedó otra opción que responderle: "No", a lo que la hermana agregó: "Pues puede volverse por donde vino, porque no la queremos aquí". Me sentí abochornada y humillada. ¿Qué podría hacer ante tal situación?

Mi objetivo es apoyar el ministerio de mi esposo y no arruinarlo con mis resentimientos, así que durante el camino de regreso a casa oré mentalmente para que el Señor me ayudara e hice uso de la fórmula maravillosa: "como gotas de agua sobre aceite". Mentalmente me unté del aceite del Espíritu Santo y sentí casi de inmediato que las gotas se deslizaban por la superficie y no penetraban en mí.

Con el correr de los meses el Señor me permitió tener a esta hermana como un apoyo en el ministerio.

Carmen Julia Huizzi

Mira hacia arriba

Mirando a cara descubierta como en un espejo la gloria del Señor, somos transformados de gloria en gloria. 2 Corintios 3:18.

En el patio de mi casa tenemos colgada, entre dos árboles de cereza, una hamaca blanca (bueno, era blanca, ahora es más bien cremita). De vez en cuando voy y me tomo un descanso en ella. En una ocasión, mientras estaba en ese lugar de retiro, el Señor me enseñó una lección que nunca olvidaré. Cuando miraba hacia abajo, sólo veía tierra, una que otra piedra, unas cuantas hojas tiradas —para entonces no habíamos sembrado el pasto. Lo que veía, no me gustaba. No tenía atractivo alguno.

Después de meditar por unos instantes en la triste condición de mi pequeño oasis, miré hacia arriba y el cuadro cambió. Los árboles estaban llenos de hojas, las mariposas revoloteaban aquí y allá. Había uno que otro pajarito que llamaba la atención. Y más allá del follaje inmediato que contemplaban mis ojos, estaba el cielo azul salpicado con unas cuantas nubes. Una sensación de placer me embargó ante la vista que contemplaba.

Entonces el Señor me dijo. "Si miras abajo, a tu condición, nunca quedarás satisfecha. Pero si en lugar de concentrarte en ti misma, miras hacia mí, tendrás satisfacción, porque en mí está tu esperanza, tu gozo y tu paz".

¡Cuántas veces he tenido que recordar esa lección!, especialmente cuando confrontada conmigo misma advierto mis muchas flaquezas y debilidades. Cuantas veces nos chasqueamos de nosotras mismas, cuando el Señor aguarda con paciencia el desarrollo de su carácter en nuestras vidas.

Cuán bueno es saber que nuestra garantía y seguridad de salvación y felicidad no está en nosotras mismas, sino en él, que es todo perfecto en hermosura, cuyo nombre es: "Admirable, Consejero, Dios fuerte, Padre eterno, Príncipe de paz" (Isa. 9:6).

Cenia E. García

Y las puertas no se cerrarán

Y las puertas no se cerrarán. Isaías 45:1.

Roberto acababa de llegar a los Estados Unidos después de pasar muchos años en el extranjero. Al llegar a la puerta principal del aeropuerto, puso los paquetes en el suelo y avanzó para abrirla. Pero, para su sorpresa repentinamente la puerta se abrió. Miró a su alrededor para agradecer a la persona que según suponía lo había ayudado, pero no vio a nadie. Entonces retrocedió para buscar sus paquetes, y en eso la puerta se cerró. Roberto comprendió que estaba ante un "ojo electrónico" —un dispositivo inventado durante su ausencia— que cuando él avanzaba e interceptaba el rayo de luz, hacía que la puerta se abriera.

Cuando confiamos en Dios y avanzamos por fe, las puertas de la oportunidad se abren ante nosotros. Pero cuando vacilamos y nuestra fe falla, las puertas se mantienen cerradas.

¿Recuerdas la historia de la mujer que había estado sufriendo por doce años y había gastado todos sus recursos en médicos y medicinas que no la habían curado? Había una gran diferencia entre la muchedumbre que apretaba a Jesús pero no tenía una unión viviente con él y la fe genuina de esta mujer. La pluma inspirada nos dice: "Jesús usaría de ese hecho para mostrar la diferencia entre el toque de fe genuina y el contacto casual de los que se apretujaban a su alrededor por mera curiosidad. Cuando la mujer alargó la mano y tocó el borde de su manto, pensó que ese toque furtivo no sería advertido por nadie; pero Cristo lo advirtió y correspondió a su fe con su poder sanador. Ella se dio cuenta en un instante que había sido sanada. El solo toque de fe recibió su recompensa" (Carta 130, 1898).

"El avanzar por fe sin dejarse dominar por las circunstancias es una lección dura de aprender, y sin embargo es una necesidad impostergable para cada hijo de Dios el aprender esta lección" (*Review and Herald*, 17 de marzo, 1910).

Cada vez que entres a un edificio o veas que las puertas se abren y sigas caminando segura de que permanecerán abiertas hasta que tú pases, recuerda que de la misma manera debes actuar en la vida cristiana. Aunque no veas el "ojo electrónico", sigue adelante con fe, atraviesa las dificultades que se interpongan en tu camino, pues los ojos del Omnipotente estarán listos para "abrir delante de ti puertas, y éstas no se cerrarán".

Ana Rosa Chaviano

El perdón

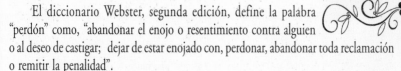

Juicio sin misericordia se hará con el que no hace misericordia, la misericordia triunfa sobre el juicio. Santiago 2:13.

El diccionario Webster, segunda edición, define la palabra "perdón" como, "abandonar el enojo o resentimiento contra alguien o al deseo de castigar; dejar de estar enojado con, perdonar, abandonar toda reclamación o remitir la penalidad".

"Él [Satanás] había declarado que los principios del gobierno divino hacen imposible el perdón. Si el mundo hubiera sido destruido, habría sostenido que sus acusaciones eran ciertas… Pero en vez de destruir al mundo, Dios envió a su Hijo para salvarlo" *(El Deseado de todas las gentes,* p. 28).

"Por su vida y su muerte, Cristo demostró que la justicia de Dios no destruye su misericordia, que el pecado podía ser perdonado…" *(El Deseado de todas las gentes,* p. 711).

El perdón es tan importante, que Jesús lo incluyó en el ejemplo de la oración perfecta. Él dice: "Perdónanos nuestras deudas, como también nosotros perdonamos a nuestros deudores" (Mat. 6:12). Él agrega en el versículo 14: "Si perdonáis a los hombres sus ofensas, os perdonará también a vosotros vuestro Padre celestial". Así que, nos ha revelado el principio de que solamente si perdonamos, seremos perdonados.

Esto es también importante porque tiene un efecto directo sobre nuestra salud. "Sea cada sanatorio adventista la institución de salud donde el enfermo y doliente viene para hallar alivio y liberación de sus malestares tanto físicos como espirituales. Muchos de éstos, como el paralítico de antaño, necesitan el perdón del pecado primeramente; y después aprender lo que significa 'vete, y no peques más' " *(Ministerio médico,* p. 34).

"En su misericordia, [Dios] ha convertido al sanatorio en un poder de tal magnitud en el alivio del dolor físico, que miles han sido atraídos para ser curados de sus enfermedades. Y para muchos, la sanidad física está acompañada con la sanidad del alma. Reciben de parte del Salvador, el perdón de sus pecados. Reciben la gracia de Cristo y se identifican con él, con sus intereses, con su honor" *(Consejos sobre salud,* p. 208).

Pienso en la frase: "Perdona y deja que Dios se encargue del resto", que para mí describe mejor que nada el perdón. Sin embargo, en la práctica, todavía es difícil hacerlo. ¿Por qué? ¿Quizá porque es vital para nuestra vida espiritual que Satanás lo hace tan difícil para nosotros? Pero no hay otro recurso. Perdonemos y dejemos que Dios se encargue del resto.

Lori Ann Vásquez

Nuestra maravillosa esperanza

Enjugará Dios toda lágrima de los ojos de ellos; y ya no habrá muerte, ni habrá más llanto, ni clamor, ni dolor; porque las primeras cosas pasaron. Apocalipsis 21:4.

Corría el mes de abril de 2001, cuando una noche, ya un poco tarde, sonó el timbre del teléfono. Era una llamada de larga distancia. La operadora me preguntó si aceptaba el cobro y aún medio dormida, le dije que sí. Era doña Rosita, vecina de mis padres, quien llamaba para comunicarme que Mamá había sufrido un accidente y se había fracturado la pelvis. En ese momento pensé: este es el principio del fin de Mamá. De inmediato llamé a mi hermana. Luego con mi esposo hicimos los planes para el viaje. Oramos a nuestro Dios y le pedimos que se hiciera su santa voluntad.

Mamá, como esposa de pastor, siempre colaboró con la música en la iglesia y con la obra de beneficencia. Se preocupaba por el bien de los demás, proporcionaba abrigo y alimento a los necesitados. Recuerdo especialmente las navidades cuando a cada niño de la iglesia le regalaba un juguetito y alguna prenda de ropa que ella misma había confeccionado.

Sólo a siete semanas del accidente, el 29 de mayo, día de su funeral, varios vecinos, familiares y amigos nos acompañaron. Para unos era su primera experiencia en un servicio religioso de nuestra iglesia. Allí tuvieron la oportunidad de escuchar el bello mensaje de la resurrección. A raíz de ello, surgieron interrogantes en sus mentes y ahora mi esposo trata de despejar sus incógnitas a la luz de las Sagradas Escrituras.

Los vecinos quedaron impresionados con la sencilla vida de servicio de Mamá y ahora desean conocer a ese Dios que ella amaba. La Biblia dice en Apocalipsis 14:13: "Sí, dice el Espíritu, descansarán de sus trabajos, porque sus obras con ellos siguen". También en Proverbios 10:16 se nos dice: "La obra del justo es para vida".

Mi oración es que el Señor me ayude a vivir de tal manera que pueda llegar a ser un vivo testimonio de su amor y su misericordia y pueda así inspirar en otros el sincero deseo de conocerle y amarle. También oro porque Dios me conceda, junto con mis familiares, amigos y demás redimidos, el gozo de vivir con él por los siglos sin fin. Preparémonos para el encuentro con nuestro Dios.

Zoila Rocha de Villarreal

Basta al día su afán

Por nada estéis afanosos, sino sean conocidas vuestras peticiones delante de Dios en toda oración y ruego, con acción de gracias. Filipenses 4:6.

En la vida hay muchas ocasiones que demandan una decisión valiente y razonable, y a mí me tocó experimentarlo cuando mi esposo fue llamado a trabajar en España.

Vivíamos en Cuba, nuestro país, con nuestros hijos, José y Josué, de trece y catorce años. Era aquella una oportunidad valorada por todos. Era la forma en que ellos podían realizar sus sueños de adolescentes: estudiar en un lugar donde fueran reconocidos y no discriminados por sus principios. Al pensar en esto, una gran ansiedad se apoderó de mí. Nos dolía mucho dejar atrás nuestra familia, la iglesia, nuestros hermanos y amigos; esos fueron para mi esposo, para mis hijos y para mí, días de mucho sufrimiento al tomar la decisión y comenzar los preparativos.

Para mí lo peor de todo era dejar atrás a mi mamá, que no contemplaba siquiera la posibilidad de salir del país. Yo veía esa despedida como algo definitivo en esta tierra, pues ella tenía varios problemas de salud y su edad era avanzada. Orábamos por cada uno de nuestros seres queridos, al mismo tiempo que agradecíamos al Señor por esta oportunidad.

El texto en que hoy meditamos me proporcionaba mucha confianza. No tenía yo en mente las muchas y maravillosas formas que nuestro Padre Celestial tiene para aliviar nuestros pesares. Dios nos concedió la oportunidad de venir a este país con un segundo llamado, y después de dos años tuvimos el gozo de recibir la visita de los papás de mi esposo y de mi mamá. Vinieron juntos. Ella se quedó, y vivió con nosotros nueve años. Hoy duerme hasta el día del Señor, pero yo tuve la bendición de tenerla conmigo y atenderla después de haberme despedido de ella con tanto dolor cuando salimos de nuestro país.

Al hacer este recuento, te exhorto a no anticipar sufrimientos, y así, con la ayuda de Dios evitar las ansiedades e incertidumbres. Tengamos muy presente el texto que dice: "Así, que no os afanéis por el día de mañana, porque el día de mañana traerá su propio afán" (Mat.6:34).

En el libro *El camino a Cristo*, p.100, encontramos: "Presentad a Dios vuestras necesidades, tristezas, gozos, cuidados y temores... Ninguna cosa que de alguna manera afecte nuestra paz es tan pequeña que él no la note. No hay en nuestra experiencia ningún pasaje tan oscuro que él no lo pueda leer, ni perplejidad tan grande que no la pueda desenredar".

Celia Cortés

El siempre me escucha

Amo a Jehová, pues ha oído mi voz y mis súplicas; porque ha inclinado a mí su oído; por tanto, le invocaré en todos mis días. Salmo 116:1, 2.

Poderoso y Amante
El que gobierna los mundos y sostiene el Universo;
el que guarda la distancia entre esos mundos y el sol,
el que pinta la alborada con delicados colores,
es el que inclina su oído para escuchar tu oración.
El que detiene los mares que en lid o en paz le obedecen
y enciende la fiera llama que hace estallar al volcán;
el que cubre con la nieve las cumbres que el cielo tocan,
es el que inclina su oído para escuchar tu oración.
El que dio luz a los ojos, llenándolos de colores
y permitió que el oído escuchara una canción,
el que puso en el cerebro divinas programaciones,
es el que inclina su oído para escuchar tu oración.
Él es el Dios poderoso. Nada contenerlo puede.
Tiembla la tierra y se agita al sonido de su voz.
Mas su corazón divino rebosa de amor y dice:
"Siempre inclinaré mi oído para escuchar tu oración".

Elena Acosta

Amistades interrumpidas

Tus muertos vivirán; sus cadáveres resucitarán. ¡Despertad y cantad, moradores del polvo! Isaías 26:19.

Un joven de nuestra iglesia se encontraba en la cama de un hospital. La tristeza de la iglesia era general. Una joven hermana que lo apreciaba mucho fue a visitarlo. Al llegar vio a mucha gente reunida ante la habitación. Su corazón se estremeció. Una mujer le preguntó "¿A dónde vas?" Ella respondió: "Voy a visitar a mi amigo" La mujer rompió en llanto y dijo: "Está muerto". Un desgarrador lamento salió de su ser quebrantado: "¡Noooo, no puede estar muerto!" Su mejor amigo no podía estar muerto. Ella había orado fervientemente. ¿Por qué Dios lo había dejado morir?

Cuando un ser amado muere, nos hacemos las mismas preguntas una y otra vez. Si Dios pudo sanar a otros ¿por qué no sanó a nuestro ser amado? Si Jesús pudo levantar a Lázaro, quien tenía tres días de muerto, ¿por qué permitió que nuestro ser amado muriese?

Cuando Jesús dejó a sus discípulos, nada volvió a ser igual para ellos. Extrañaban sus enseñanzas, las caminatas por la ciudad, las noches de vigilia. Sentían como si se les hubiera arrancado la vida. Pero fue necesario que Jesús partiera. En medio del dolor Dios siempre tiene algo positivo que enseñarnos y a veces deben pasar meses y años antes de que el dolor se mitigue y la paz vuelva a nuestras vidas.

Yo espero y amo ese gran día bienaventurado cuando el "Rey de reyes y Señor de Señores" rompa las nubes de los cielos y haga su aparición triunfal reclamando de la muerte a aquellos que nos arrebató, y restaure las relaciones y amistades interrumpidas por la muerte de ese amigo, padre, madre, hermano, hermana, novio o cualquier ser que hallamos perdido. En mi caso, a mi amigo Héctor Garfield (1982), a mi prima Patricia (Paty) Simpson (1989), a mi amado padre Henry Simpson (1999), a mi amigo Kenny Henry, (2001), y a muchos otros quienes entonces han de ser despertados de su cama polvorienta por la voz de mando, la voz de arcángel y la trompeta de Dios para reunirse por siempre con nosotros sus seres queridos. ¡Sí, ven Señor Jesús!

Ligia Holmes

Bástate mi gracia

Bástate mi gracia; porque mi poder se perfecciona en la debilidad.
2 Corintios 12:9.

Las mujeres nos involucramos en muchas cosas. Queremos resolver todo, nuestros asuntos, los de nuestro esposo, los de nuestros hijos, etc. Y en esa lucha diaria nos esforzamos tanto que terminamos pidiéndole ayuda al Señor y entonces él nos dice: "Bástate mi gracia".

Cuando dejamos de intentar ser la supermujer, cuando "tiramos la toalla" y reconocemos nuestra debilidad, nuestra necesidad del Señor; es cuando adquirimos esa fortaleza que sólo él puede otorgar.

Cuando a menudo nos angustiamos por las pruebas, nos desesperamos por superarlas y como esposas y madres nos lanzamos sobre el problema sin pensarlo dos veces. Pero el Señor desea que nos detengamos por un momento, que reconozcamos que él es el único que tiene y provee el poder para solucionar cualquier problema. Cuando hacemos esto, el poder de Dios se manifiesta en nuestra vida de manera tan maravillosa que nos quedamos asombradas al ver cómo todo se soluciona.

No importa cuán difíciles sean las circunstancias déjalas en manos de Dios. Pablo oró tres veces para que Dios le quitara su enfermedad —su aguijón— y el Señor le dijo: "Bástate mi gracia". Él entendió que era mejor ser débil, por medio de su enfermedad, y que Dios utilizaría ese problema para manifestar su poder. Pablo no sólo sufrió de una enfermedad, sino de persecuciones, afrentas y necesidades, pero a pesar de todos estos problemas fue un poderoso siervo de Dios. El secreto de Pablo fue que aprendió a ser humilde y a darle la gloria a Dios. Si nos dedicamos a servirle, si ponemos nuestros problemas ante él, si reconocemos nuestra debilidad, él nos dará la fortaleza necesaria y el poder para derrumbar cualquier barrera de acuerdo a su voluntad.

Dejemos de tener temor y recordemos que así como a Pablo, él nos dice hoy:

"Bástate mi gracia.
No sientas más temor,
que en la angustia y en la pena,
yo te doy consolación.
Bástate mi gracia,
no sufra más tu corazón.

que mi poder se perfecciona
en tu flaqueza y dolor.
Bástate mi gracia,
y confía siempre en mí,
que en la lucha y en las pruebas
yo me acordaré de ti".

Norma Utz

¿Crees en los milagros?

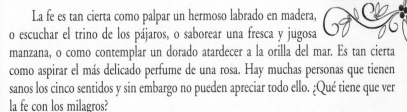

Por tanto, os digo que todo lo que pidiereis orando, creed que lo recibiréis y os vendrá. Marcos 11:24.

La fe es tan cierta como palpar un hermoso labrado en madera, o escuchar el trino de los pájaros, o saborear una fresca y jugosa manzana, o como contemplar un dorado atardecer a la orilla del mar. Es tan cierta como aspirar el más delicado perfume de una rosa. Hay muchas personas que tienen sanos los cinco sentidos y sin embargo no pueden apreciar todo ello. ¿Qué tiene que ver la fe con los milagros?

Entre las personas que ayudo, está un señor de 57 años que a causa de un accidente quedó discapacitado. Yo lo asisto a fin de mantener sus cuentas y depósitos al corriente. Cierto día llené una ficha de depósito con su pensión y salimos al banco, pero antes hicimos unas compras en una tienda de construcción. Las cajas eran pesadas, nos costó trabajo llevarlas al auto, abrí las dos puertas para introducir la carga, soplaba un fuerte viento.

Al llegar al banco, nos dimos cuenta que el viento nos había arrebatado el cheque ya endosado. Busqué entre los papeles y no lo hallé. Me puse muy nerviosa. ¿Puedes imaginar mi zozobra? Era su pensión, y estábamos casi a media hora de viaje de la tienda.

Decidí probar a Dios. Oré pidiendo al Señor que hiciera un milagro, que ese cheque estuviera en el suelo cuando llegáramos a la tienda. Oré durante el trayecto. Al llegar al estacionamiento, vimos que el lugar donde estacionamos el auto estaba libre todavía, y allí en el suelo, estaba un papel, sí... era el cheque, los autos le habían pasado por encima, tenía pisadas de zapatos y marcas del pavimento. Subí con el cheque al auto y oramos con gratitud a Dios por fijarse en ese pequeño papel que tanto significaba para nosotros.

Señales como esta, tan simples y a la vez tan grandes, son las que hacen que la fe crezca y se fortalezca. ¿Te estás quejando porque Dios no se muestra ante ti con señales? ¿Le has pedido algo y no recibes respuesta? ¿Piensas que Dios ya se olvidó de ti? Desecha esos pensamientos y comienza a fortalecer tu fe. Pide y pide al Señor que en la Biblia dejó escrito: "Todo lo que pidiereis orando, creed que lo recibiréis, y os vendrá (Mar. 11:24).

Ese día para mí ese cheque significaba mucho. Otro día será otra cosa, y así sucesivamente. He visto la mano poderosa de Dios hacer maravillas, cosas simples, grandes, para mí imposibles... solamente tengo que creer.

Laura Ottati de Romero

El ministerio de adolescentes

Porque yo Jehová soy tu Dios, quien te sostiene de tu mano derecha, y te dice: No temas, yo te ayudo. Isaías 41:13.

Cuando nuestras hijas llegaron a la adolescencia, la iglesia a la que asistíamos no tenía programación para jóvenes. Mi esposo y yo nos preocupamos ante la incertidumbre de lo que podría pasar con la vida espiritual de nuestras hijas. Les habíamos dedicado mucho tiempo enseñándoles a amar a Dios. Percibíamos que amaban a Jesús, pero de todas maneras, me parecía que lo que la iglesia les ofrecía no era lo suficiente para propiciar el crecimiento espiritual de ellas y sus compañeros.

Ese año, Dios me llamó a crear un ministerio nuevo en nuestra iglesia: el ministerio de adolescentes. Tenía gran entusiasmo por los jóvenes, pero no sabía por dónde empezar, cómo hacerme amiga de ellos, me preguntaba qué temas les gustaría, qué actividades les llamarían la atención. Así que pedí consejo a un pastor de jóvenes. Él me recomendó reunirme con ellos varias veces y que les preguntara qué les gustaba y qué querían hacer. Así conocí sus necesidades.

Me informé acerca de seminarios de liderazgo para jóvenes. Hablé con algunas personas para que me acompañaran a los seminarios, incluso algunos de los adolescentes, entre ellos mis hijas. Empecé a orar y a pedirle a Dios sabiduría y dirección. Un día, estudiando mi Biblia encontré un mensaje para mí en Isaías 41:13. Lo leí muchas veces y mi corazón se llenó con la confianza y seguridad de que Dios estaba conmigo y me llevaba de la mano, paso a paso. Al poco tiempo de comenzar este ministerio, mi esposo, al ver mi dedicación y el entusiasmo de nuestras hijas por permanecer en la iglesia, empezó a enseñarles y a participar de las actividades. Los dos nos ganamos el cariño de estos jovencitos.

Comenzamos con doce muchachos, y al poco tiempo teníamos ya como sesenta jovencitos activos y felices de ser parte de nuestra iglesia. Han pasado cinco años, mi hija mayor tiene ya 20 años y está estudiando para ser una trabajadora social entre jovencitos. También está sacando un menor en Religión, pues le encanta escudriñar las Escrituras. Los fines de semana, siempre está en nuestra iglesia dirigiendo la clase de adolescentes.

Mi hija menor está por terminar la educación secundaria y siempre está lista para participar con cantos y representaciones, animando a sus compañeros en el servicio al Señor. Mi corazón se llena de gozo y gratitud porque ya estoy viendo los frutos en mis propias hijas, sólo porque estuve dispuesta a aceptar el llamado divino de servir a nuestros jóvenes.

Marta Monsalve

Dios está siempre con nosotros

He aquí yo estoy con vosotros todos los días, hasta el fin del mundo.
Mateo 28: 20.

Hace algunos años pasé por una situación muy difícil. Me había divorciado y quedé sola con dos hijos. No tenía trabajo, ni experiencia. No había terminado mi carrera universitaria. No tenía casa, ni ahorros bancarios. Había dependido de alguien toda mi vida, primero de mis padres, después de mi esposo. Por primera vez enfrentaba la vida sola. Tenía miedo. Me sentía desorientada. Aún creía amar a aquel hombre que tanto me había hecho sufrir, y que ahora nos abandonaba.

En medio de la soledad y el dolor, olvidé a ese Dios todopoderoso en quien profesaba creer. Había enseñado a mis hijos a amar a Dios y a confiar en él, pero yo misma no había aprendido a hacerlo. Un día, mi pequeña niña de dos años y medio me dio una lección que jamás olvidaré.

Estaba yo sentada en su cuarto, observándola jugar. Mientras pensaba en mi situación comencé a llorar. No pude disimular el dolor que había en mi corazón. Mi pequeña me miró y me preguntó: "Mamá, ¿qué te pasa?" Yo le contesté: "Es que me siento sola, mamita". Ella me dijo: "Mamá tú no estás sola, si Jesús está contigo". Cuando me dijo eso me señaló a un lugar específico. Parecía estar viendo algo. Le pregunté:

"¿Dónde está Jesús?" Ella volvió a señalar al mismo lugar donde había mirado antes, y me dijo: "Ahí, mami". Aquello me hizo estremecer. Incrédula todavía se me ocurrió preguntarle: "¿De qué color está vestido?" Mi niña aún no conocía los colores. Pero ella, "señaló mis zapatos, que eran blancos, y me contestó: "Así, mami, de este color".

¡Alabo el nombre de Dios por aquella experiencia! Desde entonces ya han pasado más de dos años, y puedo decir que no me ha faltado pan ni techo. Mis hijos estudian en la academia adventista, e incluso hemos planificado un viaje de vacaciones en un crucero. Bien dice la palabra de Dios: "Joven fui, y he envejecido, y no he visto justo desamparado, ni su descendencia que mendigue pan" (Sal. 37: 25).

Keila Silva

La fe de una pequeña

Mas Jesús, llamándolos dijo: Dejad a los niños venir a mí, y no se lo impidáis, porque de los tales es el reino de Dios. Lucas 18:16.

Recuerdo muy bien cuando le pedía a papá que me acompañara a la iglesia que estaba frente a nuestra casa. Todo el tiempo me decía: "Puedo llevarte e ir por ti, pero no quedarme allí contigo". Por esa razón nunca asistí a esa iglesia. Desde muy pequeña quería conocer a Jesús, pero tenía miedo de hacerlo sola.

Mientras tanto, el Espíritu Santo ya trabajaba en favor nuestro a través de mi tía Laura, adventista de muchos años, quien pidió a los ancianos de la iglesia más cercana a nuestra casa que nos visitaran. Llegaron una noche. Nos presentaron el "plan de estudio" y yo, con apenas siete años de edad, fui la primera en decir "sí". No quería perderme ni una noche de estudio. Fue así como los ancianos nos visitaron durante tres meses y llevaron a los pies de Jesús a cinco miembros de mi familia, incluyéndome a mí.

Al enterarse la iglesia sobre mi decisión de bautizarme con tan sólo siete años; los hermanos se opusieron. Yo no entendía lo que pasaba en la junta directiva de la iglesia a esa edad, pero finalmente la junta aprobó bautizarme con mis padres y abuelitos a pesar del anciano de iglesia que me desaprobaba. Aún tengo presente ese día de fiesta espiritual. Un año después mi hermana mayor también se rindió a los pies del Maestro.

El tiempo pasó. El hermano que años atrás se había opuesto a bautizarme me confesó: "Bien, no me hicieron caso. Ahora veo cuán equivocado estaba".

A veces pareciera que ignoramos las decisiones de nuestros hijos cuando nos piden ser bautizados. Solemos creer que aún son muy pequeños, que no comprenden la vida. No puedo asegurarlo, pero es muy probable que ni yo ni mi familia estaríamos en la iglesia si mi petición no hubiese sido escuchada, si los ancianos no hubiesen confiado en mí. Los niños no vienen solos a Jesús. Él los trae a su redil y los ayuda a que su testimonio sea tan elocuente que junto con ellos venga papá, mamá y toda la familia.

Te invito a que seas parte de esas mujeres valientes que confían en los más pequeños y que apoyan su decisión de seguir a Jesús. Sé una madre espiritual para los más pequeños del rebaño.

Lorena García de Argueta

El divino intruso

¡Cuán preciosos me son, oh Dios, tus pensamientos! ¡Cuán grande es la suma de ellos! Salmo 139:17.

¿Entrometimiento? ¿Un intruso divino? ¿Le permito al Señor que se inmiscuya en mi vida? ¿Estoy tan ocupada organizando mis propios planes, que no le doy lugar para que me presente los que él tiene para mí?

En los meses pasados he estado pensando mucho en esto. Acabo de leer el libro, *The Divine Intruder*, (El divino intruso), por James R. Edwards. ¿Qué sucede cuando Dios interviene en tu vida y en la mía?

¡Qué honra es saber que Dios se inmiscuya en mi vida!, aunque nunca lo hace sin permiso. Sin embargo, cuánto anhela entrar, y participar en mi diario vivir. Sus planes y pensamientos son más altos que cualquier pensamiento jamás concebido por el ser humano. Él piensa en forma espiritual y yo pienso en forma lógica. Él hace lo inimaginable y yo actúo por el sentido común. "¡Cuán preciosos me son, oh Dios, tus pensamientos! ¡Cuán grande es la suma de ellos!" (Sal.139:17). Las aparentes contradicciones son su delicia.

Hay un famoso teatro en Strasburg, Pensilvania al que he asistido con mi familia. Al mirar la dramatización de la historia de Noé, sentí por primera vez lo que pudo haber sido estar dentro del arca. Mientras el escenario te envuelve, escuchas truenos. Puedes sentir la electricidad del relámpago. Escuchas los gritos de angustia de los que quedaron fuera del arca, rogando que les abran la puerta. Ellos no le dieron tiempo al divino intruso para que invadiera sus vidas, pues sus planes eran más importantes.

Noé permitió que Dios se inmiscuyera en su vida, y fue eso lo que le hizo seguir los planes de Dios. El resto del mundo se rió de Noé y se burló de él. Hasta sus propios hermanos, y tal vez sus hermanas pensaron que había enloquecido. Pero Noé tenía confianza y fe en la palabra de Dios. Noé le dio permiso a Dios para que invadiera su vida aun cuando construir el arca no tenía sentido.

¿Qué fue lo que hizo que la vida de Noé fuese diferente? "Noé halló gracia ante los ojos de Jehová… con Dios caminó Noé… Y lo hizo así Noé hizo conforme a todo lo que Dios le mandó" (Gén. 6:8, 9, 22).

¿Aceptaríamos este mismo tipo de intromisión en nuestras vidas? Jesús anhela inmiscuirse en ellas. ¿Por qué? Porque es nuestro Creador. Nos formó de la nada (Sal. 139:13). Dio su vida por ti. Intromisión divina. ¿Has permitido que Jesús invada tu vida?

Mary Maxson

Preciosas como oro y plata

Manzana de oro con figuras de plata es la palabra dicha como conviene. Proverbios 25:11.

Hace tiempo me tocó consolar a una compañera de trabajo que se encontraba en una situación desesperante. Entre sollozos, me contó que alguien la había ofendido mucho, pues le dijo que ella debía cambiar su modo de ser. Al verla en esa situación yo me preocupé y quise saber qué fue aquello tan terrible que le dijeron. Ella casi no podía hablar, pero ahogada en llanto, me contó. Al escucharla, me iba dando cuenta que todo lo que le habían dicho era la verdad, pues así era ella. Al finalizar el diálogo, pude notar que el problema radicaba en la forma en que se le dijo la verdad.

En este mundo en que vivimos estamos rodeadas por diferentes clases de personas. Hay personas tan difíciles de tratar que llegan a ser piedras de tropiezo para nosotras. Pero como hijas de Dios, debemos tener mucho cuidado aun al decir la verdad. En el trato con los seres humanos tenemos el ejemplo de nuestro Señor Jesús. Aun cuando reprendía, la compasión y el amor se veían en su rostro. Cuando sintamos que alguien nos hace la vida imposible pidamos a Dios sabiduría. Dios puede ayudarnos a vivir en paz con los que nos ofenden, no importa qué clase de personas tengamos que enfrentar. Como seres humanos, todos nos equivocamos, pero nos gusta que nos traten con ternura y amor. Por eso Jesús hizo mención de la regla de oro (Mat. 7:12).

El oro y la plata son metales preciosos. Yo me imagino lo atractiva que sería una manzana de oro con figuras de plata. Así quiere Jesús que sean las palabras de sus hijas, no importa cuánto nos hayan ofendido.

Puede ser que en este día estés planeando hablar con alguien que te ha faltado al respeto. Yo te invito a que al hablar con esta persona, la trates como tú quisieras ser tratada. Pide a Dios que tus palabras sean como manzanas de oro con figuras de plata.

Mercedes Croussett

Mujer, ¿por qué lloras?

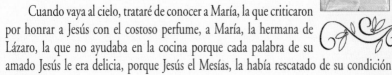

Jesús le dijo: Mujer, ¿por qué lloras? ¿A quién buscas? Juan 20:15.

Cuando vaya al cielo, trataré de conocer a María, la que criticaron por honrar a Jesús con el costoso perfume, a María, la hermana de Lázaro, la que no ayudaba en la cocina porque cada palabra de su amado Jesús le era delicia, porque Jesús el Mesías, la había rescatado de su condición miserable.

María fue la primera en llegar a la tumba de José de Arimatea. La primera en llegar porque quería ungir el cuerpo de Jesús. Este fue el segundo día más triste, más devastador en la vida de María. Estoy segura que ella no habría podido dormir por dos noches. Estoy segura que sus lágrimas empaparon muchos pañuelos. ¿Cómo es posible que hayan destruido tan cruelmente al Mesías prometido? "Como un cordero fue llevado al matadero".

¡Pero la tumba estaba vacía! ¿Qué pasó? ¿Quién se robó el cuerpo de su Señor, de su Jesús, de su Salvador? Las lágrimas brotaron incontenibles. La tristeza inundaba su corazón. Con la vista borrosa, ella sólo pudo distinguir dos figuras. Una le preguntó: "¿Mujer, por qué lloras?" Sin controlar su angustia, ella le contestó, pero siguió buscando el cuerpo del Señor. Estaba tan ofuscada que no percibía la otra voz que le decía: "¿Mujer, por qué lloras? ¿A quién buscas?"

Ella, víctima de la desesperación y la tristeza, le contestó al que pensaba era el hortelano: "Aquí estaba, aquí estaba, aquí lo dejamos, ¿dónde está mi Señor?" Seguía gesticulando entre sollozos. Hasta que el "hortelano" la llamó por su nombre: "María". Cuán dulce sonó su nombre... esa voz era conocida, esa voz la volvió a su juicio y se "precipitó hacia él" dice la palabra inspirada de Elena de White.

¡Cuantas veces nos hallamos en la misma situación! Estamos tan preocupadas, tan dolidas, tan ofuscadas que a través del velo de las lágrimas, no podemos distinguir a nuestro Jesús. Él nos llama. Nos llama por nuestro nombre y si le pertenecemos vamos a reconocer su voz divina y nos precipitaremos hacia él. Jesús nos busca, nos llama, nos acosa con infinita delicadeza, y con profundo cariño. ¡Cuán dulce es responder a su llamado!

Ana María Branham

El milagro

Los muertos serán resucitados incorruptibles, y nosotros seremos transformados. 1 Corintios 15:52.

"Claudia, ¿estás bien?" me preguntó Reynaldo, sosteniendo mi cabeza.

"¿Tengo mi pierna conmigo?", le pregunté.

"Sí" me dijo él. "Entonces estoy bien", fue mi respuesta. Pude escuchar a mi prima, Dalila, llorando y casi golpeando a mi amigo con quien acabábamos de tener un accidente motociclístico.

Los paramédicos envolvieron mi pierna, me subieron a la ambulancia y me llevaron al Hospital General de San Francisco. Un médico se me acercó con unos papeles, y me dijo: "Claudia, has tenido un accidente muy grave. Necesitamos operarte. Firma estos papeles. En ellos dice que nos autorizas amputar tu pie si es necesario". No tuve tiempo para pensar. Sentía demasiado dolor y los sedantes comenzaban a hacer efecto. No tuve más que firmar el documento. Después, me llevaron a un cuarto y me introdujeron a una máquina de rayos X.

Al despertar, el pastor y el primer anciano estaban parados al pie de mi cama, llorando. Lo primero que vino a mi mente fue que mi pierna había sido amputada, y las lágrimas rodaron por mis mejillas. Yo notaba que todos, al verme, lloraban. Entonces le pregunté a mi pastor si mi pierna estaba aún conmigo. Él me dijo que sí. Los médicos habían salvado mi pierna. Tuvieron que efectuar transplantes de hueso y músculo. Había perdido el 30 por ciento de la piel, pero el doctor me dijo que iba a recuperarme.

El color negro de la piel injertada, el ver parte del hueso por medio de una abertura que tenía cerca de la rodilla era electrizante, tenía un aspecto horrible.

Todos los días recibía visitas. Los jóvenes de mi iglesia venían para recibir y despedir el sábado conmigo. Cantábamos, orábamos, reíamos, y lo mejor que recuerdo son los comentarios de las enfermeras. Decían que cantábamos "como los ángeles".

Los médicos pronosticaron cuatro meses en el hospital y dos años para recuperarme y empezar una vida medio normal. Pero se sorprendieron al ver la forma tan rápida en que me recuperaba. Gracias a la oración del pueblo de Dios, pude volver a mi vida casi normal en un año.

Ese accidente hizo que mi vida diera un giro de 180 grados. ¡Si tan sólo hubiese sido más cuidadosa al elegir mis amistades! Las cicatrices que han quedado en mi pierna son horribles, sin embargo serán transformadas cuando Cristo venga.

Claudia Portillo

Protección divina

No temerás el espanto nocturno, ni saeta que vuele de día, ni plaga que ande en oscuridad, ni peste que al mediodía destruya. Caerán mil a tu lado, y diez mil a tu diestra, pero a ti no llegará. Salmo 91:5-7 NRV.

Mi esposo y yo pasábamos por una terrible crisis financiera. Pero a pesar de la tormenta que rugía en derredor, estábamos más cerca de Dios que nunca. Un día, detuve mi auto en la esquina de una intersección muy transitada, estaba en primera fila, esperando doblar a la derecha. De pronto, vi un gran camión de carga que cruzaba la intersección a gran velocidad. Aterrorizada, vi al camión enfilar hacia mí. Pensé que moriría. Tuve sólo una fracción de segundo para invocar el nombre de Jesús. Enseguida, el camión se desvió y pasó a escasos centímetros de mi vehículo, sin tocarlo. Fue como si una mano poderosa e invisible lo hubiese desviado.

Pocos días después, viajaba de Los Ángeles a Phoenix, a 120 kilómetros por hora. En el momento que rebasaba a un camión de 18 ruedas, una de sus ruedas estalló con tanta fuerza que parecía que una bomba había explotado. Los pedazos volaron por todos lados. Si ese camión hubiese pasado unos segundos después, la llanta habría explotado a mi lado derecho. Más tarde supe que esa clase de explosión es tan poderosa que puede abrir un agujero en el asfalto. El impacto pudo haberme hecho perder el control con resultados fatales. De nuevo vi la mano de Dios que me protegió.

En el término de unos diez días, enfrenté el desastre por lo menos cinco veces. Sabía que Satanás me estaba atacando, y me invadió el temor de conducir en carretera, a pesar de que mi trabajo exigía muchas horas de manejo. Sentía la ira del enemigo en mi redor, pero a medida que pasaba el tiempo, me fortalecía al recordar cómo Dios me protegió y libró de los accidentes.

Creo firmemente que Satanás estaba decidido a destruirme, y que mi Padre celestial me rescató de la "saeta que vuela de día". Como dice el salmista. "Bendeciré a Jehová en todo tiempo". Sin duda tiene una tarea especial para mí.

Poco después de estos incidentes, el Señor nos rescató a mi esposo y a mí de esa crisis financiera. Los métodos que usó fueron tan maravillosos que continuamos sostenidos por su poder. Nuestros corazones rebosan de gratitud por su compasión y misericordia. ¡Alabaré al Señor para siempre!

Naomi S. Castro

Ante el faraón

Y Jehová dijo a Moisés: Entra a la presencia de Faraón; porque yo he endurecido su corazón. Éxodo 10:1.

Hace quince años trabajaba para "Faraón", un faraón cuya fuerza, poder y dominio llega más allá del límite humano; pero no al límite de Dios. Me alejé de las enseñanzas recibidas de mis abuelos y padres, y de la fe de Jesús. Sí, trabajé arduamente, sin descanso y cuán hondo se hacía mi foso en la caída.

Con el correr de los años adquirí tal destreza en el campo de la informática y el control, que esto se convirtió en un tropiezo. Dios volvió acudir en mi ayuda.

Un día hace muchos años, recibí una carta de mi hermana desde los Estados Unidos en la que me informaba que había sufrido un accidente y se encontraba paralítica en un hospital. Unos pastores centroamericanos se habían encargado de su cuidado, pero tal vez no volvería a caminar. Ella me recordó nuestros bellos momentos pasados en el Colegio de las Antillas y me dijo: "¿Por qué no vuelves a Jesús? Tal vez tenga misericordia de nosotras". Sentí que mi garganta se cerraba con un dolor intenso.

Algo despertaba en mí la sed de Jesús, de tomar el agua de su santa mano. Esa tarde reanudé mi relación con Jesús. Una mañana llegué mas temprano al trabajo para reorganizar documentos necesarios en mi perfil de trabajo, e inmediatamente fui llamada por el vicedirector de Recursos Humanos, para ser interrogada, asediada, abofeteada con los golpes que daba el vicedirector sobre la mesa de trabajo. Me humillaron, me quitaron de la posición de jefe de departamento, me redujeron el salario, y al final fui despedida del mismo, por mis ideas de Dios y su sábado.

Apelé a la máxima autoridad de mi país en materia de Derechos Humanos y Religión, y Dios ganó la batalla. Fui justificada y el Señor glorificado.

Estoy segura que detrás de cada tribulación, detrás de cada prueba, detrás de cada dolor, hay una victoria en Jesucristo. Acéptalo por fe. Cree en el poder de la sangre del Cordero, y clama como el profeta: "Jehová llamó a Samuel; él respondió: Heme aquí" (1 Sam. 3:4).

Rafaela Ángeles Almanza

El amor eterno de Dios

Y ahora permanecen la fe, la esperanza, y el amor, estos tres; pero el mayor de ellos es el amor. 1 Corintios 13:13.

El reino de Dios está basado en su amor. Por amor él nos creó, nos perdonó y nos redimió, nos concedió así una segunda oportunidad de vivir en un mundo perfecto donde todo es felicidad, paz y armonía.

1 Corintios 13

*La fe es don de lo alto que nos ayuda a aceptar
a Cristo y sus mandamientos y sus doctrinas guardar.
Se manifiesta el Espíritu en aquel que tiene fe,
creyendo ciertas las cosas que aún no son ni se ven.
La fe me ayuda, me anima a creer en mi Señor;
no haciendo caso a la duda, la cizaña o el error.
Tras de la fe, la esperanza en Cristo y su redención,
cuando regrese en las nubes, su pueblo a llevar a Sión.
Me da fuerzas y alegría, y la esperanza es vital,
nos mantiene apercibidos, pues muy pronto esto será.
Por la esperanza me gozo, siento conmigo al Señor,
y, si nunca me descuido llegaré a ser vencedor.
Está muy bien la esperanza, mas ¿qué decir del amor?
Este es un principio eterno, el carácter del Señor.
Cada santo que se apresta a las mansiones llegar
debiera tratar primero de comprender y de amar.
El amor es un principio importante por demás.
Si decides practicarlo, tu carácter cambiará
La fe y también la esperanza, hasta el fin del tiempo quedan.
También nos dice Corintios que el amor los dos supera.
La fe cumplida será cuando veas a Jesús;
Así también la esperanza cuando fulgure su luz.
Mas con el amor eterno no ha de suceder así,
Porque amaremos a todos por las edades sin fin.
¡Amén!*

¡Que Dios nos ayude a mantener la fe y esperanza firmes en su Palabra, para que algún día disfrutemos de ese mundo glorioso.

Nurys Cicerón

Una señal

Deléitate asimismo en Jehová, y él te concederá las peticiones de tu corazón...Guarda silencio ante Jehová, y espera en él. Salmo 37:4, 7.

Cuando somos jóvenes uno de nuestros mayores anhelos es tener a una persona especial a nuestro lado. De esa manera nos sentimos apoyadas y llegamos a disfrutar gratos momentos. Cuando me interesé por un muchacho de la iglesia a quien quería conocer, hice un trato con Dios. Él me respondió. Lo conocí por medio de un amigo, y aunque no pudimos hablar mucho, pude ver en él a una persona tímida y muy espiritual. Eso fue lo que más me llamó la atención.

Pasó el tiempo y aunque no tuve ningún tipo de contacto con él, mi atracción siguió. Hablé con el Señor para que fuese él quien me diera una señal, aunque debo confesar que tenía miedo de que Dios me hiciera saber que él no era la persona indicada para mí.

Un día los jóvenes de mi iglesia organizaron una cena para un sábado en la noche, una cena que debía ser muy especial para nosotros. Sabía que él vendría, así que pedí a Dios una señal. Durante el sábado pensé muchas cosas y ayuné para sentirme más cerca de Dios.

Antes de ir a la cena me arrodillé. Hablé con Dios y le dije que me diera la señal que yo deseaba tener. La señal que le pedí fue que si él llegaba solo, sin ningún compañero, amigo o amiga, significaba que podía seguir pensando en él. En otras palabras, podría abrigar esperanzas. Pero si llegaba con alguien, lo mejor para mí era olvidarlo.

Cuando llegué a la iglesia mis amigas me informaron que él ya estaba allí. Pero para mi sorpresa no llegó solo sino con su mejor amiga y su hermana. Yo había llegado a pensar que si Dios me ayudaba, podía llegar a ser una amiga especial para él; pero la señal estaba dada y puedo decir que estuve muy triste durante la cena. Deseaba llorar pero no lo hice hasta que llegué a mi cuarto. También sentía tristeza porque sabía que debía estar alegre, yo había pedido a Dios una señal y él me había respondido.

Lo mejor de aquella experiencia fue aprender que nuestro Dios inclina su oído para escuchar nuestro corazón y responder a nuestras dudas. Si las respuestas no son lo que esperamos, él nos ayuda a comprenderlas. En verdad Dios quiere lo mejor para nosotros y nos lo hace saber. Sólo debemos saber escuchar y aceptar su voluntad.

Diana Martínez

Mi hogar en el cielo

Voy, pues, a preparar lugar para vosotros. Juan 14:2.

¿Te has detenido alguna vez a imaginar cómo será el cielo? Yo he imaginado a Jesús llevándome a mi mansión en el campo. "Esta es la casa que preparé especialmente para ti", me dirá. Y cuando la vea, casi se me irá la respiración. Será una mansión plateada, sostenida por cuatro columnas, engarzadas con perlas. En todo caso, así dice Elena de White que serán las casas. Y habrá canteros de rosas con geranios perfumando el aire. Abriré las puertas dobles de la casa y nunca más se volverán a cerrar, así como las puertas de la nueva Jerusalén.

Entraré al majestuoso salón de descanso de la mansión, el cual será impresionante. El material del piso será de oro, así como las calles de la nueva Jerusalén. Las paredes serán como perlas. En una pared tendré un acuario gigante, con toda clase de exóticos peces de colores. En otra parte de la casa estará una sala de música y uno de los primeros cantos que entonaré será "el canto de Moisés y del Cordero" y el "coro Aleluya".

En otro lugar de la casa estará el comedor, con una mesa grande para que se sienten invitados como Jesús y mi ángel guardián. Tendré un hermoso patio estilo español. Y habrá exóticas aves de colores volando por todas partes. En medio del patio estará una hermosa y burbujeante fuente, con exquisitas plantas tropicales e inmensas ramas de preciosas buganvillas colgando de los balcones.

No tendré recámara porque la Biblia dice que no habrá allí más noche; además, nunca nos cansaremos. Tampoco cocina, porque no creo que allí tengamos que cocinar.

Mis mascotas incluirán un león, con una cabeza tan grande, que hará que el Rey León se avergüence. Y jugará con mi pequeño cordero mascota. Mi hermoso leopardo y Bambi, mi pequeño cervatillo, retozarán en el campo y comerán juntos, y nunca pensarán en lastimarse uno al otro.

Me gusta soñar en mi hogar celestial. Eso no sólo hace que mi experiencia cristiana sea más real; sino que me da el gozo de la anticipación. Sin embargo, no importa cuán grandes y maravillosos sean mis sueños con respecto al cielo, ¡Dios tiene cosas infinitamente más maravillosas y grandiosas que las que yo puedo jamás imaginar, en mis más descabellados sueños! ¡Y difícilmente puedo esperar!

Nancy Cachero Vásquez

Cómo librarse de la culpa

¿Qué Dios como tú, que perdona la maldad, y olvida el pecado del remanente de su heredad? No retuvo para siempre su enojo, porque se deleita en misericordia. Miqueas 7:18.

Me alegro porque nuestros sentimientos no son una evidencia de que no somos hijos de Dios. El enemigo os tentará para que penséis que habéis hecho cosas que os han separado de Dios, y que él ya no os ama más, pero nuestro Señor todavía nos ama.

Apartad la vista de vosotros y mirad la perfección de Cristo. No podemos hacernos una justicia para nosotros. Cristo tiene en su mano los puros mantos de justicia, y los pondrá sobre nosotros. Hablará dulces palabras de perdón y promesa. Presenta a nuestra alma sedienta fuentes de agua viva para refrescarnos. Nos pide que acudamos a él con todas nuestras cargas, todas nuestras aflicciones, y nos dice que hallaremos reposo... Debemos mostrar nuestra fe descansando en su amor...

Jesús ve la culpa del pasado, y perdona, y no debemos deshonrarlo dudando de su amor. Este sentimiento de culpa debe colocarse a los pies de la cruz en el Calvario. El sentimiento de pecaminosidad ha envenenado las fuentes de la vida y de la verdadera felicidad. Ahora Jesús dice: "Echadlo todo sobre mí. Yo tomaré vuestros pecados; os daré paz. No sigáis despreciando vuestro respeto propio, porque os he comprado con el precio de mi propia sangre. Me pertenecéis. Fortaleceré vuestra débil voluntad, y quitaré vuestro remordimiento por el pecado". Entonces, volved hacia él vuestro corazón agradecido, temblando por la incertidumbre, y apoderaos de la esperanza que se os da. Dios acepta vuestro corazón quebrantado y contrito, y os concede perdón gratuito. Él ofrece adoptaros en su familia, con su gracia para ayudar vuestra debilidad, y el querido Salvador os conducirá paso a paso, al colocar vuestra mano en la suya y permitir que él os guíe.

Buscad las preciosas promesas de Dios. Si Satanás interpone amenazas ante vuestra mente, volveos de ellas y aferraos de las promesas, y permitid que vuestra alma sea aliviada por su brillo. La nube es oscura en sí misma, pero cuando se llena con la luz, se transforma con el brillo del oro, porque la gloria de Dios está sobre ella (*A fin de conocerle*, p. 243).

Elena G. de White

¿Puedo ayudar?

Crea en mí, oh Dios, un corazón limpio, y renueva un espíritu recto dentro de mí. Salmo 51:10.

Alguien me estaba mirando. Estaba segura de ello. Respirando profundo continué enjuagando los platos y poniéndolos en la lavadora, sabiendo que no pasaría mucho tiempo antes de que el curioso se delatara.

"Mami, ¿qué estás haciendo?"

Cerré los ojos, anticipando un dolor de cabeza. Este día parecía tener 30 horas y su final aún no se podía divisar.

"Estoy fregando los platos, limpiando la cocina, cocinando...", dije pensando disuadirla, pues estaba segura de cuál sería su próxima pregunta.

"¿Puedo ayudar?"

¡Aaagh! Pude contener el sonido antes que saliera de mis labios y con un nuevo y profundo suspiro contuve una sonrisa.

Brianna, una *pigmeíta* de cinco años se acercó llena de energía, empujando la banqueta alta de la cocina. Al verla tan afanosa supe con toda seguridad que tendría que fregar la loza con ella, volver a repasarla cuando ella terminara, seguramente secar el piso donde se formaría un gran charco de agua y al mismo tiempo, navegar a través de innumerables preguntas. Ahora sí sonreí. ¡Cuánto aprenderíamos a pesar de mi agotamiento! El tiempo en su compañía sería una bendición.

Mis pensamientos fueron interrumpidos por su primera pregunta: "¿Mami, y por qué estás limpiando los platos si tienes que ponerlos en la máquina de lavar?"

No me es difícil imaginar a un Dios ocupado. Yo siempre lo estoy. Pero a veces en mi interés por entender a Dios, tiendo a humanizarlo demasiado. Me imagino a un Dios con una lista kilométrica de cosas por hacer y poco interés en mi ayuda.

Él sabe muy bien que al final tendrá en sus manos una pobre imitación de sus esfuerzos y que seguramente tendrá que limpiar el desorden que yo produje en mi afán por ayudar. Pero, ¡cuánto disfrutaremos de nuestro tiempo juntos!

Mientras secaba el charco dejado por Brianna, un pensamiento cruzó por mi mente: Mi padre verdaderamente tiene paciencia. Nunca me impide ayudarle a pesar de los charcos que ha tenido que secar por causa de mi ignorancia e ineptitud. El secreto de la vida abundante está en su compañía. Debo dejar que me tome, me ponga en lo alto y me enseñe lo que debo hacer. Después de todo, ¿por qué limpio mi carácter a mano, cuando sólo sus manos tienen poder perdonador, restaurador, limpiador?

Raiza de los Ríos Fernández

La oración de Ezequías

Entonces volvió Ezequías su rostro a la pared, e hizo oración a Jehová, y dijo: Oh Jehová, te ruego que te acuerdes ahora que he andado delante de ti en verdad y con íntegro corazón, y que he hecho lo que ha sido agradable delante de tus ojos. Y lloró Ezequías con gran lloro. Isaías 38:2, 3.

Recuerdo aquella madrugada cuando el timbre del teléfono me despertó de un sueño profundo. Mi hermana Amelia me llamaba desde California. Con voz temblorosa dijo: "Mamá está en cuidados intensivos. Los médicos le dan pocas horas para vivir". Sentí el miedo y el dolor más grande de mi vida. Estaba a 3.000 millas de distancia sin poder hacer algo.

Mi esposo, José, se encontraba en otro Estado dirigiendo juntas internacionales en relación con su ministerio. Logré localizarlo por teléfono en su hotel. Cuando le informé de la situación, oró conmigo a través del teléfono y me dijo que preparara el equipaje y los niños para un viaje. Dentro de una hora José volvió a llamar y me informó que había hecho arreglos para volar esa misma noche a California.

Entre mis lágrimas recordé la oración del rey Ezequías en la Biblia. El profeta Isaías fue enviado por Dios para informarle al rey que su enfermedad era terminal. Le dijo que pusiera sus negocios en orden porque iba a morir. El profeta Isaías se fue, y dejó a Ezequías pensando con tristeza en su inminente muerte.

Pero Ezequías volvió su rostro hacia la pared, y oró a Dios diciendo; ¡Oh Señor, ¿recuerdas cómo he caminado contigo? ¿Recuerdas cómo te he seguido fielmente con todo mi corazón? Por favor escucha mi oración y sáname. Ezequías lloró ante el Señor.

Dios le respondió. "Te sanaré, y agregaré quince años a tu vida". Ezequías sanó de su enfermedad.

Esa noche yo oré fervientemente por mi mamá y le pedí a Dios que la sanara. Me encontré suplicando, reproduciendo la misma oración de Ezequías. Oré diciendo: "Señor, mi mamá ha caminado contigo. ¿Recuerdas cuán fielmente te ha servido con todo su corazón y alma, y cómo ha tratado de hacer el bien? Por favor escucha mi oración y sánala".

El Señor despertó a mi mamá del estado de coma y al tiempo de esta escritura, tres años después, está viva. Podemos orar con convicción y sujeción a su voluntad y él nos bendecirá como nunca antes hubiéramos imaginado. En el caso de mi mamá, se le concedió una extensión de su tiempo de vida como al rey Ezequías.

Ruthie Rojas

¿Dónde me escondo?

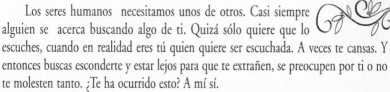

¿A dónde me iré de tu espíritu? ¿Y a dónde huiré de tu presencia?
Salmo 139:7.

Los seres humanos necesitamos unos de otros. Casi siempre alguien se acerca buscando algo de ti. Quizá sólo quiere que lo escuches, cuando en realidad eres tú quien quiere ser escuchada. A veces te cansas. Y entonces buscas esconderte y estar lejos para que te extrañen, se preocupen por ti o no te molesten tanto. ¿Te ha ocurrido esto? A mí sí.

Buscando alejarme del estrés del trabajo y del bullicio de la ciudad, me propuse viajar sola, abandonando el frío bogotano hacia un clima más cálido. Abordé un autobús intermunicipal que me condujera a un lugar donde nadie me conociera, ni yo tampoco a ellos. Escapar de todo y de todos por ese fin de semana, esa era mi idea.

Decidí dirigirme hacia un pueblo llanero que no conocía y que distaba de la capital como cinco horas de viaje. Nadie en casa quería que viajara, pero yo lo necesitaba. "Que nadie sepa quien soy yo —pensaba—, ojalá pueda estar tranquila. No escuela sabática, no lección, no sociedad de jóvenes, no cantar, nada.... qué bien. Un sábado totalmente alejada del ajetreo y las responsabilidades".

Al llegar al lugar pregunté por la Iglesia Adventista. Gracias a Dios en Colombia la presencia de la iglesia es palpable casi en todo el país. Me indicaron cómo llegar, pero decidí hacerlo tarde... bien tarde; cuando ya estuvieran en el culto divino.

Sobre las 11:30 de la mañana de aquel sábado llegué a la iglesia. Un hermano diácono me recibió muy amablemente y luego de orar escuché el mensaje. "Vaya, si el predicador me conociera diría que me lo dice sólo a mí" pensé al oír la predicación. Él dijo que hay una labor que hacer para Cristo y que no podemos rehuirla.

No me había percatado, pero en esa desconocida iglesia, había varias familias que me conocían. Cuando salí de allí saludos, abrazos y besos iban y venían. "Qué bueno que ha venido, me decían. Necesitaban quien tuviera la clase bíblica y la sociedad de jóvenes aquella tarde y bueno... fui elegida.

¿A dónde nos esconderemos de la presencia del Señor? Es tiempo de ser útiles, de brindarnos en su servicio. Es tiempo de pensar menos en lo que el yo necesita y mucho más en lo que nuestro Dios espera que realicemos en su nombre.

Al día siguiente volví contenta a mi ciudad, no sólo por aquel reencuentro con antiguos amigos, sino por saber que gracias a Dios todavía hay algo por hacer en su obra. Si nosotros no hacemos nuestra parte. ¿Quién crees tú que la hará?

Olga Marly Galindo

Confiando en Dios

Estad quietos y conoced que yo soy Dios. Salmo 46:10.

Es muy difícil, humanamente hablando, quedarse tranquilo cuando uno pierde el empleo. ¿Cómo se pagan las cuentas y se compra comida estando quietos?

Aun cuando pensamos que confiamos en el Señor, a veces nuestros cuerpos reaccionan a la preocupación de tal manera que nos enfermamos. Esta fue mi situación. Al quedar desempleada hace cuatro años me parecía que el mundo se me iba a caer encima.

"¿Qué voy a hacer?" Era la pregunta que constantemente me hacía. No podía dormir pensando en la manera injusta en que había perdido mi empleo. Me enfermé y perdí mucho peso. Comencé a buscar empleo y se abrieron las puertas en el sistema de escuelas públicas. Allí trabajé por dos años y nuevamente quedé sin empleo de tiempo completo. Sólo trabajaba como maestra sustituta cuando se me llamaba.

Pero durante ese tiempo en que no tuve la presión de levantarme temprano para ir a trabajar me acerque más a Dios. Dediqué muchas horas al estudio de su Palabra y a la oración, y abrí mi corazón para aprender las lecciones que Dios tenía para mi crecimiento espiritual. Nuevamente le pedí al Señor por un trabajo de tiempo completo con el cual pudiera ayudar a mi esposo a sufragar nuestros gastos. Era difícil porque nunca había hecho otra clase de trabajo sino enseñar.

Un día clamé a Dios en desesperación y le pedí que por favor me ayudara ese día porque ya no podía con la carga. Ese día Dios me mostró su poder maravilloso en una manera en que no esperaba. Me emplearon en una agencia de trabajo social. Era un trabajo diferente al que había hecho antes, y aprendí muchas cosas nuevas.

Al mirar atrás, veo cómo Dios me llevó al desierto al igual que Moisés. El tiempo que pasé en mayor intimidad con Dios fortaleció mi fe, y mi paso por el sistema público de escuelas y de servicios sociales me ayudó a prepararme para el trabajo que hoy ocupo en su servicio como directora de una guardería de niños de una de las iglesias más grandes en el área donde vivo. Cuando estamos quietas Dios obra en nuestras vidas y nos muestra que tiene un plan para nuestras vidas que nosotras no podemos imaginar.

Migdalia Ríos de Rodríguez

Yo y mi casa serviremos a Jehová

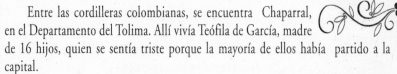

Ellos le dijeron: Cree en el Señor Jesucristo, y serás salvo, tú y tu casa. Hechos 16:31.

Entre las cordilleras colombianas, se encuentra Chaparral, en el Departamento del Tolima. Allí vivía Teófila de García, madre de 16 hijos, quien se sentía triste porque la mayoría de ellos había partido a la capital.

Una mañana, sentada a la puerta de su casa, vio venir a una señora que se acercó y le ofreció un libro; además, la invitó a leer la Biblia. Cuando la visitante partió, Teófila fue a casa de una vecina a pedirle prestada una Biblia. Con ella estudiaba con Esther, su hija y con Amparo, una nieta que quedaba en casa. Recordaron que en alguna ocasión un hermano de Teófila le había contado que él guardaba el sábado, porque era un mandamiento de Dios. En una visita de su hermano Carlos, ellas le contaron lo que habían aprendido y éste a su vez las animó a continuar estudiando la Biblia. Carlos, que vivía en el campo, le pidió al pastor Fandiño y su esposa Neila, que visitaran a su hermana y sobrinas y ellos gustosamente aceptaron.

Un día que la visitaba el pastor, llegó un grupo de hermanos de otra denominación con el propósito de estudiar con ellas. Pero al ver al pastor adventista, se retiraron y nunca más regresaron. El pastor las visitó con frecuencia y estudió con ellas hasta que estuvieron listas para el bautismo. Pero Rogelio, el esposo de Teófila, le había advertido que si alguien se bautizaba, debería irse de casa.

Las primeras que decidieron seguir al Señor fueron Esther y Amparo, luego lo hizo Teófila. Las cosas estuvieron calmadas por poco tiempo pues Rogelio se enteró y cumplió su amenaza. Entonces empezó el tormento para Teófila. Ella, a pesar de la oposición de su esposo, nunca dejó de ayunar y orar, pues su propósito era convertir a su esposo y a toda su familia, que para entonces llegaba a 150 miembros aproximadamente.

Fueron muchos los sufrimientos que debió soportar pero al cabo de cuatro años su esposo aceptó el mensaje y fue bautizado.

Hoy cuando su familia llega a unos 180 miembros, se siente feliz porque cerca de la mitad de ellos ha aceptado el mensaje del Señor, y ora porque el resto de su familia acepte pronto el mensaje de Dios y todos sean convertidos antes de la segunda venida de nuestro Señor Jesucristo.

Flor Elvira Campos

La madre ideal

Se levantan sus hijos y la llaman bienaventurada; y su marido también la alaba. Proverbios 31: 28.

Poesía para Todas las Madres
Es la madre un pedazo de vida

que un ser concibió en sus entrañas
y dispuesta a cualquier sacrificio
le concede a ese ser toda su alma.

Por su bien todo el tiempo se afana
pues su gran ilusión es lograr
que se forme un virtuoso carácter
en aquel a quien siempre ha de amar.

Lo protege en la noche del frío,
si enferma, lo arropa y lo cuida
si entristece le ofrece consejos
maternales, cantares y risas.

Quiere verlo hecho un joven con gozo,
hacerle conocer a nuestro Dios,
que ore con fervor y que esté ansioso
por seguir sus caminos con amor.

¡Madre! qué palabra tan hermosa
hasta nuestro Jesús no se olvidó de ella
pues en la cruz agonizando al verla
a su discípulo amado la encargó.

A todo hijo le pido en este día
que con amor sepa de ella cuidar
a quien le dio el ser y quien daría
la vida entera por poderlo ayudar.

América Hernández

El rechazo de mi hija

Y al que a mí viene, no le echo fuera. Juan 6:37.

Mi día no iba bien. Se me había acumulado mi carga de trabajo por dos días que había estado fuera, ya que tuve que quedarme en casa con mi niña enferma. Cada vez que mi niña tiene una crisis asmática, ni mi esposo ni yo dormimos bien, pues pasamos la noche atendiéndola.

Al día siguiente tuve que dejarla aun convaleciente. Los sentimientos de culpabilidad y preocupación no me dejaban trabajar eficientemente. En mi afán de tranquilizarme, tomé el teléfono para llamarla y saber cómo se estaba sintiendo. La niñera tomó el teléfono. Pedí hablar con mi hija. Esperé unos segundos y luego la niñera regresó y me dijo que ella y el hermano estaban jugando y que no quería venir al teléfono.

Sentí un dolor tan grande en mi corazón que parecía como si una espada me estuviera traspasando. ¿Cómo era posible que mi niña no quisiera hablar conmigo? No quiso interrumpir su juego para hablar con su madre, quien la ama tanto y quien se quedó toda la noche velando sus sueños.

Mientras combatía las lágrimas y los sentimientos de autocompasión, me acordé que esa mañana yo le hice lo mismo a Jesús. En medio de mi dolor y preocupación sólo le pedía a Dios que sanara a mi hija. No le dediqué tiempo esa mañana ni le di las gracias por haberla ayudado. Al levantarme, empezaron las carreras matinales.

¿Qué diferencia hubo entre lo que mi hija me hizo a mí y lo que yo le hice a Jesús? Ambas descuidamos a la persona que estuvo a nuestro lado durante un momento difícil. Ella no quiso interrumpir su juego, y yo no quise interrumpir mis actividades diarias.

Cuando llegué a la casa por la tarde, mi hija me estaba esperando. Tan pronto como abrí la puerta, allí estaba con sus bracitos extendidos, una gran sonrisa y sus ojitos llenos de amor: "¡Mamita, llegaste, al fin llegaste! ¡Te esperé todo el día! ¡Te extrañé mucho!" Jesús se hiere cuando le hacemos a un lado. Cuando vi el rostro de mi hija, mi corazón se llenó de alegría y satisfacción.

El rostro de Jesús se ilumina cuando lo incluimos en nuestro diario vivir, y la carga de nuestro día se aliviana cuando él está a nuestro lado. No lo dejemos esperando por más tiempo.

Ligia Holmes

Alargando nuestros días

Honra a tu padre y a tu madre para que tus días se alarguen en la tierra que Jehová tu Dios te da. Éxodo 20:12.

A la edad de ochenta y cuatro años la salud de mi abuelita comenzó a declinar. Mi madre decidió jubilarse antes del tiempo estipulado para así quedarse en casa y cuidar de ella. Las estadías en el hospital eran frecuentes a causa de la enfermedad. Sus pulmones se llenaban de líquido y respiraba con gran dificultad. Mi madre permanecía con ella durante cada hospitalización, pues mi abuelita no entendía el idioma inglés. Por varias semana mi madre dormía por las noches sentada en una silla.

Durante sus últimos seis meses de vida, mi abuelita llegó a necesitar más atención personal de parte de mi madre. Mi madre se había propuesto cuidar de ella sin importar cuántas veces tuviera que levantarse de noche o cuánto tuviese que hacer por ella.

Al ver la carga tan pesada que llevaba atendiendo a mi abuelita, comencé a preocuparme por la salud de mi madre. La osteoporosis de la cual mi madre sufre le robaba sus fuerzas. Al no poder descansar lo suficiente le faltaban las energías necesarias para afrontar la tarea de proveer cuidado personal a mi abuelita. "Los brazos me duelen hoy, se me hace difícil levantarla y cambiarla" me dijo por teléfono un día. "Señor, —pensé luego de hablar con ella—, quiero mucho a mi abuelita y amo mucho a mi madre, pero no quisiera ver la salud de mi madre quebrantada. ¿Cuánto tiempo más tendrá ella que cuidar de la abuela?"

Esa noche fui a un sepelio de un amigo de la iglesia quien falleció de cáncer dieciséis años después de que los médicos le habían dicho que sólo viviría seis meses. En esa ocasión el orador explicó que muchos no entendían por qué los años de vida de este hombre habían desafiado el pronóstico de los médicos. ¿La razón? Este hombre honró a su madre y Dios cumplió su promesa en él. Al oír esas palabras, una paz llenó mi corazón, y en ese momento comprendí y confié en que Dios también cumplirá su promesa con mi madre. "Ayúdame, oh Padre, a honrar a mis padres para que mis días sean alargados".

Milca Pabón

Mamá Margott

Encuentra lana y lino y afanosamente hila... Madruga para preparar el desayuno a los de su casa, y planea las tareas del día... Es enérgica, muy trabajadora, y sabe aprovechar las gangas... No le teme al invierno para los de su casa, porque ha hecho ropa abrigada para todos ellos. Proverbios 31:13-21, La Biblia al día.

Mi madre me enseñó grandes lecciones. Con ella aprendí a admirar profundamente a la mujer. Siendo ella muy pequeña, sufrió las largas ausencias de su padre del hogar, mientras, su madre trataba de ganarse la vida como comerciante de un sector agrícola del país. De modo que ella también debía ausentarse durante los días de semana, dejando a sus hijos al cuidado de una hermana viuda. Mamá Margott tuvo que crecer rápido y aprender de la vida.

Cuando yo era una niña, mi madre solía contarme las historias bíblicas de mujeres virtuosas, tales como Rut, Ester, Sara y Ana. ¡Mujeres extraordinarias!

Mi madre tenía el inigualable talento de transformar unas cuantas legumbres y hortalizas en el guiso más delicioso que jamás hayas probado. Y qué decir de la comida que preparaba para el sábado. ¡Era un verdadero manjar!

Durante los fríos inviernos del sur del país, las inquietas manos de mi madre tejían hermosos chalecos y ponchos para sus hijitos. Después que los usábamos todo el año, Mamá Margott los pedía de vuelta y los deshacía por completo. Luego, llenaba una fuente con agua caliente y dejaba caer en ella una rama de quillay*. Lavaba la lana en aquella agua jabonosa y perfumada, la enjuagaba varias veces y luego la tendía al sol tibio del atardecer. Una vez seca, nos llamaba para que le ayudáramos a enrollarla en bolitas del tamaño de una naranja. ¡Entonces comenzaba la transformación! Mezclaba colores y puntos diversos y en pocas semanas, nos mostraba su milagro terminado: chalecos y ponchos que envidiarían las mejores tiendas de ropa del mundo.

A eso llamo ser proveedora, porque donde no había, ella hallaba; lo renovaba, lo transformaba y lo hacía mejor.

El Maestro hizo lo mismo con nosotros. Vino a este mundo perdido para salvarnos. A nosotros... un montón de deshechos que no merecía más que la muerte. No sólo nos buscó, sino que nos halló; nos sumergió en su agua perfumada, nos limpió y nos renovó; nos transformó y nos convirtió en su hechura más hermosa.

¿No te parece formidable?

Chary Torres

*Árbol que produce una sustancia jabonosa, usado en el medio rural de Chile y Argentina.

Un amor tan lindo

Y nosotros hemos conocido y creído el amor que Dios tiene para con nosotros. 1 Juan 4:16.

Mientras salía rumbo a la escuela donde trabajo, mis tres hijos iban conmigo y mis pensamientos estaban muy lejos. Comenzaba el frío y volvía a ponerme mi viejo y querido suéter color crema, y me acordé de Mamá.

La historia de mi suéter comienza muchos años atrás, cuando estaba en el último año de la escuela primaria. Era todavía niña y acababa de encontrar en una revista de tejidos el suéter más lindo del mundo. Corrí a mostrárselo a Mami y con voz suplicante le rogué: "Mami: ¿me tejes un suéter como éste?"

Hoy, con ojos adultos, me doy cuenta cuán inoportuno fue mi pedido. Papá estaba muy enfermo, mis abuelos no estaban bien de salud, y al mismo tiempo Mamá administraba y llevaba adelante el hogar. Yo tenía suficientes abrigos para el invierno, pero Mamá entendió cuánto deseaba aquel suéter y aunque imposibilitada de tejérmelo, compró la lana, la llevó a una tejedora profesional y al poco tiempo yo estaba usando el suéter de mis sueños, que combinaba con todo, y era muy cómodo. Los años pasaban y yo lo seguía usando... toda la escuela secundaria. Me lo llevé cuando fui a estudiar a la Facultad. Parecía que crecía junto conmigo.

Ya casada y con dos hijos, Mamá vino a visitarme. Estábamos por salir y yo me puse mi suéter color crema. Mami, riéndose y con ganas, me dijo: "Carmencita, tú no puedes usar más ese suéter. Ya tiene demasiados años y además te aprieta!" Aunque ustedes no lo crean, afloró en mí el niño y comencé a argumentar con Mamá porque yo quería seguir usando mi viejo suéter!

Así es que mi linda mamá dijo que ella vería qué se podía hacer al respecto. Se llevó mi suéter, lo destejió y la próxima vez que vino a visitarme me trajo un "nuevo" suéter, esta vez tejido por sus manos con la misma lana de aquel viejo suéter pero con un nuevo modelo acorde con mi edad. Y ese es el suéter que usé para ir a trabajar, y cada vez que me lo elogiaban con orgullo proclamaba: "¡Me lo hizo mi mamá!"

Muchas veces en la vida he sentido que mi querido Dios me trata con esa misma clase de amor. Un amor que satisface no sólo mis necesidades reales, sino que también comprende los anhelos de mi corazón.

Carmen Martinez Espósito

Cumplamos con nuestra parte

Y que desde la niñez has sabido las Sagradas Escrituras, las cuales te pueden hacer sabio para la salvación por la fe que es en Cristo Jesús. 2 Timoteo 3:15.

Aunque mi madre era adventista, mi padre decidió que yo estudiaría en un colegio privado católico, que tenía sus celebraciones en una capilla propia y como maestro de religión a un sacerdote. Me gustaba aprender poesías y cuando había oportunidad, las declamaba en la iglesia o en la escuela.

En el colegio donde estudiaba, cierto día se empezaron a hacer los preparativos para el cumpleaños del señor obispo y dentro del programa, la directora quiso que yo declamara una poesía. Siendo que nunca asistía a programas y desfiles que se celebraban los sábados, no tenía uniforme de gala, como se le llamaba, pero la directora suplió todo aquello.

Mamá escogió una poesía, con un buen mensaje, pero también trabajó sobre mis principios cristianos. Nunca había ido a una iglesia diferente a la iglesia adventista, así que ella me explicó con detalles lo que sucedería y lo que yo tendría que hacer. Era su costumbre orar conmigo antes de salir para la escuela, pero aquella mañana ella fue bien específica.

La directora había preparado un ramo de flores que yo entregaría en nombre de las niñas del colegio y desde luego debería decir unas cuantas palabras. Al terminar, debería acercarme y arrodillada besarle el anillo al obispo, antes de declamar la poesía.

Escuché las indicaciones y cuando llegó el momento, hice con tranquilidad todo lo que la directora pidió, menos arrodillarme, ni besarle el anillo cuando el obispo extendió la mano, ya que mamá me había advertido contra eso, con explicaciones bíblicas que yo podía entender a mis diez años.

Durante la misa que siguió en honor del prelado, por supuesto que tampoco me arrodillé cuando todos los demás lo hicieron. El obispo notó estos detalles y cuando todo terminó, curioso por mi actitud le preguntó a la directora por qué yo no participaba en estos ritos. Ella tuvo que decirle que yo era una niña adventista. La directora le comentó a mamá unos días más tarde, que el obispo le había dicho: "Es el mejor testimonio de firmeza que he visto en un protestante".

Los niños son el terreno más fértil, donde las madres pueden sembrar semillas de fe, confianza, convicción, valor y espiritualidad que les darán lo necesario para testificar ante otros, con frutos para vida eterna.

¡Que Dios bendiga a las madres cristianas que cumplen con su parte en la formación del carácter de sus hijos!

Esperanza Pico

La intercesión de dos madres

Porque una mujer, cuya hija tenía un espíritu inmundo, luego que oyó de él, vino y se postró a sus pies. La mujer era griega y sirofenicia de nación; y le rogaba que echase fuera de su hija al demonio. Marcos 7:25, 26.

No hay nada más maravilloso que tener una madre que ora con fe en el poder de Jesús. Cuando yo era muy pequeña, a la edad de un año, los médicos le dieron una noticia desagradable a mis padres, yo tenía asma. El asma es una enfermedad desesperante. Cuando una persona sufre un ataque de asma, las vías respiratorias se bloquean, y parece que la persona se va a morir asfixiada.

Desde mi primer año la enfermedad empeoró. Mi madre siempre andaba con una máquina y una máscara que me ponía sobre mi nariz y boca cada vez que tenía un ataque asmático. Mis padres no sabían qué hacer. Mi madre no podía creer que padecería de asma toda mi vida.

A los tres años de edad, los ataques de asma eran más frecuentes. Mi madre me llevaba al hospital cada semana. Un día, al ver mi sufrimiento y la incapacidad de los doctores, ella hizo algo, me tomó en sus brazos y se arrodilló. Confiando en el Dios todopoderoso, el Dios de los milagros, comenzó a orar. Le dijo a Dios que no se iba a levantar de allí hasta que sintiera que yo había sido sanada. Aunque yo estaba muy enferma para orar, y no estaba orando, mi madre estaba orando por mí. Aquel día tuve mi último ataque de asma. Los médicos se asombraron ante el milagro.

Mi madre intercedió por mí en oración al igual que la mujer sirofenicia intercedió por su hija ante Jesús. Aunque las enfermedades eran diferentes y las oraciones de las madres también, el resultado de la intercesión fue el mismo. La hija de la mujer sirofenicia fue sanada, y mi asma desapareció. Dios tiene poder para responder las oraciones de una mujer que lo necesita. Dios tiene poder para responder las oraciones llenas de fe de una madre por sus hijos.

Puede ser que tus hijos no puedan orar debido a una enfermedad física o espiritual, pero tú puedes orar por ellos. La oración de fe puede mucho. Pruébala hoy.

Joanne M. Cortés

¿Esperar?

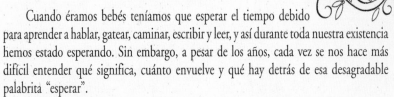

¿Por qué te abates, oh alma mía, y te turbas dentro de mí? Espera en Dios; porque aún he de alabarle, salvación mía y Dios mío. Salmo 42:5.

Cuando éramos bebés teníamos que esperar el tiempo debido para aprender a hablar, gatear, caminar, escribir y leer, y así durante toda nuestra existencia hemos estado esperando. Sin embargo, a pesar de los años, cada vez se nos hace más difícil entender qué significa, cuánto envuelve y qué hay detrás de esa desagradable palabrita "esperar".

Recuerdo cuando yo era una niñita, con cuanta ansiedad esperaba el día de los Reyes Magos, pero qué alegría cuando mis padres me daban el regalo que yo deseaba. Tuve que esperar 27 años para poder obtener un título profesional, y tuve que esperar 39 años para tener mis dos hijos que fueron un regalo del cielo.

Dios nos da ejemplo: él esperó al final para crear lo más hermoso de la creación, a saber; el ser humano (Gén. 1:27, 31). Abrahán y Sara esperaron muchos años por el hijo de la promesa y fue lo mejor para ellos; Job esperó que el Señor lo sanara de su enfermedad y según dicen las Sagradas Escrituras, las riquezas postreras fueron mayores que las primeras (Job 42:12). Jacob esperó muchos años por su amada Raquel, de quien más tarde le nació el mejor de sus hijos (Gén. 29:20, 27). José esperó muchos años para volver a ver su familia (Gen. 37:2). Moisés esperó 40 años para ver de lejos la tierra prometida (Deut. 34:7). Jesús en las bodas de Caná convirtió el agua en vino, de cuyo vino se dijo que era mejor que el primero (Juan 2:10), y nosotros hace muchos años que estamos esperando el regreso de ese Hombre maravilloso que también puede convertir lo más amargo de nuestras vidas en la experiencia más dulce y mejor si tan sólo esperamos en él.

Por más difícil que nos sea esperar, cuando nos aflija y casi nos esté derrumbando la ansiedad que produce la espera, pensemos que las bendiciones que el Señor nos da son mejores que las que queremos para nosotras, y aun más, son mejores que las que como madres deseamos para nuestros hijos. Así que cuando nos toque de nuevo esperar, que posiblemente sea hoy, detengámonos un momentito y pensemos que "el Señor siempre deja lo mejor para lo último" y ¿sabes por qué? Porque sabe esperar el preciso momento para recordarte que aún te ama.

Neyda Hernández

Mi primera responsabilidad ante Dios

Y otra vez: Yo confiaré en él. Y de nuevo: Aquí estoy, yo y los hijos que Dios me dio. Hebreos 2:13.

En mis años de experiencia como madre, muchas veces me he preguntado qué le contestaría a Dios si al llegar al cielo faltasen mis hijos.

Más aun, he pensado qué le respondería al Juez del universo si me hiciera la pregunta: Y "¿dónde están los hijos que te di?" Es algo que me hace estremecer de miedo y de temor. Y la verdad, no me gusta pensar en ello con frecuencia. Pero, vendrá. La Biblia lo dice y la sierva del Señor lo confirma en la siguiente cita: "Entonces preguntará el Señor: ¿Dónde están los hijos que di para que los prepararas para mí? ¿Por qué no están a mi diestra?" (*Conducción del niño*, p. 531).

Y por supuesto si no están, no podríamos decir como el profeta Isaías: "He aquí, yo y los hijos que me dio Jehová" (8:18). ¿Qué hacer?

Primero, debo tener mucho cuidado al elegir con quién me casaré. El padre que elijamos para nuestros hijos tendrá mucho que ver en la influencia que éste ejercerá en la formación del carácter de ese niño.

Segundo, enseñar a nuestros hijos con el ejemplo. Enseñamos más con nuestras acciones que con nuestras palabras. De allí el dicho: "tus acciones hablan tan fuertemente, que no puedo oír tus palabras".

Tercero, hagamos uso de la oración en favor de nuestros hijos, mañana, tarde y noche. Pidamos, "y líbralos del mal". Y si hubieren pecado, hagamos intercesión en su favor delante del Padre celestial para perdón de sus pecados.

Cuarto, tratémoslos con respeto y démosles amor y palabras de reconocimiento por lo poco o mucho que hagan bien. Hay que evitar toda palabra dura y ruda en el círculo familiar.

Quinto, al disciplinarlos hagámoslo con firmeza, pero con amor, para que no se desalienten. Nunca cuando estamos enojadas, fuera de control.

Sexto, seamos corteses con ellos. Usemos el "por favor", "gracias", "perdóname", no sólo con los extraños, sino sobre todo con la familia en el hogar.

Séptimo, celebremos el culto familiar. Hagamos de él un momento alegre y reverente a fin de que ellos lo disfruten y lo esperen con gusto.

Y si aun así ellos se alejan de Dios, al menos tendremos la tranquilidad mental de que nosotras hicimos todo lo posible por guiarlos a los pies del divino Jesús. ¡Qué escena se verá cuando los padres y los hijos se encuentren en ocasión del cómputo final! Oír a Jesús decir: ¡Sed bienvenidos!

Adly Campos

Promesas peligrosas (Primera parte)

Jefté hizo voto a Jehová, diciendo: Si entregares a los amonitas en mis manos, culquiera que saliere de las puertas de mi casa a recibirme, cuando regrese victorioso de los amonitas, será de Jehová, y lo ofreceré en holocausto. Jueces 11:30.

Tenía cerca de diez años de edad, cuando mi madre se enfermó y fue llevada al hospital. Su ausencia me hizo sentir mucha inseguridad y tristeza. En mi mente se agolpaban toda clase de preguntas y temores. ¿Regresaría mamá del hospital? ¿Sanaría de su enfermedad? ¿Qué sería de mí si ella moría? A través de mis cortos años, había desarrollado un vínculo muy especial con mi madre, y no concebía la idea de que algún día ella me fuera a faltar.

Las noches me parecían largas y oscuras. Bajo mis sábanas lloraba y oraba en silencio. Echaba mucho de menos la historia vespertina que siempre me contaba y su cálido beso que depositaba en mi frente antes de retirarse de mi cama. Ese beso era como un sello que me aseguraba una noche tranquila y feliz. Al levantarme por las mañanas, la luz del alba me parecía opaca y la cocina desierta y fría.

Pasaban los días y mamá no regresaba. Huía de la realidad, con mi hábito de leer revistas cómicas que me había acompañado desde que aprendí a leer. Me privaba de comprar golosinas con las moneditas que de vez en cuando recibía de mi padre. Las juntaba para comprar esos atractivos "tesoros" que vendían en los puestos de revistas. El aroma de la tinta y el papel me atraía más que el de los bizcochos de la pastelería. Bajo mi cama guardaba mi gran colección de leídos y releídos ejemplares.

Pasaron dos y tres semanas y mamá no mejoraba. Dios no parecía escuchar mis sencillos ruegos. El dolor de su ausencia era cada vez más insoportable, hasta que un día decidí hacer un trato con el Señor. Sin pensarlo dos veces, prometí a Dios dejar de leer las revistas cómicas a cambio de la sanidad de mi madre. Pocos días después, Mamá salió del hospital completamente restablecida. No puedo describir el gozo que sentí cuando al volver de la escuela la encontré de nuevo en casa. Las flores me parecían más perfumadas y coloridas, los cantos de los pájaros parecían celebrar conmigo el regreso de mamá. Hasta el ladrido de un perro bravo del vecindario, que siempre me asustaba, me pareció inofensivo.

Ruth A. Collins

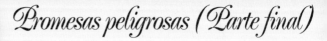

Promesas peligrosas (Parte final)

¡Ay, hija mía!, en verdad me has abatido, y tú misma has venido a ser causa de mi dolor, porque le he dado palabra a Jehová, y no podré retractarme. Jueces 11:35.

Pasaron los días y cuando me acostumbré a la presencia de mi madre, comencé a echar de menos mi codiciada lectura. Veía con tristeza que mis compañeras de clase leían con placer los últimos ejemplares de *El pato Donald, La pequeña Lulú* o *El ratón Miguelito*. De reojo trataba de mirar las figuritas. La tentación crecía y me detenía en los puestos de venta, al principio sólo para contemplar las portadas de los últimos números. Después para hojearlos, y por último, cedí a la tentación y compré una de ellas. Debo confesar que la leí con mucho remordimiento por haber quebrantado mi promesa. Los siguientes números que compré fueron transformando ese remordimiento. De modo que eché al olvido "mi pecado" y continué leyendo con gusto mis revistitas.

En el capítulo 11 del libro de Jueces, se registra la historia dramática de un hombre que hizo una promesa de muerte. Jefté era un valiente guerrero galaadita, desheredado por sus hermanastros que lo echaron de su casa. Entonces Jefté huyó y habitó en la tierra de Tob. Cuando los amonitas declararon la guerra a Israel, los ancianos de Galaad se acordaron de los talentos de Jefté y fueron a buscarlo para que peleara contra los amonitas. Jefté aceptó el desafío con la condición de que si ganaba la guerra lo nombraran capitán.

Entonces Jefté prometió a Dios que si lo ayudaba a obtener la victoria, le ofrecería en holocausto lo que primero saliera a recibirlo cuando volviera de la guerra. Jefté ganó la batalla y volvió victorioso. Cuando se acercaba a su hogar, las puertas se abrieron para dar paso... ¿a un gato? ¿a un perro? No, a su única hija que danzaba alegremente por el triunfo de su padre. Angustiado dijo: "¡Ay, hija mía!, en verdad me has abatido, y tú misma has venido a ser causa de mi dolor; porque le he dado palabra a Jehová, y no podré retractarme" (Jue. 11:35).

Evitemos caer en la tentación de prometer algo que no estamos seguros de cumplir, porque correremos el riesgo de quebrantar la promesa y agregar a nuestras vidas el dolor de la culpa. Aferrémonos de las promesas de Dios, porque ellas nunca fallan.

Todas las promesas de Dios nos hablan del amor y la misericordia de Jesús y pueden darnos el valor y la fe que conceden la victoria. Al recibirlas, evitaremos los impulsos de hacer promesas peligrosas.

Ruth A. Collins

¿Casualidad o providencia?

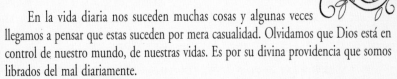

Por la misericordia de Jehová no hemos sido consumidos, porque nunca decayeron sus misericordias. Nuevas son cada mañana; grande es tu fidelidad. Lamentaciones 3:22, 23.

En la vida diaria nos suceden muchas cosas y algunas veces llegamos a pensar que estas suceden por mera casualidad. Olvidamos que Dios está en control de nuestro mundo, de nuestras vidas. Es por su divina providencia que somos librados del mal diariamente.

Era sábado por la noche y mi hermana y yo nos disponíamos a ir a la cama más temprano que de costumbre. Como siempre, oramos por separado y luego juntas. Ambas estábamos muy inquietas y nuestra principal petición era que Dios cuidara de nuestra madre que estaba lejos. Nos dormimos con la certeza de que Dios atendería nuestro clamor.

Pasaron las horas y justo a la medianoche, desperté sobresaltada. Para mi asombro, mi hermana también había despertado. "¿Qué te pasa?", pregunté. "Escuché una voz que me dijo que debía orar de rodillas por mi madre". ¡No lo podía creer! Yo también había escuchado una voz dulce, pero firme, que me dijo que orase de rodillas por mi mamá. Rápidamente nos arrodillamos y de una manera especial pedimos a Dios que cuidara a nuestra madre.

Al día siguiente, para nuestro asombro, Mami llamó y nos dijo que la próxima semana vendría a casa. Se le oía muy nerviosa y preocupada. No fue hasta que estuvo con nosotras que nos contó que ese mismo sábado, mientras trabajaba, cerca de la medianoche, cuando estaba sirviendo una comida, Mami se dio cuenta que había olvidado algo en la cocina. En ese mismo instante una bala se incrustó justo donde ella acostumbraba estar. Ella se puso muy nerviosa, no podía creer que por cosa de segundos, salvó la vida.

Y yo te pregunto, amiga lectora: ¿Fue esto casualidad o providencia divina? Yo creo firmemente que Dios en su amor y misericordia permitió que mi hermana y yo oráramos por nuestra madre para enseñarnos que la oración intercesora con fe, puede mucho (Sant. 5:16). Y que el ángel de Jehová acampa a nuestro alrededor (Sal. 34:7).

¡Cuánto se preocupa Dios por nosotros! Nuestro Dios es un Dios fiel y lleno de misericordia. Nuestro Dios, mi Dios, es un Dios previsor. Así que la próxima vez que pienses que las cosas suceden por casualidad, piensa en ese Dios real que a diario guía tus pasos.

Wendy Ortega

Madre, eres sumamente especial para Jesús

Porque tú, oh Jehová, bendecirás al justo; como con un escudo lo rodearás de tu favor. Dando honor a la mujer como a vaso más frágil, y como a coherederas de la gracia de la vida. Salmo 5:12; 1 Pedro 3:7.

Esta mujer de quien les hablaré es una madre joven con cinco hijos. Es una mujer nacida en el campo, muy trabajadora y sumisa, dedicada siempre a su casa y a sus tesoros, sus hijos. Es una amiga muy especial para mí.

Por circunstancias de la vida escaló posiciones. Ya no sería únicamente ama de casa y madre, sino que ahora tendría el cargo de sacerdotisa y sustentadora de sus hijos. Aunque nunca me lo dijo, sé que fue un cambio muy drástico y una carga muy pesada para ella, ya no habría un compañero con quien compartir todo, que la protegiera. Ella quiso hacerse la muy fuerte, y se nos olvida que tenemos un Amigo más fuerte que nosotros. Muchas veces sintió que ya no podía con esa carga tan pesada, pero había algo más importante que esa sensación de derrota.

Eran sus hijos, el motivo por el cual una madre lucha y saca fuerzas de donde no hay. Por fin decidió dejar esa carga sobre el Señor. Es como si hubiese dicho: "Esto se acabó. Necesito que seas mi Padre, mi Amigo y mi Compañero". ¡Qué lindo, cuando tú caes en sus brazos! La sonrisa de tu rostro no se borra. Dios le dio la oportunidad de trabajar como obrera en IUNAV-INSTIVOC, nuestro colegio adventista con universidad en Venezuela. Allí estaban estudiando sus cinco hijos, todos trabajando para pagar sus estudios. Gracias a Dios uno se graduó en la universidad, dos están por graduarse también de una carrera universitaria y los menores estudian la secundaria. Todos están recibiendo educación cristiana y quieren servirle a Dios en su obra. ¿No es grandioso?

Hoy queremos animar a todas aquellas madres que ahora están solas, sin la compañía de ese caballero que prometió estar con ustedes en todo momento, a dejar que Dios ocupe ese lugar. Dejen que él lo llene, Dios tiene para ustedes un lugar muy especial y una corona que tendrá primero las diademas de los hijos que Dios les dio, que ahora y siempre serán lo más importante en su vida. Así que adelante, porque lo que les espera es glorioso.

Carmen de Rivas

Derrama el perfume

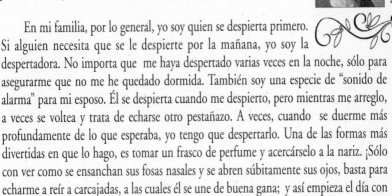

Entonces María tomó una libra de ungüento de nardo... y ungió los pies de Jesús... y la casa se llenó del olor del ungüento. Juan 12:3.

En mi familia, por lo general, yo soy quien se despierta primero. Si alguien necesita que se le despierte por la mañana, yo soy la despertadora. No importa que me haya despertado varias veces en la noche, sólo para asegurarme que no me he quedado dormida. También soy una especie de "sonido de alarma" para mi esposo. Él se despierta cuando me despierto, pero mientras me arreglo, a veces se voltea y trata de echarse otro pestañazo. A veces, cuando se duerme más profundamente de lo que esperaba, yo tengo que despertarlo. Una de las formas más divertidas en que lo hago, es tomar un frasco de perfume y acercárselo a la nariz. ¡Sólo con ver como se ensanchan sus fosas nasales y se abren súbitamente sus ojos, basta para echarme a reír a carcajadas, a las cuales él se une de buena gana; y así empieza el día con una buena nota!

Eso me hace recordar la historia bíblica que nos cuenta cuando María entró, casi sin ser notada, a la sala de la casa de Simón donde estaba Jesús cenando. Impulsada por el amor y la devoción a su Salvador, silenciosamente rompió el frasco de alabastro de perfume de nardo y lo derramó sobre sus pies. El fuerte aroma del perfume llenó rápidamente el salón, y todos se dieron cuenta inmediatamente que algo fuera de lo común había sucedido. Judas se molestó por él obvio "desperdicio" de dinero. Jesús, sin embargo, se agradó por ello y la elogió por su acto altruista. El recuerdo de este acto de bondad mostrado hacia él, mientras todavía podía disfrutarlo, fue un aliciente para él durante las horas finales de su vida.

Cualquier "perfume" que derramamos en la vida de otros, es como derramarlo a los pies de Jesús. Así que rompamos los frascos de alabastro cada mañana y tratemos de derramar tanto perfume en nuestro derredor como sea posible, comenzando con los de nuestro propio hogar. Mi autora favorita dijo: "Muchos son los que ofrendan sus dones preciosos a los muertos. Cuando están alrededor de su cuerpo frío, silencioso, abundan en palabras de amor. La ternura, el aprecio y la devoción son prodigados al que no ve ni oye. Si estas palabras se hubiesen dicho cuando el espíritu fatigado las necesitaba mucho; cuando el oído podía oír y el corazón sentir, ¡cuán preciosa habría sido su fragancia!" (*El Deseado de todas las gentes*, pp. 514, 515).

Nancy Cachero Vásquez

Busqué a Jehová

Busqué a Jehová, y él me oyó, y me libró de todos mis temores. Salmo 34:4.

Isabel emigró a los Estados Unidos desde un país latinoamericano con sus cuatro hijos. Era de origen católico pero hacía años que estaba llena de inquietudes espirituales y en busca de la iglesia verdadera. Conoció muchas congregaciones. Asistió a varias iglesias cristianas, pero nunca llegó a estar íntimamente satisfecha con el mensaje.

La providencia tenía algo reservado para ella. Un domingo escuchó el programa *La Voz de la Esperanza*. Se interesó en el curso "Tesoros de Vida", y se suscribió. Inscribió también en el "Curso Juvenil" a sus hijos. Después de algunas semanas terminaron la última lección. La Escuela Radiopostal les envío los certificados a la iglesia de la zona donde ella vivía para que estos les fueran entregados personalmente. Ese sábado de tarde uno de los ancianos fue a la oficina del pastor y preguntó si podía ayudar en alguna tarea. El pastor le pidió que hiciera esa visita llevando estos certificados. A la hora de la sociedad de jóvenes, Isabel y sus cuatro hijos y el anciano estaban presentes. Luego de la reunión el pastor conversó con ella e indudablemente se dio cuenta que llevar a Isabel y a sus hijos a las aguas bautismales sería un gran desafío.

Ella era una persona culta, deseosa de más conocimiento y expresó su búsqueda de años por la iglesia verdadera. Señaló categóricamente que "era únicamente Dios a través del Espíritu Santo quien le señalaría de alguna manera si debía o no formar parte de la Iglesia Adventista. El siguiente martes Isabel regresó de su trabajo que había comenzado a las 4:00 a.m. Eran ahora las 4:00 pm. Sus hijos todavía no habían regresado de la escuela. Con su fervor característico, Isabel abrazó su Biblia y elevó la siguiente plegaria: "Señor, hoy te pido que me muestres qué iglesia debo elegir para poder llegar con mis hijos al reino de los cielos". El cansancio del largo día de trabajo hizo que por algunos minutos se quedara dormida. Al despertar tenía su Biblia todavía en las manos y la abrió en Apocalipsis capítulo 14, como bajo el impulso de una fuerza superior que llevó sus ojos al versículo 12 y leyó: "aquí está la paciencia de los santos, los que guardan los mandamientos de Dios y la fe de Jesús".

El siguiente miércoles estuvo en la reunión de oración. Presentó este testimonio llena de gozo y de seguridad y pidió ser bautizada en la Iglesia Adventista.

Celia Morales

Los justos crecerán como cedros

Aun en la vejez fructificarán; estarán vigorosos y verdes. Salmo 92:14.

Dejé mi lectura devocional para unirme a mi esposo a tomar el desayuno antes que él partiera para su trabajo. Después de terminar y verlo desaparecer tras la puerta, me embargó una tristeza inmensa. Me dirigí a concluir mi devocional matutino, pero de pronto, me puse a dialogar con Jesús. Le dije: "Señor, hoy es nuestro primer día de regreso al trabajo después de unas cortas vacaciones, y me siento como una niña. No quiero que se acabe la alegría de haber pasado unos días juntos con Dan". Luego le pregunté: "¿Por qué me siento como una niñita?"

Había leído al iniciar mi lectura devocional de la mañana, el Salmo 92:12: "El justo florecerá como la palmera; crecerá como el cedro en el Líbano". Crecerá como el cedro. "Pero el cedro crece muy lentamente", respondí, casi audiblemente. Y antes de estar totalmente consciente de que en realidad no había alguien frente a mí, mis manos abrieron la Biblia con rapidez y mis ojos se dirigieron al versículo 14. Al leer de nuevo "Aun en la vejez fructificarán", mi pecho empezó a henchirse de emoción. Como en alas de un ave que surca el horizonte en un abrir y cerrar de ojos mis pensamientos volaron a mi niñez. Mi padre, quien fue colportor por muchos años, a menudo estaba fuera de casa por días y semanas.

Un día abandonó nuestro hogar cuando yo me acercaba al umbral de la adolescencia, dejándonos desamparadas a mis hermanas y a mí. Un área de mi desarrollo emotivo y psicológico se quedó estancada en la niñez, y por eso los sentimientos de tristeza esa mañana de enero eran más intensos de lo que se hubiera esperado de una persona adulta, madura.

Cuando algún área del desarrollo es detenida o se estanca, por circunstancias adversas, no hay crecimiento. Bien puede ser que un adulto, cronológicamente hablando, sea niño aún en determinada área. Pero hay esperanza para aquellos que Dios llama "justos", aquellos que caminan con él. Crecerán como el cedro, y aun en la vejez darán fruto. El versículo 15 nos dice el propósito: "para anunciar que Jehová mi fortaleza es recto", para proclamar quién es Dios.

Nohemí G. Escamilla

Clama al Señor

Clama a mí, y yo te responderé, y te enseñaré cosas grandes y ocultas que tú no conoces. Jeremías 33:3.

En mayo de 1991, una madrugada, me desperté sobresaltada. Vi que la luz del cuarto donde dormía mi hija, se encendía. Me dirigí a ver qué pasaba, ya que ella estaba embarazada. No fue necesario preguntar, pues lo que observé, me asustó: Ella estaba de parto. Iba a nacer su bebé, pero sólo tenía seis meses de embarazo. Era muy prematuro. Oré en mi corazón y corrí con ella al centro médico en Cabrera, República Dominicana.

El doctor me dijo: "Llévela inmediatamente a la ciudad más cercana porque aquí no tenemos incubadora disponible para salvar al bebé". Yo no tenía dinero ni tampoco automóvil. Tampoco había transporte público a esas horas. Pero uno de mis vecinos nos llevó a la ciudad más cercana, a una hora de viaje. Mientras corríamos a gran velocidad, hablaba con mi Dios, pidiendo su intervención y reclamando sus promesas. Recordé que el Señor nos manda a clamar a él y que él nos responderá" (Jer. 33:3). Y, como él es el dueño del mundo y los que en él habitan, nosotros necesitábamos su ayuda en ese preciso momento.

Al llegar al centro médico, le aplicaron varios medicamentos para fortalecer los pulmones del bebé. Mi hija estaba agotada de tanto dolor. Luego fue sometida a una cirugía de cesárea, y le extrajeron una niña de sólo 400 gramos (catorce onzas). Al verla lloré porque sabía cuántas ilusiones tenía mi hija con su primer embarazo. Dios actuó por medio de la doctora especialista quien libró a la niña de la muerte en varias ocasiones durante el mes que pasó en la incubadora.

Cada día oraba junto a ella, para que Dios hiciera su voluntad, y le concediera la vida a la niña. Y así fue. Dios la salvó. Hoy ella ocupa un lugar muy especial en mi corazón y en mi hogar porque es un verdadero milagro divino. Dios no sólo le dio la vida a la bebé, sino que nos proveyó todo el dinero que necesitábamos.

Debemos mantener una estrecha relación con el Hacedor de todas las cosas, para que podamos estar seguras de que la oración es la llave en la mano de la fe para abrir las ventanas del cielo. Te invito a orar en todo momento y a alabarle por sus maravillosas promesas, llenas de poder y gloria.

María de León

Si conoces a Dios

En paz me acostaré y asimismo dormiré; porque sólo tú, Jehová, me haces vivir confiado. Salmo 4:8.

Crecí en un hogar cristiano a medias, porque mi padre no lo era, y desde mi tierna infancia Comencé a sufrir de temores e incertidumbres.

Cuando llegué a la juventud tuve la dicha de casarme con un hombre maravilloso, y puse mi seguridad en él. Mientras estaba con él, no tenía temores, pero mis males emocionales salían a flote cuando él me faltaba y en manera especial durante las noches. Sufría mucho pensando en las cosas terribles que me podrían pasar en su ausencia.

Así, una de las tantas noches de soledad y temor, me puse tan nerviosa que, estando acostada en mi cama, temblaba como un alambre llevado por el viento. Pero la intervención del Espíritu Santo me hizo reflexionar en lo mal encaminada que estaba mi confianza. Confiaba más en mi esposo que en mi Jesús, a quien mi madre me había enseñado a amar desde muy pequeña. Me gusta cantar y entre los cánticos aprendidos, aquella noche afloró a mi memoria la letra de uno de ellos que no olvidaré jamás: *"Si conoces a Dios, no necesitarás de alguien más en la oscuridad".*

Recuerdo que lo cantaba sólo en mi mente, porque temía que alguien me escuchara. No sé hasta qué hora lo entoné, pues me dormí cantando y repitiendo aquel texto bíblico que dice: "En *paz* me acostaré y asimismo dormiré porque sólo *tú, Jehová,* me haces vivir confiado". Desde aquella vez deposité mi confianza en Dios más que en mi esposo, pues él es humano como yo y también necesita de su protección.

Desde aquel día he meditado en lo que significa conocer a Dios y he sentido cómo me ha fortalecido en mi vida espiritual.

Apreciada amiga, en estos días de incertidumbre ante el mañana, no hay nada más hermoso que confiar en las maravillosas promesas de la Biblia. Descubrirás que: "De aquí a poco no existirá el malo... pero los mansos heredarán la tierra y se recrearán con abundancia de *paz*" (Sal. 37:10, 11).

Recuerda: "Si conoces a Dios, no necesitarás de alguien más en la oscuridad".

Laura de Ottati

¡Fuérzalos a entrar!

Dijo el señor al siervo: Vé por los caminos y por los vallados, y fuérzalos a entrar, para que se llene mi casa. Lucas 14:23.

Conocimos una señora proveniente de México, quien nos dijo ser adventista. La invitamos para que viniera a nuestra iglesia, y nos prometió que iría. El sábado siguiente nos quedamos esperándola, pero nunca llegó. Tras una nueva promesa de volver, tampoco se presentó. Al cuarto sábado de no verla en la iglesia, mientras se desarrollaba el programa de la escuela sabática, le dije a mi esposo: "Voy a buscar a la señora".

Oré antes de salir de la iglesia y le pedí a una joven que me acompañara. Cuando llegamos a su casa, un señor nos dijo que se había ido a lavar ropa. Me sorprendí un poco, pero decidí ir a buscarla. Cuando llegué a la lavandería no había rastro de la señora por ningún lugar. Se me ocurrió que podría estar en la tienda. La busqué y no la encontré. Continué buscándola y finalmente la encontré. Le dije: "Señora, usted me dijo que iba a ir a la iglesia hace tres sábados, pero ya que usted no asistió, yo vine por usted". Ella me dijo que su esposo no quería que fuera a la iglesia. Además, tenía mucha ropa para lavar y debía hacerlo antes de que su esposo llegara a casa.

En ese momento se me ocurrió una idea. Le dije que fuera conmigo a la iglesia y que yo la llevaría de regreso a la lavandería cuando terminara el servicio. Así lo hizo. Esa fue la única vez que tuve que forzarla a ir a la iglesia. Hoy toda su familia es miembro de la iglesia adventista en Waukegan, Illinois.

En esa ocasión decidí tomar muy en serio el texto bíblico de nuestra meditación y obedecer el mandato que en él se encuentra para traer más almas a los pies de Jesús.

Monín Hernández de Colón

¿Se olvidará la mujer de lo que dio a luz?

¿Se olvidará la mujer de lo que dio a luz, para dejar de compadecerse del hijo de su vientre? Aunque olvide ella, yo nunca me olvidaré de ti. Isaías 49:15.

Eran las 6:30 de la mañana de un día nublado. No había esperanza de ver el sol. Al levantarme me arrodillé y oré a mi querido Jesús. Después observé que la lluvia comenzaba. Había sido advertida que en tiempo de lluvia era muy peligroso salir a colportar. Por otro lado el *Manual del colportor* refería que en tiempos tormentosos, si un colportor salía a realizar su trabajo, las bendiciones de Dios serían manifiestas. Mi compañera y yo decidimos cumplir nuestra misión. A pesar de la torrencial lluvia nos dirigimos a la estación de autobuses. Una hora más tarde llegamos a nuestro destino. Era un edificio de diez pisos. Al ingresar, no podíamos evitar llamar la atención de las personas pues estábamos empapadas. Después de escurrir cada pieza de nuestra ropa ingresamos a la primera oficina.

En aquella oficina había por lo menos 80 personas. Mi compañera y yo nos dividimos el territorio y comenzamos el trabajo. Después de un par de horas, me sentía decepcionada pues no había logrado una sola venta.

Mi compañera sí había tenido éxito. Al llegar a la parte final de mi sector, miré hacia un escritorio cuyo ocupante era un señor adulto, de cabello blanco y de expresión amarga. Con temor me acerqué y le presenté la colección de libros. Al finalizar, él mi miró y con áspero acento recitó una larga lista de quejas y problemas. Al terminar me dijo: "Lo siento, pero creo que no tienes nada para mí". Al ver aquel rostro triste y golpeado por la vida, mi corazón sintió amor y compasión. Abrí mi Biblia en Isaías 49:13 y leí: "Se olvidará la mujer de lo que dio a luz, para dejar de compadecerse del hijo de su vientre? Aunque olvide ella, yo nunca me olvidaré de ti". Mirándole le dijo: "Claro que tengo algo para usted, y es el amor de Dios". Aquellos ojos llenos de rencor y preocupación se llenaron de lágrimas. Tomándome de la mano me dijo: "Gracias; Dios te envió para darme esperanza en medio del dolor". Aquel día no logré ni una venta, pero sí logré dar esperanza a un corazón dolido, que entendió que Dios no se había olvidado de él.

Briggitte Berrocal

A ti volvemos nuestros ojos

En nosotros no hay fuerza contra tan grande multitud que viene contra nosotros; no sabemos qué hacer, y a ti volvemos nuestros ojos. 2 Crónicas 20:12.

Sin duda todos pasamos por momentos difíciles en nuestras vidas, pero qué reconfortante es saber que no estamos solos en el valle de sombras y dolor. Sólo tenemos que volver nuestros ojos hacia Aquel que todo lo puede, que todo lo hace posible para nuestro bienestar presente y futuro.

Cuando sintamos que no podemos hacer frente a un enorme problema que nos aplasta, quizá un hijo descarriado o que usa drogas, un esposo infiel, una bancarrota repentina, una enfermedad terminal, una catástrofe de la naturaleza, una depresión profunda, el temor a una guerra, o la incertidumbre ante el futuro; cuando veamos que no está en nuestras posibilidades hacer frente a tan abrumadores problemas, levantemos la vista al Todopoderoso en busca de ayuda y sabiduría. Y sin duda, la ayuda vendrá. Él es el mismo Dios que socorrió al pueblo de Israel, cuando un gran ejército venía contra ellos para exterminarlos. Dios tiene mil maneras de darnos la victoria cuando el temor, el desánimo, la incertidumbre y el dolor nos acosan. Y él nos dice: "No temáis ni os amedrentéis delante de esta multitud tan grande, porque no es vuestra la guerra, sino de Dios" (vers. 15).

Por lo tanto, "creed en Jehová vuestro Dios, y estaréis seguros" (vers. 20).

Busquémoslo con humildad de corazón y aceptemos su voluntad con gozo y gratitud, sigamos avanzando en nuestro camino rumbo al lugar donde no habrá más llanto, ni dolor, ni clamor.

Yo sé que una cosa es leer, escribir, dar el consejo, y otra cosa es vivir el momento difícil. Sin embargo, demos gracias a Dios por las pruebas y aflicciones, porque él no nos dejará sufrir más de lo que podamos soportar (1 Cor.10:13). Por naturaleza no queremos enfrentar las tristezas y sinsabores de la vida. Sin embargo, es necesario que pasemos por momentos de tribulación para que nuestra fe se acreciente y seamos más dependientes de Dios.

Rosa Alicia Miranda

Las avenidas del alma

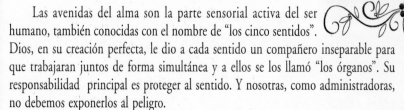

Antes bien los miembros del cuerpo que parecen más débiles, son los más necesarios. 1 Corintios 12:22.

Las avenidas del alma son la parte sensorial activa del ser humano, también conocidas con el nombre de "los cinco sentidos". Dios, en su creación perfecta, le dio a cada sentido un compañero inseparable para que trabajaran juntos de forma simultánea y a ellos se los llamó "los órganos". Su responsabilidad principal es proteger al sentido. Y nosotras, como administradoras, no debemos exponerlos al peligro.

La vista: es el sentido por el que se percibe la luz, la forma, y los colores de los objetos.

El olfato: es el sentido que permite percibir los olores.

El oído: es el sentido por el que se capta el sonido, y se regula el equilibrio corporal.

El gusto: es el sentido corporal, por el que se aprecia el sabor de las sustancias.

El tacto: es la sensibilidad cutánea, por la que se perciben las características físicas de los objetos, por las que se entra en contacto con el mundo exterior.

Todos nuestros sentidos se coordinan, ninguno de ellos tiene autoridad propia. Su líder principal es el raciocinio, la razón, que se ubica en la corteza cerebral. Es en esta parte superior donde Dios escogió su morada, y su objetivo principal es apelar a la voluntad del ser humano por medio de la fe y el conocimiento de su Palabra.

Cuando nuestras acciones se originan en las emociones, es muy difícil contar con la voluntad de Dios. Para que nuestros impulsos y emociones tengan una buena dirección en nuestro cuerpo, es necesario alimentar y fortalecer diariamente la morada de Dios en nuestro ser: la masa cerebral, la razón.

Las avenidas del alma deben ser consagradas y protegidas para Dios. Cierra los ojos a la tentación, y enfoca la vista hacia el cielo. No expongas la nariz al mal. Deja que el olfato perciba el aroma de la naturaleza. Cubre tus orejas a las incoherencias y sofismas del enemigo y escucha la dulce voz de Dios. No permitas que la lengua te lleve a la intemperancia, más bien permite que el gusto saboree alimentos puros. No contamines tus manos en acciones profanas, deja que el tacto perciba la necesidad espiritual de tu hermano y amigo, ¡ayúdalo! Cuida tu cuerpo, tu alma y tu mente.

No dejes que el mundo se apodere de ti. No habrá ninguna fuerza terrenal que domine tus sentidos, si se hallan en sintonía con la voluntad de Dios.

Ana Clemencia Calvo

Conocí tus palabras y me las comí

Como el ciervo brama por las corrientes de las aguas, así clama por ti, oh Dios, el alma mía. Salmo 42:1.

Desde que tuve entendimiento lo amé, mi primer amor fue él, el niñito Jesús. En la iglesia mi lugar era al pie de la cruz. Él supo cuánto yo lo amaba. Y él me fue conduciendo hasta llegar a conocerlo como el Camino, la Verdad y la Vida.

En 1959 me casé y con mi esposo, me mudé de Chihuahua, México a California. El Señor bendijo nuestro hogar con dos niños y una niña. Un día mi hijo Miguelito, que tenía doce años en ese entonces, me mostró una tarjetita de la oficina del doctor y me dijo: "Si llenas esta tarjetita y la pones en el correo te enviarán una Biblia pequeña y un manual". Llené la tarjetita y la envié. Al poco tiempo de enviarla nos visitó una pareja, de norteamericanos, Dick y Dee. Con ellos aprendimos de la Biblia desde el Génesis hasta el Apocalipsis.

Un día Dick y Dee nos invitaron a visitar su iglesia, la Iglesia Adventista del Séptimo Día. Mis niños y yo fuimos un sábado con ellos, sólo por cortesía. Al entrar a la iglesia había cinco escalones que subir. Dick llevó a mis niños a sus departamentos. Yo empecé a subir. Entonces ocurrió algo que no sabría describir. Subí un escalón y me sentí perdida, mareada. Escuché voces, no una, sino legiones, diciéndome: "¡No vayas!" Entre ellas, mis hermanas me gritaban: "¡No vayas! Eres católica, ¡No, no!" Estuve como paralizada. Subí otro escalón, y como que una corriente de aire me empujaba hacia atrás. Me aferré de las barras y subí otro escalón, casi no podía respirar. Una fuerza terrible me impedía seguir.

Por fin llegué a la puerta, sin fuerzas. Sentí que un poder opuesto al anterior me ayudó a empujar la puerta y al abrirse ésta entré. En ese momento pude respirar y me sentí mejor. Era un lugar lleno de paz. Ahora me pregunto: ¿qué me impedía entrar a la iglesia? Creo que eran las fuerzas de las tinieblas, aquellas voces eran de los ángeles caídos.

Cinco meses más tarde me bauticé. Tiempo después mi esposo y mis hijos también bajaron a las aguas del bautismo. Hoy somos parte de la iglesia remanente, esperamos la venida de nuestro Señor Jesús. Querida hermana, no desmayemos en buscar a nuestro amante Jesús como el ciervo busca las corrientes de las aguas.

Luz Elena R. Alvídrez

Dios tiene la última palabra

¿Está alguno enfermo entre vosotros? Santiago 5:14.

Eran las tres de la tarde cuando mi madre me llamó para decirme que se sentía mal. Las únicas palabras que logró pronunciar fueron cortas. Inmediatamente salí de mi oficina y me fui al lugar donde ella trabajaba. Cuando llegué, la ambulancia ya se llevaba el cuerpo desfallecido de mi mamá.

Al llegar al hospital una doctora y un psicólogo hablaron conmigo y con mis otros dos hermanos. Mi madre había sufrido una embolia y tres cuartas partes de su cerebro estaban dañadas. Sólo un milagro la salvaría. Fue intervenida quirúrgicamente con el intento de salvarle la vida, pero como resultado sufrió tres ataques y quedó en estado de coma. Pasaron cuatro semanas y mi madre no respondía. Mis hermanos y yo la cuidábamos las 24 horas del día con la esperanza de que ella volviera en sí. Su rostro hermoso se fue tornando como el rostro de un monstruo de película. Los médicos se nos acercaron una vez más y nos dijeron que necesitábamos firmar para que se le desconectaran los tubos. Me opuse confiada en que Dios podría obrar un milagro en este tiempo. Le pedí al doctor que me diera un día más.

Era sábado al mediodía. Todos los pastores estaban fuera de sus casas. Sin embargo había un pastor amigo de la familia quien estuvo disponible. Él haría por mi madre el rito del ungimiento con aceite como lo manda Dios en su Palabra. Esa noche yo oré como nunca había orado. Mi petición era la siguiente: "Padre, mi madre inconversa vino joven a este país; y como muchos extranjeros ha luchado, trabajado y sufrido toda una vida para dar a sus hijos lo mejor. Yo te suplico que le des una oportunidad más de vivir, de conocerte y amarte".

A la mañana siguiente les dije a mis hermanos: "Vámonos al hospital que Mami ya está bien". Al llegar, el enfermero me dijo que Mami había suspirado.

¡Qué felicidad sentí! Sabía muy bien que Dios había obrado. A raíz de esa alegría me enviaron a un psiquiatra. Éste me dijo que los enfermos suspiran antes de morir. Yo me reí y le dije: "Yo sé que usted cree que estoy loca. Lo que yo sí sé es que mi madre vivirá y usted lo verá".

Dos días más tarde mi mamá se sentó y comió. Y luego vivió una vida mejor que la anterior. Conoció a Cristo y se bautizó.

Marina Mesa

Heridas profundas

Y le preguntarán: ¿Qué heridas son estas en tus manos? Y él responderá: Con ellas fui herido en casa de mis amigos. Zacarías 13:6.

¿Alguna vez has sufrido una profunda herida, una ofensa muy grande de tu mejor amiga? ¿Fue esa herida tan profunda que aunque ha pasado ya bastante tiempo, cada vez que la recuerdas te brotan las lágrimas? ¿Qué se puede hacer en esos casos? ¿Cómo olvidar, cómo perdonar, cómo volver a considerar a esa persona como amiga otra vez?

Creo que esta es una de las situaciones que en nuestra humanidad, con nuestra mentalidad limitada, nunca podremos superar del todo y menos solucionar. ¿Qué hacer?

Meditemos por un momento en lo que dice la sierva del Señor: "En medio de todas sus pruebas, que nunca fueron plenamente reveladas a los demás, usted contó con un Amigo que nunca le falló, que le había dicho: 'Estoy contigo siempre, hasta el fin del mundo'... Conozco tus luchas; las he experimentado... He visto tus lágrimas; yo también he llorado. Pero levanta la vista por la fe, entra detrás del velo, y ancla allí tus esperanzas. Tendrás la eterna seguridad de que puedes contar con un Amigo más íntimo que un hermano" (*Testimonios para la iglesia*, t. 2, p. 271).

"Por el momento hay muchas cosas que no comprendemos. Necesitamos diariamente entregarnos a Cristo, quien nos ha dado tantas razones para confiarle a él lo que para nosotros es difícil de comprender. Sin duda que entre más meditamos en las cosas que sí comprendemos, entre más nos concentramos en lo que nos es claro, seremos más capaces de soportar y confiarle a él las cosas que, por el momento, parecen ser tan injustas y tan dolorosas" (Leo R. Van Dolson, *Amós; buscadme y viviréis*, p. 84).

Antes de contestar las preguntas que hicimos al principio, meditemos en los siguientes pensamientos de la pluma inspirada, acerca de los acontecimientos a la venida de Cristo: "A la voz de Dios, [los justos] fueron glorificados... y juntamente con los santos resucitados son arrebatados para recibir a Cristo su Señor en los aires... Largo tiempo hemos aguardado; pero nuestra esperanza no debe debilitarse. Si tan sólo podemos ver al Rey en su hermosura, seremos bienaventurados para siempre" (*Eventos de los últimos días*, p. 284).

Cuando estemos en el cielo, experimentaremos lo que Elena de White dice que le ocurrió al estar en visión: "Procuramos recordar las pruebas más graves por las que habíamos pasado, pero resultaban tan insignificantes frente al incomparable y eterno peso de gloria que nos rodeaba, que no pudimos referirlas, y todos exclamamos: '¡Aleluya! Muy poco nos ha costado el cielo' " (*Primeros escritos*, p. 17).

Martha Ayala de Castillo

Palabras bondadosas y amables

Jehová el Señor me dio lengua de sabios, para saber hablar palabras al cansado; despertará mañana tras mañana, despertará mi oído para que oiga como los sabios. Isaías 50: 4.

Cada cristiano debería ser lo que Cristo fue en su vida en esta tierra. Él es nuestro ejemplo, no solamente en su pureza inmaculada, sino en su paciencia, cortesía y disposición amigable. Era firme como una roca en lo que atañía a la verdad y al deber, pero era invariablemente bondadoso y cortés. Su vida fue una perfecta ilustración de la verdadera cortesía. Tenía siempre una mirada amable y una palabra de consuelo para los necesitados y los oprimidos.

Su presencia llevaba una atmósfera más pura al hogar y su vida era como levadura que obraba entre los elementos de la sociedad. Inocente y sin contaminación caminaba entre los indiferentes, los rudos, los descorteses; entre los injustos publicanos, los impíos samaritanos, los soldados paganos, los rudos campesinos y la multitud heterogénea.

Hablaba una palabra de simpatía aquí, una palabra allá, al ver a los hombres cansados y obligados a llevar pesadas cargas. Compartía sus cargas y les repetía las lecciones que había aprendido de la naturaleza, del amor, de la misericordia y de la bondad de Dios. Trataba de inspirar esperanza en los más rudos y poco promisorios poniendo ante ellos la seguridad de que podían llegar a ser sin tacha y sin culpa, alcanzando un carácter que los haría aparecer como hijos de Dios...

Jesús se sentó como huésped honrado en la mesa de los publicanos mostrando por su simpatía y benevolencia que reconocía la dignidad de la humanidad, y los hombres anhelaban llegar a ser dignos de su confianza. Sus palabras caían sobre sus almas sedientas con poder bendito y vivificante. Se despertaban nuevos impulsos y se abría la posibilidad de una vida nueva ante esos parias de la sociedad...

La religión de Jesús ablanda todo lo que haya de duro y áspero en el temperamento, y suaviza las asperezas y las agudezas de los modales. Esta es la religión que hace las palabras amables y el comportamiento atractivo... Un cristiano bondadoso y cortés es el argumento más poderoso en favor del Evangelio (*En los lugares celestiales*, p. 181).

Elena G. de White

Fue un milagro

El eterno Dios es tu refugio, y acá abajo los brazos eternos.
Deuteronomio 33:27.

Un domingo por la tarde sonó el teléfono en nuestra casa en Maryland. Mi esposo contestó la llamada. Una sombra nubló su mirada. "Rick dice que Sylvia acaba de tener un accidente automovilístico". Llamamos para reservar pasajes pero nos dimos cuenta que todos los vuelos a Miami ya habían salido.

Rick nos siguió llamando toda la noche. "Mami, ya salió de la primera operación pero no pude ver si tiene golpeada la cabeza", me contestó. Sin embargo, el tono de su voz y mi intuición de madre me decían que Sylvia estaba grave.

Después de una noche larga y triste, llegamos a Miami, Florida. El accidente había sido muy serio. Al dar vuelta en una curva su carro impactó la orilla de un camión estacionado en la carretera. El impacto cortó el costado izquierdo de su auto como un cuchillo afilado y lo lanzó al centro de la supercarretera. Fue un milagro que ninguno de los carros que transitaban por allí en ese momento le chocaran y que muy pronto la policía la llevara por helicóptero al Centro de Traumatología del hospital.

Fue un milagro que en ese momento, cuando los doctores pensaban que tendrían que amputar el brazo, estuviera en el hospital una eminente doctora especialista en traumatismos de brazo y de mano. Ella dio su opinión y empezó a planear la reconstrucción del brazo. Desde Canadá hasta Costa Rica se elevaron oraciones en su favor. En el hospital había un grupo permanente de oración.

Fue un milagro que aunque se fracturó las dos mandíbulas y las tuvo amarradas por ocho semanas, no perdió ni un sólo diente y no sufrió ninguna herida grave en la cara ni en la cabeza.

Fue un milagro que el hospital asignara a Susan, una de sus amigas íntimas, como la trabajadora social encargada de su caso. Susan fue el ángel que nos señaló los pasos que debíamos dar en cada ocasión.

Después de varias operaciones, su testimonio en la iglesia fue: "Doy gracias a Dios porque estoy segura que mi ángel guardián estaba conmigo. Los doctores me dijeron que por unos cuantos centímetros no perdí la vida. Le agradezco también por darme una segunda oportunidad en la vida y porque la cicatriz que llevo en el brazo me hace sentir más amor por Jesús, pues él llevará por mí las señas de los clavos en sus manos por la eternidad".

Raquel Haylock

Librada de la muerte

Aunque ande en valle de sombra de muerte, no temeré mal alguno, porque tu estarás conmigo, tu vara y tu cayado me infundirán aliento.
Salmo 23: 4.

Es maravilloso saber que tenemos de nuestra parte a un Dios poderoso y fiel, un amigo capaz de acompañarnos aun si pasamos por el valle de sombra de muerte. Es que donde está Jesús, huyen la muerte y el dolor, pues él es la vida.

Era un lunes muy lluvioso, propio de un clima tropical. Habíamos intentado salir desde muy temprano en la mañana, sin éxito alguno. Era el último día que mi hermana tenía para tomarse las fotos para ingresar a la secundaria. La lluvia arreciaba más y más y mi papá decidió ir con mi hermana al estudio fotográfico, caminando.

Después de caminar varias cuadras bajo aquel torrencial aguacero, abordaron un taxi que al menos los dejaría más cerca de su destino. Cuando el carro los dejó, la lluvia había menguado un poco y sólo faltaban unas cuantas cuadras más, así que emprendieron nuevamente la caminata. Sólo que esta vez caminaban por el medio de la calle, pues las aceras estaban llenas de agua.

Mi papá iba delante y mi hermana le seguía. Súbitamente mi papá dio un salto, y esquivó un carro que venía a alta velocidad y sin frenos. Cuando miró atrás para advertirle a mi hermana, ya era tarde. El carro la había impactado y lanzado a la acera llena de agua. Mi padre corrió hacia ella y al verla inconsciente, creyó que estaba muerta. Gritó por ayuda sin recibir respuesta alguna. La tomó en sus brazos y corriendo, la llevó al hospital más cercano. Allí los doctores la examinaron. Le tomaron radiografías de las piernas y la espalda. Le hicieron una revisión general para descubrir asombrados que la niña no había sufrido daño alguno, excepto unas magulladuras en las piernas, que según los médicos, en un par de meses estarían bien.

Al verla y escuchar su historia, no podía creer que estuve a punto de perder uno de los mejores regalos que Dios me ha dado, mi hermana.

Le di tantas gracias a Dios por librar a mi hermana de la muerte. En aquel momento recordé con gran gozo la promesa de que no sólo el ángel de Jehová acampa a nuestro alrededor, sino que Jesús mismo, como nuestro amigo y buen pastor, nos guía y nos cuida.

Wendy Ortega

Amístate con él

Vuelve ahora en amistad con él, y tendrás paz; y por ello te vendrá bien. Job 22:21.

Cuando la conocí, llegó al salón de cuna con su bebé de apenas dos meses para registrarla en el departamento. Todo parecía bien. La siguiente vez que nos encontramos fue distinto. Vestida de negro y los ojos hinchados. Su pequeña bebé había muerto. Sólo la abracé. No había palabras. Su nombre, no lo recordaba. Ese día nació una profunda amistad que ha superado el tiempo y la distancia.

Tengo otro amigo. A él lo conocí desde mi infancia. Mi madre me lo presentó y me contó su historia. ¡Y que historia! Jamás ha existido nadie capaz de semejante locura, aunque él dice que fue un acto de amor. Y por supuesto que lo fue, pues nadie más lo habría hecho. ¿Morir para que otros vivan?

Sí, se llama Jesús. Él es mi amigo. Y así como puedo reconocer la voz de Myrna, mi amiga, de igual manera reconozco la de él. Y cómo no reconocerlo, si me habla de muchas maneras y a cada momento: Al ver los copos de nieve desde mi ventana. En el sueño apacible de mis hijas. Al oír sus risas. Al verlas crecer. Cuando florece una de mis plantas. Cada noche, cuando llega mi esposo a casa. Cuando estoy sola. Al abrir los ojos cada mañana. Cuando voy de compras. Cuando escucho a mis padres por el teléfono. Cuando siento hambre. Cuando estoy cansada. Cuando canto...

Su voz es inconfundible. ¿La has escuchado alguna vez? Escucha con atención. Primero la escucharás muy quedo, como un silbo apacible, pero cada vez la escucharás más fuerte y clara, y con más frecuencia. Aprenderás a reconocerla como se reconoce la voz de un padre o un amigo, a fuerza de oírla. No hay otra manera.

¿Cómo se llega a tener una amistad si no es platicando, paseando, jugando o trabajando juntos? De la misma manera ocurre con él. Pero debe ser a diario. No puedes tomarte días libres ni vacaciones, pues una vez que escuchas esa voz, no querrás dejar de escucharla jamás. Tu alma no tendrá paz el día que no la escuches. Entonces la buscarás con todas tus fuerzas, hasta oírla de nuevo. Será en tu vida una necesidad en vez de un compromiso, como un vicio bien arraigado. Y llegará a ser tu mejor amigo, como lo es de mí.

Hortencia López

En las manos de Dios

No temas, porque yo estoy contigo; no desmayes, porque yo soy tu Dios que te esfuerzo; siempre te ayudaré, siempre te sustentaré con la diestra de mi justicia. Isaías 41:10.

A la distancia usted no puede notar que mis manos están un poco deformadas por el reumatismo y mis uñas dañadas por la psoriasis. El cuarto disco de la columna vertebral está gastado y salido de su centro. Tengo venas varicosas, diabetes, y una operación de triple derivación coronaria (*bypass*). En fin, ¡qué no tengo! Sin embargo, estoy muy agradecida a Dios pues, aunque también sufro de glaucoma, aún puedo ver. Mi alegría y gratitud a Dios crecen cada día más, ya que el enemigo no puede impedirme seguir trabajando para Dios, a pesar de mi condición.

Se presentó un proyecto para remodelar el templo donde yo asistía y todos estaban muy entusiasmados, excepto yo. La razón era lógica: yo no tenía los recursos económicos para cooperar con ese trabajo de construcción. Una noche oré y esta vez le pedí al Espíritu Santo que me iluminara acerca de lo que debía hacer para ese proyecto. A la mañana siguiente salí a mi habitual caminata por el lugar donde vivía. En ese lugar hay varios restaurantes muy lujosos, los que colocan las botellas vacías en los contenedores de basura. En ese momento se me ocurrió una idea: seleccioné las botellas más bonitas, las limpié y luego fui a la ferretería a comprar una pintura especial de pintar cristales.

¡Pinté todas esas lindas botellas de diferentes tamaños y colores! Una hermana de la iglesia presentó una exposición de artes manuales. ¿Y qué creen que sucedió? ¡Todo se vendió! También llevé varias a una tienda de *souvenirs* y floristería y ¡todas se vendieron!

Hoy, al momento de escribir esta historia, estoy pintando otras más para una hermana de iglesia que piensa construir un templo en su país natal. Yo pinto y la hermana las lleva a sus amistades a quienes se las obsequia, y ellas aportan para esa causa.

Hermana: No importa cual sea tu condición, no pienses que no puedes hacer nada para la obra de tu Creador. Si en mi condición de salud yo he podido hacerlo, tomando algo del reciclaje y tornándolo en algo de valor, tú también puedes hacer algo para Dios y su obra.

Nuestras vidas también, por muy dañadas que estén, pueden ser de valor puestas en las manos de Dios, nuestro Salvador. Créelo: ¡Podemos hacer mucho en las manos de Dios!

Sara Capellán

Y multiplicaré la paz de tus hijos

Y todos tus hijos serán enseñados por Jehová; y se multiplicará la paz de tus hijos. Isaías 54:13.

Encontramos en la Biblia hermosas e inspiradoras historias acerca de mujeres que comprendieron plenamente el sagrado cometido de criar a sus hijos en el temor de Dios. ¿Qué le devolvió Ana al Señor? No solamente un hijo, sino un líder en potencia. Ella devolvió un niño que algún día respondería al llamado del Señor y se encargaría de restaurar la dignidad y la santidad que debería caracterizar el sacerdocio. ¿Hasta dónde habría llegado Israel de no haber ido por este hijo, por el cual Ana oraba?

Y ¿qué de nuestros hijos? ¿Oramos diariamente por ellos? ¿Imploramos fervientemente a Dios para que el Espíritu Santo guíe sus vidas? La influencia de nuestras oraciones debería guiarlos y ayudarlos a elegir servir y honrar al Señor diariamente. Nuestros ruegos al Señor deberían crear en redor un cerco protector contra las influencias del mal.

Mi familia y yo hemos experimentado grandes bendiciones al reclamar la promesa del Señor y hemos percibido la paz que experimentan nuestros hijos. Cuando nuestras hijas tenían cinco y tres años respectivamente, decidimos hacer nuestros la tarea y el desafío de enseñarles en casa. Realmente el progreso académico no era nuestra preocupación. Sentíamos que eran tan pequeñas y a la vez tan susceptibles, que decidimos esperar a que maduraran un poco más antes de enviarlas a la escuela. ¡Qué bendición tan grande ha sido el tenerlas cerca! Día a día reclamamos al Señor la promesa de aumentar la paz en nuestro hogar. Durante el tiempo que hemos estado enseñándoles, el Señor nos ha ido guiando a nosotros sus padres, también. Se necesita de mucha paciencia, entusiasmo, y sobre todo, sabiduría.

Han pasado ya cinco años y nuestras hijas siguen estudiando en nuestro hogar. Cuántos bellos y memorables recuerdos tenemos de sus primeros logros en el campo de la lectura. Cuántas caminatas al aire libre mientras recolectaban, dibujaban, o simplemente observaban las maravillas de la naturaleza; en fin, han sido años de bendición, de felicidad, y sobre todo de trabajo. Nuestra oración y anhelo ferviente es que Dios nos siga guiando y orientando en este tan grande desafío.

Permitamos que el Espíritu Santo haga realidad esta promesa de las Escrituras y podamos decir al pedir día con día la dirección de nuestro Padre, que es Jehová y sólo él, quien educa a nuestros hijos.

Gladys Ramírez

El ángel

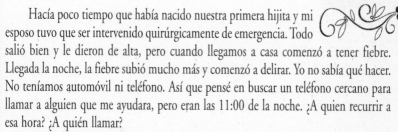

El ángel de Jehová acampa alrededor de los que le temen, y los defiende. Salmo 34:7.

Hacía poco tiempo que había nacido nuestra primera hijita y mi esposo tuvo que ser intervenido quirúrgicamente de emergencia. Todo salió bien y le dieron de alta, pero cuando llegamos a casa comenzó a tener fiebre. Llegada la noche, la fiebre subió mucho más y comenzó a delirar. Yo no sabía qué hacer. No teníamos automóvil ni teléfono. Así que pensé en buscar un teléfono cercano para llamar a alguien que me ayudara, pero eran las 11:00 de la noche. ¿A quien recurrir a esa hora? ¿A quién llamar?

De todos modos salí en busca de ayuda para llevar a mi esposo a la clínica. Me aseguré de que mi bebita estuviera dormida y salí a la calle a esa hora de la noche. Entre la angustia de dejar a mi esposo en esas condiciones y mi bebita de apenas tres meses, corrí hasta la farmacia que conocía. Había que cruzar la vía del tren. Vi que las barreras estaban abajo. Es más, vi la cola de uno de los trenes pasando en frente de mí. Pero no vi el que venía del otro lado, y crucé. De pronto escuché un fuerte ruido. Escuché gente gritar y cuando me di la vuelta, vi que el tren se me venía encima a una gran velocidad.

Mi reacción es siempre quedarme paralizada ante cualquier circunstancia que me produzca pánico y ese día fue igual, sólo que sentí que alguien me tocó los hombros y me puso a salvo. Sentí cómo el tren pasaba detrás de mí y quedé petrificada de terror. El tren ya había pasado y yo no podía caminar. Me puse a llorar, y algunas personas bondadosas bajaron de sus autos para ayudarme. Otras me insultaron, pues creían que había intentado suicidarme. No estaría contando está historia si el ángel de Jehová no hubiera estado a mi lado para socorrerme.

Dios nos libra de las circunstancias más difíciles. Él está siempre junto a nosotros y tiene planes maravillosos para nuestra vida. En nuestra impotencia, debilidad e incapacidad de reacción ante cualquier situación, está la gran oportunidad de Dios (ver 2 Corintios 12: 9).

Le agradezco al Señor por haberme preservado la vida. He visto día a día las innumerables bendiciones que él en su amor me tenía reservadas.

¿Cómo no alabarlo y vivir para él?

Pilar C. de Hengen

En compañía de un ángel

Pues a sus ángeles mandará acerca de ti, que te guarden en todos tus caminos. Salmo 91:11.

¿Alguna vez en tu vida has sentido la presencia de un ángel? ¡Tiene que haber sido maravilloso!

En la ciudad de Nueva York varios jóvenes salimos a otro Estado a comprar un carro en una subasta. Uno de ellos compró dos autos y me pidió que guiara uno hasta la ciudad. Así que pasamos por una gasolinera, y al revisar el tablero del carro que yo llevaba, éste indicaba que el tanque estaba lleno.

Después de manejar por más de dos horas, miré el tablero y el marcador de gasolina estaba exactamente en el mismo lugar que cuando salimos. El indicador de combustible estaba descompuesto. Eran aproximadamente las 11:00 p.m. y sentí un tremendo escalofrío de sólo pensar en quedarme sola en la carretera.

Así que usé mi único recurso y oré: "Padre, no permitas que me quede sola en esta autopista. ¡Ayúdame!" De pronto el auto se apagó y dejó de funcionar. En ese instante un señor en un carro azul pequeño, vino hacia mí y me preguntó: "¿Qué pasa?" Le expliqué lo sucedido y luego él me preguntó: "¿Tiene algún recipiente para buscarle gasolina?" No lo tenía. Me sugirió empujar mi carro con el suyo hasta la próxima estación de servicio. Cuando me dijo eso, estuve a punto de reirme pues su carro era muy pequeño y el mío muy grande. Pero me empujó con tanta fuerza que tuve que pasarme al carril de en medio a una velocidad de casi 100 km (60 millas) por hora.

Cuando vi la gasolinera, puse las luces direccionales y entramos a la estación de gasolina. Ya parada, busqué al señor del cochecito azul para darle las gracias por su ayuda, pero no lo vi por ningún lado. Le pregunté al empleado de la gasolinera a dónde se había ido el carro que me estaba empujando, y él me dijo que nadie había llegado conmigo, ¡que yo había llegado sola! En esos momentos sentí un gran calor que recorrió todo mi cuerpo y estallé en llanto. El joven me preguntó qué me pasaba, y si me sentía bien. Yo le dije que él no iba a creer lo sucedido. ¡Era tan emocionante! ¡Un ángel estuvo conmigo, y me ayudó en el momento en que le pedí a mi Señor que no me dejara sola! Lo mismo sucederá contigo, hermana, si al salir de casa le pides al Señor que envíe sus ángeles, para que estén contigo en todo momento. Reclama hoy la promesa del Salmo 91:11.

Celeste Arias

No se aceptan resumés

Por lo cual, teniendo nosotros este ministerio según la misericordia que hemos recibido, no desmayamos. Pero tenemos este tesoro en vasos de barro, para que la excelencia del poder sea de Dios, y no de nosotros. 2 Corintios 4:1, 7.

¿Estás tan ocupada escribiendo tu resumé espiritual que estás perdiendo la oferta de trabajo de Dios? Hace poco, mientras diseñaba mi propio resumé, me di cuenta cuán a menudo hacemos esto en nuestra vida espiritual. Hacemos una lista de todas nuestras fiestas piadosas: enseño la lección de escuela sabática, traigo la mayor cantidad de comida al convivio (*potluck*), doy mis diezmos y ofrendas fielmente, soy voluntaria en el programa de tutelaje, leo mi Biblia y oro cada día, siempre canto en voz alta en el servicio de canto.

Creo que de alguna manera, sentimos que estas cosas nos califican para merecer el amor de Dios, el cielo, los cargos en la iglesia, o las oportunidades de testificación. Pero estamos equivocados. Olvidamos que Dios ya nos ama y que murió para salvarnos. Por otra parte, él ya nos ha dado un trabajo: "Por tanto, id, y haced discípulos a todas las naciones, bautizándolos en el nombre del Padre, y del Hijo, y del Espíritu Santo; enseñándoles que guarden todas las cosas que os he mandado" (Mat. 28:19, 20). La tarea de Dios para nosotros es servir a la gente, al revelarles por testimonio el amor y el poder de Dios.

Sin embargo esta obra es diferente a la del mundo. No son nuestros talentos, habilidades, educación, o experiencia los que nos preparan para hacer la obra de Dios, sino su gracia. La gracia de Dios es lo único que puede capacitarnos para adelantar su causa.

Podemos estar tan ocupadas, tan enfocadas en nuestro "resumé", que podemos olvidar que solamente la gracia de Dios nos capacita para servir. Cristo quiere que apartemos la vista de nosotras mismas y de nuestras credenciales religiosas, y nos volvamos a él y a la gente que desea salvar y que no ha sido alcanzada. Dios quiere que nos demos cuenta que únicamente somos frágiles vasos que contenemos su poder. "Pero tenemos este tesoro en vasos de barro, para que la excelencia del poder sea de Dios, y no de nosotros" (2 Cor. 4:7).

Esto también debiera darnos esperanza. "Por lo cual, teniendo nosotros este ministerio según la misericordia que hemos recibido, no desmayamos" (2 Cor. 4:1). Dios proveerá cada habilidad, cada pepita de oro de sabiduría, cada onza de fuerza que necesitemos para cumplir su obra.

En el cielo, no se aceptan "resumés". Ya estás contratada.

Amanda Sauder

Ten la seguridad de que vengo por ti

Y si me fuere, y os aparejare lugar, vendré otra vez, y os tomaré a mí mismo, para que donde yo estoy, vosotros también estéis. Juan 14:3.

Una noche, después de cenar, mi niño de cuatro años y yo estábamos felices jugando en la cama. Él pretendía ser médico y yo su paciente. De repente, sin darme cuenta que estaba tan cerca de la orilla de la cama, me caí al suelo y me lastimé un poco.

Mi hijo se puso muy nervioso y llamó a su papá con fuerte voz: "Papi, Papi, ven, ven pronto". Luego se dirigió a mí. Me miró a los ojos y con mucha seguridad me dijo: "No te preocupes, Mamá. Cuando venga Papá, todo estará bien".

¡Qué palabras tan profundas! Hay momentos en mi vida cuando al pasar por dificultades, ya sea en el trabajo o en el hogar, hago memoria de esas palabras porque me hacen pensar en nuestro Padre celestial.

Este mundo está lleno de gente que sufre. Lo vemos en los reportes de noticias, lo escuchamos en la radio y quizá aun en nuestras vidas. Sabemos que Dios quisiera venir hoy por todos sus hijos y un día muy cercano lo hará. A veces en mi imaginación, me pongo a visualizar aquel día cuando los cielos se abrirán y las trompetas resonarán y veremos a Cristo descender de los cielos con miles de ángeles en su redor. Todos aquellos que lo amaron y se amaron y han sido separados serán nuevamente reunidos. En ese instante todo el mundo se dará cuenta que él es el Rey de Reyes y Señor de Señores. Cuando estemos subiendo hacia los cielos, qué preciosas alabanzas le cantaremos a nuestro Padre Dios.

Tenemos esta seguridad porque él lo ha prometido en su Palabra. Esa misma seguridad que mi hijo tiene en su padre terrenal es la misma seguridad que nosotras debemos tener en Cristo. Él vendrá muy pronto por quienes lo esperan. En el cielo no habrá más llanto ni más dolor. Sí, mis hermanas, cuando venga Papá, todo estará bien.

Sandra Leticia Juárez

Jehová, el que te guarda

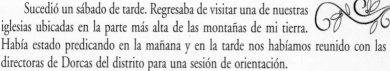

No dará tu pie al resbaladero, ni se dormirá el que te guarda. Salmo 121:3.

Sucedió un sábado de tarde. Regresaba de visitar una de nuestras iglesias ubicadas en la parte más alta de las montañas de mi tierra. Había estado predicando en la mañana y en la tarde nos habíamos reunido con las directoras de Dorcas del distrito para una sesión de orientación.

Me despedí de los hermanos. Abordé mi vehículo y tomé la carretera que cruza las montañas. Mientras evocaba las experiencias de la mañana, el haber conocido y compartido con esos queridos hermanos que servían al Señor con tanto amor y fervor, de pronto oí un ruido en la parte trasera de mi derecha. Me asusté, bajaba por una cuesta y a mi izquierda había un inmenso precipicio. De pronto advertí que paralelo a mi vehículo, también bajaba una rueda, y detrás el aro. Seguí corriendo un poco más en tres ruedas mientras me alineaba a la orilla de la carretera al lado de una montaña, esquivando una profunda zanja.

Si me preguntas cómo dominé ese vehículo en esas circunstancias, te diré que no lo sé. Detrás de mí se estacionó un auto de una pareja de esposos que había observado todo. El caballero bajó de su auto y me dijo: "Señora, la felicito. Usted ha controlado este vehículo sin perder la calma. Sólo la mano de Dios pudo haberla ayudado".

Después de haberme recuperado del susto, el hombre, que tenía un teléfono celular, llamó a una grúa para remolcar el vehículo. Él y su esposa, permanecieron conmigo hasta que la grúa llegó.

Las promesas de Dios nunca fallan. "No... se dormirá el que te guarda" (Sal. 121:4).

Carmen Toledo

Por una sola alma

No queréis venir a mí para que tengáis vida. Juan 5: 40.

Mi padre era director del departamento de obra misionera en la iglesia a la que asistíamos. Ese año yo prometí ayudarlo. Juntos decidimos ir a cierto lugar a buscar almas interesadas en recibir estudios bíblicos. Lo intentamos por varios días, pero la gente nos cerraba las puertas y nos echaba de la casa. Para mí aquello se convirtió en una situación muy difícil. Sin embargo, regresamos día tras día hasta cubrir gran parte del área elegida.

Cuando íbamos por la última calle, mis esperanzas estaban perdidas. Les dije a mis padres: "Nadie en este lugar aceptará escuchar de Cristo, mejor nos vamos". Pero mi madre insistió en que fuéramos a una casa más.

Cuando tocamos a la puerta de aquella casa salió a recibirnos una señora de unos 60 años. Le pregunté sin rodeos: "¿Desea usted conocer más de Dios?" Yo estaba segura de que me diría que no, pero la señora dijo que sí. Al escuchar la respuesta, incrédula volví a hacerle la misma pregunta, y volví a escuchar la misma respuesta: "Sí".

La señora tomó la serie de estudios bíblicos "Tesoros de Vida" de *La Voz de la Esperanza.* También le dimos los estudios de *La fe de Jesús.* Cuando terminó de tomar los estudios se bautizó.

Esto sucedió hace más de quince años y todavía me sorprende la forma maravillosa en que Dios dirige a sus hijos hasta la puerta de aquellos que él sabe que lo aceptarán.

Pienso que Dios puso ese lugar en nuestra mente por aquélla única alma que aceptó los estudios.

El espíritu de profecía, en el libro *Seguridad y paz en el conflicto de los siglos,* capítulo 1 dice que: "*La pérdida de una sola alma se considera como una calamidad infinitamente más grande que la de todas las ganancias y todos los tesoros de un mundo*". Satanás no podrá retener bajo su poder a ninguna alma que desee conocer la verdad del Evangelio. Dios hará todo lo que esté a su alcance hacer para salvar "a los que conforme a su propósito son llamados" (Rom. 8: 28).

Annie Aldahondo

Joyas de gran valor

Mujer virtuosa, ¿quién la hallará? Porque su estima sobrepasa largamente a la de las piedras preciosas. Proverbios 31:10.

El exuberante mercadeo de los publicistas de la industria del cine nos está ofreciendo constantemente una inagotable variedad de celebridades. Estos vendedores de imagen saben que de forma natural el ser humano tiende a idealizar personajes que toma como modelos. Yo también tengo el mío, mi personaje inolvidable, el hombre que me enseñó las más hermosas virtudes y las mejores costumbres, el primer hombre de mi vida: mi padre. Un hombre delicado y profundamente analítico. Si me pidieran que resumiera en pocas palabras lo más sobresaliente de su carácter, no sabría hacer una selección justa; pero al fin me atrevería a definirlo como un "feminista". ¿Resulta extraño? Probablemente para otros, pero no para él. Él tenía un alto concepto del respeto a la mujer y de cuán valiosa es ella en la sociedad y la familia. Con hermosos halagos y profunda filosofía nos educó a mi hermana y a mí. Repetía con frecuencia: "Mujer virtuosa, ¿quién la hallará? Porque su estima sobrepasa la de las piedras preciosas".

Con el tiempo aprendí que la virtud encerrada en este texto no es más que la bondad de la vida. La virtud femenina puede manifestarse en la ternura con que la madre acaricia al bebé y la fiereza con que lo defiende y protege.

Las piedras preciosas son de gran valor comercial, muy apreciadas por las personas de buen gusto; pero no son más que adornos, objetos decorativos que engrandecen el orgullo de quienes las poseen y la envidia de los que las desean. Su valor está relacionado con la vanagloria humana. No así el de la mujer virtuosa que la Biblia describe. Salomón se pregunta a sí mismo: "¿Quién la hallará?" ¿Son escasas las mujeres virtuosas? Por supuesto que sí, como las piedras preciosas, ellas son tesoros que no abundan.

¿Puedes tú, amiga mía, ser una mujer virtuosa? Recuerda que las piedras llegan a ser preciosas sólo cuando son talladas por las manos de un artista. Jesús es el artista divino que nos perfecciona, y si te dejas pulir por él, cuando los demás te comparen con cualquier joya se verán obligados a reconocer que tu estima sobrepasa la de las piedras preciosas.

Mi padre fue un hombre de una clara visión. Siempre vio en nosotras mujeres virtuosas y no dudó en colocarnos en las manos de Jesús para que nos transformara en joyas de gran valor. Siempre viviré agradecida a Jesús por él, y a él por llevarme a Jesús.

Virginia P. Sánchez

Yo conozco a mi padre

¡He aquí, vengo pronto! Bienaventurado el que guarda las palabras de la profecía de este libro... Ciertamente vengo en breve. Amén; sí, ven, Señor Jesús. Apocalipsis 22:7, 20.

Nuestra hija, Sally, estudiaba en el Colegio de la Unión de Columbia, y como sucede con nuestros hijos, ella solía venir algunos fines de semana a casa. En cierta ocasión, ella llamó a mi esposo y le dijo: "Papi, yo quiero ir a casa este fin de semana, pero el carro tiene fallas mecánicas", a lo que mi esposo le contestó: "Mi amor, no te preocupes; yo voy a buscarte este fin de semana. Iré acompañado del mecánico para repararte el carro y te traeré a casa".

Mi hija se alegró, pues ella deseaba estar en su casa. Así que comenzó a compartir la buena noticia con sus amigas: "¡Escuchen, mi padre viene a buscarme. Él viene acompañado del mecánico. Me repararán el carro y me llevarán a casa!"

Las amigas escucharon con interés, pero les pareció que la noticia "era muy buena para que fuera verdad", y le replicaron: "Sally, no seas exagerada. ¿Cómo crees que te vamos a creer que tu padre va a venir desde Nueva Jersey, va a traer el mecánico, te van a reparar el carro y te van a llevar a casa?" A nuestra hija no le gustó la incredulidad de sus compañeras, y les contestó: "Yo conozco a mi padre".

Cuando mi esposo llegó a la hora convenida, allí estaba Sally, sentada en la silla con su equipaje listo. Ella conocía a su padre y sabía que él no le iba a fallar. ¿Acaso nosotros muchas veces no sentimos la ansiedad de estar en nuestro hogar celestial y decimos: "Padre, yo tengo problemas y deseo estar en mi hogar"? Estoy segura que nuestro Padre contesta: "Hija, no te preocupes. Yo voy a ir pronto a buscarte, iré acompañado de mis ángeles. Te solucionaré tus problemas y te traeré a nuestro hogar".

Mi amiga, ¿conoces a tu Padre celestial? Si así es, ¿estás lista para recibirle? Él dijo que vendrá por ti y por mí. "¡He aquí, vengo pronto! Bienaventurado el que guarda las palabras de la profecía de este libro... Ciertamente, vengo en breve. Amén; sí, ven, Señor Jesús" (Apoc. 22:7, 20).

Nancy Ortiz

Cómo manejar el estrés

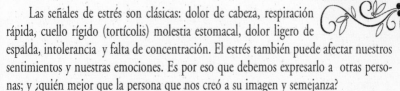

El da esfuerzo al cansado, y multiplica las fuerzas al que no tiene ningunas. Isaías 40:29.

Las señales de estrés son clásicas: dolor de cabeza, respiración rápida, cuello rígido (tortícolis) molestia estomacal, dolor ligero de espalda, intolerancia y falta de concentración. El estrés también puede afectar nuestros sentimientos y nuestras emociones. Es por eso que debemos expresarlo a otras personas; y ¿quién mejor que la persona que nos creó a su imagen y semejanza?

Tal vez mi problema de estrés parezca injustificado, pero por varias semanas, mi cuello estuvo rígido con tortícolis. No sabía cual era la razón. Los masajes y las terapias me ayudaban por momentos pero el problema volvía; hasta que descubrí que la causa de mi estrés eran las cucarachas, me da escalofríos encontrarme con ellas. Es usual en los veranos, ver en el Estado de Texas cucarachas voladoras de gran tamaño, de largas antenas y cuerpo voluminoso. Jamás en mi vida había visto algo así, ya que nací y crecí en una ciudad fría.

Ante tal situación puse veneno alrededor de la casa, dejé de tomar agua en la madrugada, dejé de orar en el piso. ¿Cómo pensar que algo tan de poca importancia estaba cambiando mi vida? Cualquier ruido pequeño me atemorizaba, pues pensaba que se trataba de una cucaracha; hasta que una mañana muy temprano, oré a mi Señor, y le pedí que me quitara esa tensión.

Al terminar la oración me dirigí a la biblioteca y al tomar un libro una gran cucaracha salió de la persiana. Cogí mi sandalia para matarla, pero me pareció muy pequeña en comparación con la cucaracha. La miré durante diez minutos, si ella se movía yo me movía. Me estaba dominando. Cuando intenté pegarle, ella cayó al piso. Fui rápidamente por una escoba. Estuvimos dando vueltas alrededor de la oficina y decidí pegarle varias veces pero no moría, hasta que le di con tanta fuerza que partí la escoba en dos pedazos. Así murió la cucaracha.

Le pregunté a mi Señor: ¿por qué? ¿Por qué? Pero en aquel momento sentí que la tortícolis de tantas semanas había desaparecido. El haber visto la cucaracha me había producido estrés, tensión, pero el haberla enfrentado fue mi curación. Dios había respondido mi oración.

No debemos huir de los problemas. La mejor manera de resolverlos es enfrentarlos. Dios nos compadece en nuestras tribulaciones por insignificantes que parezcan. Estemos seguras que él nos ayudará a superar cualquier desafío que nos presente el enemigo.

Ana Clemencia Calvo

La conversión de mi padre

Por eso pues, ahora, dice Jehová, convertíos a mí con todo vuestro corazón, con ayuno y lloro y lamento. Joel 2:12.

Recuerdo que cuando yo tenía cuatro años de edad, mi mamá me llevaba a la Iglesia Adventista. Mi padre no compartía nuestra fe pero tampoco se oponía a que fuéramos a los cultos. Mi mamá oraba, ayunaba y pedía a Dios sabiduría para que un día mi padre aceptara el Evangelio. Cuando ella se bautizó se dio cuenta cómo el Espíritu Santo nos acompaña, porque cuando el pastor hacía el llamado a quienes querían próximamente entregar su vida al Señor Jesús, muchas personas que no eran adventistas pasaban adelante. Mi madre empezó a invitar a mi padre a la iglesia cuando había bautismos, y efectivamente, él aceptaba el llamado. Cuando los laicos iban a visitarlo, mi padre se negaba. Pero confiaba en la promesa de Juan 14:17. "El Espíritu de verdad, al cual el mundo no puede recibir, porque no le ve, ni le conoce pero vosotros le conocéis, porque mora con vosotros y está en vosotros".

Un día fue a visitarlo un pastor joven y amable que se esforzó por entrar en contacto con él. Mi padre no se pudo negar a recibir el estudio cuyo tema era: "¿Cuántos dioses existen?" Aceptó seguir estudiando hasta que tomó la decisión de bautizarse una mañana de sábado, el 23 de mayo de 1985. Hoy, después de 17 años, mi padre continúa en los caminos del Señor y hace catorce años que es anciano de iglesia. El Espíritu Santo le ayuda a hacer la obra que el Señor le ha encomendado.

Uno de los recursos que a mi padre le fortalecen su vida espiritual, es el culto matutino. Cuando enfrentamos pruebas o tenemos motivos especiales de gratitud, celebramos en casa una semana de oración a las cinco de la mañana.

Recuerdo que cuando mi padre se quedó sin trabajo después de 15 años de labor ininterrumpida, dijo: "Ahora nos aferramos más de la mano de Dios, porque él no nos desampara ni nos deja". Y así fue. En tres meses que no tuvo trabajo, no pasamos necesidades, pues Dios abrió las ventanas del cielo.

Cada día nos reunimos en el culto familiar para recibir la bendición. Mi padre me ha enseñado que no importa si el día es nublado o lluvioso, también hay días con un sol radiante. En cualquier situación el Señor es nuestra roca.

Permítele al Señor convertirse en tu roca el día de hoy.

Andrea Chavarro García

¿Cuándo regresará?

El Señor no retarda su promesa según algunos la tienen por tardanza, sino que es paciente para con nosotros, no queriendo que ninguno perezca, sino que todos procedan al arrepentimiento. 2 Pedro 3:9.

Cuando mi hijo tenía apenas tres años de edad, siempre lloraba cuando su padre salía de viaje porque quería irse con él. Cierto día me preguntó: "¿Cuándo regresará Papi?" A lo que respondí: "¡Pronto!" Su carita se llenó de alegría y luego me dijo: "¿Pronto? ¿Cuando venga Jesús?" Él había escuchado tanto la expresión "Jesús viene pronto", que en ese momento relacionó el retorno de su padre a casa con la segunda venida de nuestro Señor Jesucristo.

Mi niño me estaba enseñando algo muy importante en aquel momento; algo para meditar. Algunos cristianos se han equivocado muchas veces en cuanto al retorno de Jesús a la tierra. Algunos piensan que él no va a venir pronto; otros, desesperadamente, hasta comienzan a poner fechas para el retorno de Jesús, como mi hijo pequeño que pensaba que la tan esperada venida de Jesús sucedería con el retorno de su padre a la casa.

Por esta razón, el apóstol Pedro tuvo suficientes razones para escribir las palabras de nuestra meditación de hoy. Ese grupo de creyentes pensaba que el Señor se estaba tardando. Tenían suficientes razones para pensar que su Señor regresaría pronto porque él les había dicho: "Voy, pues, a preparar lugar para vosotros. Y si me fuere y os preparare lugar, vendré otra vez, y os tomaré a mí mismo, para que donde yo estoy, vosotros también estéis" (Juan 14:2, 3).

Antes de analizar fechas, profecías o buscar desesperadamente predicadores con temas apropiados para el fin del mundo y la venida de Jesús, lo más importante es proceder al arrepentimiento. Parafraseando al apóstol Pedro entendemos que, "esto es lo que ha prolongado su venida: Dios es misericordioso. Él también es paciente y no quiere que nadie perezca". La próxima vez que te preguntes, ¿cuándo vendrá Jesús?, recuerda que él está esperando que te arrepientas de tus pecados y te entregues a él. Él despliega su paciencia para recibirte como el Padre al hijo pródigo. Él te está esperando. "El Señor vendrá muy pronto; estamos entrando en escenas de calamidades" (*Testimonios para la iglesia*, t. 9, p. 51).

Que nuestra mayor preocupación y nuestra meta en esta vida sea reflejar a Jesús.

Norma Familia

Después de 40 años

Mas el que persevere hasta el fin éste será salvo. Marcos 13:13.

Cuando era niña, mi madre asistía a la Iglesia Gedeonista (Bando Evangélico de Gedeón) y mi padre asistía pero sin compromiso. En 1961, en una convención espiritual, el apóstol recibió la convicción de que mi madre había recibido el Espíritu Santo, lo que sorprendió a mi madre, ya que no sentía tal experiencia. Mi madre expresó su sentir y le fue dicho que no blasfemara al negar la "decisión de Dios". Cuando mi padre supo de la situación, se entristeció, pues el llamado implicaba que mi madre tendría que abandonar la familia. Como respuesta, mi padre le dijo que no le daría la custodia de los niños. Finalmente él usó la fuerza para rescatar a Mamá de la custodia de los diáconos y ella no se resistió.

A este episodio siguió una profunda depresión de mi mamá al sentirse rechazada por Dios y un amargado recelo de mi padre hacia la religión que duraría casi 40 años. Por este tiempo los adventistas le abrieron los brazos de amor y le hicieron entender nuevas dimensiones del amor de Dios, nuevas verdades que ella abrazó felizmente.

Durante los años que siguieron a mi niñez y mi juventud, mi padre siguió siendo aquel hombre amante y proveedor, pero con marcada determinación de separar a sus hijos de lo que él llamaba "fanatismo religioso". Él era ahora un militante del Partido Comunista de Cuba y nosotros, miembros de la iglesia militante, orábamos por él.

En 1967 el Partido pidió a mi padre que escogiera entre la política y su familia religiosa. Fue una cruel agonía para todos, pero mi padre se decidió por su familia y fue expulsado del Partido.

Pasaron dos décadas y mi padre se jubiló. Nosotros seguíamos orando pero nada pasaba. Él empezó a visitar la iglesia pero por años se resistió a entregarse.

En 1996 enfermó de gravedad y se vio al borde de la muerte. Pidió a Dios que le concediera vida para ver una vez más a su hija que vivía en los Estados Unidos. Dios le contestó esa oración y yo estuve presente el día de su bautismo en Cuba.

Dios usó medios no convencionales para quebrar la testarudez de un hombre bueno y la oración diaria de mi madre y las mías por cuarenta años fue contestada con victoria. Mi padre sirvió a Dios los últimos dos años de su vida, y le sirvió con alegría. Dios parece demorarse a veces, pero todo lo hace bien.

Alina Careaga

Oración

Porque yo sé los pensamientos que tengo acerca de vosotros, dice Jehová, pensamientos de paz, y no de mal, para daros el fin que esperáis. Jeremías 29:11.

Desde muy pequeña mis padres inculcaron en mis hermanos y en mí, un hábito invaluable: orar. Mientras paseaba por la ciudad con mis padres, a la temprana edad de cuatro años, recuerdo haber visto por primera vez un anuncio que decía: "La familia que ora junta se mantiene junta". El mensaje de aquellas palabras me inspirason tal seguridad que desde entonces decidí aferrarme de esta promesa.

La vida nos presentará situaciones de las que muchas veces no tendremos control. Naturalmente algunos deseamos saber todo y planificar todo lo que sucede en nuestra vida y esto no es tan difícil si permitimos la conducción divina. "Porque yo sé los pensamientos que tengo acerca de vosotros, dice Jehová, pensamientos de paz, y no de mal, para daros el fin que esperáis" (Jer. 29:11). Ante la tragedia, la inseguridad, el temor, la soledad, y los problemas de toda índole, sólo hay una solución: rendirnos completamente en las manos de Dios y ser abrazados por el Señor Jesús. La siguiente lectura me ha beneficiado y ayudado a compartir más de Dios:

ESTÁ EN SU ROSTRO

Usted no tiene que decir cómo vive cada día,
ni tiene que decir si trabaja o juega,
no obstante como usted vive, se mostrará en su cara.
Lo falso, el engaño que lleva en su corazón
no permanecerá adentro, donde tuvo su origen.
porque el pecado y la sangre son un velo fino, transparente.
Lo que usted tiene en su corazón se revela en su rostro
Si su vida es abnegada, si vive para otros,
si no se mide a sí mismo por lo que usted consigue,
sino por lo que puede dar;
si vive cerca de Dios, en su gracia infinita,
usted no tiene que decirlo, se mostrará en su rostro.

Autor desconocido

Pongamos en primer lugar la búsqueda de la voluntad de Dios. Sin ello no quisiera imaginarme cómo podría sobrevivir en el mundo de hoy. La oración es uno de los regalos que recibí de Dios y de mis padres. La comunicación con el Señor Jesús trae diariamente a mi corazón sus dulces palabras que me renuevan interiormente.

Keren Espinoza

El encuentro

He aquí yo vengo pronto, y mi galardón conmigo. Apocalipsis 22:12.

Todas las tardes la pequeña Lety se sentaba a la puerta de la casa a esperar al papá cuando éste volvía del trabajo. El papá le daba un beso y un peso para comprar pan. Ella disfrutaba del pan pero su sueño era tener un payasito de juguete llamado "Bozo". Todos los días, entre la niña y el papá, se repetía el mismo diálogo.

"Papito, ¿mañana sí me vas a comprar el payasito?"

No creas que Lety no tenía juguetes. Tenía una muñeca dormilona y un juego de té, pero desde que vio el payasito por primera vez en la gran tienda, soñó con tener uno. El papá trabajaba muy cerca de esa tienda y podía llegar a comprarlo... si tuviera dinero.

Una tarde sucedió el milagro. Mientras ella esperaba, vio al papá que escondía algo. Sus ojos se iluminaron y corrió hacia él. El papá se inclinó a besarla, y allí, en el encierro de esos fuertes brazos, ¿qué crees que recibió? ¡El payasito!

"¡Gracias, Papito!" exclamó felizmente, la niña. Y lo atrajo hacia sí para besarlo otra vez. El sueño se había hecho realidad.

¿Crees que esta niña se ganó el juguete? Yo creo que sí. Lo que ella hacía por su papá, esperarlo con amor, valía más que cualquier juguete. ¿Cómo crees que se sentía el padre cuando daba vuelta a la esquina y veía a su niña en actitud de espera? Tras un día de trabajo él estaba cansado, quizá había tenido problemas, tal vez meditaba en lo que más hacía falta en el hogar. El papá de nuestra historia veía a su niña en el umbral de la puerta, y sabía que ella estaba allí por amor a él. ¡Qué felicidad! Después del beso de su niña, él renovaba su ánimo. Tal es la obra del amor. Ese padre amoroso era mi padre. Esa niña de los panes y el payasito era yo. Ahora él ya es anciano y lo amo más.

Esta relación con mi padre terrenal, esa dependencia y confianza absoluta depositada en él y cultivada en cada vivencia, me ayuda a comprender y valorar mi relación con mi Padre celestial quien me ama mucho más y me comprende mejor. Mi corazón se agita ante la expectativa de verlo pronto para recibir de él, no el pan de mi lejana infancia, sino el galardón que me ha prometido, la vida eterna. Pero hay algo aun mejor: quiero ver su rostro, sentir su abrazo paternal como aquellos días cuando a la puerta de la casa de mi padre terrenal me alzaba en brazos y me besaba. Pronto llegará el día cuando Jesús nos dará la corona de la vida y estaremos con él para nunca separarnos.

Leticia Uribe de Campechano

Mi Padre celestial

Aunque mi padre y mi madre me dejaran, con todo, Jehová me recogerá. Salmo 27:10.

"Padre nuestro que estás en los cielos…" Cuántas veces hemos pronunciado estas palabras? ¿Qué significan para ti? Cuando era niña, yo tenía un gran amor y admiración por mi padre. Si había algún peligro, yo me sentía segura y protegida si mi papá estaba allí. Si necesitaba algo, yo confiaba en que él lo proveería, y cuando lo abrazaba podía sentir que su amor era tan grande como su abrazo.

La relación que mi padre y yo teníamos era muy especial. Claro que al paso de los años, me fui dando cuenta de que él no era el "superhéroe" que yo creía sino que tenía defectos como todo ser humano. Me di cuenta que su trato hacia mi madre era el del típico macho mexicano y en ocasiones él y yo teníamos discusiones serias sobre esto.

Yo oraba a Dios para que ellos resolvieran sus problemas y siguieran juntos, pero infelizmente, al fin mis padres se separaron. Cuando esto sucedió, entendí que realmente era lo mejor para ellos. Pero al romperse la relación entre mis padres, también la relación entre mi papá y nosotros sus hijos se fue rompiendo.

Cuando me di cuenta de que mi padre ya no estaría más con nosotros, sentí una tristeza muy grande y surgió en mí una percepción de abandono por parte de mi padre.

Desgraciadamente, tuve que sentir el dolor de "perder" a mi padre terrenal para poder apreciar el amor de mi Padre celestial. En ese momento, llorando, yo le pedí a Dios que él se convirtiera en mi Padre. Le pedí su amor de padre, su protección y también que me enseñara a amarlo aun más que a los padres terrenales que él me había dado.

Esa petición fue contestada. Él me mostró su amor incondicional. Me perdonó mis pecados, me ha dado su apoyo en tiempos difíciles. Me ha demostrado todo lo que él está dispuesto a hacer por mí. Me ha otorgado bendiciones abundantes, me ha abierto puertas que estaban cerradas y también me ha ayudado a perdonar a mi padre terrenal. Él llena mi corazón de paz y tranquilidad, y he sentido su abrazo amoroso. ¿Necesitas hoy de un Padre celestial? Te invito a que lo busques de todo corazón.

Cecilia Ochoa

Sonidos de la mañana

Porque el mismo Señor con aclamación… descenderá del cielo; y los muertos en Cristo resucitarán primero. Luego nosotros, los que vivimos, los que quedamos, juntamente con ellos seremos arrebatados en las nubes a recibir al Señor en el aire. 1 Tesalonicenses 4:16, 17.

Lucho mucho para abrir los ojos. Al otro lado de mi recámara, las luces rojas de mi reloj digital marcan las 5:00 a.m. Una vez fuera de la cama, con la cara lavada y los dientes cepillados, entro a mi momento especial de devoción. Como es durante el verano, abro la ventana para dejar entrar el aire fresco de la mañana. Me sorprendo al escuchar tantos sonidos que no había percibido antes.

Especialmente los cantos de los pájaros, no uno solo, sino muchos. Hay cardenales, gorriones, petirrojos, estorninos, palomas mañaneras y otros que no puedo identificar y que deben formar parte del coro de aves que disfruto. Luego el sonido de los insectos, el encendido del camión de mi vecino, el rítmico sonido de unos pasos apresurados, y el ladrido de un perro en la calle.

Mientras me arrodillo frente a la ventana para orar y miro hacia el cielo matutino, pienso en los sonidos que escucharé en la mañana de la resurrección, cuando Jesús vuelva. Lo primero que escucharemos será el sonido diáfano y penetrante de las grandes trompetas de plata, mientras Jesús llama a sus hijos que están durmiendo en sus tumbas. Escucharemos el ruido de las alas de los ángeles mientras vuelan a la tierra para asistir a los que estuvieron a su cargo, aquellos que durmieron con la esperanza de la resurrección. ¡Qué sonido escucharemos cuando las tumbas se abran, se hagan extensas grietas en la tierra, y se abran los ataúdes que no podrán retener más a sus cautivos! ¡Escucharemos a las madres y a los padres llorar de alegría mientras un ángel les entrega sus preciosos hijos que la muerte arrebató de sus brazos! ¡Qué sonido de gozosa reunión, cuando esposas y esposos, amigos y seres amados, se reúnan! Escucharé la voz de papá, llamándome por mi nombre, cuando se levante de su sueño. Difícilmente podrá comprender el cambio que se ha producido desde que cerró sus ojos al morir.

Y luego escucharemos el más querido sonido de todos: la melodiosa voz del Rey Jesús al llamarnos a unirnos con él en el aire. "Vengan, hijos míos —dirá—. Es hora de ir a casa".

Espero escuchar muy pronto los sonidos de aquella mañana, y los innumerables sonidos de gloria que escucharé todas las mañanas después de esa, en nuestro hogar celestial. Con Juan el revelador digo: "Ven, Señor Jesús" (Apoc. 22:20). Estoy lista para ir a casa.

Nancy Cachero Vásquez

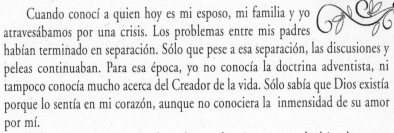

Rosas

Porque todo lo que Dios creó es bueno, y nada es de desecharse, si se toma con acción de gracias. 1 Timoteo 4:4.

Cuando conocí a quien hoy es mi esposo, mi familia y yo atravesábamos por una crisis. Los problemas entre mis padres habían terminado en separación. Sólo que pese a esa separación, las discusiones y peleas continuaban. Para esa época, yo no conocía la doctrina adventista, ni tampoco conocía mucho acerca del Creador de la vida. Sólo sabía que Dios existía porque lo sentía en mi corazón, aunque no conociera la inmensidad de su amor por mí.

Moisés, sin embargo, venía de un hogar adventista, pero estaba lejos de su casa paterna por lo que le fue fácil dejar de asistir regularmente a la iglesia, o sea que ya no era un miembro activo de la iglesia, pero siempre me hablaba del amor de Dios y de su Palabra. Yo era muy joven, y tal vez por la ruptura de mi hogar paterno, la vida no tenía para mí sabor.

Cierto día Moisés me preguntó: "Sayda, ¿cómo definirías tú la vida?" Mi respuesta fue: "La vida para mí es como un niño caprichoso y nosotros sus juguetes. Hoy nos toma, mañana nos tira o nos patea". Inmediatamente él dijo: "No, no. La vida no es así. La vida es como una rosa. Es muy linda, sólo que las rosas tienen espinas y debes saber cómo tocarlas sin lastimarte. La vida también tiene sus penas y alegrías. Todo lo que tienes que hacer es saber vivirla".

Hermanas, hay tantas cosas bellas en la vida de las que podemos disfrutar gratuitamente. Con frecuencia esas cosas quedan opacadas por dificultades insignificantes, cuando olvidamos que en las Sagradas Escrituras hay tantas promesas que superan toda adversidad. Aun cuando nuestra vida peligra, aun en esos momentos, podemos confiar en que existe una mejor vida donde "no habrá muerte, ni habrá más llanto, ni clamor, ni dolor" (Apoc. 21:4).

Claro que sí, la vida es como una linda rosa y hoy he decidido disfrutarla en compañía de mi Salvador sin temor a las espinas, esas dificultades y tristezas que nos agobian cada día.

Sayda Johnson

El gozo de dar

Y respondiendo el Rey, les dirá: De cierto os digo que en cuanto lo hicisteis a uno de estos mis hermanos más pequeños, a mí lo hicisteis. Mateo 25:40.

Ese verano lo pasé con mi amiga Bertha en una pequeña ciudad en el Estado de Morelos en México. Me impresionó mucho el ver que cada mañana alguien llevaba a una mujer (María), quien tendría unos cuarenta años, y la dejaba justo delante de nuestro apartamento, para pedir limosna. Allí pasaba todo el día bajo el sol. María era una chica hermosa que trabajaba de mesera en una cantina. Allí se volvió alcohólica. Por maltrato de los hombres, de su familia y de la enfermedad, se convirtió en un ser despreciable. Cuando la vi, me aterroricé. Su cuerpo estaba todo deforme. Su aspecto era repugnante y daba miedo verla. Casi no podía sostenerse, y ni siquiera podía decir su nombre.

Un día llovió y hacía frío, cuando regresamos a casa era ya de noche y la lluvia arreciaba. Nos horrorizamos al ver que nadie había llevado a María a su casa. En su escasa ropa temblaba de frío y emitía sonidos extraños. En ese momento Bertha y yo recordamos todas las bendiciones que Dios nos había dado y aunque la presencia de María nos infundía miedo, oramos y le pedimos a Dios valor para ayudarla. Temblando de miedo, pero con palabras de amor, llevamos a María a nuestra casa. La bañamos, la vestimos con ropa calentita, le dimos de comer, oramos con ella y la acostamos a dormir.

Esa noche me fue difícil conciliar el sueño por la mezcla de sentimientos que tenía. Recordé el rostro bondadoso y feliz de mi madre cuando ayudaba a las personas que pasaban por casa pidiendo limosna. Aunque no tenía dinero para darles, fueron incontables las veces que una persona extraña y mal vestida se sentó a nuestra mesa a disfrutar de una comida calentita y un jugo fresco. Por ser muy pequeña no entendía por qué mi madre lo hacía. Esa noche sentí ese mismo gozo que sentía mi madre, el gozo de hacer algo por Aquel que todo lo dio en la cruz por nosotros. Porque, ¿qué provecho es dar al que te puede devolver? ¿Amar al que te ama? (ver Mat. 5:46, 47). Da, sin recibir nada a cambio. Da al que realmente necesita y recuerda, cuando lo haces a éstos, sus pequeñitos, a él lo haces.

Kuky Jiménez

Mi ángel de la guardia

Yo envío mi Ángel delante de ti para que te guarde en el camino, y te introduzca en el lugar que yo he preparado. Éxodo 23:20.

¿Has visto alguna vez a tu ángel de la guardia? ¿Por qué será que algunas personas tienen el privilegio de ver un ángel? Según las historias que he leído, a veces los ángeles aparecen como personas comunes, como personas iguales a nosotros. A mi parecer, los ángeles no hacen cosas normales. Hacen cosas especiales o cosas que a nosotros parecieran imposibles. Aunque no creo haber visto alguno, sé que mi ángel de la guardia me acompaña (ver Sal. 34:7).

Cuando mi esposo y yo nos jubilamos de la obra pastoral, nos mudamos de Fresno a Highland, cerca de Loma Linda, California. Como teníamos dos autos, mi esposo tenía que viajar en un auto y yo en el otro. Yo estaba un poco temerosa de manejar por 440 km (275 millas), porque había comenzado a tomar un medicamento nuevo para un problema del corazón, y la dosis prescrita me producía somnolencia. Para mantenerme alerta durante cinco horas, decidí llevar suficientes uvas para ir comiendo y varios casetes de música para ir escuchando. Después de orar, como acostumbramos al iniciar un viaje, salimos, mi esposo en un auto y yo detrás en el otro. Durante varias horas mi plan de escuchar música, comer uvas, o simplemente hablar en voz alta estaba resultando. Cuando faltaba poco para llegar, mi esposo paró y me preguntó si quería comer. Aunque era pasado mediodía, le dije que siguiéramos hasta llegar a nuestro destino. Así seguimos el viaje.

Después de viajar un poco, de repente abrí los ojos y me di cuenta que me había dormido, que me había desviado a otro carril de la autopista, y que ya no iba detrás de mi esposo como lo había hecho durante todo el camino. Me preguntaba: ¿Cómo y cuando cambié de carril? ¿Cuánto tiempo estuve dormida? ¿Quién iba manejando mi auto? ¿Cómo desperté? Miré hacia mi derecha y atrás hacia los otros dos carriles de la autopista y no vi nada, solo espacio. Por suerte no había mucho tráfico. Yo no había escuchado, ni sentido nada. Pero no dudo que mi ángel de la guardia estaba conmigo y tomó el volante.

Gracias, Padre celestial, por enviar tus ángeles para protegernos, aunque no los podamos ver.

Esperanza Ayala Benavides

Transformadas por Dios

El cual transformará el cuerpo de la humillación nuestra, para que sea semejante al cuerpo de la gloria suya, por el poder con el cual puede también sujetar a sí mismo todas las cosas. Filipenses 3:21.

En el patio de mi casa tenía un jardín con variadas plantas y flores que mi mamá había sembrado y cuidaba con esmero. Hasta allí, como en una emanación de luz, vida y color, acudían las mariposas. En más de una ocasión, mi curiosidad infantil me instigó a tomar la rama donde se apoyaba una crisálida y ver el proceso natural del "nacimiento" de una nueva mariposa. Esperaba hasta que el capullo se abriera.

Yo había visto los gusanillos que vivían en el pequeño "bosque" del jardín de mi mamá. Eran de variados colores: verdes, amarillos, oscuros, en fin, diferentes e incluso algunos muy lejos del concepto común de la belleza. Al formarse el capullo, éste tampoco era muy atractivo: una bolsita verde o gris, en la mayoría de los casos. Al llegar el momento tan esperado por mí, aquel "paquetito" comenzaba a moverse y poco a poco iba saliendo de él una criaturita fea, toda estrujada y húmeda, pero según se iba secando, según estiraba sus alitas, podía ver el milagro de la transformación en una criatura de Dios: una preciosa mariposa.

Allí comenzaba su vida, colorida como una flor, salpicada de brillo, como deseando reflejar en el pequeño espacio de sus alitas toda la luz del sol en agradecimiento por la vida que se le había concedido, llevando por doquiera este mensaje: "No importa cómo hayas sido, no importa cómo eres, sólo déjate transformar por el poder de Dios". Así como el gusanillo subió a la rama y se aferró a ella con ese instinto que Dios puso en su ser, como si supiera que no fue creado sólo para arrastrarse y vivir una vida de gusano, sino para tener alas y subir a las alturas con toda libertad, así mismo, tú y yo, debemos aferrarnos a Cristo Jesús para poder ser transformadas a su imagen.

El rey David, en el momento más oscuro de su vida decidió hacerlo y oró: "Crea en mí, oh Dios, un corazón limpio y renueva un espíritu recto dentro de mí" (Sal. 51:7). Sí, el Señor hace maravillas: transforma, cambia, renueva, para darnos libertad del pecado y el gozo de su salvación, para que, como la mariposa, volemos a las alturas, libres, dando testimonio del poder y el amor de Jesús.

Elena D. Acosta

Lecciones de la hormiga

Vé a la hormiga, oh perezoso, mira sus caminos, y sé sabio. Proverbios 6:6.

No podríamos precisar si Salomón conocía con detalle el mundo de las hormigas, pero con certeza pudo ver cuántas enseñanzas nos darían. He aquí algunos de sus secretos:

•Hay especies de hormigas que fabrican habitaciones tan enormes que podrían dar cabida hasta a una docena de hombres.

•Casi todas las especies almacenan alimentos por meses para usarlos en el invierno.

•Dentro del hormiguero impera un orden perfecto. Hay pasajes que forman laberintos; hay habitaciones, vestíbulos, cuartos de estar y lugares de depósito perfectamente limpios.

•Existen hormigas niñeras que llevan en sus mandíbulas blancos ataditos que pueden ser capullos u hormiguitas muy pequeñas, las cuales son separadas por edades en cuartos especiales. Si el día es cálido llevan los bebés afuera para que tomen el sol.

•Las pequeñas hormiguitas descansan por dos días. Luego ellas mismas, sin que se les indique, buscan la labor de la cual se ocuparán por el resto de sus vidas.

•Algunas clases de hormigas no sólo conviven con otros insectos, sino que también cuidan y protegen a cierta clase de escarabajos, orugas y piojos de algunas plantas.

•Hay hormigas muy feroces al momento de defender lo suxo. Éstas habitan las selvas de África y el Amazonas. Cuando van a luchar forman columnas de hasta cinco centímetros de ancho y a veces de más de un kilómetro de largo que hace huir monos, antílopes, elefantes e incluso leones, pues saben con seguridad que serían comidos vivos si no se apartaran.

Cuántas lecciones nos dejan estos pequeños insectos. Las hormigas no son ociosas. Son desinteresadas, trabajadoras, sociables, unidas. Si el Señor ha dado tales dones a estos pequeños animales que pueden lograr tantas cosas sorprendentes, imagina lo que podríamos hacer en sus manos si aprendemos y ponemos en práctica muchas de sus lecciones.

Propongámonos el día de hoy realizar un acto que nos recuerde el valor de estas enseñanzas. ¿Qué otras lecciones te deja la hormiga? ¿Cuál de todas pondrás en práctica hoy?

Olga Marly Galindo

No tengas miedo

No temas, que yo soy contigo; no desmayes, que yo soy tu Dios, que te esfuerzo; siempre te ayudaré, siempre te sustentaré con la diestra de mi justicia. Isaías 41:10.

Es más fácil hablar de Jesús con aquellos que no pertenecen a una denominación. Conocí a una mujer que sufría de cáncer en el estómago y tenía su herida abierta. Ella sola tenía que cambiarse las gasas. Estuve en algunos de esos cambios y confieso que no fue muy agradable a la vista. Era muy delgada, porque lo poco que comía salía rápidamente por esa herida. Fui a visitarla por mucho tiempo y muy seguido, compartíamos muchas cosas. Me enseñó las manualidades que sabía y yo le enseñé las que yo conocía. Fuimos muy buenas amigas. Mientras hacíamos esas cosas, nunca dejé de hablarle del poder divino y del amor de Jesús.

Ella lo aceptaba y le gustaba mucho aprender, pero no quería dejar la iglesia a la que pertenecía. Una noche me llamaron y me dijeron que ella estaba en el hospital debido a una recaída. La llamé y hablamos mucho por teléfono. Estaba desesperada, lloraba desconsolada. Tenía miedo, miedo de la muerte... no quería colgar el teléfono. Yo sentía que ya estaba cansada, la invité a orar. Le pedí que cerrara los ojos y mirara al Salvador, que él sería quien le daría el consuelo y la paz que en ese momento necesitaba. Después de conversar durante una hora, nos despedimos.

Al día siguiente le pedí a mi esposo que me acompañara al hospital, para verla y estar con ella. Pero cuando llegamos, las enfermeras, con respeto nos dijeron que ella había fallecido en la noche. Me quedé desconcertada, sin palabras. Así que fuimos de inmediato a la casa de la madre de Carmen. Ella nos contó que su hija, después de hablar y orar juntas, con una mirada tranquila y feliz le dijo que había encontrado la paz, y que se sentía bien al estar confiada en Jesús.

¿Sabes?, eso me dio la certeza que Dios todavía tiene ovejas en otros rediles, pero se necesita valentía para compartir este maravilloso mensaje con esas ovejas.

No desmayes en testificar de tu fe. Mantente firme, que no te dé vergüenza el compartir tus creencias. Dios te mantendrá fuerte, y lo demás él lo hará. Él nos ha enviado a sembrar la semilla de su Palabra. ¿Quieres sentir la satisfacción de haber hablado de él cuando tenías tiempo para hacerlo? No quiero ni imaginarme lo que hubiera sentido si Carmen hubiera muerto sin que yo le hubiera testificado del amor de Cristo.

El texto de hoy te amimará a sentirte fuerte y valiente al compartir la verdad con otros.

Laura Ottati de Romero

¡Dios usa puertas!

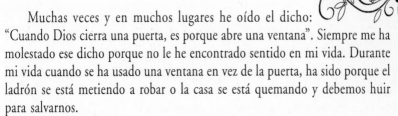

Pedid, y se os dará; buscad, y hallaréis; llamad y se os abrirá. Porque todo aquel que pide, recibe; y el busca, halla; y al que llama, se le abrirá. Mateo 7: 7, 8.

Muchas veces y en muchos lugares he oído el dicho: "Cuando Dios cierra una puerta, es porque abre una ventana". Siempre me ha molestado ese dicho porque no le he encontrado sentido en mi vida. Durante mi vida cuando se ha usado una ventana en vez de la puerta, ha sido porque el ladrón se está metiendo a robar o la casa se está quemando y debemos huir para salvarnos.

La utilidad de la ventana estriba en permitir que la luz y el aire penetren. Con pocas excepciones, Dios no nos reduce a tener que pasar por ventanas en la vida. La Biblia enseña que cuando Dios nos cierra una puerta, es porque tiene otra, una puerta mejor para abrirnos. Dios desea que sus hijos sean bendecidos, y cuando nos cierra la puerta es porque tiene algo mejor que nos acercará más a él. La idea de pasar por ventanas en lugar de puertas, nos reduce a pensar en las soluciones humanas y no divinas.

Recuerdo hace unos años cuando los asaltantes se ensañaron con nuestros autos. Los ladrones rompían las ventanillas para abrir las puertas de los autos. Así nos robaban los automóviles o su contenido. Un día lograron entrar a la casa y se llevaron la mayoría de nuestras posesiones. Los robos nos dejaron sin autos realmente útiles y sin las cosas necesarias.

Mi familia descubrió que las puertas se abren mejor si se usa una llave. Con la llave vamos de una puerta a otra y de una habitación a otra con facilidad. El Señor nos dice que la oración es la llave en la mano de la fe que abre la puerta del almacén del cielo. Cuando le pedimos algo a Dios en oración, es posible que nos cierre una puerta, pero sus promesa y nuestras oraciones nos aseguran que, a su tiempo, el Señor nos abrirá la puerta que más necesitamos.

Permite que las ventanas de tu vida traigan la luz de Dios a tu alma. Abre esas ventanas y deja que Dios te refresque con su presencia. Cierra esa ventana cuando el frío del mundo te rodee. Pero en todo caso, cuando tengas que iniciar otra etapa de tu vida, permite que Dios te abra la puerta que su sabiduría elija.

Ruthie Rojas

Y andad en amor

Y andad en amor, como también Cristo nos amó y se entregó a sí mismo por nosotros, ofrenda y sacrificio a Dios en olor fragante. Efesios 5:2.

Cuando Jesús vivió en esta tierra fue el ser más amante, y el más dispuesto a aceptar las diferencias raciales, étnicas, socioeconómicas, y de género en la raza humana. Él vivió para traer sanidad a las almas dolientes, a los pobres de espíritu, a los enfermos, a los pecadores, desahuciados, discapacitados o inválidos, y a los marginados socialmente. Su tierno interés en aquellos indefensos y oprimidos: viudas, ancianos, niños y jóvenes, se manifestó en la manera en que él trató, sanó, proveyó, y caminó entre los más necesitados; supliendo sus necesidades físicas, emocionales, y espirituales.

El Dios-hombre, el que trajo esperanza y salvación a esta raza caída que merecía morir, ese Salvador que se entregó por ti y por mí, desea que tú, querida amiga y hermana, seas también una fuente de amor que suba en olor fragante hacia el trono de la gracia. Conságrate a él, y permite que tus palabras y acciones se llenen de bondad y aceptación hacia los que te rodean, no importa de donde provengan, o que hayan hecho. "No permitiré que mi boca diga nada que mi cabeza no pueda tolerar", dijo Louis Armstrong. Y como dijo Elizabeth Kubler-Ross: "La lección fundamental que todos nosotros debemos aprender es el amor incondicional, que incluye no solamente a los demás sino también a nosotros mismos".

¿Amamos incondicionalmente como Jesús nos ama, o hacemos acepción de personas, creyendo que pertenecemos a un grupo mejor, superior, elitista? El espíritu de profecía nos dice: "Sostenemos una relación sumamente solemne unos con otros. Nuestra influencia se ejerce siempre ya sea en favor o en contra de la salvación de las almas... Debemos caminar con humildad y andar derechos, no sea que apartemos a otros de la senda recta" (*Mente, carácter y personalidad*, t. 2, p. 447). Aprendamos a amar como Cristo amó.

Yaret Castro

Los buenos hábitos y la salud

Mas yo haré venir sanidad para ti, y sanaré tus heridas, dice Jehová.
Jeremías 30:17.

La mente no se desgasta ni sucumbe tan a menudo por causa del empleo diligente y el estudio constante, como debido a que se comen alimentos inadecuados y en momentos no apropiados, y al descuido de las leyes de la salud... Las horas irregulares para comer y dormir minan las fuerzas mentales. El apóstol Pablo declara que quien quiera tener éxito en su propósito de alcanzar una elevada norma de piedad, debe ser temperante en todas las cosas. El comer, el beber y la vestimenta tienen una influencia directa sobre nuestro progreso espiritual.

La salud es una bendición que pocos aprecian... Muchos comen a toda hora sin considerar las leyes de la salud. Entonces la mente se cubre de lobreguez. ¿Cómo puede el hombre ser honrado con iluminación divina cuando es tan descuidado en sus hábitos, tan desatento a la luz que Dios le ha dado con respecto a estas cosas?... La vida es un cometido sagrado que sólo Dios puede capacitarnos para conservar, y para usar en tal forma que lo glorifique. Pero el que formó esta maravillosa estructura del cuerpo, tendrá especial cuidado de mantenerlo en orden si el hombre no interfiere en sus propósitos. La salud, la vida y la felicidad son el resultado de la obediencia a las leyes físicas que gobiernan nuestro cuerpo. Si nuestra voluntad y nuestros métodos están en armonía con la voluntad y los métodos de Dios; si hacemos lo que al Creador le place, él mantendrá el organismo humano en buenas condiciones, y restaurará las facultades morales, mentales y físicas, a fin de poder obrar por medio de nosotros para su gloria... Si cooperamos con él en esta obra, la salud y la felicidad, la paz y la utilidad serán el resultado seguro.

Él no murió por nosotros para que nos convirtamos en esclavos de hábitos malignos, sino para que nos convirtamos en hijos e hijas de Dios, sirviéndole a él con cada poder de nuestro ser.

Mis queridos amigos jóvenes, avancen paso a paso, hasta que todos sus hábitos estén en armonía con las leyes de la vida y la salud (*Hijos e hijas de Dios*, p. 174).

Elena G. de White

Una lección duramente aprendida

Andad en todo el camino que Jehová vuestro Dios os ha mandado, para que viváis y os vaya bien, y tengáis largos días en la tierra que habéis de poseer. Deuteronomio 5:33.

Era la hora de la siesta. Estábamos disfrutando de un lindo fin de semana en la pequeña granja que teníamos en el campo. Mis padres, luego de plantar varios árboles nuevos, se preparaban para un merecido descanso. Las hijas, como todos los niños, nos resistíamos enérgicamente a dormir la siesta. Así que mis padres nos dieron las recomendaciones acostumbradas. No podíamos salir de casa mientras ellos durmieran.

Todo marchó bien al principio, pero luego de un tiempo, se terminaron los "juegos de interior" y comenzamos a pensar en todo lo que podríamos hacer del otro lado de la puerta. Luego de algunas deliberaciones, finalmente cedimos a la tentación. Estábamos jugando a la sombra de los árboles en el único lugar fresco, junto a la orilla de la acequia de riego que proveía de agua a la granja.

Honestamente no recuerdo cómo comenzó todo, pero con vergüenza debo confesar que luego de un rato terminé con un palo en cada mano envuelta en una siniestra y repugnante actividad: ¡pincharle los ojos a cuanto sapo hubiera en la acequia! De repente, tal vez atraída por nuestras risas, apareció Reinita, la cachorrita más linda del mundo a quien queríamos con todo nuestro corazón. Sin darnos cuenta, la perrita se acercó tanto a la orilla que se resbaló en la acequia. En ese instante toda la diversión se transformó en desesperación, y en el apuro por sacar a la perrita del agua, la torturadora de los sapos fue a caer entre ellos. De más está decir que nunca volví a jugar con un sapo y que mis padres no necesitaron castigarme por la desobediencia porque ya había sufrido sus tristes y sucias consecuencias.

Han pasado muchos años. Hoy mis hijos se ríen de lo lindo cuando les cuento esta historia verídica. Nunca olvidaré lo que sentí aquel día y cómo aprendí que mis padres tenían razón; cuando me impedían algo era solamente por mi bien.

Asimismo nuestro amoroso Padre Celestial sabe lo que es mejor para nosotras y por amor nos advierte que no hagamos ciertas cosas que podrían dañarnos. Ojalá sepamos oír su voz y dócilmente obedecer sus mandamientos para que nos vaya bien en esta tierra y finalmente heredemos la vida eterna que tanto hemos esperado.

Carmen Martínez Espósito

No temeré

Aunque ande en valle de sombra de muerte, no temeré mal alguno, porque tú estarás conmigo. Salmo 23:4.

¿Has escuchado o cantado el himno que lleva como título "Le importará a Jesús?" Es el número 105 del *Himnario adventista*. Algunas de las preguntas contenidas en él son: ¿Le importará a Jesús que esté doliente mi corazón?, ¿le importará cuando diga "adiós" al amigo más caro y fiel? Y la respuesta que sigue es: "Le importa, sí; su corazón comparte ya mi dolor".

¿Estás pasando por momentos difíciles? ¿Has pensado alguna vez que el cristiano no debe enfermarse ni sufrir? Una de las cristianas más notables y devotas fue Elena de White. Sin embargo, ella bebió en muchas ocasiones la amarga copa del dolor. En el *Manuscrito 40*, 1892, nos dice: "He pasado muchas horas de insomnio y de dolor, pero se me han presentado las preciosas promesas de Dios, tan frescas y con poder vivificante para mi mente... Cuando el Señor ve oportuno decir: Estate aquí acostada pacientemente y reflexiona, y cuando el Espíritu Santo trae muchas cosas a mi memoria, preciosas más de lo que puede expresarse, no veo que tenga razón para quejarme...

Recordé los versos que han sido un consuelo para mí muchas veces en mi aflicción:

> No puedo ver un paso adelante al comenzar un nuevo año;
> pero Dios me cuidó en el pasado, él me mostrará el futuro,
> Y lo que a la distancia parece oscuro quizá brille de cerca.
> Bendita y confiada ignorancia: es mejor no saber;
> me sostiene en los poderosos brazos que no me dejarán
> y susurra a mi triste alma que descanse en el pecho amoroso.
> Así sigo, sin saber, ni quisiera saber si pudiera.
> Prefiero en las sombras ir con Dios, y no sólo en la luz.
> Caminaría por fe con él, antes que sólo por vista.
> Mi corazón retrocede ante la prueba que pueda haber en el futuro,
> pero no tengo dolor que el amado Señor no haya permitido.
> Así que rechazo las lágrimas susurrando: Él sabe".

Sí, el cristiano también tiene días tristes y noches negras. La diferencia es que sabe que Jesús está a su lado y que aunque camine en el valle de sombras y muerte, él le acompañará porque, como dice el himno: "Su corazón, comparte ya mi dolor".

Annette R. Chaviano

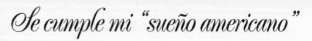

Se cumple mi "sueño americano"

Instruye al niño en su camino, y aun cuando fuere viejo no se apartará de él. Proverbios 22:6.

Emigré a los Estados Unidos junto con mi esposo y nuestra hija desde la Argentina, después de la Guerra de las Malvinas. Allí se respiraba un clima de derrota y tremenda inseguridad económica. Nuestro objetivo principal era que nuestra hija, Romina, pudiera obtener una educación cristiana universitaria.

Llegamos a los Estados Unidos sin documentos migratorios y con sólo 100 dólares en la cartera, sin conocer el idioma y debiendo los pasajes a mi hermana. Fueron largos años de lucha, trabajo duro y muchísimas oraciones. Amparados en el amor de nuestro Dios, quien fue en todo momento nuestra Roca firme, pudimos permanecer fieles. Nuestra hija fue desarrollándose en la iglesia, en el club de Conquistadores y en la escuela en forma sobresaliente. Cuando se graduó de octavo grado, con honores, y dio el discurso académico en la escuela adventista en Waldwick, Nueva Jersey, sentí una gran emoción, un sano orgullo y una inefable gratitud a nuestro Dios. Cuando cumplió 16 años, ella se desempeñaba como secretaria en la Iglesia Hispana de West New York, Nueva Jersey, y era subdirectora del club de Conquistadores.

Mi meta fue siempre que ella participara en todas las actividades de la iglesia y de la escuela. Como resultado, la vi partir en un viaje a Europa, con su profesora de francés y sus compañeros de clase de Blue Mountain Academy en Pensilvania.

Ya en la Universidad del Suroeste, en Keene, Texas, hizo dos viajes a Rumania y otro a México, y como estudiante misionera, mediante los auspicios de Adventist Frontier Missions, estuvo durante un año en Albania, en tiempos de la guerra de los kosovares, desde donde volvió llena de experiencias inolvidables.

Su último viaje misionero, como estudiante, junto a otras 30 personas, pastores, profesores, médicos, y alumnos fue a Kenya, África, en marzo de 2002. Digo último viaje, porque en mayo de 2002 se graduó en Educación, también con honores.

Al mirar hacia los 18 años que han quedado atrás, recuerdo el texto del Salmo 34:8: "Gustad, y ved que es bueno Jehová, dichoso el hombre que confía en él". Aprendí en forma práctica que el sueño americano no es hacerse millonario, sino que mi verdadero "sueño americano" fue que nuestra hija obtuviera ese cúmulo de valiosas experiencias con el Señor Jesús.

Sara Rodríguez

Invocando su nombre

Ahora estarán abiertos mis ojos y atentos mis oídos a la oración en este lugar; porque ahora he elegido y santificado esta casa, para que esté en ella mi nombre para siempre; y mis ojos y mi corazón estarán ahí para siempre. 2 Crónicas 7:15,16.

Era un domingo, 4 de julio de 1993. Todo parecía perfecto. Se iniciaba una nueva vida entre dos personas que fueron unidas para siempre. Mi esposo y yo no podíamos creer la felicidad que sentíamos el uno con el otro. Era un sueño hecho realidad. Mi matrimonio era feliz. No carecía de amor y cariño. Teníamos nuestros cultos matutinos y vespertinos. Estábamos seguros de que no cometeríamos ningún error que empañara nuestra felicidad.

El tiempo pasó y comenzamos a tener una vida muy ajetreada. Tenía que terminar mi bachillerato en un año. Llegaba muy cansada de la universidad. Mi esposo trabajaba como maestro en una escuela militar y, como todo maestro tenía que hacer parte de su trabajo en el hogar. Cada día que pasaba habían más excusas para no celebrar el culto matutino y apenas teníamos el vespertino. Ya no pasábamos tiempo con Dios, como lo hacíamos de novios y en los primeros meses de casados. Cada día surgían más peleas y problemas en todos los sentidos, aun financieros. Nuestra vida matrimonial se iba a pique.

Una noche discutimos airadamente. Mi esposo estaba tan enojado que no parecía ser él. De su boca salían maldiciones y palabras obscenas. La pelea no parecía tener fin. Él siguió caminando hacia el cuarto. Se sentó en un extremo de la cama, alzó sus ojos, y me miró fijamente con un coraje maligno. Cuando volvió a hablar su voz comenzó a cambiar. Era cada vez más fuerte y su tono totalmente diferente. Sentí un temor que jamás había experimentado. Estaba segura de que algo malo lo había poseído. Comencé a llorar, pero nada lo detenía. Con temor me arrodillé y oré: "Señor, te pido que mores en nuestro hogar, especialmente en nuestros corazones, y en el nombre de Jesús te pido que alejes de mi esposo y de mi hogar todo lo que no provenga de ti".

Cuando terminé la oración, todo volvió a la normalidad. Mi esposo cambió y volvió a ser el mismo. Desde ese momento hasta ahora alabamos al Señor y siempre lo ponemos en primer lugar en nuestro hogar y en nuestras vidas como al principio de nuestro matrimonio.

Laura Sánchez

Sublime gracia

Y si hijos, también herederos; herederos de Dios y coherederos con Cristo, si es que padecemos juntamente con él, para que juntamente con él seamos glorificados. Romanos 8:17.

Estaba furiosa. Cerré los ojos y los puños tan fuerte como pude sin poner atención a las marcas que más tarde dejarían las uñas en las palmas de las manos. Mi mirada, como una flecha, atravesó el parque infantil, y se clavó en Selena. Involuntariamente, mis pies empezaron a reducir la distancia. De pronto algo me detuvo. Una manita pequeña se prendió de dos de mis dedos.

"Mami, no fue nada". Miré hacia abajo donde Brianna, con dos líneas de lágrimas en su carita sucia, me miraba con ojos suplicantes.

"¿Cómo puedes decir eso? —dije, comenzando a caminar—. Ella te pegó. Estoy cansada de que lo haga".

"Pero es mi amiga", murmuró en voz baja.

Me detuve de nuevo, y esta vez me agaché y la miré a los ojos.

"Brianna, te lo he explicado muchas veces: alguien que juega contigo sólo cuando quiere, y se burla de ti otras veces, te insulta y pega cuando quiere, no es tu amiga". "Sí lo es —ella porfió—, y no es realmente mala. Sólo que a veces se le olvida".

Abracé a mi niñita con un profundo suspiro. Mi inevitable conversación con Selena tendría que esperar. Ya tendríamos tiempo para enfrentar el mundo y sus problemas.

Mi corazón de madre no puede concebir ese amor que insiste en hacerme coheredera de su hijo Jesús. No puedo comprender cómo aquéllos se mofaron, escupieron, y crucificaron a quien los amaba más que a sí mismo. El creer ciegamente en la Biblia me impulsa a aceptar a Dios. El Padre celestial no está siendo manipulado por un Jesús que con lágrimas le dice: "Padre, son mis amigos". No. Él mismo nos ha destinado a ser sus hijos conforme a su voluntad (ver Efe.1:5). Alabemos al Dios y Padre de nuestro Señor Jesucristo.

Definitivamente tuve que hablar con Selena. La felicidad y el bienestar de mi niña estaban de por medio. Pero suavizando y enterneciendo mis expresiones estaba el fresco recuerdo de un Dios que me ama a mí también. Después de hablar con ella, un pensamiento cruzó mi mente. *No somos muy diferentes. Yo también trato de ser buena, pero a veces se me olvida.* Con todo, Dios me ama.

Raiza de los Ríos Fernández

¿Capacitadas para servir?

"Ahora, pues... ¿qué pide Jehová tu Dios de ti?... que andes en todos sus caminos, y que lo ames, y sirvas a Jehová tu Dios con todo tu corazón y con toda tu alma. Deuteronomio 10:12.

¿Llama Dios a servir a los que están capacitados, o capacita a los que llama? Después que Moisés huyó de Egipto al desierto, se aisló 40 años de la civilización y se dedicó a pastorear ovejas. Un día, lo visitó el Señor con un gran desafío. Le pidió que librara al pueblo de Israel de la esclavitud egipcia. Moisés respondió:

"¡Ay, Señor! nunca he sido hombre de fácil palabra, ni antes, ni desde que tú hablas a tu siervo; porque soy tardo en el habla y torpe de lengua. Y Jehová le respondió: ¿Quién dio la boca al hombre?" (Éxo. 4:10, 11).

Desde niña acaricié el sueño de establecerme en los Estados Unidos. Dios me abrió el camino para conseguir residencia permanente sin dificultad. Llegué a Miami con el poco inglés que había aprendido en la escuela. Grande fue mi sorpresa al comprobar que casi no entendía lo que la gente hablaba. Muchas veces me sentí frustrada y desanimada, pero seguí adelante. Tres meses después de haber llegado, mi hermana Christina me recomendó pedir trabajo en las oficinas de la División Interamericana donde ella trabajaba. Necesitaban una secretaria bilingüe. ¿Qué haría? Sabía que no estaba capacitada para ese trabajo. Una voz me decía: "Olvídate, jamás podrás pasar ese examen", y otra me decía: "Todo lo puedo en Cristo que me fortalece" (Fil. 4:13). De modo que decidí escuchar la voz positiva.

Temblaba de temor. Dos cosas estaban en juego: el fracaso o el triunfo. Elevé una oración a Dios, recordando sus milagros, y me lancé a la tarea con seguridad y confianza. Sentía el apoyo de un Ser invisible que estaba a mi lado. Dios me estaba llamando a trabajar en su obra. Era su tarea capacitarme para servirle. Entregué el examen y el diccionario, que en menos de dos horas había sido usado más que desde que salió de la imprenta. Pasé el examen, me dieron el trabajo, y serví al Señor durante casi seis años que fueron una bendición en mi vida. ¿Llama Dios a servir a los que están capacitados, o capacita a los que llama?

"El humilde obrero que responde obedientemente el llamado de Dios, puede estar seguro que recibirá ayuda divina. El aceptar una responsabilidad tan grande y santa resulta elevador para el carácter. Pone en acción las *facultades mentales y espirituales más elevadas, y fortalece y purifica la mente y el corazón*" (*Servicio cristiano*, p. 126, la cursiva ha sido añadida).

Ruth Collins

Taconcitos rojos y brillantes

Doy gracias a mi Dios siempre que me acuerdo de vosotros.
Filipenses 1:3.

Yolanda es la única amiguita que recuerdo de mi época preescolar. Vivíamos en unos apartamentos de muchos pisos en Nueva York, la ciudad donde nací. Aunque tenía dos hermanos con quienes jugaba mucho, no podía jugar lo que a mí me gustaba sin que ellos protestaran. Así que esperaba siempre ansiosamente que Yolanda bajara para jugar conmigo de muñecas y soñar que era una princesa y cocinar con mis jueguitos de platos.

Corría a la puerta cuando Yolanda tocaba. Hoy jugaríamos a las princesas. Ya yo había escogido la bata de mi mamá. Había hecho una corona de papel y por supuesto, usaríamos mis zapatitos rojos de juguete. Eran hermosos. Hoy ya nos los hacen como ésos. Eran hechos de un plástico rojo transparente y le adornaban brillantitos dentro del plástico. Tenían un taconcito delgadito y dos tiras elásticas que se ajustaban al pie en la parte de los dedos y el centro del pie.

Comenzamos a jugar y yo los usé primero. Caminábamos y hacíamos que flotábamos al voltearnos con nuestros vestidos largos, hechos de batas de mi mamá. Comentábamos qué bonitas nos veíamos. Ahora era el turno de Yolanda. Ella se puso los zapatitos. Y de repente, al hacer un giro casi se cae y ¡pa! Se rompió unos de los taconcitos. Miré con horror cuando se sentó en el suelo y se quitaba mis zapatitos. Los tomé en mis manos y comencé a llorar y a llorar mientras que Yolanda estaba como petrificada, sin decir una palabra. De repente se fue y no la vi más por lo que me pareció mucho tiempo.

Hasta que un día nos vimos otra vez por la ventana. Ahora entiendo que las dos nos estábamos buscando en procura de la compañía que nuestra amistad nos brindaba. La invité a jugar. Nunca más se mencionó lo de los zapatitos.

Así aprendí que la amistad vale más que las cosas. Muchas veces nos enojamos y levantamos contiendas con nuestras hermanas de la iglesia sobre cosas que tienen mucho menos valor que nuestra amistad cristiana. ¡Qué maravilloso es nuestro Dios que nos creó con la capacidad de desarrollar relaciones desde muy pequeñas y de aprender a valorar a las personas, no a las cosas materiales! Jesús nos dio ejemplo cuando dejó todas sus cosas en el cielo y vino a vivir y a morir por ti y por mí.

Gloria Ceballos

No dejes apagar tu luz

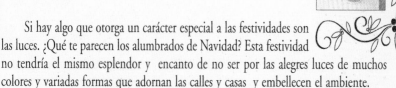

Entre tanto que tenéis la luz, creed en la luz, para que seáis hijos de luz. Juan 12:36.

Si hay algo que otorga un carácter especial a las festividades son las luces. ¿Qué te parecen los alumbrados de Navidad? Esta festividad no tendría el mismo esplendor y encanto de no ser por las alegres luces de muchos colores y variadas formas que adornan las calles y casas y embellecen el ambiente.

La luz, independientemente de su intensidad, proporciona vida y felicidad. ¿Has tenido la experiencia de encender una fogata en una noche fría? Todos esperan que enciendas esa primera llama que dará inicio a un fuego más grande. Gracias a esa pequeña llama, si más adelante los tizones son avivados, se convertirán en una linda fogata. Verás su luz y sentirás su calor. ¿Qué tal una cena a la luz de unas románticas velas?, una buena oportunidad para confirmar el amor entre una pareja. También nos resulta muy necesaria una luz que ilumine un camino en la oscuridad de la noche. La luz siempre será imprescindible.

En el campo espiritual, la luz también es imprescindible. A nosotras se nos ha concedido una luz y también es imprescindible que brille. Al Señor Jesús no le interesa cuánta luz tienes, lo importante es que ilumines a quienes te rodean y brindes calor a cuantos necesiten. ¿Es ese el uso que le estás dando a tu luz? ¿O quizá buscas esconderla?

La luz brilla a pesar del objeto donde se origina. Puede ser un fino candelabro, un sencillo fósforo o un grueso tizón. Su propósito es igual. Muchas veces ocurre que aun sabiendo que somos luz para el mundo, no queremos hacerla brillar porque no somos aquel hermoso candelabro que alguien puede ser. Nos comparamos con otras personas y decimos: "Ella sí tiene el talento, ¡mira cómo hace brillar su luz!" Gran problema es el nuestro al compararnos con otros... Nos sentimos cual una frágil cerilla encendida por Cristo, pero cuya luz tiene poca duración. ¿Por qué? Si esto es así, es necesario que descubramos qué está impidiendo que nuestra luz se convierta en un gran fuego.

¿Qué nos lo impide? Mira a tu alrededor y considera el brillo que puedes brindarles a los demás. No te preocupes por lo que vas a recibir a cambio. Puede que no haya recompensa en esta tierra, pero en el cielo de seguro la habrá. Vive tu vida hoy sin egoísmo, proyecta la luz de Cristo, quien de un pequeño tizón puede encender una avivada fogata.

Olga Marly Galindo

Fidelidad

¿Pero el Señor estuvo con José, y fue prosperado en todo lo que hacía. Génesis 39:2.

¿Te has preguntado alguna vez si tu vida podría ser mucho más significativa? ¿Estás completamente consagrado a Dios con la pasión que viene como consecuencia del compromiso diario de ponerlo a él siempre en primer lugar? La vida puede llegar a estar tan ocupada, tan atestada de cosas, que nuestro enfoque en Dios puede oscurecerse.

Génesis 39:2 declara que José estaba decidido a ser fiel al Señor no importa lo que ocurriera. Dios moldeó a José a través de la fidelidad en las pruebas, y con el tiempo lo llamó para gobernar un país entero. Dios le dio sabiduría y lo honró, capacitándolo así para ser una bendición para todos los que estaban a su alrededor. José no sólo halló gracia ante los ojos de Dios, sino también ante los de los hombres. José vivió una vida con propósito definido, porque decidió ser un vaso a través del cual Dios pudiera obrar.

José no tuvo una vida perfecta, libre de sufrimiento. Le hizo frente a numerosas injusticias que finalmente cambiaron el curso de su vida. Es posible que tú hayas tenido una educación desafortunada, o sientes que de alguna manera la vida te ha tratado mal. Antes de que abandones a Dios, échale una mirada a José. Fue odiado por sus hermanos, quienes lo vendieron como esclavo, fue separado de su familia siendo un adolescente, fue acusado falsamente y luego arrojado a la prisión. Y no tenía ningún control sobre estos eventos. Lo que siempre supo, sin embargo, fue que *Dios estaba al control de su vida*. Tuvo fe en Dios.

En Génesis 45:5, José, con lágrimas en sus ojos, dijo a sus hermanos, a quienes no había visto en muchos años: "Porque para preservación de vida me envió Dios delante de vosotros". Dios protegió la vida de José desde el principio. Dios utilizó a José, a pesar de cualquier circunstancia, para que fuera un testigo para él.

Como humanos, nos parece difícil, a veces, comprender cómo las experiencias difíciles se pueden transformar en algo bueno. Al vivir en un mundo pecaminoso, no podemos evitar el sufrimiento, la muerte de un ser amado, o nuestras propias dificultades. Pero podemos darle nuestra voluntad y nuestra vida a Dios, y permitirle que tome el control de la situación, no importa cuál sea. Adoramos a un Dios que es más poderoso que el pecado y la muerte. Él lo demostró al morir en la cruz por ti. Él puede transformar una tragedia en una bendición, utilizar el fuego para refinarte y, cuando estés completamente quebrantado, colocar juntas las piezas de nuevo y crearte más hermoso de lo que eras.

Cherry Vásquez

La fe que mueve montañas

Y todo lo que pidiereis en oración, creyendo, lo recibiréis. Mateo 21:22.

En la República Dominicana participamos del Camporí de Conquistadores, el cual se iba a llevar a cabo en Gaspar Hernández, en Punta Cana. Mi hermana y yo pertenecíamos al distrito de Villa Vázquez. Teníamos que hacer un recorrido bastante largo para llegar allá. Primero tomamos un autobús de Villa Vázquez hasta Santiago, y de Santiago tomamos otro hasta Puerto Plata. Allí abordamos el último autobús, hasta Gaspar Hernández.

Al bajar de ese último autobús, salimos con todos los bultos menos con la cartera de mi hermana Adelkis, donde teníamos nuestro dinero. Al darnos cuenta, de inmediato decidimos volver por el dinero y oramos: "Oh Dios, cúbrenos con el manto de tu justicia; que no miren nuestros rostros, sino el rostro de los ángeles que tú enviarás a nuestro cuidado".

Cuando nos encontramos con el señor que transportaba a las personas hasta el campamento, lo invitamos a que nos acompañara a Río San Juan, el lugar de destino de aquel autobús, ya que eran las 12:00 de la medianoche. El señor Monte, un chofer de autobús de Gaspar Hernández, nos dijo que nos llevaba por 300 pesos dominicanos. Como no teníamos dinero en nuestras manos, ya que estaba en la cartera olvidada en el autobús, por fe en Dios confiábamos que le íbamos a pagar tan pronto consiguiéramos ese dinero. El señor Monte accedió a llevarnos.

Visitamos el hogar del chofer del autobús. Él nos dijo que había entregado el vehículo al dueño y que se lo habían llevado para lavarlo. Salimos en su busca y lo encontramos por el camino. Lo detuvimos y le pedimos al conductor que por favor nos permitiera revisar el asiento del autobús que habíamos ocupado porque se nos había olvidado un bulto, pero él no quería cooperar. Así que oramos: "Oh Dios, ya que estamos aquí, tócale el corazón". Dios contestó nuestra oración porque el hombre accedió a nuestro pedido y nos permitió hacerlo.

Al abrir la puerta y buscar donde pensábamos que estaba nuestra cartera, ¡allí la encontramos! Y, al abrir la cartera, ¡allí estaba todo el dinero y el resto de las cosas!

En aquel mismo lugar nos arrodillamos en gratitud a Dios. Al recordar esta historia vuelvo a confirmar mi fe en el amor y el cuidado de Dios por sus hijos. Que Dios aumente nuestra fe en él, no sólo para obtener su ayuda ante las necesidades materiales, sino principalmente ante las espirituales.

Nedelys Holguín

Corazón nuevo

Y les daré un corazón, y un espíritu nuevo pondré dentro de ellos; y quitaré el corazón de piedra de en medio de su carne y les daré un corazón de carne. Ezequiel 11:19.

Cuando mi hijo Rubén tenía diez años, enfermó con una dolencia que parecía una simple gripe. De inmediato lo llevé a su pediatra, quien desafortunadamente no estaba en su consultorio. Visitamos a otro doctor, quien dijo que el niño no tenía nada grave sino que era muy consentido. Me ordenó enviarlo a jugar y a hacer ejercicio al parque. Al día siguiente, a pesar de sus quejas y dificultad para caminar, lo llevé al parque. Lo dejé allí con una joven que lo acompañara y les pedí volver a casa caminando.

Cuando regresé a casa lo encontré postrado, con fiebre y dolor en los pies y las manos. Corrimos a su pediatra. Al examinarlo, se le hicieron urgentes exámenes de sangre. Esa noche fue muy dolorosa para el niño. No podía dormir a causa de la fiebre y los dolores en sus extremidades. Al día siguiente en el laboratorio me dijeron: "Señora, apresúrese a ir al doctor. ¡Es un caso urgente!"

Cuando el doctor vio los exámenes, diagnosticó: "Fiebre reumática en estado avanzado". Le prescribió medicinas y me dio algunas instrucciones. La angustia embargó mi corazón. Pasé aquella noche junto a su cama implorando al Señor por la salud de mi hijo. Su corazón se había afectado a tal punto que el médico oía sus latidos desde la puerta del cuarto y distinguía el daño que había causado la enfermedad. Luego de examinarlo, un cardiólogo determinó cuidarlo por tres días en casa, de lo contrario tendría que ser hospitalizado.

Los hermanos de la iglesia se unieron en oración ferviente en favor del niño. Yo tenía miedo, pero confiaba plenamente en el poder divino. Poco a poco Rubén fue mejorando. Empezó a comer y disfrutaba la comida, aunque era sin sal. A causa del tratamiento, Rubén cambió de fisonomía, su cuerpo y su cara lucían más grandes. Le llevó un año volver a su aspecto normal.

A los tres meses lo llevé al consultorio del cardiólogo quien, después de hacerle el electrocardiograma, exclamó: "Aquí hubo un milagro, sólo la mano de Dios pudo sanar su corazón". Nuestra felicidad fue muy grande. Volvimos a casa, alabando y agradeciendo a Dios por bendecir a Rubén con el precioso regalo de la salud. Desde aquel día amo más a Dios y a la oración y confío plenamente en ella.

Isabel Afanador

Jehová es tu guardador

Alzaré mis ojos a los montes; ¿de dónde vendrá me socorro? Mi socorro viene de Jehová, que hizo los cielos y la tierra. Salmo 121:1, 2.

Cuando yo era niña me gustaba mucho entonar un cántico que decía: *"Hay mil millones de estrellas, en esta noche que ahora negra ves, en el desierto un oasis te espera, aunque sólo arena veas junto a ti"*. Por muchos años canté esas palabras sin pensar en su profundo contenido. Al pasar el tiempo me he dado cuenta que muchas veces los problemas nos cercan de una densa oscuridad y no podemos ver nada agradable a nuestro alrededor; pero si tan sólo echáramos una mirada hacia arriba, diríamos, como Abrahán, que son tantas que no las podemos contar. Así, como las estrellas, son las bendiciones que Dios tiene para cada una de sus hijas; Jehová es nuestro guardador. No importa en qué situación nos encontremos.

La historia de Agar e Ismael es muy conmovedora. ¿Te imaginas a una madre destrozada al verse abandonada por todos, incluso por el padre de su hijo? Al faltarle el agua en el desierto, Agar corrió para no ver a su hijo morir de sed, pero ante su desesperación, Dios le habló y le mostró una corriente de agua fresca que había preparado para ellos. Entonces Agar comprendió que Dios era su guardador. Ese Dios que ayudó a Agar está en el mismo lugar esperando que le busquemos de todo corazón. Él tiene sus brazos abiertos, esperando que corramos a él.

Yo no sé dónde te encuentras hoy, si estás en el desierto o en una noche muy negra. Pero dondequiera que estés, recuerda que tu socorro viene de Jehová, que hizo los cielos y la tierra. Él guardará tu alma desde ahora y para siempre.

Mercedes Croussett

La vida eterna y la guerra

Esforzaos y cobrad ánimo; no temáis ni tengáis miedo de ellos, porque Jehová tu Dios es él que va contigo; no te dejará, ni te desamparará. Deuteronomio 31:6.

La búsqueda de la vida eterna y la guerra agrupan a sus protagonistas en tres diferentes categorías.

Los valientes: fueron aquellos que sobrepasaron todos los obstáculos. Tuvieron el valor de comunicar al mundo la verdad sin resquemores. Nunca fueron contra las leyes de Dios. Tomaron como escudo al Salvador del mundo. Se mantuvieron firmes ante las asechanzas del enemigo. Y al final de la jornada, en la cima de la montaña, los valientes guerreros izaron la bandera de la victoria y así ganaron la corona eterna.

Los débiles: fueron aquellos que pretendieron ser sabios sin Dios. Se alimentaron sólo con escuchar la Palabra, no con escudriñarla. Tuvieron un carácter blando. Titubearon en la fe. La duda los invadió como la lepra y les impidió avanzar hacia la victoria.

Los cobardes: carecieron de valor para emprender la carrera. Fueron aquellos que se quedaron en la línea de partida. Prefirieron trabajar unas horas el sábado por temor a perder el empleo. Retuvieron o se apropiaron de lo que pertenecía al Señor por temor de sufrir privaciones.

¿De qué nos sirve portar el uniforme de guerreros si antes de llegar a la lucha nos sentimos vencidos? ¿De qué vale llevar el nombre de Cristo si se carece de fe y esperanza? Por otra parte, resbalar en el camino, no significa haber perdido la guerra. Es tan sólo una batalla. Un buen patinador no es aquél que nunca se ha caído, sino el que se levantó cada vez que cayó. Los valientes llegaron a la cima porque cada vez que se vieron en el piso se levantaron.

Si alguna vez te has sentido cobarde, no temas. Evita mirar las cosas desde abajo y así evitarás pensar que son inalcanzables. "Mira que te mando, que te esfuerces y seas valiente; no temas ni desmayes, porque Jehová tu Dios estará contigo en dondequiera que vayas" (Jos. 1:9). Y si alguna vez te has sentido débil y ya no puedes más, no te detengas a contemplar tu incapacidad. Vé al Señor. Deja al Señor Jesús llenar tu vida de esperanza y valor, aprende a ser vencedor. ¡Triunfa en Jehová tu Dios!

Ana Clemencia Calvo

¡No se puede vivir sin ti!

Entonces Dios dijo: Hagamos al hombre a nuestra imagen, a nuestra semejanza, para que sea señor sobre todo lo que vive en la tierra, en los aires y en los mares. Entonces hizo Dios al hombre a su semejanza: A imagen de Dios lo creó. Génesis 1:26-27. La Biblia al Día.

No hay nada en mí que inspire el amor de Dios. Me ama porque no puede hacer otra cosa… Me creó. ¡Soy su propia imagen!

Y es que no hay nada que él no sepa de mí. Me conoce desde antes de ser concebida y me amó desde el comienzo de los tiempos.

Cuando despierto por la mañana y me alegro de ver un nuevo día, es Dios quien me envía mensajes a través de los rayos del sol y del aroma del viento.

No tengo que sentir nada especial para saber que Dios me ama, ni vislumbrar seres alados o escuchar voces extrañas ni ver que sale humo por los rincones de mi habitación.

Mi esposo, Sergio, quien es un gran predicador, dijo una vez que Dios nos necesita. Dios te necesita. ¡A él le encanta estar contigo! Le gusta tu rostro, tu cabello, tu voz, la chispa de tu mirada, el encanto femenino de tu persona.

Él te necesita. Siempre buscó salvarte. Lo hizo desde el principio del mundo. Adán y Eva comprobaron por sí mismos que Dios no quería quedarse sin ellos después que pecaron. Fue Dios quien tomó la iniciativa de arreglar las cosas y los buscó para decirles que había ideado un plan de salvación que se extendería a toda la raza humana.

¿No te dije que Dios no puede vivir sin ti?

A través del tiempo me he dado cuenta que amar a Dios es aceptar su gracia que sobreabunda, tenerle confianza y saber que soy el motivo de todo su amor. Muchas veces actuamos como Marta, la amiga de Jesús, que cada vez que él visitaba su hogar, estaba tan ocupada con cada detalle que ella consideraba importante, que dejaba escapar la oportunidad de aprender las enseñanzas que el Salvador del universo tenía para su vida.

Seamos como María, la hermana de Marta, y sentémonos a los pies de Jesús, dejemos que nos hable y nos derrita el alma. Escuchemos su voz y aprendamos las lecciones eternas del Maestro de Galilea.

A nuestro Creador le encanta estar con nosotros… ¡Somos su mejor obra!

Chary Torres

Dios de maravillas

Y así andaré alrededor de tu altar, oh Jehová, para exclamar con voz de acción de gracias, y para contar todas tus maravillas. Salmo 26:6,7.

Un día de verano me desperté a las cinco de la mañana. Abrí la cortina de una puerta de cristal que da a la parte de atrás de mi casa. Todo era quietud y silencio. Me senté en una silla de patio, reclinable. Miré al cielo. Estaba empezando a despuntar la aurora. El cielo se veía tan azul que me llamó la atención. No había una sola nube. Admiré el cielo hermoso, los árboles que se mecían ante la suave brisa. Sentí un deseo tan grande de tener una conversación de tú a tú con mi Dios, que exclamé emocionada: "Dios, siento tu presencia tan cerca que quiero estar segura que estás ahí. Oh Señor, muéstrame tu gloria. Quiero sentir que me estás mirando. Oh Cristo mío, ¡aquí y ahora!"

Me quedé mirando al cielo totalmente despejado, mientras que aclaraba el día. De pronto vi una nube a mi derecha que fue tomando la forma de una flecha. Miré al lado izquierdo y vi otra flecha señalando a la flecha de la derecha.

Me quedé maravillada, ya que en medio de esas dos flechas, fueron apareciendo poco a poco, y bien definidas, las letras E, L, V, I, V, E. Pude leer claramente: "Él Vive".

¡No te imaginas cómo me sentí al ver cómo en un cielo, donde no se podía ver ni una sola nube, fueron formándose esas letras frente a mis asombrados ojos!

A la verdad, esa mañana viví una de las experiencias más maravillosas que puede haber: sentir la presencia y la seguridad de amar a ¡un Dios de maravillas!

Carmen Toledo

Tú puedes escoger vivir o morir

Yo he venido para que tengan vida, y para que la tengan en abundancia. Juan 10:10.

En julio de 1998 mi esposo y yo asistimos a una reunión de pastores hispanos que se llevó a cabo en el Colegio de la Unión del Atlántico. Yo asistí a un seminario de salud y me encantó. Con gran entusiasmo compartí lo que había aprendido con mi esposo, pero como a él no le interesó el tema, decidí no hablarle más de eso.

Dos semanas después, tuvimos que acudir de emergencia con el médico alergólogo, pues mi esposo padecía de alergias desde años atrás, y en las últimas semanas se habían acentuado. Llegó al punto de pasar noches sin dormir por la picazón en su cuerpo. El cansancio le propició una profunda depresión. Posteriormente perdió el interés por su trabajo y su carácter estaba cambiando, se irritaba fácilmente.

Cuando llegó el día de la visita, el médico, tras varios exámenes, diagnosticó que la comida refinada y cocinada le estaba causando las alergias. Él debía cambiar su estilo de vida y aprender a consumir alimentos saludables y nutritivos. Así es que me puse a investigar las propiedades de las frutas y verduras. Empezamos a consumirlas en un estado fresco y natural, en forma de jugos, y comiendo verduras y cereales que nunca en mi vida había escuchado nombrar. Los resultados, los experimentamos inmediatamente, pues después de tres o cuatro semanas la alergias de mi esposo habían desaparecido y para mí ha sido la mejor dieta porque perdí unos 8 kilos (20 libras). Por supuesto que actualmente seguimos con ese régimen alimenticio. Hemos escogido tener vida en abundancia, esa vida que Dios nos promete si seguimos sus consejos. Tú también puedes decidir hoy gozar de una vida larga y saludable.

Decidir cambiar el estilo de vida, no es un paso fácil, porque el enemigo pondrá muchas tentaciones y desafortunadamente como humanos, tendemos a violar los buenos consejos más de los que los seguimos. Dios nos ha dado información acerca de cómo mantener nuestros cuerpos saludables y vivir una vida mejor. Él nos dice que vivamos para obedecerle y hacer su voluntad, y al hacer esto estaremos sanos física, mental y espiritualmente.

Sus caminos son los mejores. ¿Qué escogerás tú?

Nelva Chacón

Las vanidades ilusorias

Porque: Toda carne es como hierba, y toda la gloria del hombre como flor de la hierba. 1 Pedro 1:24.

El mundo fue sacudido una mañana de 1962. Los periódicos anunciaban en primera plana la trágica muerte de la que fuera considerada la diosa del cine. Marilyn Monroe fue hallada muerta en su dormitorio por una alta dosis de Nembutal. Según lo dictaminaron los médicos y las autoridades, ella había puesto fin a su vida. Marilyn Monroe lo tenía todo, todo lo que una mujer podría desear: fama, fortuna, belleza. Era asediada cada día por la prensa. Su nombre era muy conocido, y además tenía juventud. Pero murió en contra de los designios de Dios. Por su propia cuenta.

La pregunta importante es: ¿Dónde quedaron la gloria y la fama? ¿Por qué la fama y la fortuna no lograron llenar ese vacío que había en la vida de Marilyn Monroe? Al igual que la estrella del celuloide también hay miles de almas que no son felices. Algunos buscan la felicidad en el dinero. Muchos otros en el paraíso fantástico y tenebroso de las drogas. Algunas jovencitas creen hallar la felicidad en un galán en el cual creen encontrar a su príncipe azul, para descubrir más tarde que se dejaron llevar por el físico o por las palabras bonitas. El rico y avaro, por su parte, acumula riquezas que después de su muerte otros van a disfrutar y a malgastar.

Por la palabra "vanidad" podemos entender algo efímero y pasajero, algo ilusorio que por un momento pareciera brindar cierta felicidad pero que después se desvanece, desaparece.

Sólo lo que Dios hace permanece. Las aves que nos alegran con sus cantos, los lindos paisajes y la naturaleza en general. Aquellas cosas que aprendemos y que nos ayudan a ser mejores cristianos, nuestras familias y amigos que nos hacen sentir que alguien piensa en nosotras. Sobre todo, el estudio de la Palabra de Dios que nos guía y fortalece con la esperanza de un mañana mejor.

Las cosas de este mundo finalmente van a desaparecer, lo único que nunca se acabará es la Palabra de Dios. Que Dios nos ayude para pensar en las cosas que son eternas e intangibles pero que las sentimos por el Espíritu de Dios y que las bendiciones materiales sean para servirnos de ellas sin dejarnos llevar por vanidades ficticias e ilusorias.

Margarita Parra

Mi pastor

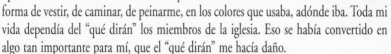

Jehová es mi pastor; nada me faltará. Salmo 23:1.

Crecí en el ambiente de la Iglesia Adventista: Mi padre era el pastor y mi nombre era "la hija del pastor". Aún siendo muy niña, la opinión de los hermanos llenaba mis pensamientos en cuanto a la forma de vestir, de caminar, de peinarme, en los colores que usaba, adónde iba. Toda mi vida dependía del "qué dirán" los miembros de la iglesia. Eso se había convertido en algo tan importante para mí, que el "qué dirán" me hacía daño.

Mi papá le daba la razón a la opinión pública, ya que su trabajo era la predicación del Evangelio a la comunidad. En otras palabras, nosotros teníamos que ayudar a los demás con nuestro testimonio personal.

Yo quería mucho a mi padre, pero a veces pensaba que él no me dedicaba suficiente tiempo. Ese era su trabajo: predicar, visitar, oficiar funerales, bodas, bautismos, visitar enfermos, etc. Íbamos de iglesia en iglesia y también me iba dando cuenta que todos tenían pastor, menos yo. Eso me llevaba a rebelarme conmigo misma y a veces hasta lloraba a solas.

Un día, mientras leía el Salmo 23: "Jehová es mi pastor; nada me faltará", reconocí que ése era el mismo Jesús que tantas veces escuché a mi padre decir que me amaba tal cual era; con todos mis defectos y sin preocuparme por su opinión acerca de mí. ¡Qué alegría! ¡Un Pastor para mí también! Al comprender lo mucho que me amaba ese Pastor celestial, mi corazoncito de niña fue transformado por la gracia de Dios.

Había logrado desarrollar fe en Jesús. Lo conocí como mi Pastor desde aquel momento, aunque yo no sabía explicarlo. Mi joven vida había cambiado para siempre con el toque de la fe por medio de ese corto texto bíblico.

Así transcurrió el tiempo y, gracias a Dios, yo era libre de la opinión ajena. Vivía para mi Pastor, y la opinión de los demás no tenía tanta importancia para mí ahora porque cada día conocía mejor a mi Pastor. Cuanto más le obedezco y camino a su lado por fe, más dependo de mi Pastor en todos los aspectos de mi vida.

Hoy estoy casada con un pastor, pero todavía así mi Pastor celestial permanece conmigo. Dependemos de él constantemente. A los que le reciben "a los que creen en su nombre" (Juan 1:12) les da poder para ser hechos hijos de Dios, para recibirlos al fin como suyos, para vivir con él por la eternidad.

Norma Familia

Sembrando la semilla en todo tiempo

Mas la que cayó en buena tierra, estos son los que con corazón bueno y recto retienen la palabra oída, y dan fruto con perseverancia. Lucas 8:15.

Desde hace algunos años me levanto a las cinco de la mañana, para caminar en un bello lugar de la ciudad, el cual está lleno de árboles, pájaros y muchas ardillas que le dan gran colorido. Al inicio pensé que Dios me había llevado allí para mantenerme en buen estado de salud, pero ¡qué equivocada estaba! pues mientras caminaba, pude enseñarle su Palabra a otras personas.

Poco a poco me fui ganando la confianza de varias personas y según sus necesidades materiales y espirituales les he ido compartiendo pasajes de la Biblia. Esto motivó a algunas a adquirir sus propias Biblias para comprobar y profundizar sobre las enseñanzas que compartimos cada día.

En especial deseo compartir una de las experiencias que más me ha impactado. Se trata de una señora la cual ya es viuda, madre de tres hijos profesionales y casados, quienes le han dado nietos. Cuando la conocí, se encontraba sumamente atribulada por los problemas del hogar de uno de sus hijos. Le expliqué sobre el poder de la oración y le dije que no debía temer, ya que antes de llegar la prueba, Jesús había dado la salida.

Mientras esperábamos la respuesta de nuestro amado Jesús, le señalaba porciones de la Biblia, especialmente aquellos pasajes que se relacionaban con el problema que confrontaba. Además estudiamos las 20 lecciones de *La fe de Jesús*, lo que le ayudó a confiar más en el Señor Jesús. Una hermosa mañana, cuando el sol dejaba ver sus primeros rayos, me comunicó que Dios había dado respuesta a nuestras oraciones. Dios trajo paz y felicidad a ese hogar, e hizo nacer en toda la familia la fe y el reconocimiento de su amor y poder.

Ellos reconocen que el mejor regalo que han recibido durante este año es haber conocido a Dios y comprenden que ese conocimiento les ayudará a vivir en una atmósfera de paz y amor, bajo el amparo del Altísimo.

Rosario Burgos Tello

Oídos sordos

*En Dios he confiado; no temeré; ¿qué puede hacerme el hombre?
Salmo 56:11.*

La iglesia contaba con un apartamento de dos dormitorios, un baño y una cocina pequeña y estaba amueblado con una silla y tres colchonetas. Llegamos al pueblo como agentes del Servicio Educación, Hogar y Salud. Los hermanos nos ofrecieron hospedaje gratis a cambio de participar en los programas de la iglesia. La primera semana de trabajo pasó rápidamente. Nos esforzamos mucho y esperábamos el día de reposo con ansias.

Al llegar el viernes, estábamos contentas y con ese espíritu iniciamos los preparativos para la recepción del sábado. La iglesia estaba localizada en los altos de un salón de baile, y cual relojes sincronizados, al iniciar el culto de recepción de sábado, empezó también la música. La competencia era tan desproporcionada que no podíamos escucharnos, pensar y mucho menos escuchar lo que decía la compañera. Todos los utensilios de cocina que teníamos, incluso un vaso lleno de agua, se movían por la vibración de la música. Decidimos salir a caminar por el pueblo hasta la hora en que el salón cerrara, pero al cabo de unos cuarenta y cinco minutos tuvimos que regresar porque la temperatura había bajado.

Ante tal situación, me puse a pensar en la experiencia de Daniel en el foso de los leones. Allí mismo me arrodillé, y le pedí al Señor un milagro, porque si él cerró la boca de los leones, bien podía apagar la música del salón para que pudiéramos descansar. Me acosté y en pocos minutos me dormí. A la mañana siguiente mis compañeras me despertaron. No podían creer que después de pasar la noche en medio del ruido todavía dormía. Se habían levantado un poco más temprano para terminar los últimos detalles del programa de la escuela sabática. Entonces les hablé acerca de cómo había logrado dormir. Les pregunté sobre el descanso de ellas a lo cual me respondieron que no pudieron dormir hasta que cesó la música en la madrugada. Me quedé un tanto extrañada. Dios contestó mi oración. No lo hizo como yo esperé. No cesó la música cuando terminé de orar, sino que me concedió oídos sordos.

Cada vez que el enemigo nos quiera desalentar, pidámosle al Señor que nos conceda oídos sordos. Nada nos tocará a menos que el Señor lo permita. Debemos tener esa convicción en medio de las tribulaciones que nos rodean. El Señor desviará lo que tiene que ser desviado, anulará lo que debe ser anulado, porque el que vela nuestra seguridad, no titubea ni duerme.

Ligia Holmes

¿Crees que has perdido el camino?

Yo soy el camino, y la verdad, y la vida; nadie viene al Padre, sino por mí. Juan. 14:6.

Muchas personas, especialmente los jóvenes, sienten que se han apartado tanto de Dios, que ya no hay esperanza para ellos. ¿Qué deben hacer? Yo pasé un tiempo en mi vida cuando había perdido "el camino". Quiero compartir mi testimonio para darle esperanza a otros.

A los ocho años de edad yo vendía frutas y dulces para obtener dinero. Desde muy niña comencé a ser independiente. Cuando cumplí los 18 años, tenía tanta suficiencia propia que me había apartado de Dios. Ya no le daba mucha importancia a la dimensión espiritual de mi vida. Tenía amigos que no eran cristianos. Me iba a las fiestas con ellos y regresaba a casa de mis padres de madrugada. Cuando me llamaban la atención, contestaba en forma agresiva. Así que tomé la decisión de irme a estudiar a otro Estado cientos de kilómetros lejos de mi hogar. De esa manera podría hacer lo que quisiera sin la supervisión de mi familia.

Mientras vivía lejos de mi casa, estaba rodeada de personas consagradas a Dios. Allí tuve la oportunidad de conseguir buenos amigos. A pesar de tan buena compañía, los primeros meses yo era muy agresiva. Varias personas han llegado a comentarme que tan sólo con verme caminar y como iba vestida yo transmitía una mala impresión. Parecía la ovejita negra entre mis amigos.

En una ocasión asistí a una semana de oración en la que el predicador, Alexander Noble, nos contó de todo lo que había sufrido por Cristo. Al final de las reuniones acepté a Jesús una vez más en mi corazón y me rebauticé. A pesar de mi vida pasada, tuve la seguridad de que Dios me había perdonado.

También hay esperanza para ti, mi querida joven. Jesús te invita a venir a él así como estás, pecaminosa, desesperanzada, y cansada.

"La lucha de renunciar a vuestra propia voluntad y vuestros propios caminos, es terriblemente difícil... El orgullo, el egoísmo, y la ambición deben ser vencidos; vuestra voluntad debe ser absorbida por la voluntad de Cristo" (Carta 14, 1887).

Una vez que pedimos su ayuda, Jesús nos dará más luz para seguirle. Su Palabra debe ser nuestra lámpara (Sal. 119:105). Esa es la lámpara que necesitamos para caminar por este mundo oscuro.

Pamela García

Sembrando paz

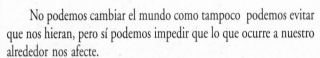

El que cubre la falta busca amistad; mas el que la divulga, aparta al amigo. Proverbios 17: 9.

No podemos cambiar el mundo como tampoco podemos evitar que nos hieran, pero sí podemos impedir que lo que ocurre a nuestro alrededor nos afecte.

Cuando hemos vivido en lugares donde no hay mucho espacio, mis hijos practican un juego que ilustra muy bien lo que quiero expresar. Se lanzan una pelota con el objetivo de pegarle al otro. El que espera el golpe de la pelota no puede evitar que ésta sea lanzada, pero puede moverse en todas direcciones para esquivar el golpe.

Hace algún tiempo mi esposo fue designado para ir a pastorear una iglesia. Recibimos con agrado la noticia. Con toda la energía de los adolescentes, nuestros hijos ya se imaginaban jugando con muchos chicos en el extenso patio de la iglesia. Pero nuestra alegría se opacó cuando el coordinador de nuestra área nos comunicó que ya no iríamos a esa iglesia porque nos habían rechazado.

¿Cómo enfrentaría esta situación ante mis ilusionados hijos? Lamentablemente alguien lo había comentado sin darse cuenta que ellos estaban cerca. Como es natural, se molestaron; y yo no podía evitar el dolor. Le pedí al Señor que nos ayudara a sobreponernos al dolor del rechazo.

Esa tarde al llegar a casa los niños estaban buscando una respuesta a sus incógnitas: "¿Por qué la iglesia nos rechazó?" "¿Por qué los hermanos no nos quieren?" "¿Por qué Dios permite esto?" El Espíritu Santo guió mis palabras. Les dije: "Nuestros hermanos también tienen luchas en la vida espiritual así como ustedes que quieren portarse bien y a veces no pueden. Dios permite las cosas con un propósito". Los invité a orar y los ánimos cambiaron.

Después de un año la junta directiva de la Asociación nos nombró de nuevo para esa misma iglesia. La situación había cambiado. Una representación de la iglesia había hablado con los dirigentes de la Asociación, y pedido disculpas por sus problemas anteriores. Estaban dispuestos a recibirnos. El Señor había intervenido y recibimos la iglesia con el mejor ánimo. Los niños estaban felices de llegar a nuestra iglesia. Nuestra llegada fue muy agradable, los hermanos nos recibieron muy bien, y nos hicieron sentir felices.

¿Se imagina que hubiese pasado de no haber enfrentado el problema de la forma que lo hicimos? Estamos preparándonos para ser idóneos para el cielo, donde reina la paz, por lo tanto sembremos paz.

Carmen Julia Huizzi

Solución para nuestras preocupaciones

Echando toda vuestra ansiedad sobre él, porque él tiene cuidado de vosotros. 1 Pedro 5:7.

Hace poco leí una experiencia que me impresionó mucho y deseo compartirla.

"Mi vida estaba llena de ansiedad y preocupación. No parecía tener fuerza física o emocional para seguir adelante". Así comenzó su relato una dama que llamaremos Juanita, que tenía cerca de 30 años. Estaba llena de ansiedad y preocupación. Sentía tanto temor que su cuerpo transpiraba cada vez que tenía que salir de su hogar. A veces estaba en una tienda comprando, cuando de pronto lo dejaba todo y salía corriendo hacia su casa. El temor la hacía temblar. Se sentía incapacitada para enfrentar sus problemas.

Había tres razones para su ansiedad: (1) Inseguridad. No se sentía capaz de asumir ninguna responsabilidad. (2) Había desarrollado hábitos de amargura, aunque no los reconocía, porque siempre se sentía justificada. (3) Era independiente y rechazaba los consejos —esto es común en tales casos—. Estos tres factores afectaron tanto su vida, que un día sufrió un colapso. De pronto se dio cuenta que necesitaba acudir a Dios para pedir su ayuda.

El Señor le mostró cuatro pasos que debía seguir si de veras deseaba sanar: (1) Leer la Biblia y alimentarse de sus verdades. (2) Orar: debía hablar con Dios, no sólo durante los breves momentos regulares de su oración, sino a través de todo el día y en cada situación. (3) Confiar: acudir a Dios y pedir con fe que la guiara en todo. (4) Obedecer: hacer la voluntad de Dios, es decir, guardar sus mandamientos.

Juanita decidió seguirlos y a medida que los aplicaba a su vida diaria, descubría que su relación con Cristo era cada vez más estrecha y su confianza en él aumentaba. Mientras leía, oraba, confiaba en Dios y obedecía. También su relación con los demás mejoraba. Juanita se dio cuenta de que cada día había menos motivos de preocupación. Comenzó a reconocer que al hacer la voluntad de Dios, hasta las cosas más difíciles las hacía con tranquilidad, confianza y seguridad.

"Depender de Dios es el tema de mi vida —dice ahora, Juanita—. Mi relato es acerca de una mujer que no tenía nada, pero que encontró todo lo que necesitaba al depender completamente del Señor" (Traducido y adaptado de *Our Daily Bread* [Nuestro pan cotidiano]). Recordemos que si dependemos del Señor y comenzamos cada día confiando en sus promesas, él nos dará la fortaleza, el gozo y la esperanza que necesitamos, para disipar todos los temores y ansiedades que nos aflijan.

Christina Suárez

Una respuesta inmediata

Y antes que clamen, responderé yo; mientras aún hablan, yo habré oído. Isaías 65:24.

Mientras caminaba desde la parada de autobuses hacia la casa de mis padres, oré. Estaba recién casada y las cuentas parecían acumularse y duplicarse. "Lo que necesito es un trabajo adicional —le dije a Dios— eso solucionará nuestros problemas".

Varios meses atrás había conseguido un trabajo de tiempo parcial como instructora de inglés durante algunas tardes, pero al decidir continuar mis estudios tuve que dejarlo porque no me alcanzaba el tiempo. Ahora tenía las tardes libres y necesitábamos el dinero pero no concertaba ni una entrevista.

Muy desanimada, arrastraba los pies al caminar. Abrí el portón perdida en mis pensamientos. Rook, el activo perro cobrador dorado (golden retriever) de mis padres brincaba de alegría y hacía su bailecito de bienvenida. Pero ese día yo no tenía ganas de jugar con él.

Justo entonces, escuché que el teléfono sonaba. No había nadie en casa. Corrí subiendo los escalones de dos en dos, seguida por la mascota quien pensó que iniciábamos un juego nuevo. Recogí el teléfono y miré rápidamente alrededor buscando lápiz y papel para tomar el mensaje, pero me esperaba una grata sorpresa.

"¿Dinorah Blackman?" preguntó una voz que no reconocí. Rápidamente traté de adivinar quién me llamaría a casa de mis padres.

"Sí", respondí un poco agitada aún.

El extraño se identificó como el coordinador de un centro de idiomas al cual había enviado mis datos hacía más de un año, antes de casarme y mudarme. Procedió a explicar que necesitaban con urgencia una instructora dispuesta a empezar al día siguiente.

"¿Está disponible?", preguntó un poco inseguro.

Sentí ganas de llorar y reír a la vez. "Por supuesto, dígame cómo llegar".

No lo podía creer. No fue coincidencia que yo hubiera decidido esperar a mi esposo en casa de mis padres. Todo estaba dentro del plan de Dios para ese día.

Colgué el teléfono después de anotar las instrucciones y regresé a la sala donde ya Rook se había acomodado en el sofá. ¿Qué importaba si ahora tendría que sobornarlo para lograr que saliera de la casa? Mis pensamientos estaban elevados hacia un Dios maravilloso quien conoce las necesidades de sus hijas y responde sus oraciones instantáneamente, aun antes de que sean expresadas.

Dinorah Blackman

Ventajas de la verdadera educación

Instruye al niño en su camino y aun cuando fuere viejo no se apartará de él. Proverbios 22:6.

Cuando mi madre era una joven adulta, al ver los niños irreverentes en la iglesia y a los padres sin saber qué hacer para evitarlo, ella pensaba: "El día que tenga mis hijos no será así. Con la ayuda de Dios, les voy a enseñar a portarse bien en la iglesia". Más adelante ella se dio cuenta de cuán ignorante era en el área de la conducta. Especialmente yo, su segunda hija, era hiperactiva. Ella me cuenta que en un momento me le desaparecía de su lado por debajo del banco en la iglesia, y mientras ella me buscaba a su lado, yo aparecía junto a mi padre en la plataforma, quien estaba predicando o sentado, y yo la miraba muy feliz desde arriba.

Cierta vez en un centro comercial, mientras mi mamá se probaba un traje, mi papá nos cuidaba a nosotros sus tres hijos en la entrada. Yo tenía cuatro años de edad pero me le escapé. A los cinco minutos, aparecí con una señora que me traía con la mano en alto. ¡Qué sorpresa! Yo tenía una quemadura en mi mano derecha, pero no estaba llorando. Me había ido a la escalera eléctrica, había puesto la mano donde terminaba la escalera, y allí ¡se me atoró la mano! Gracias a Dios, esa señora me salvó de ser arrastrada por completo. El asombro de mis padres fue muy grande y, al tratar de tocarme, dicen que les dije: "¡No me toquen que me duele!" Hoy todavía tengo esa marca en mi mano derecha.

Ahora estoy casada y trabajo en el departamento de Salud de la ciudad de Nueva York. Veo cómo a los niños muy activos los tranquilizan con ciertas medicinas. Yo le agradezco a Dios por el valor de la educación cristiana. Además de guiarme en los principios de Dios, en mi escuela de iglesia me involucraron en muchas actividades deportivas y dirigieron mis habilidades en forma positiva.

Los hijos son un regalo de Dios para preservar la raza humana. Los padres debieran capacitarse muy bien para encauzarlos y educarlos en el camino del bien, velando hasta por su alimentación para que el resultado de su trabajo sea favorable en el futuro y agradable ante Dios. "El Señor quiere usar a la escuela de iglesia para ayudar a los padres en la educación y preparación de sus hijos para el tiempo que nos espera" (*Conducción del niño,* p. 292).

Esther Familia Cabrera

¿Quién me tocó?

Y él le dijo: Hija, tu fe te ha salvado; vé en paz. Lucas 8:48.

La fe "mueve montañas".

La fe "alumbra donde hay oscuridad".

La fe "cura las heridas".

Si sólo tuviéramos fe "como un grano de mostaza" (Luc. 17:6). Dios haría grandes cosas en nuestra vida.

Era sábado. Al terminar el culto en la iglesia, mis hijos se dirigían a casa. Mi hija Patty manejaba el auto. Mi hijo Salomón, en el asiento del pasajero, dormía plácidamente. Al llegar a un cruce, siendo que ellos tenían la luz verde, siguieron su camino, sólo para ser impactados por un auto que se había pasado la luz roja. Todo fue tan rápido que al choque de ambos carros, el rostro de mi hijo dio contra el parabrisas. Como resultado se abrió una tremenda herida en la cabeza y su nariz se salió de su lugar. La sangre manaba abundantemente. La vida de mi hijo estaba en peligro. Lo peor fue que al ingresar al hospital no podían operarlo inmediatamente ya que era alérgico a una clase de anestesia.

Los médicos se reunieron para decidir cómo hacer la operación. Yo salí a una sala y a solas clamé al Señor con fe por la vida de mi hijo, pero pedí que sobre todo se hiciera su voluntad. Yo la aceptaría. Al fin lo operaron y hoy, ya recuperado, su rostro ha quedado como si no hubiera sufrido accidente alguno.

Al igual que la mujer con el "flujo de sangre" que con fe tocó el manto de Jesús y fue sanada, yo creo firmemente que en esa ocasión Dios tocó a mi hijo y lo sanó.

¿Eres madre, o esposa, o hermana y sufres alguna enfermedad? ¿Alguien a quien tanto amas tiene problemas de cualquier índole? "Toca" al Maestro, quién a través de tu fe, puede darte el bálsamo espiritual.

Lucy Gadea

La respuesta correcta

El que ama a padre o madre más que a mí, no es digno de mí; el que ama a hijo o hija más que a mí, no es digno de mí. Mateo 10:37.

Mi esposo y yo hemos sido grandemente bendecidos con el regalo de ocho maravillosos nietos y nietas y dos preciosas bisnietas.

Un día, mientras viajábamos con los dos nietos más pequeños, Kenneth el de cinco años, me hizo una pregunta que me dejó muy sorprendida. Veníamos conversando, y de pronto él me preguntó: "Abuela, ¿tú a quién amas más: ¿A Dios o a mí?" No estaba preparada para contestarle de la manera debida, así que tuve que orar mentalmente por varios segundos. Le pedí a Dios que me diera la respuesta correcta y a la vez satisfactoria para esa mente tan tierna.

Cuando terminé de orar le dije: "Kenneth, para mí Dios es primero. Lo amo con todo mi corazón. Pero a ti también te amo con todo mi corazón". Él me dijo: "Abuela, eso era lo que yo esperaba que tú me dijeras". En ese momento me di cuenta que Dios había contestado la petición que le hice en cosa de segundos.

No hay duda que amamos a nuestros seres queridos en una manera muy especial, pero nunca debemos olvidar que debemos amar a Dios en primer lugar. Él desea que nos amemos los unos a los otros, no sin antes amarlo a él. Él es nuestro mayor y mejor ejemplo de cómo amar debidamente a otros. Nos ha compartido muchos ejemplos en su Palabra para que podamos aprender de él. Al orar, pidámosle que nos ayude a amarlo primero a él para poder amar a nuestros seres queridos como él lo haría.

Monín Hernández de Colón

Amad a vuestros enemigos

Amad a vuestros enemigos, bendecid a los que os maldicen, haced bien a los que os aborrecen, y orad por los que os ultrajan y os persiguen; para que seáis hijos de vuestro Padre que está en los cielos. Mateo 5: 44, 45.

Cuando me bauticé, en 1976, yo trabajaba como secretaria del administrador del Hospital de Veteranos en Puerto Rico. Allí había tenido una buena relación con mis compañeros de trabajo. Almorzábamos juntos, compartíamos situaciones difíciles, y nos ayudábamos mutuamente, pero una vez que me bauticé en la Iglesia Adventista del Séptimo Día, las cosas cambiaron. Ya mi amistad no era tan agradable para mis compañeros. Comenzaron a criticarme y a hacerme comentarios negativos y preguntas difíciles respecto a la Biblia para luego mofarse de mis creencias. Me hicieron sufrir mucho, especialmente una compañera que había sido muy cercana, y que siempre hablaba conmigo, y que ahora no lo hacía, y si lo hacía, era para criticarme por mi nueva forma de vestir, porque ya no usaba joyas, o porque no me maquillaba.

Pasados unos meses, un día supe que a su hijo mayor, que tenía unos catorce años, le diagnosticaron un tumor maligno en el cerebro y estaba recluido en el Centro Médico de Río Piedras, Puerto Rico.

Sin pensar en el daño que mi compañera me había ocasionado los meses anteriores con sus burlas y críticas, corrí al hospital a ver a su hijo. Mi corazón estaba conmovido por la situación. Ella se sorprendió al verme allí. Esa no fue mi última visita. Continué visitándolo a diario, orando con él y animándolo —tanto al niño como a ella—. Poco a poco fui ganando la confianza y el cariño de ambos. Llegó el momento en que mi visita era para ella de gran ayuda, pues mientras yo me quedaba con su hijo, ella aprovechaba para hacer otras cosas que tenía pendientes, ya que no lo dejaba solo ni por un instante.

Con el tiempo su hijo fue empeorando, pero nuestra amistad fue creciendo. Finalmente él murió, pero la relación de amistad que había ahora entre ella y yo era más fuerte que nunca. Aún la conservamos. Dios es sabio, y sus consejos son muy valiosos. Yo te exhorto a brindar amor a todo el mundo, a pesar del mal que nos hayan hecho, pues el amor engendra amor. Si aprendemos a amar a nuestros enemigos, muy pronto dejarán de serlo.

Annie Aldahondo

Caminar con Dios

Caminó pues, Enoc con Dios, y desapareció, porque le llevó Dios.
Génesis 5:24.

¿Cómo sería la vida de Enoc? Caminar con Dios. ¿Qué significa realmente? ¿Será algo que nosotras podremos lograr? Tal vez podríamos pensar que caminar con Dios en la época de Enoc, hace 6.000 años, no era difícil, porque no había las tentaciones de hoy. Pero recuerde esto: ¿Cuántos años predicó Noé antes del diluvio? 120 años. ¿Y cuántas personas se salvaron en el arca? Solamente ocho.

¿Y qué de nuestros tiempos? ¿Qué clase de personas estarán preparadas para encontrarse con Jesús cuando venga por segunda vez? Veamos lo que nos dice la sierva del Señor en *Joyas de los Testimonios* t. 2, p. 71: "El sello de Dios no será nunca puesto en un hombre o mujer que sean impuros. Nunca será puesto sobre la frente de hombres y mujeres de corazón falso o engañoso. Todos los que reciban el sello deberán estar sin mancha delante de Dios y ser candidatos para el cielo".

Pero, ¿cómo se logra llegar a ser "sin mancha"? Consideremos lo que dice la pluma inspirada acerca de Enoc, en el primer tomo de *Sermones y discursos*, p. 32. "Enoc caminó con Dios por trescientos años antes de su traslación al cielo, y el estado del mundo no era entonces más favorable para la perfección del carácter cristiano que lo que es ahora. ¿Y cómo caminó Enoc con Dios? Educó su mente y su corazón para sentir siempre que estaba en la presencia de Dios, y cuando se encontraba en perplejidad, sus oraciones ascendían para que Dios lo guardase.

"Su oración era: '¿Qué es lo que tú deseas de mí? ¿Qué haré para honrarte, mi Dios?' Así se mantuvo constantemente eligiendo su camino y su curso de acción en armonía con los mandamientos de Dios.

"Enoc fue un representante de aquellos que estarán sobre la tierra cuando Cristo venga, que serán trasladados al cielo sin ver muerte".

Querida hermana, si nuestro propósito es algún día poder caminar con Dios, comencemos desde hoy a mantener un canto de alabanza y agradecimiento en el corazón, y una oración constante en los labios.

Tendremos la dicha no sólo de caminar con Dios, sino de correr por las calles de oro de la mano de Jesús.

Martha Ayala de Castillo

El amor mutuo

Amados, amémonos unos a otros; porque el amor es de Dios. Todo aquel que ama, es nacido de Dios, y conoce a Dios. 1 Juan. 4:7.

Desde el punto de vista del cristiano, el amor es poder. Este principio involucra fuerza intelectual y espiritual. El amor puro tiene especial eficacia para hacer el bien, y no puede hacer sino bien. Acaba con la discordia y la miseria y reporta la felicidad más genuina. La riqueza a menudo corrompe y destruye; la fuerza puede dañar; pero la verdad y la bondad son propiedades del amor puro.

Un hombre que está en paz con Dios y sus semejantes, no puede sentirse miserable. La envidia no entrará en su corazón; las malas sospechas no hallarán cabida allí, ni podrá existir el odio. El corazón que está en armonía con Dios se eleva por encima de los disturbios y las pruebas de esta vida.

Lo que Satanás siembra en el alma: envidia, celos, sospechas, maledicencia, impaciencia y prejuicios, egoísmo, codicia y vanidad, debe ser desarraigado. Si se permite que esas cosas malas permanezcan en el alma, darán frutos que podrían corromper a muchos. ¡Ah, cuántos cultivan las plantas venenosas que matan los preciosos frutos del amor y mancillan el alma!

Solamente el amor que fluye del corazón de Cristo puede sanar. Sólo aquel de quien fluye ese amor, como la savia en el árbol, o la sangre en el cuerpo, puede restaurar al alma herida.

Los agentes del amor tienen poder maravilloso, porque son divinos. La respuesta suave que "aparta el enojo"; el amor que "es sufrido y benigno"; el amor que "cubre una multitud de pecados"; si aprendiéramos esta lección ¡de qué poder sanador serían dotadas nuestras vidas! La vida sería transformada y la tierra llegaría a ser la misma semejanza y el goce anticipado del cielo (*Meditaciones matinales*, p. 179).

Elena G. de White

Perspectivas

He aprendido a contentarme, cualquiera que sea mi situación. Filipenses 4:11.

¿Has deseado realmente alguna vez ir a un lugar, o hacer algo, pero para lograrlo se requería algo difícil para ti? Así que oraste al respecto y, finalmente, con mucho trabajo y con la ayuda de Dios, pudiste ir.

Elena de White escribe: "A toda oración sincera se le dará una respuesta. Puede ser que no venga exactamente como deseas, o en el momento en que lo esperas, pero vendrá en la forma y en el momento que supla mejor tus necesidades" (*Obreros evangélicos*, p. 258). Ella también nos recuerda: "Dios no conduce nunca a sus hijos de otra manera que la que ellos elegirían si pudieran ver el fin desde el principio, y discernir la gloria del propósito que están cumpliendo como colaboradores suyos" (*El Deseado de todas las gentes*, p. 197).

Antes de irte de viaje, hablaste a todos tus amigos acerca de tus planes de tal manera que llegó a convertirse en algo realmente maravilloso en tu mente. Sin embargo, una vez que llegaste a tu destino, te desilusionaste porque no era exactamente lo que habías esperado. ¿Qué hacer al regresar y encontrarte con tus amigos? Lo que hiciste fue contarles todos los puntos principales del viaje, con entusiasmo. Y te parecía que todos aquellos a quienes lo contaste se sentían emocionados y felices por ello. Y mientras más contabas, mejor te sentías acerca de toda la aventura. Habiendo destacado únicamente lo positivo, empezaste a darte cuenta que realmente habías disfrutado tu viaje, después de todo.

Aprende a detenerte y a mirar sólo lo bueno en las circunstancias y las personas. Comparte con entusiasmo tus observaciones con los que te rodean. Mantén una oración en tu corazón, una sonrisa en tu rostro, y pide a Dios que te ayude a ser una bendición para todos aquellos con quienes te pones en contacto. Y recuerda el consejo del sabio rey Salomón que dijo: "El corazón alegre hermosea el rostro; mas por el dolor del corazón el espíritu se abate" (Prov. 15:13). Todo es cuestión de perspectiva.

Lory Ann Vásquez

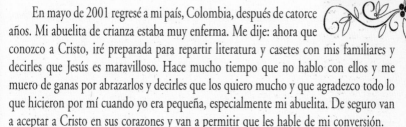

¡Fui rechazada!

Bienaventurados sois cuando por mi causa os vituperen y os persigan, y digan toda clase de mal contra vosotros, mintiendo. Mateo 5:11.

En mayo de 2001 regresé a mi país, Colombia, después de catorce años. Mi abuelita de crianza estaba muy enferma. Me dije: ahora que conozco a Cristo, iré preparada para repartir literatura y casetes con mis familiares y decirles que Jesús es maravilloso. Hace mucho tiempo que no hablo con ellos y me muero de ganas por abrazarlos y decirles que los quiero mucho y que agradezco todo lo que hicieron por mí cuando yo era pequeña, especialmente mi abuelita. De seguro van a aceptar a Cristo en sus corazones y van a permitir que les hable de mi conversión.

Llegué a Bogotá donde tuve la oportunidad de predicar. Ya me habían advertido que no era común que las mujeres predicaran en sábado. ¡Este sí que era un desafío! Acepté el reto porque valdría la pena si tan sólo mis primos aceptaran ir conmigo. ¡Pero no fue así! Me sentí rechazada cuando todos me dieron excusas para no ir. Esa mañana prediqué sola sin ningún familiar alrededor. Me consoló que Dios estaba conmigo y que la gente de la Iglesia de Palermo fue muy amorosa y el mensaje fue muy bien recibido.

Estaba triste y decepcionada. Mi familia me había rechazado. Pero todavía había esperanza, viajaría a Ibagué, la ciudad donde estaba mi abuelita. ¡Que alegría sería verla de nuevo! Estaba segura que ella sí me escucharía. Le llevé casetes del pastor Alejandro Bullón. Vi a una ancianita caminando chueco y con bastón, casi sin dientes. Nos abrazamos y lloramos. Pero cuando la invité a la iglesia donde predicaría, me dio excusas para no ir. ¡Fui rechazada otra vez! ¡Duele ser rechazada por la gente con quien creciste y compartiste tantos momentos importantes de tu vida! ¿Alguna vez te ha pasado algo similar?

Nuevamente, los hermanos adventistas suplieron el cariño. Me di cuenta que ellos eran mi verdadera familia. Durante el resto de esos días mis familiares no querían conversar conmigo ni me preguntaban de mi vida personal por miedo a que les hablara de mi religión. Nunca antes me había sentido tan mal. Me aburrí y me regresé antes de tiempo.

Al regresar a casa leí Mateo 5:10-15 y me sentí mejor. Ahora me queda la esperanza de que esos casetes no sigan acumulando polvo. Ojalá desaparezcan de la mesita de mi abuelita y lleguen a oídos interesados. Quizá mi ejemplo sirvió de algo. Quizá Dios ya está trabajando en sus corazones. Lo sabré en el cielo.

Hilda Mireya Amaro

¿Qué debo hacer?

Clama a mí, y yo te responderé, y te enseñaré cosas grandes y ocultas que tú no conoces. Jeremías 33:3.

Por quince años mi esposo había sido pastor y evangelista en varias iglesias de California cuando recibimos la invitación de la Asociación General para ir como misioneros a la División Interamericana. Aceptamos el llamado y empezamos a hacer los preparativos para viajar a Bucaramanga, Colombia.

Además de la complicada tarea de vender la casa, dos autos y muchas otras cosas, era necesario también someternos a exámenes médicos para ingresar a un país extranjero. El médico me examinó y recomendó que me sometiera a una histerectomía por unos pequeños problemas que yo había tenido. Según el médico, podíamos evitar algún posible problema si me sometía ahora a la cirugía.

¿Pero una histerectomía? Esa es una cirugía delicada. Cuando consulté con mi esposo, me dijo que la decisión tendría que ser mía.

Mientras empacaba, imploraba a Dios que me indicara lo que debía hacer. Los tres hijos mayores estaban en la escuela y David, el más pequeño, de sólo 15 meses, me "ayudaba" desempacando más rápido de lo que yo podía empacar.

Una ginecóloga me recomendó que me operara, la otra me dijo que no era necesario. Algo estaba ahora muy claro para mí. Dios era el único que sabía lo que yo debía hacer.

La respuesta vino de una forma inesperada en la oficina del dentista el día que llevé a los hijos para una revisión dental. Al ver sus dientitos dijo a uno de ellos: "¿No crees que es mejor que te saque estos dientes para que no se te formen caries en Colombia?" Nos reímos, pues sabíamos que sólo era una broma. Pero en ese momento yo sentí que esa era la respuesta a mi oración. Eso mismo era lo que el doctor me estaba diciendo que hiciera. Aunque no necesitaba la cirugía, debía hacérmela para evitarme probables problemas en Colombia. El dentista, aunque amigo nuestro, no sabía nada de mi dilema, pero Dios lo usó para ayudarme a resolver mi problema. Mi decisión estaba hecha.

Trabajamos siete años en Colombia y Dios bendijo nuestro ministerio con centenares de almas ganadas para su reino. Nunca tuve ningún problema de salud. Eso fue en 1967 y hasta la fecha no he necesitado esa operación. Jehová oyó y contestó mi oración, y hará lo mismo por ti, querida hermana.

Esperanza Ayala Benavides

¡Sólo hazlo!

Todo lo que te viniere a la mano para hace, hazlo según tus fuerzas; porque en el sepulcro, a donde vas, no hay obra, ni trabajo, ni ciencia, ni sabiduría. Eclesiastés 9:10.

Ese día me despertó la radio con la historia de un hombre formidable. Desconocido, humilde, sin fortuna, pero con un codiciable tesoro, su fuerza de voluntad para hacer cumplir sus sueños.

El locutor del programa destacó lo sucedido con José Leoncio Jiménez, un hombre sencillo oriundo de la ciudad de Pasto, al sur de Colombia. Su vida ha girado en torno a la práctica del atletismo, por lo cual se enteró el miércoles que el domingo se efectuaría la versión número 33 de la famosa carrera atlética Ciudad de Girardot, con un recorrido de unas 18 horas, por vía terrestre.

José Leoncio no tenía patrocinio alguno, ni siquiera del Departamento. Pero decidió participar. Fue hasta el aeropuerto y buscó allí a una comadre, amiga muy cercana de su familia, quien le consiguió un pasaje a Bogotá por la aerolínea Satena.

Viajó el jueves a Bogotá y de allí, como pudo, llegó en autobús hasta Girardot el sábado. El domingo se inscribió tempranamente; le dieron el N.º 039. Cuando la carrera fue anunciada, nadie se refería a este hombre. Era un desconocido, así que cuando pasaba cerca de los periodistas solamente le llamaban por su número. Pero la situación cambió cuando se colocó en la punta de la carrera. Todos preguntaban quién era este competidor. "José Leoncio Jiménez, y viene desde Pasto" dijeron. Al final del evento este atleta había ganado la victoria ante un grupo de reconocidos deportistas a quienes no les alcanzaron las fuerzas para superarlo. ¿Su premio? $1.500 pesos colombianos, unos $705 dólares aproximadamente. Con su triunfo a cuestas y habiendo recibido el premio, inmediatamente se dirigió a la terminal de transportes y tomó su autobús de regreso a su querida tierra en un largo viaje.

Pero luego de 18 horas de competencia, no llegó a recibir honores. Su constancia fue tal que llegó a entrenar y prepararse para una próxima carrera atlética. "Tengo admiración y respeto por este hombre", comentaba el periodista.

También yo me uní a él. Con cuán poco esfuerzo corremos nosotros nuestra propia carrera cristiana. Cuán escasos son nuestros sueños por alcanzar nuestros ideales. Y como soñamos poco también proyectamos poco. Atamos las manos divinas para bendecirnos cuando nos conducimos con tan poca fe.

Decidamos hacer hoy todo cuanto esté a nuestro alcance. El Señor nos acompaña.

Olga Marly Galindo

Amplio en perdonar

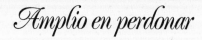

> *Deje el impío su camino, y el hombre inicuo sus pensamientos, y vuélvase a Jehová, el cual tendrá de él misericordia, y al Dios nuestro, el cual será amplio en perdonar. Isaías 55:7.*

Al contemplar la inocencia y natural belleza de un recién nacido, nos resulta difícil aceptar que una criatura tal pueda traer su genes contaminados por la herencia del pecado. El desarrollo físico y mental del bebé lo convertirá más tarde en un individuo con capacidad de pensar y tomar sus propias decisiones. Es precisamente ese desarrollo el que va madurando su pecaminosidad interior hasta convertirlo en lo que la Biblia llama el hombre inicuo. Si no es por la intervención divina, por ese tierno llamado de amor, la carrera vertiginosa del pecado puede llevarnos a la destrucción total, a la bancarrota espiritual, al abismo de la perdición.

¡Oh admirable amor de Dios! Sólo tú, oh Dios, puedes amar en plenitud. La misericordia de Dios no tiene límites ni explicaciones posibles. El bebé al nacer no sabe qué es pecado; pero Dios sí conoce su condición y tomó provisión para enfrentar esa desgracia genética. Arregló todo para que el perdón fuera posible y el arrepentimiento pudiera producir un cambio salvador en la vida del que humilde se acerca al trono de la gracia.

Fue una noche, en su entrevista solitaria con Jesús cuando Nicodemo recibió del Maestro la revelación del nuevo nacimiento: "De cierto, de cierto te digo, que el que no naciere de nuevo no puede ver el reino de Dios" (Juan 3:3). En el segundo nacimiento, el nacimiento espiritual, la herencia no está contaminada, no se nace con el germen del pecado. El nuevo nacimiento nos ofrece una perspectiva diferente, se nace en el reino de Dios y se nace sin contaminación. Es la única forma de lograr el perdón ofrecido, la única manera de vivir una vida recta, justa y santa. Y sólo Jesús puede producir ese cambio, esa transformación fundamental que nos hace ciudadanos del reino de los cielos.

En nuestro texto de hoy se encuentra implícito un factor básico: la voluntad humana. Nuestro Dios es amplio en perdonar; pero no subyuga la voluntad del pecador. No le impone la santidad, ni siquiera le exige un cambio de actitud que no esté voluntariamente dispuesto a seguir. Es el llamado del amor de Dios lo que induce la respuesta voluntaria del pecador arrepentido; porque su amor es "amplio en perdonar".

"Si oyereis hoy su voz, no endurezcáis vuestros corazones" (Heb. 3:15).

Virginia Sánchez

La oración es la llave

Pedro estaba custodiado en la cárcel; pero la iglesia hacía sin cesar oración a Dios por él. Hechos 12:5.

La noche antes de que Pedro sería llevado ante el tribunal, se encontraba dormido en su celda encadenado entre dos soldados. Habían otros soldados apostados a la puerta, por los pasillos, hasta la salida de la cárcel. De repente se apareció un ángel quien despertó a Pedro con una luz que llenaba la celda. Le mandó a Pedro que se pusiera de pie, y al obedecerle, las cadenas se cayeron de sus manos y sus pies. Los soldados siguieron dormidos.

El Señor había mandado a su ángel porque Herodes, el gobernador, planeaba ejecutar a Pedro al siguiente día. Todos sabían que la muerte de Pedro era segura. Cuando Pedro se puso de pie las puertas de la cárcel se le abrían al caminar hacia la libertad, hasta que se encontró en la calle maravillado por lo acontecido.

Entonces Pedro se dirigió a la casa de María la madre de Juan Marcos. Allí se dio cuenta que habían estado orando fervientemente por él para que Dios lo librara de la muerte y pudiera seguir predicando el Evangelio de Dios.

Cuando Pablo fue encarcelado no fue liberado por un milagro. Siempre me he maravillado de este hecho. El Señor no envió su ángel para librar a Pablo como lo había hecho con Pedro. Cuando busqué el porqué en mi Biblia me sorprendí. La respuesta fue más sencilla de lo que imaginaba.

La iglesia en Jerusalén no había orado con el mismo fervor e intensidad por Pablo como lo habían hecho por Pedro. Cuando Pedro enfrentaba la muerte, los hermanos oraban día y noche.

Ahora en tiempos de la cautividad de Pablo, los hermanos se habían vuelto descuidados en cuanto al poder de la oración. Quizá se habían acostumbrado al encarcelamiento de sus líderes espirituales y no oraban con la misma intensidad y consagración.

El poder de la oración que habían aprendido después del día de Pentecostés se había perdido de vista. El poder de la oración se debe a que nos estamos comunicando con el Dios del cielo. El Señor es nuestro creador y, conociendo todas las cosas, nada es imposible para él. Podemos y debemos orar con el mismo fervor del día de Pentecostés. Dios obrará a través de nuestras oraciones. Dios quiere seguir haciendo lo imposible por sus hijos. ¡Nunca descuides el poder de la oración en tu vida!

Ruthie Rojas

¿Se disfrazan los ángeles?

El ángel de Jehová acampa alrededor de los que le temen, y los defiende. Salmo 34:7.

Hace unos pocos años mi mejor amiga y yo decidimos correr una aventura por Europa. Teníamos 20 años de edad. Estábamos en Portugal e íbamos a tomar el tren nocturno hacia Madrid, pero como se nos había agotado la moneda portuguesa, decidimos esperar hasta el día siguiente para cambiar dólares por pesetas. La estación del tren estaba a unos tres kilómetros.

Después de haber pasado un buen rato tiradas en la grama del parque, me di cuenta que había sólo grupos de hombres, fumando o bebiendo licor hasta que dos de ellos comenzaron a seguirnos. Todo estaba desolado. Ellos no dejaban de seguirnos. Comenzamos a preocuparnos por la caminata que teníamos que hacer para llegar a la estación ubicada fuera de la ciudad en una zona industrial desolada. Me di cuenta de la magnitud del peligro que corríamos. Dos jóvenes norteamericanas, ni muy altas ni muy fuertes, con mochilas en la espalda. Éramos dos signos de dólar ambulantes.

Empecé a sentir temor. No teníamos dinero para tomar un taxi o un autobús, no había otra forma de llegar a la estación del tren que caminar esos tres kilómetros desolados. Entonces me acordé de orar. Hice esta sencilla oración: "Señor, por favor mándanos alguien que hable inglés". De pronto un jamaiquino de ropas sucias se acercó. Nos habló en portugués.

Le dije que no podíamos entenderle. Entonces exclamó: "¡Oh, hablan inglés! ¡Excelente! Necesito unas moneditas para comprar alimento. Estoy recuperándome de la adicción a la heroína". En seguida le contesté: "Nosotras somos las que necesitamos su ayuda ahora mismo". Y discretamente señalé a los dos hombres que nos habían estado siguiendo durante casi tres horas. Él se preocupó y nos dijo: "Cada año muchas jóvenes norteamericanas desaparecen. ¡Las llevan a los burdeles de Marruecos y las fuerzan a hacer cosas terribles!"

El hombre nos condujo a la estación de policía. El policía logró arrestar a uno de nuestros perseguidores. Estaba bajo la influencia de las drogas y de cerca causaba mucho más temor. Finalmente, un policía nos llevó a la estación del tren.

Entre la confusión, el joven jamaiquino se desvaneció y no tuvimos siquiera la oportunidad de agradecerle. Siempre me he preguntado, ¿se disfrazaría un ángel de ex adicto a la heroína con cabello de trenzas enmarañadas? ¿Por qué no? En realidad, eso no importa. "El ángel de Jehová acampa alrededor de los que le temen, y los defiende".

Wendy Collins Montplaisir

Dios convierte nuestros problemas en bendición

Gracias sean dadas a Dios, que nos da la victoria por medio de nuestro Señor Jesucristo. 1 Corintios 15:57.

Mi papá acostumbraba decir que cuando yo cumpliera 18 años, haría mi voluntad, porque sería adulta. Esas palabras eran muy significativas para mí, porque cuando uno es joven lo que más anhela es tener libertad para tomar sus propias decisiones. Al cumplir los 18 años, decidí irme de mi hogar en Puerto Rico y vivir con mi hermana en Búfalo, Nueva York.

Ella era cristiana y por mucho tiempo trató de "seducirme" con su religión. Ese fue el comienzo de una gran pesadilla. Vivía con mi hermana y su esposo, pero tuve problemas con ellos porque comenzaron a darme una "lista de reglas a seguir" y yo ya era una mujer adulta y podía tomar mis propias decisiones. Finalmente empaqué mis cosas y partí.

Salí de ese hogar y busqué un apartamento con una amiga que me dio muchos dolores de cabeza, pues sus costumbres eran muy diferentes a las mías. Como no me alcanzaba el dinero para mantenerme, terminé viviendo en una casa para personas sin hogar. Allí vivían jóvenes desamparados, viciosos, con problemas, o jóvenes que habían huido de su hogar. Pero Dios ya tenía planes para mí.

Ahí conseguí una beca para estudiar, ayuda federal para mi sustento, apartamento amueblado y un novio que parecía ser de lo mejor. ¿Qué más podía pedir? Parecía que ya lo tenía todo. Pero al pasar el tiempo comencé a ver que mi novio tenía serios problemas emocionales. Si discutíamos por cualquier asunto, me golpeaba. Cuando quise terminar nuestra relación, me amenazó de muerte. En mi desesperación, una noche que él me amenazó, corrí a la casa de mi hermana. Ella pasó toda esa noche hablándome del amor de Dios y de su iglesia, la Iglesia Adventista. No había otra cosa que hacer, no podíamos prender la radio ni el televisor, porque no queríamos que mi novio supiera que yo estaba allí.

Esa noche tuve un sueño acerca de la venida de Cristo que me impresionó mucho. Al otro día era sábado. Acompañé a mi hermana a la iglesia y conocí preciosas verdades que aún atesoro en mi corazón, y que también las compartí con mi novio. Aunque no continuamos nuestra relación de noviazgo, ambos fuimos bautizados y partimos a estudiar en sendos colegios adventistas, él se fue a Massachusetts y yo a Puerto Rico.

Keila Silva

Un ángel me salvó

Pues a sus ángeles mandará acerca de ti, que te guarden en todos tus caminos. En las manos te llevarán, para que tu pie no tropiece en piedra. Salmo 91:11, 12.

Era sábado en la tarde. Yo tenía cinco años y mi mamá me había puesto un pantaloncito que me cubría del cuello a los pies. Me puso una regadera llena de agua en las manos y me dijo que cruzara el puente y se la llevara a la ancianita que vivía al otro lado. Ella necesitaba el agua.

Todos aquellos terrenos bajos, al subir la marea, se inundaban, y era necesario construir puentes altos. Debajo del puente había una ciénaga y sobre la superficie el agua clara, donde un ejército de pececitos de colores pasaba hacia la derecha. Yo era una niña muy curiosa, así que me puse en cuclillas en la orilla del puente a mirar aquella miríada de pececitos.

El movimiento de los peces hacia la derecha fue ofuscándome, y sin darme cuenta perdí el balance hasta caer hacia el frente. En ese momento vi a mi ángel. Ahí estaba a mi derecha. Alto, muy alto; todo cubierto con un ropaje blanco. No logré ver su rostro. Todo fue como un relámpago. Sentí unas manos que me sujetaron por los tobillos para no caer en el fango de donde nunca hubiera salido.

Unos hombres que me habían visto caer, ellos no habían visto mi ángel, corrieron a rescatarme, y se asombraron al verme aferrada a uno de los postes, más allá de donde caí.

Aunque yo tenía solo cinco años y era una niña inocente, el Señor permitió que yo viera a mi ángel. Desde que tuve uso de razón me he preguntado: ¿Por qué no morí allí? Entendí que el Señor siempre ha tenido un propósito específico en mi vida. Si siendo tan pequeña mi ángel me salvó, fue por algo. Yo he tratado de andar por sendas rectas. Muchas veces he tropezado en mi vida, pero he rogado ayuda de lo alto y Dios me ha levantado. Testifico que "el ángel de Jehová acampa en derredor de los que le temen, y los defiende" (Sal. 34:7). Mi meta final es llegar al cielo. Anhelo conocer a mi ángel y preguntarle cuántas cosas hubiesen pasado si él no hubiera acudido para salvarme aquel día.

María M. Pérez de González

Querido Jesús

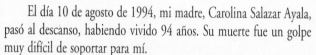

Y muchos de los que duermen en el polvo de la tierra serán despertados. Daniel 12:2.

El día 10 de agosto de 1994, mi madre, Carolina Salazar Ayala, pasó al descanso, habiendo vivido 94 años. Su muerte fue un golpe muy difícil de soportar para mí.

Ese día tan triste, después de hacer algunos arreglos importantes, regresé a casa y me senté ante mi máquina para escribir algunos pensamientos acerca de ella. Escribí una carta imaginaria como si mi madre la estuviera escribiendo. Se titula "Carta a Jesús".

"Querido Señor Jesús: Todos los días de mi vida he hablado contigo. Desde muy tierna edad entregué mi corazón y mi vida a ti. Mi único deseo durante mi larga vida fue servirte. Y quiero agradecerte desde lo más profundo de mi corazón, el que siempre estuvieras a mi lado.

"Tuve muchos momentos de gozo, otros de tristeza, momentos de lucha, momentos de tranquilidad, de dolor, y de felicidad, pero en toda circunstancia tú estuviste a mi lado.

"Durante mi vida experimenté tiempos de abundancia y tiempos de pobreza. Gocé de buena salud por muchos años y también sufrí enfermedad. Tuve momentos de ansiedad y momentos de seguridad, pero siempre, a través de todo, allí estuviste tú, a mi lado. Por esa razón yo te amo, querido Jesús.

"Durante mi vida, hubo tiempos de éxitos y de fracasos, días de sol brillante y días nublados. Hubo lluvias y tempestades y también días y noches de quietud. Hubo sonrisas y hubo llantos. Hubo trabajos y hubo descanso. Hubo placeres y hubo desengaños. Pero a través de todo, allí estabas tú a mi lado, y por eso te amo, Señor Jesús.

"Ahora que mis ojos ya no te ven, mis oídos ya no te escuchan, mis labios están silenciosos, mis manos ya no te sirven, y mis pies ya no corren para obedecer tus mandatos, descanso en tus tiernos brazos de amor. Y allí en tus brazos espero aquel día cuando mis oídos escucharán tu voz, mis ojos se abrirán y verán tu rostro, y mis labios cantarán alabanzas a tu santo nombre. Espero ese día cuando me tomarás de la mano y juntos entraremos por las puertas de perla. Allí correremos por las calles de oro, y comeremos del fruto del árbol de la vida. Tú, mi Señor, para siempre estarás allí y podré contemplarte. Podré adorarte y servirte por la eternidad. Tu hija que te ama para siempre, Carolina Salazar Ayala" (1900-1994).

Martha Ayala de Castillo

Errores y providencias

No os dejaré huérfanos; vendré a vosotros. Juan 14:18.

Mi esposo y yo estábamos muy poco preocupados por un dolor en mi brazo derecho. Creíamos que era a consecuencia de cargar a mi nuevo bebé. El dolor se intensificaba cada día más hasta que una cálida noche de agosto, un fuerte dolor de cabeza se añadió al dolor del brazo.

Era la 1:30 de la madrugada. Sentada al pie de mi cama observaba a mi familia dormir en paz, todos juntos en amor y armonía. ¿Sería ese el comienzo de una lucha contra las potestades malignas? Yo no lo sabía. Rogaba al Altísimo que calmara mi dolor. Al no mejorar busqué ayuda médica a esas horas. Mi esposo llamó a un pastor que vive cerca de casa. Éste me llevó al hospital. Salí de casa con un fuerte dolor de cabeza, pero no era más doloroso que el dejar atrás a mis amados. Sobre todo, dejaba a mi pequeño Benjamín de sólo cuatro meses, a quien amamantaba. "Dios mío, que mi hijo no me necesite a estas horas", rogaba yo a mi Padre. Era el principio de mi prueba y yo no lo sabía.

Al llegar al hospital me hicieron un examen de la cabeza. Me comunicaron que todo estaba bien y me fui a casa. Me sentí un poco ridícula al haber ido a ese lugar por algo tan sencillo. A los pocos días me llamaron del hospital para comunicarme que el examen mostraba algo inusual. Me pidieron que regresara para hacerme un estudio más exhaustivo. Regresé dos semanas más tarde para encontrarme con la noticia de que mi dolor de cabeza era una señal de un tumor en el cerebro, un tumor casi imposible de detectar a menos que Dios hubiera enviado a ese "ángel" a revisar mi caso.

A través de esta dura prueba, he aprendido que Dios siempre está a nuestro lado. Mi expediente ya había sido guardado, sin embargo, Dios mismo lo envió a revisar. Era un dolor de brazo, Dios lo permitió, un dolor de cabeza, Dios lo permitió, un tumor, Dios lo permitió. Soy su hija, comprada por su sangre, él me ama y yo lo sé.

El propósito no lo sé, sólo le pido fortaleza, fe y amor. Si te aqueja alguna enfermedad, confía en Jesús. Él estará contigo. Y si el dolor persiste, él estará contigo, hasta ver el nuevo amanecer donde no habrá más muerte ni dolor.

Marina Mesa

Todo llega a su debido tiempo

Encomienda a Jehová tu camino, y confía en él; y él hará. Salmo 37:5.

Mi esposo siempre sintió el deseo de servir al Señor, pero una combinación de circunstancias familiares y políticas en nuestro país, Cuba, imposibilitaron la realización de ese sueño.

En 1980 emigramos a los Estados Unidos y todo cambió para nosotros.

En 1982, él fue admitido en el Colegio de La Sierra, California, y luego en la Universidad de Loma Linda, donde se graduó con una maestría en Religión en 1985. Las condiciones fueron muy difíciles ya que estudió y trabajó tiempo completo ininterrumpidamente por tres años.

A partir de entonces, sirvió localmente durante varios años, en algunas iglesias de la Asociación del Sur de California. A la vez seguía trabajando de madrugada en un hospital del área. Dormía poco y estaba muy tenso. Orábamos para que Dios le abriera un lugar en su viña, pero nada pasaba y los años corrían.

Cuando mi esposo se sentía tentado a dejar sus labores ministeriales y quedarse sólo con su trabajo en el hospital, yo le decía: "No dejes el lugar que ya Dios te dio. En las computadoras nadie se va a acordar que eres pastor. Si te hacen un llamado de tiempo completo a la Cochinchina, allá nos vamos".

Cierta vez, después de una conversación familiar, nuestro hijo mayor, de trece años, le escribió una carta a su padre: "Papi, no dejes el ministerio. Me gusta que seas un pastor", le pedía. En ese tiempo yo dirigía el bando de oración de nuestra iglesia y esa era mi petición constante. Durante una ceremonia de aniversario del grupo de oración, hubo agradecimientos y testimonios por oraciones contestadas. Yo, por supuesto, me uní en los agradecimientos, pero a la vez recordé nuestra petición no contestada por más de ocho largos años. Una hermana me dijo: "Dios contesta a su debido tiempo".

Esa misma semana mi esposo recibió una invitación para pastorear en la Asociación de Oregón. Estábamos bien establecidos. Toda nuestra familia y amistades residían en el área, acabábamos de remodelar la casa; pero dije: "La Cochinchina llegó y para allá nos vamos".

Hoy mi esposo es pastor ordenado, y servimos al Señor con alegría. Nuestros dos hijos se preparan para el ministerio. Dios nos ha bendecido.

Dios no nos da siempre su bendición cuando le pedimos, sino cuando más nos conviene. Algunas veces tenemos que esperar, pero la bendición anhelada siempre llega.

Alina Careaga

El poder de su Palabra

Lámpara es a mis pies tu palabra, y lumbrera a mi camino. Salmo 119:105.

Me sentía fatigada. Ya era tarde cuando llegué a casa. Permanecí en el auto tratando de relajarme y meditando en los eventos del día.

Súbitamente mis ojos se dirigieron hacia el firmamento, colmado de estrellas titilantes y con la luna, que desplegaba su fulgor. ¡Qué majestuosidad! ¡Qué belleza!, aun en medio de lo lóbrego, Dios me mostraba su amor. Mientras me deslizaba del carro me uní al sentimiento inspirado del salmista David, al reconocer lo grandioso de la creación expresada en el Salmo 8: "¡Oh Jehová, Señor nuestro, cuán glorioso es tu nombre en toda la tierra... Cuando veo tus cielos obra de tus dedos, la luna y las estrellas que tú formaste digo: ¿Qué es el hombre para que tengas de él memoria?... ¡Oh Jehová, Señor nuestro, cuán grande es tu nombre en toda la tierra!"

Al reconocer la belleza de la creación, fijé mis ojos en Jesús y sentí sus brazos extendiéndose tiernamente hacía mí, cubriéndome de la paz y la energía renovadora que disipa el cansancio y el desaliento. Sí, porque Dios nos ama con intenso amor y nos soporta con misericordia (ver Jeremías 31:3).

Mientras admiraba la maravilla de la creación y alababa al Señor por su inefable amor, mi pensamiento se proyectó más allá de la noche, al despertar del astro mayor, el sol, levantándose tras la montaña con nuevos rayos de nuevas esperanzas, y misericordias. Comprendí que como el sol irradia su brillo, así debo yo reflejar la luz del Sol de justicia, andando en humildad ante mi Dios. Caí de rodillas en súplica de aceptación haciendo mío el pensamiento del Salmo 19:14. "Sean gratos los dichos de mi boca y la meditación de mi corazón delante de ti, oh Jehová, roca, mía, y redentor mío".

Como habrás notado, durante esos momentos estuve hablando, alabando y agradeciendo al Señor. Él se manifestaba, me enseñaba, me fortalecía y me aceptaba trayendo a mi mente mensajes de su santa Palabra, que los adaptaba a mi oración de alabanza y gratitud. Porque es sólo a través de su Palabra y de la fe como podemos estar conscientes de su divina presencia y recibimos el escudo de su poder.

Tomemos tiempo para estudiar la Biblia. Memoricemos versículos o capítulos que nos ayudarán en el momento oportuno. Si no tenemos la facilidad de un léxico florido, permitamos que los versos de la Biblia sean nuestra expresión de alabanza, agradecimiento e intercesión elocuentes. Sea nuestra oración: "Señor, enséñame tus preceptos, dame sabiduría para discernir la luz de tu verdad, y fortaleza para caminar contigo. Amén".

Judith Rivera

Dios tiene una labor para ti

Así ha dicho Jehová, Redentor tuyo, el Santo de Israel: Yo soy Jehová Dios tuyo, que te enseña provechosamente, que te encamina por el camino que debes seguir. Isaías 48:17.

Mi gran meta es la de estudiar Medicina. Al terminar mi bachillerato, estudié secretariado bilingüe, pero no pude estudiar la carrera elegida. Alguien me comentó sobre una carrera técnica: Auxiliar de Enfermería. Sé que mi misión es servir a los demás y allí lo podría realizar. Empecé a hacer amistad con mis compañeras.

Nos integramos muy bien ya que el 90 por ciento de la clase son mujeres. Pero pronto empezaron las invitaciones de mis compañeras de estudio a bailar y a todas las cosas que hacen los jóvenes que no conocen a Dios. Ellos creen que esta vida es pasajera y hay que disfrutarla al máximo con los placeres que el mundo ofrece.

Nací en un hogar adventista y conozco a mi Salvador Jesucristo. Sabía que si participaba de esas cosas él se podría muy triste, porque un amigo se entristece cuando le fallamos. Mis compañeras me decían: "¿Por qué es usted diferente? No hace lo que todos los jóvenes hacen: ir a fiestas, tomar licor, fumar, y vivir la vida livianamente".

La mayor parte de los comentarios de los jóvenes que no conocen a Jesús giran en torno al sexo. Este es un mercado del cual el enemigo se aprovecha.

Cierto día en que tenía exámenes finales, Nidya, una de mis compañeras, le dijo a la doctora Claudia Medina, docente de laboratorio clínico: "Andrea debe orar a Dios porque le va muy bien en los exámenes". Y así era. Sé que Dios está a cada momento conmigo y cuando estudio, el Espíritu Santo me recuerda lo que estudié y aprendí en clase.

Nidya tenía razón. Antes de cada examen, oraba al Señor y recordaba su promesa que dice: "Y me buscaréis y me hallaréis, porque me buscaréis de todo vuestro corazón" (Jer. 29:13).

Mi compañera me preguntó en varias oportunidades cuáles eran los fundamentos de mi fe si los cristianos no compartíamos esas diversiones, entonces en qué nos divertíamos. Fue mi oportunidad para darle un testimonio. Y en ocasión de unas conferencias expuestas en mi iglesia por un pastor venido de la universidad adventista, mi compañera me acompañó y expresó su agrado y su deseo de seguir asistiendo.

Por eso mi invitación de hoy es a que nunca desfallezcas en testificar de Jesús. No importa el sitio donde nos hallemos, procuremos ser un testimonio vivo de un Dios amoroso.

Andrea Chavarro García

Mi sueño

Todo lo puedo en Cristo que me fortalece. Filipenses 4:13.

Crecí en México, en el plantel del Colegio del Pacífico, que es ahora la bien conocida Universidad de Navojoa.

Mi madre fue mi maestra durante todos los años de la primaria, pues era la directora de ese nivel. Me enseñó muchas cosas maravillosas. Pero lo mejor que hizo fue mantener un secreto para mí. Cuando cumplí los 31 años de edad, una de mis hermanas me dijo que yo tenía dislexia. Las personas con dislexia tienen dificultad para aprender, y no aprenden de la misma manera como otros lo hacen. En ese momento recordé a mi mamá y cuánto había trabajado conmigo en la escuela para que yo pudiera aprender.

Recuerdo que mi mamá me decía que yo llegaría a ser una buena esposa y madre. Así, cuando cursé la secundaria, ayudaba en la preparación de la comida del mediodía. Algunas veces la comida se quemaba, o no salía como debiera; sin embargo, mamá y papá decían: "¡Buen trabajo! ¡La comida está deliciosa!" Y gracias a sus palabras de ánimo, desarrollé suficiente confianza en mí misma para llegar a ser una esposa de pastor, ¡que era mi sueño!

Los años pasaron, terminé mis estudios profesionales en la Universidad de Montemorelos, México. Luego una dama me invitó a ir a los Estados Unidos para ayudarla a cuidar sus tres niños. Mientras estuve allí, asistí a la Iglesia Hispana de Riverside, California, donde me encontré con un joven. Era amable, sonriente, y cantaba hermosamente. Nuestra amistad creció, y nos casamos el 18 de junio de 1989. El Señor contestó mis oraciones, porque él llegó a ser pastor.

Ahora tengo dos adorables príncipes, Oswald Louis y Bryan Alberto. Ellos son mi vida. Vivimos en Keene, Texas, donde pastoreamos las iglesias hispanas de Alvarado y Waxahachie. Yo trabajo en la Asociación de Texas, como secretaria del vicepresidente de Ministerios Hispanos.

Una de las lecciones más importantes que he aprendido es que ¡Dios es bueno en todo tiempo! Él está conmigo en todas mis dificultades y contesta mis oraciones. Él contestó la mía, y seguramente puede hacer lo mismo contigo. ¡Dios es maravilloso, yo lo sé!

Lorena Villalobos

Recordar

Tomó luego Samuel una piedra y la puso entre Mizpa y Sen, y le puso por nombre Eben-ezer, diciendo: Hasta aquí nos ayudó Jehová. 1 Samuel 7:12.

Llámame "melancólica", si quieres, pero me gusta guardar recuerdos para recordar eventos especiales. Todavía tengo las cartas que mi esposo me escribió mientras me cortejaba, el reloj de compromiso que me dio y el banco en el cual se me declaró (pero esa es otra historia). Este año celebramos nuestro 37º aniversario de bodas. El 16 de agosto estará grabado para siempre en nuestras mentes. Pero ese no es el único aniversario que tenemos. Tenemos uno de nuestra primera cita, el primer día que nos comprometimos y nuestro primer beso. Es muy bonito recordar esas ocasiones especiales. Nos trae cálidos recuerdos y agradables sentimientos. Y ayudan a mantener la chispa encendida en las relaciones. De vez en cuando saco aquellas antiguas cartas de amor y las leo de nuevo, e invariablemente algo me sucede en esas ocasiones. Los mismos sentimientos vuelven y siento que me enamoro de nuevo.

Pienso que es lo que Dios desea que hagamos con él. Cuando dice "recuerda" el sábado, desea que lo recordemos a él y todo lo que ha hecho por nosotros. Desea que leamos y releamos sus cartas de amor que escribió para nosotros en la Biblia. Quiere que sintamos ese primer amor que tuvimos por él cuando comenzamos a conocerlo.

En el Antiguo Testamento hay un ejemplo de la única manera de recordar los eventos y las bendiciones especiales recibidas del Señor. Se seleccionaba una piedra y se colocaba como monumento recordativo de ciertos eventos. Entonces cualquiera que veía las piedras, recordaba cómo Dios los había guiado y bendecido. Conozco una familia que practica esa singular tradición. Ellos marcan sobre una piedra lisa la fecha y el evento especial, o las bendiciones que han recibido. Luego colocan la piedra al lado de la entrada principal de su casa. ¡Qué bella manera de recordar! Sería muy bueno que recordáramos las ocasiones y formas especiales como Dios ha guiado nuestras vidas. Al hacerlo así podemos ayudar a encender una chispa en nuestra relación espiritual con él. ¿Por qué no escribir esas cosas sobre el papel o sobre piedras? Pero, por encima de todo, no te olvides de "recordar". (Reimpreso con permiso de *A Moment of Peace*)

Nancy Cachero Vásquez

Cristo es nuestro sanador

Grande es Jehová, y digno de suprema alabanza; y su grandeza es inescrutable. Salmo 145:3

En 1989, vivía en Riverside, California, pero me estaba muriendo pues comenzaron a hinchárseme los ojos, las manos y los tobillos. Los médicos no podían diagnosticar mi enfermedad. Me decían que era emocional. Sí, yo estaba pasando por una crisis emocional, pero se había convertido en un problema físico.

Comencé a adelgazar. Mi madre me traía los alimentos a la cama. Me sentía morir y quería morirme. Pasé dos meses tendida en cama. Pero el Señor Jesús nunca me abandonó. Yo sentía su presencia al pie de mi cama. A él le daba mis quejas, y él a su vez me consolaba con su Espíritu y me llamaba a vivir para él. Fue cuando me descubrieron una lesión en uno de los lóbulos del pulmón derecho que me diagnosticaron sospechosa de lupus, una enfermedad incurable. Entonces recapacité y le pedí al Señor que tuviera misericordia de mí, que me ayudara a poner todos mis problemas a un lado, a concentrarme en él y que me sanara. A cambio, yo le prometía vivir para él de ahí en adelante.

Estaba tomando la dosis más alta de prednisona y no mejoraba, pero dos siervas del Señor me recomendaron comenzar a tomar jugos de zanahoria, kale y repollo, cinco veces al día.

También comencé a leer la Biblia, la vida y los milagros del Señor Jesús. Me entregué a mi Salvador como nunca antes. Mi familia y mi iglesia oraban por mí. El pastor Rubén Rodríguez venía casi todas las noches a orar por mi sanidad. En dos semanas me pude levantar de la cama, y comencé a caminar.

La hermana Judy Ramos me daba masajes, tratamientos de hidroterapia y me acompañaba a caminar. Comencé a caminar media cuadra casi todos los días. Sentía que "ríos de agua viva" corrían por mi cuerpo.

Experimenté un ardiente deseo de servir al Señor, y con un grupo de hermanos de la iglesia, comenzamos el programa: "La cocina Pan de Vida", en el que cocinábamos y servíamos alimentos para los pobres y los vagabundos. Esa actividad me ayudó a olvidarme de mí misma y de mis problemas, y me enseñó la bendición, el privilegio y el gozo que hay en servir al Maestro, lo cual no se compara con nada en este mundo.

Mi hermana, jamás permitas que los problemas, las preocupaciones, las frustraciones o vicisitudes de la vida ocupen el centro de tu corazón, pues te destruirán. Así Cristo me sanó.

Y yo alabaré su nombre por siempre.

Miriam Alonso

El poder de la humildad

Bienaventurados los mansos, porque ellos recibirán la tierra por heredad. Mateo 5:5.

A veces nuestro "ego" se eleva por encima de todo sentimiento. Pensamos y creemos que somos superiores a los demás, tal vez lo máximo. Pero no tenemos el acierto de preguntarnos: ¿Quién era yo antes de existir?

Nuestra naturaleza dominada y degradada por el pecado, no quiere aceptar el don de la humildad, ejemplificada en Jesús. Es debido a nuestra naturaleza caída que no deseamos seguir sus pasos. Aunque tengamos la aspiración de amar y servir, nuestro egocentrismo emerge con nuevos bríos hasta dominarnos por completo. Y entonces comenzamos a levantar la pirámide del orgullo, pisando hermanos, amigos, parientes, añadiendo peldaño tras peldaño sobre una base de lágrimas, dolores, quejas, sinsabores, y muchos sufrimientos ajenos y propios. Y tal vez la edificamos sobre sangre. Digo sangre, porque cuando el dolor arrecia y las lágrimas se agotan, entonces el corazón llora sangre.

Cristo el sublime "Dios con nosotros", nuestro Maestro, nuestro hermano, nuestro Creador y Hacedor, fue antes que tú, y que yo. Solamente por fe en él y pidiendo por fe el bautismo del Espíritu Santo en nuestra vida podemos curarnos del egocentrismo, que fue la motivación malsana de Lucifer, y la causa de todo mal.

Busquemos a Dios en oración, humillando nuestros corazones, con sinceridad. Pidámosle que día a día sane nuestras heridas y quite nuestros resentimientos, con el poder que emana de la cruz del Calvario. Porque sólo hay poder en Cristo Jesús.

Nunca es tarde para cambiar. Hoy es tu día. Acepta el llamado de Jesús, acepta su yugo, acepta su sangre para que te limpie de toda maldad, de todo pecado. Clama a él. Dile: "Me rindo Señor. Soy pecadora, no hay nada bueno en mí. Soy un trapo de inmundicia. Límpiame, purifícame, transfórmame, hazme una ovejita tuya que viva dentro de tu redil. Ya no quiero más pecar, me siento cansada. Vengo a tus pies, pues allí quiero estar por siempre".

Él nos dice: "Yo estoy contigo; no desmayes porque yo soy tu Dios que te esfuerzo; siempre te ayudaré, siempre te sustentaré con la diestra de mi justicia" (Isa. 41:10).

Rafaela A. Almanza

Dios escucha a sus hijos

Sean gratos los dichos de mi boca y la meditación de mi corazón delante de ti, oh Jehová, roca mía, y redentor mío. Salmo 19:14.

Era el primer lugar de trabajo de mi esposo como ministro de la Iglesia Adventista en la República Dominicana. Estábamos adaptándonos al lugar después de haber terminado nuestros estudios en la universidad cristiana.

Aquel sábado mi esposo salió para la iglesia. Yo quedé sola en la casa con mi niño de trece meses de edad. Noté que repentinamente el niño se estaba enfermando pues tenía vómitos frecuentes. A la tercera vez, salí desesperada hacia la iglesia. Él estaba dirigiendo una reunión. Tuve que interrumpirlo y notificarle que el niño estaba muy enfermo.

En seguida él me presentó a una hermana de la iglesia que conocía bien el lugar. Ella se dio cuenta que el niño había contraído un virus mortal. Nos comentó que varios niños habían fallecido en ese lugar a causa de los vómitos y demás síntomas del mal. El niño ya no se movía, no sonreía, y no reaccionaba. Acudimos al médico quien se notaba muy preocupado mientras comenzaba a aplicarle sueros intravenosos.

Después de largos minutos nos dijo: "El niño no está bien. Se halla en peligro de muerte. Si con estas medicinas, que son las mejores para estos casos, él no reacciona, morirá. Yo he hecho lo mejor que he podido por su niño". Inmediatamente mi esposo y yo nos arrodillamos clamando a Dios en medio de nuestra desesperación. Yo quedé postrada orando toda la noche al Señor como Jacob: "No te dejaré si no me bendices" (Gén. 32:26). Abrí mi corazón a Dios. "Sana a mi hijo, Señor, te lo suplico. Permite que reaccione. Perdóname, Señor; te prometo que de hoy en adelante nunca rechazaré un cargo en la iglesia para tu servicio", oré con desesperación.

A las 3:00 de la mañana vino la respuesta. Mi hijo comenzó a reaccionar. Pensé en mi promesa y en lo difícil que sería cumplirla, pero con la ayuda de Dios iba a intentarlo. Hoy, treinta años más tarde, cada vez que me ofrecen una responsabilidad en la iglesia, recuerdo aquel día y agradezco a Dios por haber escuchado mis súplicas de madre. Hoy, treinta años más tarde, sirvo a Dios de todo corazón.

Norma Familia

Las peticiones de tu corazón

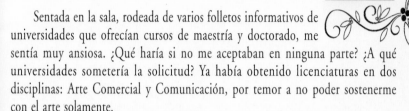

Estando persuadido de esto, que el que comenzó en vosotros la buena obra, la perfeccionará hasta el día de Jesucristo. Filipenses 1:6.

Sentada en la sala, rodeada de varios folletos informativos de universidades que ofrecían cursos de maestría y doctorado, me sentía muy ansiosa. ¿Qué haría si no me aceptaban en ninguna parte? ¿A qué universidades sometería la solicitud? Ya había obtenido licenciaturas en dos disciplinas: Arte Comercial y Comunicación, por temor a no poder sostenerme con el arte solamente.

Tan pronto comencé a trabajar, me di cuenta que el entrenamiento que había recibido en Arte Comercial no era suficiente ni siquiera para una principiante en el mundo del diseño. Entonces comencé la carrera de Comunicación, en la que permanecí por varios años. Aunque era un buen empleo, tenía muy pocas oportunidades para usar las habilidades artísticas que Dios me había dado, y esto me hacía sentir que le había fallado. Decidí obtener una maestría en Diseño. Pero a mi portafolios le faltaba mucho, no tenía a nadie de confianza que me aconsejara al respecto, y lamentaba no haber empezado la maestría cuando mi vida era menos complicada. Si no lograba dar este paso ahora, nunca alcanzaría mi sueño.

Estaba tan estresada que no podía hacer nada. Me sentía nerviosa, agitada, y paralizada. Al fin, me di por vencida y clamé: "Jesús, mi Creador, tú me conoces más que nadie. Sabes lo que necesito, que quiero hacer tu voluntad, y cuánto anhelo estudiar esta carrera. ¿Es esto lo que quieres para mí? Por favor, ayúdame". Al terminar la oración recordé una melodía cristiana que dice así: "El que comenzó en ti la buena obra, la perfeccionará". Sonreí, y al levantar la vista, sentí que Jesús estaba sentado frente a mí, con una sonrisa tan amplia que sin duda estaba planeando algo. Tomé mi Biblia, la abrí, y ¿qué pasaje crees que apareció? Así es, el de Filipenses 1:6. Y valga decir, que no había ningún pliego o marcador en esa página. Fue como si Jesús me dijera: "Para que no dudes, y pienses que lo que pasó fueron imaginaciones tuyas, aquí tienes el versículo para que también lo leas".

En pocos meses fui aceptada en cuatro universidades que ofrecían el curso en Diseño, entre ellas el muy reconocido Instituto Pratt de Nueva York, al cual decidí asistir. No solamente me aceptaron sino que también me dieron una beca parcial dada la calidad de mi portafolios. Mi recomendación es: "Deléitate asimismo en Jehová, y él te concederá las peticiones de tu corazón" (Sal. 37:4).

Nancy Newball-Rivera

Solución para el pecado

Porque sin fe es imposible agradar a Dios; porque es necesario que el que se acerca a Dios crea que le hay, y que es galardonador de los que le buscan. Hebreos 11:6.

Dios nos exhorta a que confiemos en él: Juan 17:7; 14:1

Nos invita a que lo conozcamos: Juan 9:23, 24; 17:3

Nos invita a tener una íntima relación con él: Juan 15:4, 5

Nos invita a que dependamos de él: Filipenses 4:13; Juan15:5

Nos anima a que lo amemos y obedezcamos: Juan 14:15

Sólo a través de una íntima y continua relación con Cristo podemos obtener la victoria sobre el pecado. El Espíritu de Dios tiene que iluminar nuestras mentes para hacernos ver las cosas tal como son. Nuestra oración debe ser: "Examíname, oh Dios, y conoce mi corazón; pruébame y conoce mis pensamientos; y ve si hay en mí camino de perversidad, y guíame por el camino eterno (Sal.139:23, 24).

Cada día tenemos que buscar al Señor y depender continuamente de su gracia y su poder para hacer nuestra obra. No es con nuestra capacidad o nuestra experiencia sino con su fuerza y sabiduría con las que tenemos que vencer el pecado que nos asedia (ver Heb. 12:1).

La victoria sobre el mal se obtiene a través de una experiencia como la de Enoc (ver Gén. 5:24), caminando con Cristo como dos amigos que van por el sendero de la vida en íntima comunión, hablando de las cosas que se tienen en el corazón, de los anhelos, de las esperanzas, de las frustraciones, de los fracasos, de las tentaciones, confiando en que lo que él tiene para nosotros es y será siempre lo mejor. Ese es el tipo de relación que Jesús nos invita a desarrollar cuando nos habla en Juan 15:1-17. Esta es la relación que desea tener con cada miembro de la iglesia de Laodicea cuando le dice que desea entrar y cenar con ellos (ver Apoc. 3:20-22). Por mucho tiempo Jesús ha estado esperando que tú y yo establezcamos esa relación con él.

Y ahora él te vuelve a invitar. ¿Estás dispuesta? ¿Le dirás que sí deseas tener esa relación con él? Que tu respuesta sea: "Aquí estoy Jesús. Quiero tener esa relación contigo y deseo que sea constante y permanente". ¿Podrías repetirlo en voz alta? Dios se gozará en la comunión contigo.

Laura Mena

La verdadera belleza

Mujer virtuosa, ¿quién la hallará? Porque su estima sobrepasa largamente a la de las piedras preciosas. Proverbios 31:10.

A través de la historia, el ser humano ha buscado en las entrañas de la tierra las piedras preciosas, tales como esmeraldas, rubíes, topacios, y diamantes. Estas piedras se hallan distribuidas en varios rincones del planeta. Cuando se extraen de las minas, se hallan en bruto. Más tarde, llegan a tener un precio que puede ser muy elevado de acuerdo a la calidad. No cualquiera puede comprar una piedra preciosa. Al igual que el oro, las piedras preciosas son muy apreciadas. Muchas de estas gemas llegan a costar miles de dólares y sólo los millonarios las pueden adquirir.

La Biblia dice que el carácter de la mujer virtuosa de Proverbios 31 es más valioso que las piedras preciosas. La versión de la Biblia Dios Habla Hoy dice "Mujer ejemplar no es fácil hallarla; ¡de más valor es que las perlas!" Lo único que llevaremos al cielo será el carácter transformado por la gracia divina. La mujer virtuosa de la Biblia se distingue no tanto por su belleza, sino por algo más importante: el temor a Jehová. La mujer virtuosa es aquella que procura agradar a Dios en primer lugar, y en segundo lugar a su familia. Su amor y respeto a Dios la hará atractiva.

La industria de los cosméticos tiene a la mujer como su mejor y más constante cliente. Cada año se invierten millones de dólares en busca de fórmulas para hacer más bella a la mujer. Compañías muy famosas producen artículos de belleza y cosméticos que se venden en las grandes tiendas y centros comerciales. Sin embargo, el mejor cosmético para la mujer es el temor de Jehová. "Mujeres buenas hay muchas, pero tú eres la mejor de todas. Los encantos son una mentira, la belleza no es más que ilusión, pero la mujer que honra al Señor es digna de alabanza" (Prov. 31:29, 30 DHH). Si además de ser bella físicamente, tienes la belleza espiritual del carácter, entonces serás doblemente bella.

Que nuestro carácter sea perfeccionado por la gracia divina, y tal vez hasta desde el anonimato, podamos esparcir la suave fragancia de la belleza cristiana en nuestra comunidad, en nuestro hogar, en nuestro lugar de trabajo y dondequiera que vayamos.

Margarita Parra

Libres del mal

Porque no tenemos lucha contra sangre y carne, sino contra principados, contra potestades, contra los gobernadores de las tinieblas de este siglo, contra huestes espirituales de maldad en las regiones celestes. Efesios 6:12.

Los médicos no lograban sacarme de la depresión. Un día me encontraba sola, tratando de trabajar en la oficina de mi hogar, luchaba por concentrarme, pero mi depresión era inmensa.

Durante varias horas traté de vencerla, hasta que finalmente me fui a la sala. Allí incliné la cabeza y le pedí auxilio al Señor.

Estaba cansada de luchar, de tratar de funcionar normalmente, mientras mi interior estaba destrozado. Oré en forma sencilla y en voz alta. Deseaba que Satanás supiera que estaba pidiendo la ayuda de Dios. Pedí a mi Padre que sacara a Satanás y a sus espíritus malos de mi vida en el nombre de Jesús, quien derramó por mí su sangre en la cruz.

Después cerré los ojos y esperé un milagro. Nada sucedió. Me sentía tan deprimida como antes. Pocos minutos después, sentí mucho sueño. Tenía mucho trabajo, pero me resultó imposible mantener los ojos abiertos. Me fui al dormitorio y me dormí al instante.

Después de una hora, me despertó el ruido de la puerta. Eso fue muy extraño, porque mi esposo estaba en el trabajo y mis hijos en la escuela. Nadie más tenía llave de nuestra casa. Me intrigó encontrar la puerta completamente abierta, pero ninguna persona a la vista. ¿Quién la había abierto? Era imposible que se hubiese abierto sola.

Entonces me di cuenta que me había ocurrido un cambio. Ya no me sentía deprimida. De hecho, ¡me sentía como nunca! Quería vivir otra vez. Sentía paz interior y fuerza. Entonces comprendí lo que le había sucedido a la puerta.

Estoy convencida que el Señor me hizo dormir, porque no quería que presenciase la batalla. Le había pedido que peleara por mí, y después de colocarme en un lugar seguro, él peleó contra el enemigo. Satanás no quería soltar su presa fácilmente, pero el Señor ganó la batalla. En realidad, no tenía otra alternativa más que salir, porque la batalla entre el bien y el mal fue ganada hace mucho tiempo en el monte Calvario. Creo que el ángel del Señor fue el que abrió la puerta ese día, para sacar a Satanás de mi casa.

Han pasado los años, y nunca he vuelto a sentir esa depresión y opresión que por tanto tiempo me afligió. ¡Alabado sea el Señor!

Nohemí Castro

Sólo en sábado

Bienaventurado el hombre que hace esto, y el hijo del hombre que lo abraza; que guarda el día de reposo para no profanarlo, y que guarda su mano de hacer todo mal. Isaías 56:2.

Dios, en su sabiduría, nos ha dado un día para glorificarlo y descansar de la rutina semanal. Este poema fue inspirado para que meditemos en la belleza espiritual del sábado.

Cuán hermoso es el cielo que has creado.
Pero brilla aun mejor en el sábado.

Si los pájaros escucho en su trinar,
en sábado es más dulce su cantar.

Y aun una flor con lindo color,
En sábado brilla con más esplendor.

Y si el sol sale a brillar
en sábado su luz es especial.

¿Qué tiene el sábado tan sin igual?
Es que es el día santo del Dios Jehová.

Día bendito y de paz, que nos llena de tu amor,
pues en ese día te adoramos, Dios creador.

Día hermoso, día sin de la vida el vaivén;
Un día que Dios apartó al principio en el Edén.

"¿Qué es el sábado —me preguntas— para ti?"
Es el día cuando más vienes a mí.

Cuando como Creador te rindo adoración
y en cada himno y oración te digo:
"¡Tú eres mi Redención!"

Ingrid Paulino

Él tiene cuidado de ti

No temas, porque yo estoy contigo; no desmayes, porque yo soy tu Dios que te esfuerzo. Isaías 41:10.

Con ocho meses de edad y la energía de una bomba atómica, mi hijito no dejaba de seguirme por toda la casa en su andadera, para mantenerme en estado de máxima alerta, mientras yo, esposa, ama de casa, misionera y madre de dos inquietos pequeñines, intentaba cumplir con todos los otros detalles que hacen la vida diaria de un hogar.

Ese día yo recogía la ropa que había secado bajo el cálido sol tropical del país donde mi esposo y yo servíamos como misioneros; cuando me crucé una vez más con mi bebé quien me sonreía desde su andadera. De pronto escuché un escalofriante chillido. Me quedé inmóvil mientras dejaba caer mi carga. Para mi horror, vi que uno de los colgadores, se había introducido dentro del párpado del ojo de mi hijo.

En ese momento en mi pensamiento se agolparon funestos temores. Lentamente y con mucho cuidado, logré retirar la pieza de alambre del ojo de mi niño, ¡que para mi grata sorpresa estaba ileso! ¡Ni siquiera un ligero rasguño! No cesaba de bendecir a mi buen Jesús. Sólo un incidente más, quizá irrelevante en contraste con grandes tragedias que suceden día a día pero en ello se mostró el cuidado de mi Dios.

Me animan mucho estas palabras inspiradas: "A la madre le parece muchas veces que su tarea es un servicio sin importancia, un trabajo que rara vez se aprecia... Pasa sus días ocupada en un sinnúmero de pequeños deberes que requieren esfuerzo, dominio propio, tacto, sabiduría y amor abnegado; y, sin embargo, no puede jactarse de lo que ha hecho como si fuese una hazaña... Le parece que no ha hecho nada. Pero no es así. Los ángeles celestiales observan a la madre apesadumbrada, y anotan las cargas que lleva día tras día. Su nombre puede ser desconocido para el mundo, pero está escrito en el libro de la vida del Cordero" (*El ministerio de curación*, pp. 291, 292).

En Cristo, nuestras pequeñas crisis diarias son convertidas en victorias y en motivos de alabanza. Amén.

Leticia Garzón

Dios, ¡no esperaba que me respondieras así!

Sabemos que a los que aman a Dios, todas las cosas les ayudan a bien, esto es, a los que conforme a su propósito son llamados. Romanos 8:28.

Les voy a contar una historia de la vida real que le sucedió a mi amiga Annie Aldahondo, porque pienso que tal testimonio no debe quedar oculto, sino ser gritado a los cuatro vientos para ayudar a otros a comprender los caminos de Dios.

Un día que parecía común, Annie se levantó muy temprano a orar por la salud de sus hijos y por la bendición de Dios en ese día. Era una mujer cristiana, sola, abandonada por su esposo quien no compartía su fe, y con dos hijos pequeños. Una luchadora, trabajó fuertemente para hacerse de su auto, pero ese día, sucedió algo terrible.

Un individuo que conducía en estado de ebriedad, impactó el auto de Annie. El carro quedó inutilizado, pero nadie perdió la vida. Sólo el pequeñito, el niño más tierno e indefenso, el que había estado enfermo por los últimos meses con "asma bronquial" se quejaba. Conducido a la sala de emergencias, le tomaron placas de rayos X y éstas revelaron un objeto no identificado en su pulmón izquierdo.

"¿Por qué mi pequeño, oh Dios? ¿Acaso no oré a ti en la mañana y clamé por protección?" Las lágrimas fluían de los ojos de aquella madre desesperada. Pero Dios no tardó en contestar su pregunta. El hermano mayor dijo de pronto al niño: "¿No será el alfiler que te tragaste hace unos meses?"

Jugando en un columpio, sus amiguitos lo habían mecido fuertemente y el niño se había tragado un alfiler que traía en la boca pero no dijeron nada a nadie por desconocer el peligro que aquello significaba. Ese alfiler estaba destruyendo su pulmón izquierdo y obstruyendo su respiración, y le habían estado dando tratamiento para el asma.

El accidente y la placa hicieron que se revelara el secreto que estaba destruyendo su salud, y que le había consumido a aquella madre tiempo y dinero en el tratamiento equivocado. Hoy Annie agradece a Dios por aquel accidente que salvó la vida de su hijo.

A veces no recibimos las respuestas a nuestras oraciones tal y como las esperamos, pero Dios siempre obra para el bien de sus criaturas. Acudamos a él y pidamos su ayuda y bendición en todo lo que hagamos. Él nunca nos va a decepcionar, porque nos ama. Pongamos a nuestros hijos en sus manos de amor.

Keila Silva

¡Para Dios todo es posible!

Lo que es imposible para los hombres, es posible para Dios. Lucas 18:27.

Fue un jueves del mes de enero de 2001 cuando recibí la maravillosa noticia de que estaba embarazada por segunda vez. Desde entonces mis ojos irradiaban una intensa alegría, y mi rostro expresaba gozosa anticipación hacia ese nuevo ser.

Al principio del séptimo mes los pronósticos ecográficos revelaron que mi bebé se hallaba en posición transversa oblicua. En la siguiente consulta el médico me aseguró que el séptimo mes era bastante temprano para determinar la posición fetal final del embarazo.

Al final del octavo mes obtuve la última ecografía antes del parto. Los resultados fueron los mismos. La bebé no se había movido de lugar y permanecía atravesada en el mismo sitio que antes. Esta vez el doctor me aseguró que tendría que practicarme una cesárea si la posición no cambiaba. Al preguntarle sobre el porcentaje de probabilidades de que la bebé se acomodara correctamente, me respondió que no veía ninguna probabilidad dado que el liquido amniótico había bajado significativamente y dejaba poco lugar a cualquier movimiento y mucho menos a un movimiento como el de dar completamente vuelta a un feto de tal desarrollo gestacional. Luego con mucha seguridad exclamó: "Es imposible".

Mis familiares y mi familia de la iglesia oraron por el caso. Al mismo tiempo, me sometí a una rutina diaria de oración como lo hacía el profeta Daniel, tres veces al día, y a veces con más frecuencia.

Empecé a investigar sobre las diferentes posiciones fetales y sus significados. Luego busqué toda información posible sobre distintos métodos de cómo dar vuelta a un feto dentro del útero. Puse algunas ideas en práctica como el "caminar como un elefante", elevar la cadera, hacer más ejercicios y masajes abdominales. Mi familia pensaba que me había vuelto loca. Mi hijita pequeña de dos años me imitaba.

Durante la última semana del noveno mes, nuevamente fui a una de mis últimas visitas médicas. Recuerdo el rostro sonriente del médico cuando palpaba mi vientre mientras estaba recostada en la camilla. Le pregunté con ansiedad: "¿Se dio vuelta?" "Así parece —replicó, e inmediatamente con un tono de gran admiración me preguntó—: ¿Qué hiciste para que se diera vuelta? Dime. Así les puedo dar el secreto a otras madres en esa situación". Le dije que creía en Dios y había estado orando para que se hiciera su voluntad.

Sin duda hoy puedo comprobar y ser testigo de que lo que para los hombres es imposible, ¡para Dios sí es posible!

Claudia Bernhardt

Jesús siempre nos cuida

No temas, porque yo te redimí; te puse nombre, mío eres tú. Cuando pases por las aguas, yo estaré contigo; y si por los ríos, no te anegarán. Cuando pases por el fuego, no te quemarás, ni la llama arderá en ti. Isaías 43:1, 2.

Hace aproximadamente once años, mi familia y yo fuimos a un Retiro de Colportores en la región de la Gran Sabana situada en Venezuela, Estado Bolívar.

Todo parecía marchar muy bien mientras nos bañábamos en un río cerca del campamento. Todos los niños jugaban a la orilla del río, menos yo. Los más grandes jugaban volibol. Mis padres me habían advertido de no acercarme a donde estaban los mayores, porque podía ser peligroso. Como los seres humanos somos curiosos, decidí ir para ver qué pasaba, mientras mis padres se quedaron con mi hermanita al otro lado del río. Llegué al sitio y enseguida me metí al agua.

Todo parecía tranquilo y seguro. Pero de repente sucedió algo que me hizo ver cómo Jesús nos protege en los momentos más peligrosos. En cuestión de segundos había caído en un remolino el cual me estaba llevando a lo profundo. Me acordé del Señor y clamé: "Jesús, manda a alguien para que me salve". Al momento sentí una pierna que rozó mi mano. Era uno de los muchachos que jugaba felizmente. Me sintió e inmediatamente me sacó. Ya para entonces mis padres me buscaban con angustia. Al encontrarme me abrazaron felices de verme salva. Le dimos gracias a Dios y desde ese día nunca más volví a meterme en río alguno.

El Señor Jesús está siempre con nosotros, cuidándonos y protegiéndonos de todo peligro. Si le pedimos su ayuda y consuelo, él vendrá en nuestro auxilio en los momentos más críticos de nuestra vida y nos librará de la tormenta.

Ve a Jesús con tus problemas y temores, y confía en que él te sacará de los remolinos malignos.

Roseanna Andreina Giuliana Misuraca Díaz

La vanidad y el orgullo vacían el alma

Vanidad y palabra mentirosa aparta de mí; no me des pobreza ni riquezas; manténme del pan necesario. Proverbios 30:8.

Una vez, un ciervo miraba sus hermosos cuernos y sus largas y flacas piernas en un manantial de agua cristalina. "Es verdad lo que dice la gente de mí —exclamó el ciervo—, supero a los animales en nobleza y gracia, y ¡qué hermosos son mis cuernos! Pero qué feas y delgadas son mis piernas". En esto, vio a un león salir del matorral. En pocos saltos se alejó del león; pero dice la fábula que los cuernos se le enredaron en la maleza y su adversario lo alcanzó y lo devoró.

Las piernas que tanto criticaba y despreciaba por un momento lo salvaron; y los cuernos por los que sentía tanto orgullo, le causaron la muerte.

Cuán cierto es que podemos perdernos por causa de aquello por lo que nos ensalzamos.

"Abominación es a Jehová todo altivo de corazón; ciertamente no quedará impune" (Prov. 16:5).

La vanidad y el orgullo son ambiciones que nos llevan a pensar en ser estrellas, cuando el Salvador desea que seamos faroles en las calles oscuras y llenas de lodo de este mundo.

Siempre el farol será más útil que la estrella.

La espiga escasa de grano es como aquél que levanta su frente con orgullo pero en cuyo interior hay poco juicio. Mas aquel que se compara con la espiga doblada, es hombre sabio; cuanto más sabe, más se humilla por lo mucho que aún desconoce. No pienses que una aguja hace mejor labor que un alfiler. ¿De qué serviría la aguja si perdiera el ojo? ¿O el alfiler si perdiera la cabeza?

La aguja no serviría para coser y el alfiler no sostendría la tela. Dios engrandecerá al hombre en proporción a su humildad y consagración. Dios puede controlar tu vida, para que no caigas en el egocentrismo y la vanidad. Por medio de la humildad Dios te hará vencer, y si algún día llegas a tocar la vida de alguien, piensa que a causa de tu influencia esa persona debe quedar más feliz que antes.

Aprende a ser feliz con las facultades que el Señor te ha dotado, no importa cuán sencillas sean.

Ana Clemencia Calvo

La gente más feliz

Me mostrarás la senda de la vida; en tu presencia hay plenitud de gozo; delicias a tu diestra para siempre. Salmo 16: 11.

No penséis que cuando camináis con Cristo debéis andar en la sombra. Las personas más felices del mundo son las que confían en Jesús y ejecutan alegremente sus órdenes. De las vidas de los que lo siguen están ausentes el desasosiego y el malestar... Pueden encontrarse con pruebas y dificultades, pero sus vidas están llenas de gozo; porque Cristo camina a su lado y su presencia alumbra el sendero...

Cuando os levantáis de mañana, hacedlo con alabanzas a Dios en vuestros labios, y cuando vais a vuestro trabajo, id con una oración a Dios pidiendo ayuda... Esperad una hoja del árbol de la vida. Esto os aliviará y os refrigerará y llenará vuestro corazón de paz y gozo. Poned vuestros pensamientos en el Salvador. Apartaos del tumulto del mundo y sentaos bajo la sombra de Cristo. Luego, entre el estrépito del trajín y el conflicto diarios, vuestra fuerza será renovada. Es positivamente necesario que a veces nos sentemos y pensemos en cómo el Salvador descendió del cielo, del trono de Dios, para mostrar a los seres humanos qué pueden llegar a ser si unen su debilidad con la fuerza divina. Habiendo obtenido el renuevo de la fuerza mediante la comunión con Dios, podremos seguir gozosos nuestro camino, alabándolo por el privilegio que nos da de llevar la luz del amor de Cristo a las vidas de los que nos rodean. Aquellos con quienes nos relacionamos serán beneficiados al entrar en la esfera de nuestra influencia...

Los seres celestiales están esperando para colaborar con los instrumentos humanos, para mostrar al mundo lo que los seres humanos pueden llegar a ser mediante la unión con lo divino. Los que consagren el cuerpo, el alma y el espíritu al servicio de Dios recibirán constantemente una nueva provisión de poder físico, mental y espiritual...

A todo aquel que se ofrece al Señor para servirle, sin reservarse nada, se le da poder para que logre resultados incalculables (*En los lugares celestiales*, p. 64).

Elena G. de White

¿Qué es la fe?

Tengo por cierto que las aflicciones del tiempo presente no son comparables con la gloria venidera. Romanos 8:18.

Ese sábado mi hijo viajaría a visitar a una amiga muy especial. Mientras nos preparábamos para ir a la iglesia, llamé a mi esposo y le dije: "Qué extraño, todavía nuestro hijo no se ha ido. Dijo que saldría temprano". No bien había terminado de decir esas palabras cuando decidí a ir a despertarlo.

Con gentileza mi esposo me detuvo por el brazo, y me dijo: "Sigue vistiéndote. Yo iré a llamarlo". Lo siguiente que escuché fue un grito desesperado: "¡Dilcia, mi hijo!" Mi hija y yo corrimos y al entrar al cuarto, encontramos a mi esposo tirado delante de la cama de nuestro hijo, llorando. Nuestro amado hijo estaba muerto. Murió mientras dormía.

¡No lo creía! Pensé que sufría un desmayo. Lo miré. Lo llamé varias veces por su nombre. Mi hija lo revisó. Le quiso abrir la boca para darle resucitación cardiopulmonar. ¡No lo podía creer! La noche anterior estaba bien. De pronto me hundí en un valle de sombra y de muerte. ¿Por qué mi hijo, Señor?

Alguien con buena intención me dijo: "Querida hermana, recuerde que a los que aman a Dios, todas las cosas le ayudan a bien" (Rom. 8:28). Con furia le grité: "No me cite ese versículo. No tiene sentido para mí". Tantos años de servicio a nuestro Dios. Tantos sacrificios y privaciones para educarlos. Finalmente, ya graduado, trabajando, ¿Era éste el pago? ¿Por qué?

He pasado todo un año tratando de resignarme, aferrada a Jesús para que mi fe no se quebrara en su totalidad. Medité en Abrahán y su fe absoluta, dispuesto a dar a su hijo en sacrificio. ¿Qué puede una madre sacar de la muerte de un hijo cristiano, un hijo al que ha amado por veintiséis años de su vida? Poco a poco fui entendiendo que la fe es como una especie de locura, como dice Pablo, "la locura del Evangelio", pues por fe algunos dejaron sus familias, fueron traspasados por espada y aun así no recibieron el pago merecido. Entonces, ¿por qué debía yo recibir mejor pago que ellos?

He decidido seguir aferrada al Invisible hasta el día glorioso de la resurrección, cuando el ángel guardián de mi hijo lo levante de su tumba y ambos nos abracemos para recibir al Señor en las nubes y volver a reunirnos otra vez como una familia por siempre.

Dilcia Gonzáles

Perseverancia

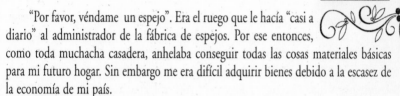

Porque todo aquel que pide, recibe; y el que busca, halla; y al que llama, se le abrirá. Lucas 11:10.

"Por favor, véndame un espejo". Era el ruego que le hacía "casi a diario" al administrador de la fábrica de espejos. Por ese entonces, como toda muchacha casadera, anhelaba conseguir todas las cosas materiales básicas para mi futuro hogar. Sin embargo me era difícil adquirir bienes debido a la escasez de la economía de mi país.

Trabajaba como obrera bíblica en la llamada Atenas de Cuba: Matanzas, y pasaba a diario por la fábrica de espejos, le rogaba al administrador hacer una excepción conmigo y que me vendiera uno, pero él respondía: "No, eso es imposible. Los espejos que aquí se hacen están destinados a hoteles y hospitales, al público no se le permite comprarlos".

Por muchos meses no dejaba de pasar por el mismo lugar, repitiendo el mismo pedido.

Siempre he creído que para Dios no hay imposibilidades, por lo tanto, oraba al respecto y continuaba importunando al administrador.

Finalmente un día que puse mi pie en esa fábrica, el hastiado hombre me dijo: "Sí, te lo voy a vender. Aquí lo tienes, llévatelo cuando quieras". Y yo, muy feliz, me llevé no sólo el espejo grande que tanto había anhelado para colocar en mi cómoda, sino también uno pequeño que le pedí para ponerlo en el baño.

¿Por qué piensan ustedes que me los vendió? ¿Porque ablandé su corazón? ¿Porque él realmente quería ayudarme? ¿Porque el hombre se había tornado bondadoso? Por supuesto que no, simplemente se repetía casi 2.000 años después, la misma historia que Jesús relató a sus discípulos y que encontramos en Lucas 11:5-13:

"¿Quién de vosotros que tenga un amigo, va a él a medianoche y le dice: Amigo, préstame tres panes, porque un amigo mío ha venido a mí de viaje, y no tengo qué ponerle delante... Aunque no se levante a dárselos por ser su amigo, sin embargo, por su importunidad se levantará y le dará todo lo que necesite". Entonces añadió: "Y yo os digo: Pedid y se os dará; buscad, y hallaréis; llamad y se os abrirá. Porque todo aquel que pide, recibe; y el que busca, halla; y al que llama se le abrirá".

No os canséis de pedir lo que creáis que es justo. La perseverancia y la oración abren puertas que de otra manera permanecerían cerradas.

Ana Rosa Chaviano

ℋasta mañana

No habrá más llanto, ni clamor, ni dolor; porque las primeras cosas pasaron. Apocalipsis 21:4.

"Hasta mañana…" fueron las últimas palabras que escuché de sus labios esa triste noche de agosto. Mi esposo había estado internado por más de un mes en el hospital.

A la mañana siguiente, al llegar ante su cama para darle su desayuno, no pude despertarlo. No me daba cuenta de que ya estaba en coma. Como vivía cerca del hospital, decidí irme a casa y regresar más tarde cuando ya él hubiera despertado. Pero a los pocos minutos, el doctor me llamó desde el hospital para decirme: "Sra. Ayala, su esposo acaba de fallecer".

Aunque el estado de mi esposo era muy grave, me alentaba cada día la esperanza de que él iba a ser sanado milagrosamente. Es imposible expresar lo que sentí al escuchar la noticia. Era el primero de septiembre de 1975. Al siguiente día comenzaba el año escolar en la Academia de Glendale donde yo enseñaría por primera vez. Al rato llegaron los hijos. No es fácil describir la escena.

Me parece sólo ayer cuando lo conocí siendo yo apenas una jovencita en el tercer año de secundaria y él en su último grado de colegio. Dos años más tarde, cuando yo estudiaba en el colegio en Keene, Texas, recibí una carta suya. Al leer su mensaje, algo en mi corazón me dijo que él sería para mí. Siguieron las cartas y llamadas telefónicas. Ya él había terminado sus estudios y era pastor. Me contaba de su ministerio, el mayor gozo de su vida. "Ahora sólo me falta mi compañera", me decía.

Dios nos concedió el gozo de trabajar unidos en el ministerio, no sólo en varias iglesias sino también en el ramo de la enseñanza y la administración. Por casi 25 años sentimos su dirección. Dios lo había escogido como su siervo y lo había dotado de dones muy especiales los que él, con gozo, consagró a su servicio.

Por eso me parecía imposible aceptar la realidad de su grave enfermedad y su posterior fallecimiento. Fueron muchos los días en que clamé a Dios: "¿Por qué, Señor, por qué te lo llevaste?" Al fin un día comprendí que no es necesario obtener respuesta a todas nuestras preguntas o inquietudes. Muy claramente oí su voz que me decía: "Bástate mi gracia. Algún día comprenderás".

Un día Jesús nos dará el gozo de volver a reunirnos. Por eso, confiada, seguiré esperando y en mi corazón diciendo: "Hasta mañana, mi amor".

Esther Vega de Ayala

Detalles... detalles...

Derramad delante de él vuestro corazón. Salmo 62:8.

—Tu novio llamó y dijo que vendría mañana.

—Pero, ¿qué más te dijo? ¡Dame detalles, dime exactamente cuáles fueron sus palabras!

Estas eran las preguntas y exigencias de Nenita, mi prima, cada vez que su novio llamaba a mi casa. Generalmente la conversación telefónica seguía este bosquejo:

—Ring, ring, ring.

—¿Es la casa de Odilia?

—Sí, ¿quién habla?

—Es el novio de Nenita, ¿puedo dejarle un mensaje?

—Sí, desde luego.

—Dígale... —Y más tarde, con todo detalle, mi mamá le explicaba a Nenita lo que su novio había expresado.

Creo que heredé algo de esa prima. Cuando Myriam fue elegida directora de la Academia Orangewood, en California, quise saber cada una de sus responsabilidades. Cuando Gertha fue a Inglaterra, indagué los detalles del viaje, especialmente los relacionados con la Torre de Londres. Cuando Elena comenzó a administrar la tienda de libros adventistas de Kansas City, quise saber qué libros vendía. En fin, siempre he sido detallista. Y cuando me preguntan: "¿Por qué eres así?", jocosamente digo que todo se debe a una poesía del poeta cubano José Martí, que aprendí siendo niña: "Los Zapaticos de Rosa", una de cuyas estrofas dice: "Todo lo quiere saber de la enferma la señora".

Pero, ¿sabes?, más que de un poeta, creo que el ser "detallista" es parte de la herencia que recibí de mi Hacedor. Él también es detallista. A él también le gusta saberlo todo, y anhela que se lo contemos con detalles. Él con gusto escucha: "Que nuestro jefe es un ogro, que no nos alcanza el dinero, que extrañamos al hijo que se ha ido al colegio, que al mirarnos al espejo no vemos a la misma persona de hace diez años, que anhelamos encontrar más tiempo para la devoción personal, etc."

El espíritu de profecía nos dice: "Ninguna cosa que de alguna manera afecte nuestra paz es tan pequeña que él no la note... Ninguna ansiedad puede asaltar el alma, ninguna oración sincera escaparse de los labios, sin que el Padre celestial esté al tanto de ello, sin que tome en ello un interés inmediato" (*El camino a Cristo* p.102).

Llévale a él tus esperanzas, tus alegrías, tus necesidades espirituales, temporales y físicas. A él le interesan los detalles de tu vida. "Derrama delante de él tu corazón".

Ana Rosa Chaviano

Un ejemplo digno de imitar

Yo sé en quién he creído, y estoy seguro que es poderoso para guardar mi depósito para aquel día. 2 Timoteo 1:12.

"Feliz el día en que escogí servirte mi Señor y Dios". Cantar este maravilloso himno me trae inmensos recuerdos y mi mente se remonta a pasajes de mi niñez.

Cada verano, en la época de vacaciones, solíamos ir a visitar a mis abuelos. Viajábamos en auto muchas veces más de mil kilómetros para llegar a la añorada y tan querida casa de los abuelos en la ciudad de Buenos Aires. Allí estaban ellos esperándonos siempre con júbilo, aunque mis dos hermanos y yo les revolucionábamos su tranquila rutina por un largo mes.

Los abuelitos eran inmigrantes italianos que, como todo extranjero, a base de trabajo arduo, lograron progresar. Pero además de esto que es de loar, lo que más he admirado y admiro de ellos, es que al conocer el mensaje de salvación, lo abrazaron con todas sus fuerzas. Así trataron de transmitirlo por medio de la palabra y el ejemplo a sus hijos, a sus nietos y a toda persona allegada a ellos.

Mi abuelita, una gran pionera de Jesús, tuvo que hacer frente a una familia muy católica. Por el hecho de haber aceptado la fe adventista fue humillada y rechazada desde el momento que entregó su vida a Jesús. Sin embargo, ella sabía en quién había creído. Por eso ella no se cansaba de pedir cada puesta de sol del viernes, que entonásemos su himno preferido, "Feliz el día en que escogí..."

Hoy, nos gozamos en este bienaventurado mensaje, sus hijos, sus yernos, sus nietos y biznietos entre quienes se cuentan obreros evangélicos, maestros y enfermeras. Gracias, abuelos, por ese valioso ejemplo. Ellos ya duermen en el Señor, pero ese recuerdo sigue vivo, y no morirá. Me pregunto en este día, ¿estaré siendo yo un ejemplo de lo que significa vivir una experiencia diaria con Jesús? ¡Cuán felices nos sentimos el día que entregamos nuestra vida entera a Jesús! ¿Lo recuerdas? ¿Lo vivimos cada día en nuestro diario andar? Y si Jesús nos llamara al descanso, ¿cómo sería recordada nuestra vida? Las notas y versos de este inspirador himno siguen y seguirán evocando en mí aquellos emotivos momentos cuando al recibir el día santo, alguien que escogió no vivir en vano lo cantaba con plena convicción.

"Feliz el día en que escogí, servirte mi Señor y Dios, preciso es que mi gozo en ti lo muestre hoy, con obra y voz".

Nora Ramos

¿Trabajamos en el corazón?

Y estas palabras que yo te mando hoy, estarán sobre tu corazón; y las repetirás a tus hijos, y hablarás de ellas estando en tu casa, y andando por el camino, y al acostarte, y cuando te levantes. Deuteronomio 6: 6, 7.

Soy la hija mayor de cinco hermanos. En mi hogar sólo mi madre era adventista.

Cuando llegó la hora de empezar la educación primaria, mi padre decidió que por ser yo una niña, asistiera a un colegio sólo para niñas.

Mi madre se preocupó por esa decisión, por no tratarse de un colegio adventista. En Colombia, las clases de religión estaban incluidas en el currículum, y un sacerdote era el maestro. Usábamos como libro de texto el catecismo. Diariamente estudiábamos una lección.

Cuando mi mamá leía lo que correspondía a la clase de Religión, siempre me enseñaba a contestar de acuerdo con la Biblia. Recuerdo especialmente el día que debíamos estudiar la santidad del domingo. Mamá me preparó para hablar sobre la santidad del sábado y contar toda la historia del porqué se había cambiado al domingo. Me enseñó nombres y fechas, y cuando tuve que intervenir, porque se hacía oralmente, le comenté a la clase entera lo que había aprendido con Mamá.

Mis compañeras de tercer grado tenían curiosidad por saber más de lo que había dicho en clase y a la hora del recreo me rodearon para que les repitiera la historia. Finalmente obtuve mi educación superior en un colegio adventista, donde me gradué y conocí a mi esposo. Cuando recuerdo este incidente, hay algo que no puedo entender. ¿Por qué el sacerdote me escuchó y no me mandó callar? ¿Por qué no me dijo que estaba equivocada? Él se limitó a escucharme. Yo era una niña de sólo nueve años, pero la seguridad y la constancia diaria, con que aprendía las enseñanzas bíblicas en mi casa, me daban valor y serenidad para enfrentarme al maestro.

Los años han ido pasando, llegó la juventud, la adolescencia, la edad adulta y la vejez, y gracias a Dios y al dedicado esfuerzo de mi madre por enseñarme las Escrituras desde la niñez, he permanecido convencida de las verdades bíblicas. He sido la esposa de un pastor por 37 años y espero ser una de las redimidas en la patria eterna.

Esperanza Pico

Recuerda el camino

Y te acordarás de todo el camino por donde te ha traído Jehová tu Dios estos cuarenta años en el desierto, para afligirte, para probarte, para saber lo que había en tu corazón, si habías de guardar o no sus mandamientos. Deuteronomio 8:2.

El momento decisivo había llegado. Después de año y medio de múltiples y extensos exámenes médicos, el diagnóstico confirmaba las sospechas: Esclerosis múltiple, enfermedad crónica y progresiva que afecta el sistema nervioso central en un proceso de desenlace imprevisto.

Mi vida estaba a punto de cambiar radicalmente. Era como si alguien hubiese arrojado una piedra a un cristal, y éste hubiera volado en mil pedazos que nunca más podrían volver a unirse. Planes inconclusos. Sueños deshechos. Un futuro incierto. Una vida truncada en el momento en que todo parecía sonreírme. ¿Y ahora qué? ¿Qué porvenir me esperaba, cuando en la mayoría de los casos las personas que padecen esta terrible enfermedad terminan postradas en una cama?

Aquellos fueron días difíciles, ¡muy difíciles!, como han continuado siéndolo los sucesivos; con una gran diferencia: "Y te acordarás de todo el camino por donde te ha traído Jehová tu Dios". Dios me había llevado a veces por senderos ásperos y dificultosos, pero nunca me había abandonado. En los momentos más penosos, su mano sostuvo la mía. Cuando necesité un amigo, allí estuvo él. Supo llenar los vacíos de mi corazón y darme esperanzas en medio del mayor de los abatimientos. ¿Me abandonaría ahora? Claro que no.

Si estás pasando por alguna crisis enfréntala con valor. No importa los desafíos que puedan presentársete. Recuerda la manera en la cual Dios te ha guiado en el pasado y cómo saliste victoriosa de situaciones a las cuales no sabías cómo hacer frente. Es a veces al transitar por los desiertos de la vida como descubrimos lo que realmente hay en nuestros corazones, y aprendemos a obedecer a Dios. Proponte que, no importa cuál sea el resultado final, le amarás y obedecerás, aunque en esta vida no llegues a comprender la razón o razones de tu situación presente. Haz de este día uno de triunfo en el Amado, porque él nunca te dejará ni te abandonará.

Rosa Ferraras

Somos tu obra maestra (1)

¿O ignoráis que vuestro cuerpo es templo del Espíritu Santo, el cual está en vosotros, el cual tenéis de Dios, y que no sois vuestros? 1 Corintios 6:19.

Cuando leo esta declaración entiendo ¡oh Dios mío!, que ser templos de tu Espíritu da a nuestro cerebro una capacidad ilimitada, a diferencia de los animales. ¡Oh Señor!, nos dotaste de un cerebro apto para comunicarnos e intimar contigo. Somos una prodigiosa obra tuya, con la posibilidad de mantenernos así, y de aceptar ser uno contigo.

Los cromosomas de nuestras células reproductoras pueden combinarse en cientos de miles diferentes maneras; cada una de las cuales produciría una persona diferente.

De las células reproductoras de mis padres había miles de posibilidades de seres humanos. Y de todas esas posibilidades se me dio la oportunidad a mí. Si esos cromosomas se hubieran combinado de otra manera, ¿quién hubiera tomado mi lugar? Te doy gracias, oh Dios, por haberme hecho parte de tu creación. Eso me hace responsable por mis decisiones con respecto a ti.

De los animales dijiste: "Sean hechos", y ellos aparecieron. Hablaste, y ellos se formaron. Pero te gozaste al modelar con tus manos a los humanos; seres que podrían ser tus amigos, tus hijos, que pudieran amarte y alegrarse en tu compañía. Hiciste al hombre "recto" (Ecl. 7:29); es decir, completo, santo y en armonía con tu voluntad, con una mente capaz de muchas funciones.

Sus células se comunican entre sí, con posibilidades casi infinitas. Cada órgano tiene allí un área especializada para su control y su cuidado. Para ello necesita sustancias químicas especiales encargadas de facilitar conexiones, y que estas sean sin restricciones, sustancias que dependen por completo de buenos hábitos físicos y mentales.

Anhelo, oh Dios mío, apreciar cada vez más mi existencia y mi salud, y el privilegio de conocerte. Deseo vivir con tu ayuda, de acuerdo a tu propósito. Amén.

Helena Gaona

Somos tu obra maestra (2)

Ninguna enfermedad de las que envié a los egipcios te enviaré a ti; porque yo soy Jehová tu sanador. Éxodo 15:26.

Señor: hiciste de nosotros un todo. No es que tengamos un cuerpo; somos un alma, resultado de la unión de lo físico y el espíritu de vida, con características mentales, emocionales y espirituales.

Pero el mal afectó la perfección original que nos diste, y la vida se hizo penosa y difícil, tanto para el hombre como para la naturaleza.

Pero el mal no será eterno, y el bien prevalecerá. El final de la calamidad será un resonante triunfo con la creación de cielos nuevos y tierra nueva donde no habrá vestigios de mal. La vida será productiva y sana. Tus leyes facilitarán el proceso. Tu Palabra nos presenta una vida de sanidad. Una vida sin ley produce toda clase de enfermedades. La anarquía moral ha mostrado sus resultados a través de los siglos, ha dado como fruto personas explosivas, disolutas y peligrosas como las descritas en Romanos 1:24-32.

Para quienes escuchen la voz de Dios, el resultado está descrito en Éxodo 15:26. Y si quieres leer de qué se tratan esas enfermedades, lee Deuteronomio 28:27, 28.

Los registros encontrados en el papiro de Edwin Smith nos muestran con mucho más detalles los padecimientos de los egipcios: artritis, arteriosclerosis, tuberculosis, meningitis, sífilis y viruela.

Oh Dios, ayúdanos a mostrar esta verdad al mundo, no solo en palabras, sino con una vida que demuestre que podemos aquí, en esta tierra contaminada crear un ambiente de salud como lo hay en la Patria celestial.

Helena Gaona

Somos tu obra maestra (3)

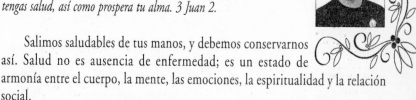

Amado, yo deseo que tú seas prosperado en todas las cosas, y que tengas salud, así como prospera tu alma. 3 Juan 2.

Salimos saludables de tus manos, y debemos conservarnos así. Salud no es ausencia de enfermedad; es un estado de armonía entre el cuerpo, la mente, las emociones, la espiritualidad y la relación social.

Cuando nos deseas salud, como lo haces en 3 Juan 2, no te refieres a falta de enfermedad solamente; sino que nos deseas madurez integral; que seamos felices y prósperos en todo sentido. De esa manera, la buena relación entre el cuerpo, la mente y el carácter, tendrán una influencia para el bien.

Quieres que entendamos que el pecado afecta nuestra manera de pensar, de comer, de cuidarnos y de vivir. Que la lealtad a tus principios es lo único que nos puede capacitar para salir de esa mala situación; y así, tener cuidado con lo que nos has dado.

Deseas que nutramos nuestra mente de tu influencia; que la ejercitemos por medio de la meditación, la oración y el estudio de tu Palabra. Que tengamos una mente limpia, sin ninguna clase de contaminación, al aplicarnos el agua de vida que tú nos ofreces. Que disfrutemos de la luz de tu Palabra, la cual nos alumbra el camino. Que seamos rectos en seguir tu consejo y evitemos caer en los extremos. "No torzáis a la mano derecha, ni a la izquierda; seguid el camino recto", nos dices.

Quieres que seamos conscientes de que nos has provisto de lo necesario para la vida abundante por medio de la presencia de tu santo Espíritu. Deseas que descansemos de las angustias de la vida, y quieres que nos apliquemos el remedio. Y, por último, que ejerzamos confianza en ti, que habrá de darnos la fuerza, la habilidad y la motivación para aplicar estos remedios y para evitar caer en descuidos que nos llevarían a perder la salud y la paz.

Helena Gaona

Somos tu obra maestra (4)

Y andaré entre vosotros, y yo seré vuestro Dios, y vosotros seréis mi pueblo. Levítico 26:12.

Tu propósito fue, Señor, que fuéramos como tú, física y mentalmente. Tu plan era que adquiriésemos tu manera de pensar, de actuar y de ver las cosas. Que tuviéramos la capacidad de amar y de ser amados. Y, a pesar de nuestra falta de colaboración, no nos has cerrado la puerta. Todavía podemos llegar a ser esa clase de personas.

Si te lo permitimos, nos has prometido: "Y andaré entre vosotros, y yo seré vuestro Dios, y vosotros seréis mi pueblo". Eres el único con el derecho de hacer una limpieza integral en el ser humano.

Las enfermedades y el mal están en la agenda de otro ser; uno que es tu enemigo, y enemigo de todo lo que has hecho.

Tu comunión con aquel que te recibe, hace la diferencia, en su mente y en su cuerpo, así como en su relación con los demás. En Gálatas 5:19-23 nos muestras en forma vívida el carácter opuesto de los que viven contigo, y de los que viven sin ti, y las obras que realizan.

Tu Palabra está llena de historias de personas que fueron miserables e hicieron miserable la vida de quienes las rodearon. También de personas maduras, con dominio propio, que lograron sobreponerse a su ego, y que, como resultado fueron una bendición para el mundo.

Gracias, oh Dios, por no haberte desanimado con el hombre cuando este te falló. Gracias por haber provisto el camino de retorno, y por estar a nuestro lado al transitar por él.

Helena Gaona

¡Mmm. . . qué buen sabor tiene!

Sean gratos los dichos de mi boca y la meditación de mi corazón delante de ti. Salmo 19:14.

Asistí a un seminario profesional donde aprendí que yo soy parte de la generación del "emparedado" también conocida como la generación de los "Baby Boomers". No en balde me siento como una capa finita de crema de queso entre dos panes. Te puedes unir a mí en medio de los dos pedazos de pan si llenas los siguientes requisitos. Tienes 36 a 52 años de edad, tienes hijos que al igual que tú están en la universidad, trabajas tiempo completo, cuidas de tus padres o quizá también de tus abuelos. Eres abuela y de alguna manera te ha tocado cuidar de tus nietos cuando todavía tienes hijos que no se han ido de la casa, y te preguntas: ¿Cómo me metí yo en este lío? Y para variar, estás envuelta en unas cuantas actividades de la iglesia y sientes que no puedes hacer una cosa más.

Los dos pedazos de pan del emparedado que estás viviendo están compuestos de tus hijos que forman parte de la generación "X" y de tus padres o abuelos que son de la generación "silenciosa". Los hijos están viviendo una vida que tú nunca viviste y no entienden por qué te sientes tan atareada y no tomas tiempo para ti. Ellos nunca piensan trabajar tanto como lo haces tú. Tus padres, tus abuelos, y para colmo tus suegros, son de la generación que piensa que no sabes criar hijos y no entienden cómo es que no puedes hacer todo en un sólo día como ellos lo hacían cuando estaban jóvenes. ¡Ay! ¡Sientes, como que te están mordiendo! Eres parte de una generación que ha logrado mucho en el pasado siglo y todavía va a contribuir más. Recuerda que hay muchas que no gozan de la bendición de tener hijos o de tener a sus padres vivos.

Recuerda que Jesús también se sintió así, rodeado de toda clase de personas que lo presionaban pidiéndole tantas cosas a la vez. Al igual que tú, él tiene que haberse sentido como un emparedado. Entonces, ¿qué hizo Jesús? Tomó tiempo para orar, para aumentar su fortaleza espiritual. Jesús también buscó la tranquilidad que brindan unos momentos de soledad para reponer su fuerza física.

Así que toma tiempo hoy para estas dos cosas, y en vez de sentirte como un emparedado mordido, sentirás que tú estás mordiendo un pedazo de un emparedado muy sabroso: la vida que Dios te ha dado.

Gloria Ceballos

¡No miren hacia atrás!

Y cuando los hubieron llevado fuera, dijeron: Escapa por tu vida; no mires tras ti, ni pares en toda esta llanura. Génesis 19:17.

El 11 de septiembre de 2001, fui a trabajar como cualquier otro día normal. Yo trabajaba en una escuela de la ciudad de Nueva York, muy cerca de la zona del desastre. Cerca de las 9:00 a. m. escuchamos explosiones. Todo fue tan rápido.

¡Lo que vimos fue espantoso! ¡Vimos cuando el segundo avión impactó la torre N.° 2! Al ver las torres gemelas cual gigantescas chimeneas todos pensábamos que había ocurrido un accidente.

En esos momentos llegó un policía y nos ordenó salir de inmediato.

"¡Corran! ¡Corran!" nos decía. Salimos y corrimos hacia el parque más cercano con todos los estudiantes, incluyendo a algunos en sillas de ruedas, a esperar los autobuses escolares.

Todos llorábamos y orábamos a la vez. De repente vimos la primera torre del Centro Mundial de Comercio (World Trade Center) desplomarse ante nuestros ojos, y a toda la gente que corría desesperadamente, con una inmensa nube de humo y polvo a sus espaldas. Esa nube se desplazaba tan rápido que nos alcanzó y nos cubrió todo el cuerpo con una ceniza blanca. El policía nos gritaba: "¡Corran! ¡No miren hacia atrás!" Más adelante, todavía corriendo, vi la segunda torre desplomarse frente a mis ojos. Así llegué a mi apartamento. ¡Todo mi cuerpo estaba cubierto de esa ceniza blanca!

Al contar en la iglesia mi testimonio de agradecimiento a Dios por su protección, el trauma era todavía tan terrible que estallé en llanto y no pude terminar mi relato.

A veces Dios permite que pasemos por experiencias terribles que jamás se borrarán de nuestras mentes, pero por tristes o desgarradoras que sean podemos soportarlo con su ayuda.

Ha llegado el tiempo cuando los hijos de Dios debemos hablar y predicar a todo el que nos rodea. Ahora los corazones de las personas están abiertos y entienden que Dios puede librarnos del peligro que nos rodea. ¡No hay tiempo para mirar hacia atrás! Con nuestro mensaje de salvación podemos ayudar a muchos que hoy perecen sin saber que todo irá de mal en peor. Nuestra única preocupación debe ser agradar a Dios y confiar en la salvación de nuestro Salvador Jesucristo al aceptarlo por fe. Vendrán escenas peores. Nuestra única esperanza está en Dios, ¡el Único que puede salvarnos!

Nurys Cicerón

Fuerzas en medio del terrorismo

Hermanos míos, fortaleceos en el Señor, y en el poder de su fuerza. Vestíos de toda la armadura de Dios para que podáis estar firmes. Efesios 6:10, 11.

El 11 de septiembre de 2001, Lizie Calderón salió temprano hacia su trabajo. Sus últimas palabras para su joven esposo fueron: "Dios te cuide". Ella trabajaba en el piso N.º 100 de la segunda torre del Centro Mundial de Comercio (World Trade Center) en la ciudad de Nueva York. Fue la segunda torre impactada por los aviones secuestrados por los terroristas, pero la primera que se desplomó ese martes negro. Ella estaba trabajando allí cuando el edificio, que era una de las edificaciones más maravillosas que el ser humano haya construido hasta ese funesto día, fue destruido. Nunca más se ha sabido de ella.

Tenía dos hijitos con su esposo Marino: una niña de cuatro años de edad, Naomi, y un niño de 20 meses, Neftalí.

"Mi mami está trabajando". "Mi mami se fue y no vuelve más". "Dejó toda la ropa". Estas son las expresiones de una mente inocente que no sabe del terrorismo ni de la muerte.

El sábado anterior a la tragedia, Lizie trabajó como maestra de la división de cuna en la Iglesia Hispana de Fort Washington, en el corazón de Manhattan, donde mi esposo es el pastor.

Ese día también cantó en la agrupación musical Ebenezer, a la cual ella pertenecía. Siempre se mantenía activa en la iglesia en diferentes actividades cada año; incluso trabajamos juntas en el departamento de Ministerios Femeninos, cargo que ella aceptó con mucha alegría. Recuerdo lo que me comentó al aceptarlo: "Acepto lo que sea, con tal de trabajar para el Señor".

Cuando su esposo ha sido entrevistado por radio y televisión, ha expresado el gran vacío que hay en su corazón y en su hogar. Sin embargo, él ha dicho que a pesar de todo el sufrimiento que ha tenido, algo grande lo sostiene y es la fe en Dios y en su Palabra que lo fortalece para ayudar a sus dos pequeños hijos. Como Marta, él puede decirles: "Yo sé que resucitará en la resurrección, en el día postrero" (Juan 11:24).

Hoy la familia Calderón puede hacer suya la promesa de Dios: "Yo soy la resurrección y la vida: el que cree en mí, aunque esté muerto, vivirá" (Juan 11:25).

Norma Familia

Un día de verano

Velad, pues, porque no sabéis a qué hora ha de venir vuestro Señor... Porque el Hijo del Hombre vendrá a la hora que no pensáis. Mateo 24:42-44.

Era una mañana inusualmente cálida. El sol brillaba; mi esposo me llevaba al trabajo. Los amantes de la buena condición física hacían sus rutinas matinales. Todo parecía normal. Al llegar a la oficina, seguí mi rutina diaria. Como diez minutos después, entró la secretaria del Departamento Franco-Haitiano y me dijo que había ocurrido un accidente en una de las torres gemelas. Prendí la radio. Cuando escuché la voz del locutor, supe que no era un simple accidente. Los Estados Unidos de Norteamérica había sido atacado por unos desalmados. Bajé al vestíbulo de entrada y mis rodillas flaquearon cuando vi la torre en llamas y el otro avión enfilándose peligrosamente hacia la otra torre. Empecé a hacer una lista mental de todas las personas conocidas que trabajaban allí. La idea de la cantidad de personas que podría morir era aterradora. Pero nada fue más desgarrador que ver a las personas colgando de ventanas a cientos de metros de altura ante la disyuntiva de morir carbonizados o tirarse al vacío. Muchos optaron por tirarse.

Sentí como si mi corazón se desgarrara ante el sentimiento abrumador de impotencia. Todo parecía una película de terror, o tal vez una pesadilla de la cual pronto iba a despertar. Aunque nuestras oficinas estaban en otra ciudad, alejadas del punto de ataque, los oficiales de la Asociación nos permitieron salir temprano e irnos a casa. Tenía sed de información. Quería conocer todo detalle sobre las experiencias de los que habían logrado salir con bien. Como todo el mundo, me quedé pegada al televisor, viendo los eventos repetirse a cada instante, una y otra y otra vez. De repente, mis ojos se abrieron a la realidad de que en una escala mayor, la venida de Cristo nos puede sorprender desprevenidos como los terroristas sorprendieron al gobierno estadounidense.

Un día no muy lejano Jesús vendrá. ¿Estaremos preparados? Recordemos: "el Hijo del Hombre vendrá a la hora que no pensáis" (Mat. 24:40).

Ligia Holmes

Vivir por fe

Mas el justo por su fe vivirá. Habacuc 2:4.

El 11 de septiembre de 2001, será recordado por siempre en la historia de la humanidad. Ese día vimos con horror y desesperación en un acto sin precedentes en nuestro mundo el derrumbe espantoso de las torres gemelas de la ciudad de Nueva York.

El dantesco cuadro de horror y desolación y las imágenes de tantas personas lanzándose al vacío y huyendo de las aterradoras llamas de fuego, no podrán borrarse de mi mente. El llanto, la desesperación y el clamor de miles y miles de personas buscando a sus seres queridos, esperando que salieran vivos de los escombros, provocaron tanto dolor y sufrimiento en todos los que observábamos esas escenas que nos dejaron preguntándonos: ¿Y ahora qué?

¿Cómo vamos a vivir de ahora en adelante? ¿Con miedo y terror? Sabemos que vivimos en días difíciles y que aún nos queda por ver mucho sufrimiento y destrucción. Pero nuestro refugio está en Cristo Jesús.

Una vez vi una lámina de un gatito que tenía su cuerpecito colgando en el vacío y sosteniéndose de algo con sus dos patitas delanteras. Debajo del cuadro había una inscripción que decía: "La fe es lo único que me sostiene". Muchas de nosotras nos hemos sentido de la misma manera en diferentes etapas de nuestras vidas.

Las palabras de Dios registradas en el texto de hoy son las que nos deben inspirar a caminar por este mundo, confiando a Dios nuestra existencia. Hay una frase que dice: "Para el justo hay una vida diferente a la de las otras personas y esta vida está en la fe". Cuando definimos nuestras vidas en términos de confiar sólo en el plan de Dios, todos los temores se esfuman y la esperanza llena nuestras almas dolientes.

Tenemos que fijar nuestros ojos y entregar nuestra voluntad a Jesús para que esto sea una realidad en nuestra vida. Al mirar esas escenas horrendas, sólo pensemos y confiemos en que Dios va a contestar nuestra pregunta: ¿Y ahora, qué?

Carmen Toledo

Encomienda a Jehová tu camino

El ángel de Jehová acampa alrededor de los que le temen y los defiende.
Salmo 34:7

Ese fatídico 11 de septiembre, el teléfono sonó temprano. Me encontraba preparando el desayuno. Era mi hermano, llorando amargamente en la línea. Me dijo: "Mi hijo está en una de las torres en el piso 64 recibiendo unas clases desde hace una semana". Me quedé helada. No sabía qué contestarle. Era el más pequeño de sus hijos, 19 años, y había sido seleccionado para estar en ese grupo. Le dije: "Confía, voy a orar". Eso fue todo lo que pude decirle. Esperé con impaciencia.

Era terrible lo que la televisión transmitía. Las dos torres gemelas habían sido atacadas por terroristas y sólo se veía una bola de fuego. Al poco rato se desplomaron. A las dos horas el teléfono sonó otra vez. "El muchacho logró salir. Vio el impacto de la otra torre, y cómo las personas se lanzaban de los pisos de arriba al vacío, 25 de sus compañeros perdieron la vida". Gracias a Dios, salió ileso. No me canso de agradecerle por cuidar la vida de mi sobrino.

La vida se nos puede escapar en un segundo. Cada día debemos vivir como si fuera el último de nuestra vida. Nuestra familia es la más cercana a nuestro corazón, y tenemos que estar en paz con ellos. Ser cariñosos y amables, porque no sabemos lo que pueda ocurrir.

"Quisiera que todos los jóvenes pudieran comprender cuán valiosa es la ofrenda de un corazón joven que se entrega a Dios. Con cuanto amor los ángeles velan los pasos de los jóvenes que aman y temen al Señor. Jesús los conoce por nombre, y su ejemplo ayuda a otros jóvenes a hacer lo recto. El joven que ha atesorado en su mente y en su corazón las palabras de ánimo y advertencia de Dios, las valiosas perlas que son sus promesas, a las que puede recurrir en cualquier momento, será un conducto viviente de luz. Está en relación directa con la Fuente de toda luz" (*Meditaciones matinales,* 1952, p. 165).

Ahora es cuando más aferrados debemos estar de la mano de nuestro Hacedor. Nos esperan días de duras pruebas, y sólo andando de la mano con él podremos sobrevivir.

Necesitamos nutrir nuestra alma con el alimento espiritual que nos hará saludables y fuertes. Y sobre todo, no descuidar la oración que es el aliento del alma. "Encomienda a Jehová tu camino, y espera en él, y él hará" (Sal. 37:5).

Emma Lutz

Las tumbas se abrirán

Tampoco queremos hermanos que ignoréis acerca de los que duermen para que no os entristezcáis como los otros que no tienen esperanza... Porque el mismo Señor con voz de mando, con voz de arcángel y con trompeta de Dios, descenderá del cielo; y los muertos en Cristo resucitarán primero. 1 Tesalonicenses. 4: 13, 16.

Era un día como pocos en la ciudad de Nueva York. El sol brillaba en su más luciente esplendor. El cielo, en su intenso azul, el canto de las pájaros, y la brisa suave, apuntaban hacia un hermoso día de verano.

Eran aproximadamente las 9:00 a.m. del 11 de septiembre, cuando recibí una llamada. Era mi cuñada quien me urgió que encendiera el televisor para encontrarme con la terrible noticia de que una de las torres gemelas estaba en llamas. No podía creer lo que mis ojos contemplaban, cuando de pronto, otro avión impactó la segunda torre. Llamé rápidamente a mi hermana para saber en qué piso trabajaba nuestra amiga Lizie. Ella me dijo llorando, que era en el piso número 100 de la segunda torre. El corazón se me comprimió y sentí que mi amiga no saldría con vida. También me enteré que otro hermano que conocía estaba desaparecido. Fue un golpe duro e inesperado. No podía comprender cómo era posible que Lizie estuviera muerta y que ahora sus dos pequeños quedarían huérfanos.

Recordé que aun cuando no lo comprendemos, los caminos de Dios son misteriosos. Sus pensamientos son más altos que los nuestros y que todo encaja perfectamente en sus planes, y que él es capaz de transformar una tragedia en un arma poderosa de victoria.

Lizie era una verdadera cristiana y aun en su muerte produjo frutos, ya que a raíz de ello una joven que trabajaba en el mismo edificio con quien ella compartió el mensaje de Cristo, entregó su vida al Señor.

Ahora no puedo entender por qué tuvo que morir, pero Dios lo sabe todo y sabe lo que es mejor para nosotros. Sobre todo, lo más importante es que un día no muy lejano, el Señor vendrá. Las tumbas se abrirán y aquellos que durmieron en él se levantarán para recibirle y entre ellos, Lizie y todos los demás que han muerto en la bendita esperanza de gloria. Porque muy cierta es la promesa de que las tumbas se abrirán y la muerte en victoria, será sorbida para siempre. ¡Aleluya!

Wendy Ortega

Ten fe y serás salva

Entonces respondiendo Jesús dijo: Oh mujer, grande es tu fe; hágase contigo como quieres. Y su hija fue sanada desde aquella hora. Mateo 15:28.

Hace cinco años me diagnosticaron cáncer en la tiroides. Lo primero que me vino a la mente fue cuántos días de vida me quedaban, o qué otra parte de mi cuerpo estaría invadida por el mal. El endocrinólogo me dijo: "Tienes que ser operada de inmediato", y me dio una lista de cirujanos. Hablé con la Dra. Delawter con quien trabajo. Ella revisó la lista de cirujanos y me dijo:

"Estos son carniceros. Operan lo que les mandan. A ti te tiene que operar un especialista en nariz, oído y garganta —y agregó—: No te preocupes. Yo te buscaré un especialista".

Para su sorpresa le dijeron que el maestro y director de la Universidad Médica de Georgetown era el mejor especialista en esa área.

Ella se puso en contacto con él, y cuando le consultó mi caso, él le dijo que la lista de espera era muy larga. Posiblemente tendría que esperar tres meses si quería que él me atendiera. La doctora Delawter le dijo que se trataba de la nana de sus niños, y que necesitaba ser operada pronto.

Esta eminencia le dijo que me llevara y que entre pacientes me iba a revisar. La doctora fue conmigo al Hospital Georgetown en Washington, D. C. De inmediato me examinaron.

Luego apareció un señor de baja estatura, muy humilde. Tomó mis manos en las suyas y me preguntó: "¿Tienes miedo?" Yo le dije que sí, y él me dio una mirada que penetró muy dentro de mí.

Luego me preguntó: "¿Quieres que yo te opere?" Yo le dije: "Claro que sí". Él me contestó: "Ten fe en el de arriba y si confías en él, todo saldrá bien".

Me dijo que corría el riesgo de perder la voz. Tres días después me llamó y me dijo: "No tengo cupo para ti, pero haré una excepción. Generalmente comienzo a operar a las 8 a.m. pero a ti te operaré a las 5 a.m. Quiero que estés aquí a las 4 de la mañana".

A la mañana siguiente cuando me estaban anestesiando, llegó el médico, tomó mis manos nuevamente y me dijo: "Confía en Dios para que todo salga bien". Le contesté: "Yo confío en él". Yo me pregunto: Si la dulzura de ese doctor me impresionó tanto, ¿cómo será estar frente a nuestro Dios?

Para mí el cáncer ha sido una bendición, pues me ha acercado más a Dios, y mi fe y confianza hacia él son mucho más fuertes.

Maribel Alfaro

Lágrimas

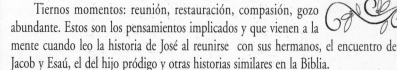

Y se echó sobre su cuello, y lloró sobre su cuello largamente. Génesis 46:29.

Tiernos momentos: reunión, restauración, compasión, gozo abundante. Estos son los pensamientos implicados y que vienen a la mente cuando leo la historia de José al reunirse con sus hermanos, el encuentro de Jacob y Esaú, el del hijo pródigo y otras historias similares en la Biblia.

Cuando pensamos en la majestad, el poder y la sabiduría de Dios, puede sernos difícil recordar su ternura y compasión. Estas escenas nos dan vislumbres de otros aspectos del carácter de Jesús. Todos podemos recordar una ocasión cuando experimentamos una reconciliación, o cuando nos reunimos con un ser amado. Cuán fuertemente deseamos y anticipamos ese momento. José, el segundo hombre en jerarquía de la poderosa nación de Egipto, no sintió temor ni vergüenza de llorar. La Biblia nos dice que José lloró (Gén. 43:30; 45:14), "a gritos" y lloró "largamente" (Gén. 45:2; 46:29). La ternura adornaba su carácter. Y es interesante que no se registra que José llorase en ninguna otra ocasión, sólo en tiempo de reunión y reconciliación.

En nuestra sociedad suele catalogarse como debilidad la expresión de emoción y de llanto, sobre todo en el hombre. No obstante, cuando pienso en José llorando abiertamente no imagino un hombre frágil y débil, sino todo lo contrario.

A menudo se ha comparado a José con Jesús, el redentor de la raza humana. Él derramaba lágrimas abiertamente. Lágrimas de tristeza y de profunda emoción. Compartió nuestras penas y nuestras alegrías.

La mente se proyecta al futuro hasta aquel día anhelado. ¿Cómo será cuando por fin seamos reunidos con amigos y familiares al llegar al cielo? ¿Qué hará Jesús cuando nos contemple felices, abrazando a nuestros amados y a aquellos por los cuales hoy oramos?

El gozo de Jesús será en un grado mucho mayor de lo que sentimos cuando leemos acerca de "la grata reunión" de nuestros personajes bíblicos. Afectado por la ternura del momento, ¿llorará Jesús? Sin duda alguna. ¿Lloraremos nosotros? ¿Podría ser que las últimas lágrimas que derramemos antes que nuestro Dios "limpie toda lágrima" de nuestros ojos, sean lágrimas de gozo en aquella gran reunión de los redimidos de todos los tiempos?

Piensa en esto: las tiernas escenas mencionadas en la Biblia son sólo un pequeño vislumbre de su gran compasión hacia a nosotros, y solo un ejemplo del gozo que nos espera.

Cynthia Mejía

Orad sin cesar

Orad sin cesar. 1 Tesalonisenses 5:17.

A raíz del ataque terrorista en la ciudad de Nueva York el 11 de septiembre de 2001, fui invitada a una conferencia de Prevención de Crímenes Raciales y Hostigamiento en las Escuelas Públicas y Comunidades Circunvecinas.

Entre los exponentes estaba una mujer joven, vestida con su atavío musulmán. Elocuentemente la mujer compartió cuan dramáticamente su vida y la de su familia había cambiado después del ataque terrorista. Había sido objeto de discriminación y hostigamiento en su propia comunidad y trabajo. Al terminar su tema, la mujer se excusó cortésmente por salir de la conferencia antes de que concluyera.

La conferencia terminó y yo me encontraba en la autopista de vuelta a casa. De repente veo a la misma mujer, en la orilla de la carretera. Mi corazón se agitó al pensar en el gran riesgo que ella corría. Bajé el cristal de mi ventana y esperando no asustarla, le grité: "Quiero ayudarte. Oí tu presentación en la conferencia". Pero la mujer no volteó a mirarme. Insistí en explicarle mis intenciones. Pero todo fue inútil. Ella permanecía de pie al lado de su auto. De repente noté que sus labios no cesaban de moverse. Sus brazos, con las palmas abiertas se extendían en el aire. Enseguida se postró en el suelo. Yo permanecí inmóvil, atónita.

¡No podía creerlo! La mujer se encontraba a orillas de una congestionada autopista, un viernes de tarde camino a Boston... orando.

La mujer nunca interrumpió sus plegarias para agradecerme, pero yo le agradecí. Tuve la oportunidad de ver cara a cara a una ferviente creyente, que a pesar de las posibles consecuencias de su acto, hacía un alto en su vida y en público se comunicaba con su dios.

Entonces me pregunté ¿habría yo tenido la certeza de que Dios me estaba protegiendo si hubiera estado en lugar de esa mujer? o, ¿tan sólo era la valentía de hacer lo correcto? Entonces recordé cuán de prisa había salido esa mañana. Cuando mis hijos me reclamaron por no hacer el culto, les dije que hoy era un día muy complicado y tenía prisa. Volví a preguntarme: ¿Cómo puede Dios fortalecer mi fe y mi relación con él a fin de estar lista para los momentos finales, cuando ahora, mi vida y la de mis tres hijos no está en riesgo y no oro sistemáticamente? ¡Que gran lección!

San Pablo nos exhorta: "Orad sin cesar", porque la oración es garantía de comunión y anticipo de la vida futura con Cristo.

Marisol Mercado

Nuestro refugio

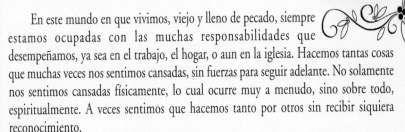

Tú eres mi refugio; me guardarás de la angustia; con cánticos de liberación me rodearás. Salmo 32:7.

En este mundo en que vivimos, viejo y lleno de pecado, siempre estamos ocupadas con las muchas responsabilidades que desempeñamos, ya sea en el trabajo, el hogar, o aun en la iglesia. Hacemos tantas cosas que muchas veces nos sentimos cansadas, sin fuerzas para seguir adelante. No solamente nos sentimos cansadas físicamente, lo cual ocurre muy a menudo, sino sobre todo, espiritualmente. A veces sentimos que hacemos tanto por otros sin recibir siquiera reconocimiento.

Muy a menudo aparentamos que todo está bien. Forzamos una sonrisa cuando alguien pregunta cómo andan las cosas. Así continuamos, no siendo sinceros con los demás ni con nosotros mismos. Es como ponerse una máscara. No como una de esas máscaras o caretas que se usan en los carnavales de Brasil o el Mardi Gras de Nueva Orleáns, Estados Unidos, sino una invisible que nos ayuda a esconder nuestros sentimientos verdaderos. Aparentamos ser una cosa, pero cuando estamos solos otra vez, nos sentimos vacíos y llenos de preocupaciones y temores. Como estamos tan atareados, con frecuencia nos olvidamos de lo que realmente constituye la solución para todos nuestros problemas: Cristo Jesús. Sin él, la vida no tiene significado alguno.

Él es nuestro refugio. Solamente en él podemos ser completos. Si lo ponemos a él primero en nuestras vidas, todo adquirirá un nuevo significado. Con él ya no hay que usar máscaras ni aparentar que todo está bien, porque él elevará nuestra estima propia y nos concederá la capacidad de triunfar. No importa si el camino es arduo y difícil, si hay problemas en el trabajo, en la casa o en la iglesia. Dios puede tomar tu batalla interior y transformarla en una gran victoria.

Querida hermana, la próxima vez que te sientas desanimada y sin fuerzas para seguir adelante, no te refugies detrás de una máscara, por práctica que parezca. Ve a Dios y pídele que él sea tu refugio, que te guarde de la angustia y el temor. Verás que él te levantará en sus brazos y te librará de toda angustia y temor. Entonces tu vida será como un canto de victoria. Sí, él es tu refugio.

Annette R. Chaviano

Cuando Dios nos llama

Jehová había dicho a Abram: Vete de tu tierra y de tu parentela, y de la casa de tu padre, a la tierra que te mostraré. Y haré de ti una nación grande, y te bendeciré, y engrandeceré tu nombre, y serás bendición. Génesis 12:1, 2.

Era el año 1998 en la ciudad de Nueva York. Dios me llamaba a trabajar en su viña. Yo tenía todo lo que una joven pudiera desear: un apartamento, un buen trabajo, cargos y amigos en la iglesia, y un buen novio.

Dios conocía mi corazón. Yo deseaba trabajar para él, pero necesitaba su ayuda. Fue entonces cuando me despidieron de mi trabajo. Había orado, pues quería hacer la voluntad de Dios.

Se abrieron dos puertas. Una fue para trabajar en una escuela cristiana misionera, ubicada en un campo de Virginia. La otra en una compañía de seguros en el bajo Manhattan. El edificio de esta última era alto y precioso. Desde el departamento donde trabajaría se veía gran parte de la ciudad de Nueva York. En el primer piso había tiendas de lujo que atraían a muchos visitantes. Al ver todo eso oré: "Señor, si he de perder mi alma en este lugar, por favor cierra las puertas".

La entrevista en ambos lugares fue exitosa.

Al día siguiente sonó el teléfono. Era la compañía de seguros. El gerente me dijo: "Debo escoger entre usted y otra señora; luego le llamaremos". Él escogió a la otra señora. En ese momento no comprendía por qué Dios me llamaba a salir de la ciudad de Nueva York. Dos años más tarde me fue revelada la razón de mi llamada a salir de la ciudad. Fue el 11 de septiembre de 2001, cuando la triste noticia del ataque de los terroristas me aclaró toda duda acerca de cómo Dios me guió. La compañía de seguros estaba ubicada en el piso 100 de la torre N.º 1 del Centro Mundial de Comercio (World Trade Center). La amiga tan querida que me refirió, pereció en la tragedia. Y Dios me llevó a un bello lugar en Virginia desde donde pude visitar varios países del mundo como misionera.

Dios me llamó y yo respondí a pesar de que mis sentimientos eran otros. Dios también llamó a Abrahán a salir de su tierra y su parentela. Abrahán obedeció y fue bendecido grandemente junto a los suyos.

Quizá no entendamos la promesa de Romanos 8:28: "A los que aman a Dios, todas la cosas les ayudan a bien, esto es a los que conforme a su propósito son llamados", pero esta promesa es fiel y verdadera.

Johanny Brito

Esperad en él

Los ojos del Señor están sobre los justos, y sus oídos atentos a sus oraciones. 1 Pedro 3:12.

En el año 1990 pasé por la experiencia más triste de mi vida. Una mañana, mientras mi esposo y yo salíamos, él me dijo que no se sentía bien. Al poco rato paramos el carro y pude ver que él estaba vomitando mucha sangre. Yo me desesperé un poco, pero gracias a Dios nos acompañaba una fina persona que había sido nuestra maestra en el colegio, Marina de la Cruz. Dios le dio valor y ella condujo el carro al hospital. Mi esposo había perdido el conocimiento. Yo estaba segura que él no iba a vivir. En ese momento todo se oscureció en mi interior. Teníamos tres niños pequeños y hacía poco que habíamos llegado a los Estados Unidos. Todavía no estábamos ubicados en este país. Yo no tenía permiso para ejercer legalmente mi profesión. Sabía que los síntomas que presentaba mi esposo no eran nada bueno. Por la condición en que se encontraba, no me permitieron entrar a la sala de emergencia. Yo no sabía si él estaba vivo o muerto. Mis hijos de ocho, seis, y cuatro años habían quedado en la escuela. En mi desesperación caí de rodillas y abrí mi corazón a Dios, sentí que en ese momento Dios me habló. Sentí una paz muy grande dentro de mí. Al poco rato entré a la sala de emergencia y mi esposo pudo decirme: "No te preocupes, voy a estar bien".

Él duró cuatro días en el cuidado intensivo, pero no necesitó sangre ni medicamento alguno. Los médicos nunca supieron qué pasó. Mi esposo duró un año en observación y todos estaban extrañados por su caso.

Cuando visitábamos los médicos para los chequeos rutinarios, siempre contábamos esta historia al médico de turno porque en nuestra mente quedó la duda, había algo que la ciencia no pudo descubrir. Hace unos años le pedí perdón a mi Dios porque en mi angustia clamé a él, y él me oyó, y yo no creí en el milagro.

Hoy cuando comparto esta historia digo: "Jehová inclinó su oído y me escuchó, y me libró de todas mis angustias". Tenemos un Dios grande y misericordioso. No hay problema que él no pueda resolver. En medio del dolor y la desesperación, debemos recordar que hay Alguien muy poderoso quien cuida de nosotros. Sus ojos siempre están sobre cada uno de sus hijos, y atento sus oídos a sus clamores.

Mercedes Croussett

Prueba de dolor

No temas, porque yo soy contigo; no desmayes, porque yo soy tu Dios que te esfuerzo; siempre te ayudaré, siempre te sustentaré con la diestra de mi justicia. Isaías 41:10.

Puedo decir que mi salud es buena. Y cuando me descuido, mi cuerpo me lo hace saber. Esa era la prueba que Dios tenía para mí.

La directora del club de Aventureros no podía asistir con los niños al campamento que se acercaba y la líder de nuestra iglesia tampoco podía ir. Como directora del ministerio infantil me asignaron ese trabajo, lo hice con el mayor de los gustos.

Comenzamos a preparar a los niños. Un domingo de madrugada sentí un dolor muy fuerte en el estómago y por ello no pude reunirme temprano con los niños, pero de igual manera tuvimos la clase. Yo quería ir con los niños al campamento, pero Dios no pensaba así. El martes de esa semana, dos días antes del campamento, ya entrada la noche sentí un dolor muy intenso en la cintura. No sabía qué era. Oraba mientras sentía el dolor, y entonaba algún cántico. Quizá eso me distraería para no sentir el dolor, pero fue inútil. Mientras más oraba y más cantaba, más se intensificaba. Sólo pude aguantar hasta llegar a un Centro de Salud.

Aun con el dolor, seguía pidiendo a Jesús que me ayudará. Pero mientras hablaba con Dios el dolor aumentaba. Me di cuenta que Satanás no quería que lo hiciera pero yo seguía hablando y cantando. En el Centro de Salud me hicieron muchos exámenes. Pasé esa noche hospitalizada, con suero en mi brazo. Gracias a la misericordia de Dios, el dolor pasó.

Los exámenes que me practicaron revelaron que tenía cálculos en los riñones. Eso era delicado, y si mi cuerpo no los expulsaba, se debía recurrir a la cirugía. Pedí la ayuda de Dios pues le temía a la cirugía.

Para gloria de Dios esas piedras salieron de mi cuerpo sin ningún esfuerzo. Los doctores decían que tenía suerte pues casi nunca sucede eso. Sé que es más que suerte, es mi Dios ayudándome en las pruebas. A raíz de esa experiencia aprendí dos cosas: la primera, no debíamos ir al campamento; la segunda, debo cuidar más mi cuerpo.

Así como Dios hizo un milagro en mi vida, puede hacer uno en la tuya. Gracias a Dios que nos prueba, y aunque el dolor sea grande, él no nos deja solos.

Diana Martínez

Llena tu taza de amor

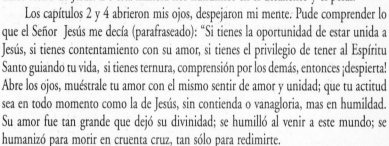

Mi copa está rebosando. Salmo 23:5.

Esta mañana, al meditar en el libro de Filipenses, encontré un mensaje muy significativo. Hay momentos en la vida cuando nos sentimos confusas, ansiosas y preocupadas, que desearíamos no despertar al nuevo día. Nos centramos sólo en nuestro ego que desvía nuestros ojos del dulce rostro de Jesús. De esta manera nos hundimos en el desaliento y el pesar.

Los capítulos 2 y 4 abrieron mis ojos, despejaron mi mente. Pude comprender lo que el Señor Jesús me decía (parafraseado): "Si tienes la oportunidad de estar unida a Jesús, si tienes contentamiento con su amor, si tienes el privilegio de tener al Espíritu Santo guiando tu vida, si tienes ternura, comprensión por los demás, entonces ¡despierta! Abre los ojos, muéstrale tu amor con el mismo sentir de amor y unidad; que tu actitud sea en todo momento como la de Jesús, sin contienda o vanagloria, mas en humildad. Su amor fue tan grande que dejó su divinidad; se humilló al venir a este mundo; se humanizó para morir en cruenta cruz, tan sólo para redimirte.

"Por lo tanto sé sencilla, sin vanidad, para que en medio de las tinieblas seas como luz resplandeciente en el firmamento. Siempre regocíjate en el Señor, que tu gentileza sea evidente. El Señor Jesús está cerca de ti; el Espíritu Santo intercede por ti; te contemplan con misericordia y amor. En contentamiento de corazón alaba y agradece al Señor mientras le presentas tus peticiones. El Señor, cuyo amor sobrepasa todo entendimiento, guardará tu corazón, tu vida, y tu mente en Cristo Jesús. Por lo tanto todo que es noble, correcto, amable, admirable, puro, justo, en esto debes concentrarte. Al hacerlo, las tinieblas se disiparán, la luz del dulce rostro de Jesús se reflejará en el tuyo para que otros a tu alrededor lo conozcan como un Dios de amor y comprensión.

"Sí, tú puedes lograrlo en Cristo, que siempre te fortalece".

Llena tu Taza

Hay ocasiones en la vida,
cuando tu taza se llena de inquietudes.
Y nada refresca tu alma
y te das cuenta que tu taza se ha llenado
de palabras injustas e hirientes.

Pero si en humildad clamas por ayuda,
ante lo incierto y el dolor
en respuesta a tu clamor
la misericordiosa gracia de Dios
llenará tu taza con AMOR.

Señor, mantén mi taza llena de amor para derramar sólo bondad, alivio y paz. Amén.

Judith Rivera

Lee sólo si crees

Mira que te mando que te esfuerces y seas valiente; no temas ni desmayes, porque Jehová tu Dios estará contigo en dondequiera que vayas. Josué 1:9.

Era un 25 de septiembre, el cumpleaños de nuestra hija Nathalie, cuando entró la llamada de mi médico. "Marina, siento mucho decírtelo, pero tienes un tumor en el cerebro". Me senté en el sofá con el rostro en las manos, tratando de descifrar el significado de la noticia. Mi esposo se levantó y bajó las escaleras con lágrimas en sus ojos mientras cargaba en brazos a nuestro pequeño Benjamín.

Pedí al Altísimo fortaleza y sabiduría y me levanté de ese lugar. Llamé al neurocirujano que una vez había visto cómo Dios había obrado un milagro en mi madre. Su equipo hizo las recomendaciones. Después de buscar consejo de Dios y de más de 75 neurocirujanos, neurólogos, radiólogos, anestesistas, etc, mi peligrosa cirugía fue fijada para el 26 de octubre. Los riesgos incluían la posibilidad de no volver a hablar, no sentir mi lado izquierdo, no poder manejar. Se afectaría la inteligencia, la creatividad, el sentido de la distancia, etc. Durante las ocho horas que duró la intervención, recuerdo haber estado despierta en algunas ocasiones, con el propósito de evitar grandes daños al cerebro. Mi herida de 30 cm. fue cerrada y yo quedé paralizada del lado izquierdo.

Permanecí dos meses en el hospital, pero allí la presencia de Dios se hizo sentir. Largos, solos y tristes son los días y las noches en un hospital. Mis hijos por un lado, enfermitos y separados por las circunstancias, mi esposo, por el otro lado, solo y triste, esperanzados todos en que Dios pondría sobre mí su mano sanadora. Durante esos dos meses tuve grandes encuentros con el enemigo acusador. Hubo momentos en que creía morir de angustia. No podía casi ni respirar. Los doctores corrían tratando de encontrar la causa. La causa era espiritual y no la podían hallar. El enemigo se reía de mí y yo corría al Calvario. Corría a las calles a tocar el manto de mi sanador. Corría en mi mente al estanque a beber de su agua de vida… y luego me quedaba dormida a los pies de Jesús. Él siempre estuvo conmigo. Fue él quien me operó de un tumor que nadie quería tocar. Fue él quien entró a la sala de operaciones. Fue él quien dirigió mi rehabilitación. Es él quien en menos de tres meses me ha devuelto casi todas mis facultades. Es él quien tiene nuestro hogar unido una vez más. ¡Bendito sea el Santo de Israel!

Marina Mesa

Mi Dios y yo

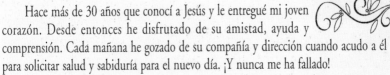

Deléitate asimismo en Jehová, y él te concederá las peticiones de tu corazón. Salmo 37:4.

Hace más de 30 años que conocí a Jesús y le entregué mi joven corazón. Desde entonces he disfrutado de su amistad, ayuda y comprensión. Cada mañana he gozado de su compañía y dirección cuando acudo a él para solicitar salud y sabiduría para el nuevo día. ¡Y nunca me ha fallado!

Cuando llena de vigor, ilusiones y expectativas de la vida, le pedí que pusiera en mi camino a un joven honesto, valiente, intrépido, fiel, consagrado y tierno, él escuchó mi oración.

Cuando con emoción esperé la llegada de cada uno de mis tres hijos, le rogué que fueran saludables, fuertes, seguros de sí mismos y sensibles a su voz. Sé que no son perfectos, sin embargo me han dado muchas satisfacciones. ¡Gracias, Señor, por escuchar mis ruegos!

Al casarme, dejé inconclusa mi preparación académica, pero nunca quité de mi mente terminarla algún día. Cuando mis hijos crecieron y se fueron a la escuela, yo me fui a la universidad. No fue fácil, pero terminé mis estudios. Dios estuvo fiel a mi lado en esa etapa de mi vida, y aunque tenía hijos adolescentes y un horario complicado, logré terminar los estudios satisfactoriamente.

Hoy, cuando mi nido está vacío, siento la cercanía de mi Amigo fiel en los momentos de quietud y de tensión que enfrento día a día al trabajar para él. ¡Cuánto he disfrutado el caminar con Jesús todo este tiempo! Algunas veces no he caminado al mismo paso suyo, pero él ha sido paciente y me ha esperado. Gracias, Señor, por tu amistad y porque me has concedido más de lo que te he pedido.

Rosa Alicia Miranda

Los hombres de pañoleta roja

Pues a sus ángeles mandará acerca de ti, que te guarden en todos tus caminos. Salmo 91:11.

En la iglesia donde yo asistía, en Bogotá, Colombia, el director de obra misionera me pidió que, juntamente con otra hermana, predicara a un grupo filial que quedaba a las afueras de la ciudad. Me agradó la invitación y acepté con gozo. Como por entonces participaba de una brigada de salud, tenía conocimiento del lugar. Aquel sábado, muy de mañana, tomé el autobús. Tenía que cruzar una montaña para llegar al sitio de reunión. Cada predicador tenía que estar dispuesto a alfabetizar a los interesados mientras les hablaba de Jesús.

De repente, el ayudante del chofer del autobús se acercó y me dijo que tenía que bajarme en la primera parada llamada Alta Blanca, porque el paradero frente a Ruidosa, el pueblito donde se encontraba el grupo filial, ya no existía. Tuve que bajarme allí. Mientras caminaba miraba la carretera bastante desolada, a un lado rocas y al otro lado unos abismos profundos. De pronto se detuvo un camión lleno de carbón a la orilla de la carretera, y se bajaron dos hombres con unas pañoletas rojas en sus cabezas. Dejaron abiertas las puertas del camión y comenzaron a caminar hacia mí. Al verlos, quise retroceder y echar a correr, pero mis piernas no respondieron y continué caminando hacia delante. Yo sabía que estaba en peligro, y sólo mi Señor podía salvarme.

Los dos hombres se miraron entre sí, y se hicieron señas. Yo seguía caminando involuntariamente, hasta que llegué frente a ellos. Entonces vi que sus miradas estaban perdidas, como tratando de buscar algo. Pasé por en medio de ellos pero los hombres nunca me vieron. Continué caminando, minutos después miré hacia atrás y vi que ellos continuaban buscándome.

Di gracias a Dios porque me salvó del peligro, porque enceguecíó a aquellos hombres o me hizo invisible. Sólo sé que me libró. Al llegar a la entrada del camino, quise descansar un poco, pero de pronto aparecieron cuatro perros que me persiguieron. Así llegué más rápido a dar la predicación. Aquel día cambié el título de mi sermón: "Porque a sus ángeles mandará acerca de ti, que te guarden en todos tus caminos".

No hay un lugar donde nuestros pies no corran el peligro de tropezar, pero mientras que tu fe y tu confianza en Dios no tropiecen, será difícil caer; "en las manos te llevarán, para que tu pie no tropiece en piedra" (Sal. 91:12).

Llevemos esta promesa en el corazón antes de salir de casa.

Ana Clemencia Calvo

Haz algo

Instruye al niño en su camino, y aun cuando fuere viejo, no se apartará de él. Proverbios 22:6.

De cierto os digo que en cuanto lo hicisteis a uno de estos mis hermanos más pequeños, a mí lo hicisteis. Mateo 25:40.

Tuve el privilegio de crecer en un hogar con padres muy serviciales y hospitalarios. Mi madre siempre fue muy misionera. Crecí viéndola hacer muchas obras de caridad. De pequeña, íbamos a los refugios de personas recién llegadas a la ciudad donde crecí en Brisbane, Australia. Estas personas venían mayormente de países latinos como Chile, Perú, El Salvador, Nicaragua, Uruguay y otros. En nuestras horas de obra misionera, llevábamos comida, ropa y Biblias a estas personas recién llegadas. En ocasiones los ayudábamos a conseguir vivienda. También los invitábamos a comer en casa y a nuestra iglesia. Muchos aceptaban la invitación y se mostraban muy agradecidos. Otros, habiendo recibido toda ayuda posible, a veces ni nos abrían las puertas cuando tratábamos de visitarlos. Así aprendí que debemos a hacer el bien aunque estas obras de bondad no siempre sean correspondidas.

Con el pasar de los años, comencé a sentir el deseo de participar en un viaje misionero. Los viajes misioneros son un ejemplo perfecto de lo que es servir a otros sin esperar nada a cambio. Le pedí a Dios que me diera la oportunidad de participar en uno. Pero poco sabía las sorpresas que Dios tenía reservadas para mí. A los 20 años, me enamoré de un joven en los Estados Unidos. Este joven es un pastor y un líder juvenil. En nuestro primer año de noviazgo me invitó a participar en un viaje misionero en México. No te imaginas lo maravilloso que es construir una iglesia para que otros puedan adorar, y participar en una escuela bíblica de vacaciones para niños.

Ahora las cosas han cambiado mucho. Aquel joven pastor es mi esposo y todos los años llevamos un grupo de adolescentes y jóvenes en un viaje misionero. En una semana, estaremos realizando nuestro quinto viaje misionero juntos.

Querida madre que lees este relato, siembra en tus hijos el deseo de hacer el bien desde que son pequeños. Yo estoy agradecida de que mi madre lo hizo conmigo. Querida joven lectora, no hay nada que beneficie más tu vida que hacer algo bueno en favor de otros. Haz obra misionera en tu comunidad, visita una prisión, únete a un grupo misionero, pero haz algo. Haz algo por alguien sin esperar nada a cambio.

Joanne Cortés

Discusiones

No se ponga el sol sobre vuestro enojo. Efesios 4:26.

Parece que más y más hogares, incluso entre los cristianos, se están convirtiendo en parte de las estadísticas del divorcio. Hay algo que puedes hacer, sin embargo, para evitar que el tuyo se convierta en uno de ellos.

Todas tenemos desacuerdos con nuestros esposos. Pero el consejo del Señor para nosotras es: "No se ponga el sol sobre vuestro enojo". Eso significa que hemos de arreglar las cosas antes de ir a la cama.

Bíblicamente, el hombre es el sacerdote del hogar, así que su deber es ser el primero en iniciar la reconciliación. Pero, si eso no ocurre, tú, como esposa, tendrás que tomar la iniciativa. Decir: "lo siento", es difícil para algunos, pero, al parecer, es especialmente difícil para el hombre.

Sin embargo, evitar la discusión es mejor que tratar de arreglarla. Si debes "discutir" un asunto sensible con tu esposo, elige el mejor momento y lugar, preferiblemente después de una buena comida, y entonces discute sólo un problema a la vez. Evita las discusiones tarde en la noche, cuando ambos están cansados. Habla con calma (no levantes la voz), porque "la blanda respuesta quita la ira" (Prov. 15:1). Cuando tu esposo está hablando, muéstrale respeto y no lo interrumpas, por muy difícil que sea. Escucha, de verdad, lo que está diciendo.

También debes evitar el uso de apodos, herir la personalidad, irte enojada de la conversación y las amenazas de divorcio. De hecho, la palabra "divorcio" no debiera ni siquiera formar parte de tu vocabulario. Dios "odia el divorcio" (Mal. 2:16 la Biblia al día) y nosotros también deberíamos aborrecerlo.

Algunas cosas positivas que puedes hacer: sugerir soluciones a los problemas y entonces evaluarlas juntos. Referir los problemas al Señor y luego esperar la respuesta. El consejo de Elena de White en *El ministerio de curación,* pp. 279 y 280, dice:

"No intentéis imponer vuestros deseos uno a otro. No podéis hacer esto y conservar el amor mutuo. Sed bondadosos, pacientes, indulgentes, considerados y corteses. Mediante la gracia de Dios podéis haceros felices el uno al otro, tal como lo prometisteis al casaros".

Oren juntos, y en su oración háblale a Dios acerca de las cosas buenas de tu esposo. Agradécele por haberlos unido. Si haces de Cristo el centro de tu matrimonio y te acercas más a él, con el tiempo tú y tu esposo se acercarán más el uno al otro. Esto impedirá a la larga que tu hogar llegue a ser, simplemente, una estadística más del divorcio.

Nancy Cachero Vásquez

Cristo es mi hermano mayor

Por lo cual debía ser en todo semejante a sus hermanos, para venir a ser misericordioso y fiel sumo sacerdote en lo que a Dios se refiere, para expiar los pecados del pueblo. Hebreos 2:17.

El Hermano mayor de nuestra raza está junto al trono eterno. Desde allí mira a toda alma que vuelve su rostro hacia él como el Salvador. Sabe por experiencia lo que es la flaqueza humana, lo que son nuestras necesidades, y en qué consiste la fuerza de nuestras tentaciones; pues fue "tentado en todo según nuestra semejanza, pero sin pecado" (Heb. 4:15). Está velando sobre ti, tembloroso hijo de Dios. ¿Eres tentado? Te librará. ¿Eres débil? Te fortalecerá. ¿Eres ignorante? Te iluminará. ¿Estás herido? Te curará. Jehová "cuenta el número de las estrellas" y no obstante él es también el que "sana a los quebrantados de corazón, y venda sus heridas" (Sal. 147:3, 4).

Cualesquiera que sean tus angustias y pruebas, exponlas al Señor. Tu espíritu encontrará sostén para sufrirlo todo. El camino te será despejado para que puedas librarte de todo enredo y aprieto. Cuanto más débil y desamparado te sientas, más fuerte serás con su ayuda. Cuanto más pesadas tus cargas, más dulce y benéfico tu descanso, al echarlas sobre Aquel que se ofrece a llevarlas por ti.

Las circunstancias pueden separar a los amigos; las aguas intranquilas del amplio mar pueden agitarse entre nosotros y ellos. Pero ninguna circunstancia, ninguna distancia pueden separarnos del Salvador. Dondequiera que estemos, él está siempre a nuestra derecha, para sobrellevar, conservar, sostener y animar. Más grande que el amor de una madre por su hijo, es el amor de Cristo por sus rescatados. Es nuestro privilegio descansar en su amor y decir: "En él confiaré; pues dio su vida por mí". El amor humano puede cambiar; el de Cristo no conoce mudanza. Cuando clamamos a él por auxilio, su mano se extiende para salvar.

Él desea que comprendamos que él regresó al cielo como Hermano mayor nuestro y que ha puesto a nuestra disposición el inconmensurable poder que se le confirió a él (*Meditaciones matinales,* p. 297).

Elena G. de White

¿Necesitas a alguien que te escuche?

Deléitate asimismo en Jehová, y él te concederá las peticiones de tu corazón. Salmo 37:4.

De niña tuve una amiga inseparable. Estudiábamos juntas. Ella era mi confidente, mi consejera, mi sombra. Podía pasar muchas horas platicando con ella sin aburrirme. El tema de conversación nunca se agotaba, y tampoco las confesiones que ambas nos hacíamos. Teníamos muchas cosas en común. Nos conocíamos a la perfección, confiábamos plenamente una en la otra a pesar de que mi familia y muchas otras personas me decían que esa amistad no era buena para mí. Yo no quería darme cuenta, pero tenían razón.

Mientras más tiempo pasábamos juntas, yo descuidaba mi amistad con alguien más. Ya no "necesitaba" contarle mis alegrías y tristezas a mi amigo incondicional, al Amigo que estaba allí todo el tiempo esperando ansiosamente que yo dedicara unos momentos para contarle qué era de mi vida de adolescente. Comencé a dejar de lado mi relación con Jesús. Cada vez mis "pláticas" con Jesús se hacían más breves, más distantes, con menos detalles. En fin, yo estaba haciendo a un lado a mi mejor Amigo.

Un día, sin que yo lo notara, mi amiga "inseparable" ya no estaba allí. Nuestras vidas tomaron rumbos distintos sin darnos cuenta. Entonces, comencé a extrañar esas charlas, esas confesiones, esas horas de platicar y platicar. Entonces comprendí el valor de la amistad que Jesús nos ofrece. Yo lo había abandonado, pero él seguía allí, esperándome. Todavía le interesaba saber de mí, todavía tenía su oído inclinado para escuchar lo que una adolescente tenía que contarle. Y regresé a ese Amigo que siempre estuvo allí, atento a escuchar lo que yo tenía que decirle.

¿Sabes, amiga?, Jesús todavía está muy cerca de ti. Él te conoce muy bien, no te ha olvidado, pero quiere escuchar de ti misma tus alegrías, tus tristezas, tus penas, tus triunfos, tus desencantos y tus victorias. Ve a él. No importa cuánto tiempo tienes de no hablarle, cuanto tiempo tienes de no acercarte confiadamente al trono de la gracia. Jesús me escuchó cuando perdí a mi amiga. Él te escucha hoy a ti también.

Lorena García de Argueta

El niño Efraín

Entonces el Rey dirá a los de su derecha: Venid, benditos de mi Padre, heredad el reino preparado para vosotros desde la fundación del mundo: Porque tuve hambre, y me disteis de comer... estuve en la cárcel, y vinisteis a mí. Mateo 25:34-36.

Mi madre, quien siempre se caracterizó por su espíritu fuerte y enérgico, se conmovía ante los más necesitados. Le gustaba hacer el papel de "Dorcas" con cualquier necesitado. Esa fue la razón que le permitió protagonizar esta linda historia. Mi padre, quien era pastor de iglesia, y mi madre tuvieron cinco niñas. Cuando esta historia sucedió, ya todas vivíamos fuera del hogar. Mientras visitaban una cárcel de mujeres, en Puerto Rico, conocieron a Gladys, una niña de quince años, quien había sido violada y embarazada por su padrastro y acusada por su propia madre. Mi mamá se enteró de que llegada la hora del nacimiento del bebé de Gladys, si no había alguien dispuesto a cuidar de la criatura al nacer, sería dada en adopción y posiblemente Gladys nunca más la vería. Mi madre se llenó de compasión y de entusiasmo: ella cuidaría el bebé, y esperaría a que su madre cumpliera su condena para entregárselo de nuevo. Juntas decidieron que, de ser un niño, le pondrían por nombre Efraín. Mis padres se prepararon como si esperaran un hijo propio. Y llegada la hora del nacimiento, ¡era un niño! Las trabajadoras sociales de la cárcel llamaron a mis padres para recibir al niño el día señalado y llevarlo a casa.

Cuidaron a Efraín como si fuera aquel hijito que nunca tuvieron. Fue dedicado a Dios en la iglesia; le celebraban sus cumpleaños; cada semana lo llevaban a visitar a su joven madre; y cada día de culto al templo. Efraín llamaba a mis padres "papá y mamá", y cuando nos reuníamos en familia, nuestros hijos y Efraín jugaban como si fueran verdaderos hermanos. Y toda la tristeza que tenía esta joven madre daba paso al gran amor de Jesús por ella al estudiar su Palabra. Cada semana Gladys esperaba a mis padres con mucha alegría. Había conocido el amor de Dios a través de ellos.

El esperado día de su liberación llegó. Fue el encuentro más feliz de su vida y de la de su hijo. Aunque Efraín vivió con su madre el resto de su vida, él siempre visitaba a mis padres como si fuera su propio hijo. Nunca olvidemos hacer el bien, especialmente a los huérfanos, las viudas y los que están en las cárceles, como la joven de esta historia. Dios nos recompensará: "En cuanto lo hicisteis a uno de estos mis hermanos más pequeños, a mí lo hicisteis" (Mat. 25:40).

Norma Familia

Confía en el poder de la oración

Entonces me invocaréis, y vendréis, y oraréis a mí, y yo os escucharé.
Jeremías 29:12.

En el año 1966 vivíamos en la ciudad de Santiago de Cuba, donde mi esposo era pastor. Ese año recibimos la noticia de que el Colegio de las Antillas, donde nuestro hijo mayor estudiaba, había sido intervenido por el gobierno.

Cuando nuestro hijo regresó al hogar, venía triste y desorientado. En estas circunstancias nos dijo que trataría de abandonar la isla. "No veo futuro en este país", expresó. Lo vimos tan decidido que pensamos que lo único que nos quedaba era poner esos planes en las manos de Dios. Desde ese momento en adelante oré como nunca antes.

El 3 de octubre de 1967, con la intrepidez de la juventud, junto con otros tres jóvenes, nuestro hijo se adentró en la oscuridad por los caminos inhóspitos de las costas orientales de Cuba, hacia la cerca que divide Cuba con la Base Naval Norteamericana que se encuentra en la ciudad de Guantánamo.

Después de andar un poco, perdieron de vista al guía del grupo y caminaron sin rumbo por 36 horas. Finalmente, cansados, uno de los jóvenes sugirió: "Mejor entreguémonos a las autoridades, porque aquí moriremos". A lo que mi hijo propuso: "Vamos a orar para que el Señor abra nuestros ojos y podamos encontrar el camino". Y Dios escuchó aquella ferviente oración, y al decir "Amén", enfilaron sus pasos por el sendero correcto.

A lo lejos, yo sentí algo extraño el corazón. Allí mismo incliné la cabeza y oré fervientemente. A las 8:00 a.m., hora en que no se suponía que podían cruzar el cerco, lo saltaron sin ser vistos por los soldados que vigilaban. Cinco días después de haber salido él de la casa, recibimos un telegrama de nuestra familia en Miami con el aviso de que nuestro hijo estaba con ellos.

Pasaron trece años hasta que volvimos a verlo, pero esos años me convirtieron en una mujer de oración. Alabo el nombre de Jesús porque aunque las nieves del tiempo han emblanquecido mis cabellos, aún sigo librando batallas con Dios en oración, porque él "es el mismo ayer, y hoy, y por los siglos" (Heb. 13:8).

Mi hermana, si estás pasando hoy por tribulaciones o algún problema te abruma, dobla tus rodillas y presenta tu caso al Señor. Verás caminos abiertos, hijos regresando al Señor, esposos transformados, y lo que es más importante, tú misma estarás más cerca del trono celestial. Que Dios hable a tu corazón en este día. Amén.

Violeta Bence

Mi estilista y la oración

Velad y orad, para que no entréis en tentación; el espíritu a la verdad está dispuesto, pero la carne es débil. Mateo 26:41.

Voy al salón de belleza cada seis a ocho semanas. Mi estilista es una joven de 24 años. En diciembre va a cumplir un año de matrimonio. En el transcurso del año y medio que la conozco, hemos compartido varias experiencias personales sobre todas las luchas que uno siempre enfrenta. Ella ha compartido conmigo su experiencia como mujer casada y yo la animé para que leyera el libro: *The Power of a Praying Wife* [El poder de la esposa que ora] de Stormie Omartian. El libro habla acerca del poder de la oración cuando uno acude a Dios. Regresé con ella seis semanas después y esta es su historia:

"Tengo tanto que compartir contigo. Han sucedido tantas cosas. Compré el libro que me mencionaste y han ocurrido tantas cosas buenas que estoy muy feliz. Mi esposo y yo salíamos a cenar seguido y bebíamos una copa de vino con la comida. No me parecía que fuera mucho daño porque no lo hacíamos seguido y no tenemos alcohol en el hogar. Pero un día decidí que no era lo mejor y le pedí al Señor que me ayudara a no beber vino. Tan pronto tomé la decisión dejé de beber. Compartí esto con mi esposo. Pronto me enteré que mi esposo tenía que tomar alcohol más seguido de lo que yo me había dado cuenta.

"Una noche él llegó del trabajo y con aliento alcohólico. Al preguntarle si había bebido, lo negó. Pero a la mañana siguiente, tuve un fuerte presentimiento de que algo no iba bien. Oré y le pedí a Dios que me comprobara que había un problema si el presentimiento de que mi esposo tenía adicción al alcohol crecía. El presentimiento creció. Salí al patio trasero de nuestra casita, al basurero y encontré dos botellas de alcohol vacías. Esto sucedió dos veces más. Sé que esta lucha no se acabará pronto, pero estoy muy contenta de tener una conexión con Dios. No temo los días largos y duros que vienen por delante con la adicción de mi esposo. Pero estoy feliz de que mi relación con Dios es sólida. Él me está usando para que mi esposo acuda a él por su propia cuenta".

La carne es débil, pero cuando llegamos a conocer al Señor Jesús como nuestro Salvador, entonces sabremos prendernos de él cuando llegue la tormenta.

Keren Espinoza

Sigamos adelante

Por la misericordia de Jehová no hemos sido consumidos, porque nunca decayeron sus misericordias. Nuevas son cada mañana. Lamentaciones 3:22.

En medio de esta tumultosa sociedad en que vivimos se nos hace casi imperceptible el tictac que conlleva el paso del tiempo, y cuando nos damos cuenta en qué etapa de la vida estamos, nos quedamos asombradas por todo lo que hemos hecho y por todo lo que no pudimos hacer.

No podemos echar la vida hacia atrás. Lo que no hicimos bien ayer ya no quedaría bien si tratáramos de rehacerlo porque ya no sería el momento adecuado. Sin embargo, como mujeres cristianas e inteligentes, dispongámonos a aprovechar cada oportunidad, igual o parecida a las experiencias pasadas para traer a nuestras cargadas vidas la satisfacción que se experimenta por una labor bien hecha, por haber cumplido nuestro deber. Aprendamos a tratarnos bien, no por satisfacción egoísta, sino por amor y consideración a nuestra familia que nos necesita.

Lo que no se pudo arreglar, ¡ni modo de remediarlo! ¿Para qué preocuparnos por eso? Pero lo que sí se puede, pues ¡manos a la obra!

El Señor a quien adoramos, conoce los pensamientos de nuestro corazón (Job 42:2). Puede ser que alguna vez nos sorprenda algún pensamiento como: "!Ya estoy cansada de oír lo mismo de siempre!", pero déjame recordarte que a pesar de todo lo negativo que pensemos, el Señor no se ha cansado de escucharnos, y esto ¡te lo aseguro! No fue fácil la vida que vivió Jesús, pero debido a que conoce nuestras adversidades, puede compadecerse de nosotras.

El tiempo pasa y seguirá pasando monótonamente si no tenemos presente que cada día hay una oportunidad para comenzar de nuevo.

Disfrutemos de las frescas bendiciones que el Señor tiene para nosotros cada mañana porque grande es su fidelidad, y a partir de estas bendiciones propongámonos dejar una estela de gratos recuerdos a nuestro paso.

Neyda Hernández

Temor

Y ahora, así dice Jehová, Creador tuyo... no temas. Isaías 43:1.

No nos debe sorprender que haya temor en el mundo, porque lo hemos heredado de nuestros primeros padres. Tan pronto Adán y Eva cayeron en la desobediencia, tuvieron miedo (Gén. 3:8-10). Desde entonces, la raza humana sufre la enfermedad del temor.

Recuerdo a mi hija que, siendo aún muy niña, sentía miedo de la oscuridad y de estar sola; pero se sentía confortada si yo estaba cerca, o si podía verme aunque no estuviera yo a su lado. Su temor a la oscuridad dejó de ser un problema cuando adquirí una sencilla lamparita de noche para su habitación.

Podemos aprender de los niños. Creo que por eso Jesús dijo: "Si no fuereis como niños, no entraréis en el reino de los cielos."

La presencia de uno de los padres puede ahuyentar el temor de la mente infantil. Igualmente, la presencia de Jesús. Y para que no nos asuste la oscuridad, podemos disponer de la luz que él nos dio: "Lámpara es a mis pies tu palabra, y lumbrera a mi camino" (Sal. 119:105).

¿Funciona realmente? A través de toda la Biblia encontramos personajes que enfrentaron el temor con los recursos del cielo. José, separado del hogar y la familia a la fuerza; Daniel, arrojado en un foso de leones; los tres jóvenes hebreos en un horno ardiente; Elías, enfrentándose a un rey maligno; Pedro, hundiéndose en las olas de un mar embravecido. Todos mantuvieron con ellos la presencia de Jesús y usaron la "lámpara" en tiempos de oscuridad.

La Palabra de Dios no nos sugiere, ni nos pide que no temamos, sino que nos ordena: "No temas". Este mandato es expresado en una forma u otra 365 veces en la Biblia, una para cada día del año.

Desde la entrada del pecado en el mundo heredamos el temor, pero a través de toda la Biblia se nos manda: "No temas", y el resultado final será la victoria, o la extinción, "El que venciere heredará todas las cosas... pero los cobardes... tendrán su parte en el lago que arde con fuego y azufre" (Apoc. 21:7, 8).

Si los eventos que ocurren hoy nos atemorizan, debemos, con la humildad y sencillez de los niños, poner nuestros ojos en el Padre en todo tiempo, y usar la lámpara diariamente. Recuerda: "No temas".

Cynthia Mejía

Poema a mi querida nieta

Yo he venido para que tengan vida, y para que la tengan en abundancia. Juan 10:10.

Dedicación de una nueva vida

Eres mi primera nieta
regalo de mi Señor.
Le agradezco al Salvador
por darme esa bendición.
A él le pido en oración
te guíe en su dirección
para poder ingresar
en esa bella mansión.

Has traído la alegría
a todos en este hogar.
Tus abuelos y tus tías
te deseamos lo mejor:
que seas como una flor
en el jardín del Señor.
Que seas agradecida
a tus padres por su amor
cuidado y preocupación.

Que seas como el jazmín,
blanca y perfumada flor.
Que todos vean en ti
a Jesús tu Salvador.
Niña buena, niña hermosa
que seas como una rosa
que en el jardín da su aroma.
Y que puedas con tu amor
perfumar tu derredor.

Carmen Carmona

Alcanzando la meta

¿No sabéis que los que corren en el estadio, todos a la verdad corren, pero uno solo se lleva el premio? Corred de tal manera que lo obtengáis. 1 Corintios 9:24.

Era un mes de octubre cuando mi hija vino muy entusiasmada a enseñarme una convocatoria a la comunidad para competir en una carrera de un kilómetro. Cada participante sería clasificado de acuerdo a su edad.

Ella estaba muy entusiasmada, la carrera se llevaría a cabo la segunda semana de noviembre y el premio sería un pavo para la cena del día de acción de gracias. Insistió tanto que decidí matricularla en la carrera. El día llegó y con alegría la llevé pero le dije que no se entusiasmara mucho con el premio. Para mi gran sorpresa ella fue la ganadora del grupo de su edad, y regresamos a casa con un pavo.

Alguien la observó correr y ganar. Se comunicaron con la escuela y con nosotros. Esa persona era nada menos que un entrenador especializado de la Universidad de Arizona en competencias de niñas. Ese fue el inicio de una fuerte disciplina y un duro entrenamiento para mi hija. Compitió a nivel de la ciudad y del Estado y participó en las olimpiadas para menores. Terminó en décimotercer lugar en dicho nivel.

Su entrenamiento fue difícil. Largas horas de práctica y preparación diaria. Debía estar en buena condición física para la siguiente competencia. En algunas ocasiones recibía un premio o una medalla.

Así ocurre también en nuestra vida cristiana. Requiere dedicación y práctica diaria. Exige persistir en oración y en el estudio de la Palabra de Dios. Por eso, si queremos alcanzar el galardón celestial, despojémonos de todo peso y del pecado que nos asedia, y corramos con paciencia la carrera que tenemos por delante, y tendremos parte con Cristo Jesús en el cielo. Ojalá nuestro sentir sea como el del apóstol Pablo que dijo:

"He peleado la buena batalla, he acabado la carrera, he guardado la fe. Por lo demás, me está guardada la corona de justicia, la cual me dará el Señor, juez justo en aquel día; y no sólo a mí, sino también a todos los que aman su venida" (2 Tim. 4:7, 8).

María F. Denneny

La paz de Dios

La paz os dejo, mi paz os doy; yo no os la doy como el mundo la da. No se turbe vuestro corazón, ni tenga miedo". Juan 14:27.

Por muchos años pensé que la paz es un sentimiento placentero que embarga el alma. Creía que, como cristiana, Dios me puede dar una paz que produce una sensación agradable por dentro para asegurarme que todo está bien. Por eso me desanimaba cuando al enfrentar un problema, aunque orara fervientemente, no experimentaba tal sensación.

Ahora he aprendido algo diferente. Hay una paz que no es humana, una paz que no se define en términos humanos. Esa paz sólo puede ser experimentada a través de la fe en Jesús. Esa paz no viene de nuestro interior, sino del mismo corazón de Dios.

El profeta Isaías escribió que Dios guardaría en perfecta paz a todos aquellos cuyas mentes están en él porque confían en él (Isa. 26:3). Recuerdo la experiencia de los discípulos quienes lloraban porque Jesús estaba por ascender al cielo. Ya habían derramado muchas lágrimas a causa de su muerte en la cruz, para entonces sentir el gozo de su resurrección tres días después. Ahora Jesús se iba de nuevo y batallaban humanamente con la idea de que su presencia humana estaría ausente. Entonces Jesús les dio el secreto de la verdadera paz. Les dijo: "La paz os dejo, mi paz os doy". No la paz que el mundo da sino que Jesús les dio su paz. La paz de Cristo es diferente a la del hombre, y por ello incomprensible. Por eso el apóstol Pablo exclamó después. "Y la paz de Dios, que sobrepasa todo entendimiento, guardará vuestros corazones y vuestros pensamientos en Cristo Jesús" (Fil. 4:7).

No siempre nos sentiremos bien por lo que ocurre en nuestras vidas. Sentiremos tristeza y dolor por los resultados de vivir en un mundo pecaminoso. Pero podemos tener la paz de Dios dentro de nuestras almas que confirma que todo, aún lo que nos duele, está en las manos de Dios. Esta paz no se puede explicar. Es la experiencia de permitir que Dios se encargue de nuestras vidas con la fe absoluta de que él proveerá lo necesario aunque humanamente nos sintamos mal por dentro.

Hoy le pido a Dios que me imparta de su perfecta paz. No importa cómo me sienta, me aferraré a él, y ¡él me dará paz!

Ruthie Rojas

Habitar en su amor

Como el Padre me ha amado, así también yo os he amado; permaneced en mi amor. Juan 15:9.

Me encanta la casa y el vecindario donde vivo. Es muy tranquilo y muy lindo con árboles frondosos a ambos lados de la carretera. Más que toda la belleza externa, la atmósfera de mi hogar es lo que más me gusta. Mi madre ha decorado la casa con buen gusto. Pero lo que más me gusta de mi casa es que es un hogar donde reina el amor de Dios. Todos hemos cooperado para que nuestro hogar sea un pedacito de cielo en esta tierra. Nuestro hogar es amoroso y bondadoso, un hogar donde no hay pleitos, ni discordias. Allí mi madre siempre nos saluda amorosamente cuando llegamos del trabajo, y casi siempre tiene una comida deliciosa preparada para nosotros.

Nuestro Padre celestial tiene también un vecindario y una casa hermosa para todos nosotros, y nos invita a mudarnos y alojarnos allí, en la vecindad de su amor. ¿Cómo podemos permanecer en su amor? "Si guardareis mis mandamientos, permaneceréis en mi amor" (Juan 15:10). Las palabras registradas en Juan 15:9 fueron dichas por Jesús a sus discípulos. Éstos eran hombres de toda condición social. Pedro siempre tenía algo que decir al respecto. Cuando se hablaba de compromiso, él era el primero que actuaba. Pero cuando aumentaba la presión, él era el primero en escabullirse.

A Juan se le conocía como el discípulo amado porque siempre estaba muy cerca de Jesús, pero también fue conocido como el "hijo del trueno" por su temperamento explosivo.

Tomás llegó a ser conocido como el incrédulo. Mateo, el sofisticado, había sido un mercader inescrupuloso. Todos estos discípulos tenían problemas de carácter, pero aun así, Jesús los escogió para que lo siguieran y continuaran su obra aquí en la tierra.

En aquellos tiempos los pescadores eran considerados como de la clase social más baja. Pero Jesús no miró su clase social, ni su origen. Él quiere que habitemos permanentemente en su residencia la cual es su amor. Al estar en su amor nos dotará de una energía poderosa, como la energía incansable del enamorado. Todo lo podemos hacer. Todo lo podemos alcanzar. Todo lo podemos vencer. Entonces somos supermujeres. Dios quiere hacer llover esa energía en nuestras vidas. Sólo al someternos a la voluntad de nuestro Creador y Redentor podemos habitar en su amor, y ¡qué grandioso lugar para vivir!

Patsy Pupo

Confía en Dios en todo momento

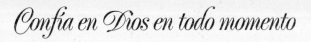

Aunque un ejército acampe contra mí, no temerá mi corazón; aunque contra mí se levante guerra, yo estaré confiado. Salmo 27:3.

Tras graduarme de doctora en Medicina, comencé a trabajar en un hospital público en una provincia contigua a la mía, al este de la República Dominicana, mi país natal. Por alguna razón que yo desconocía, mi presencia no fue grata para algunos colegas que llevaban varios años trabajando en un hospital donde muy poco se hacía, so pretexto de falta de equipo. Como todo principiante, llena de entusiasmo y conociendo del amor de Dios, oraba cada día y ponía en práctica lo aprendido en la universidad.

Un año más tarde, mientras cumplía con mi servicio de 24 horas junto a una compañera a quien le disgustaba mi forma de trabajo —decía que yo dedicaba mucho tiempo a mis pacientes y que contestaba a todas sus preguntas—, esta doctora me reportó con el director del hospital por cierta conducta mía. Sin pensarlo dos veces, el director me entregó, al día siguiente, una carta de suspensión como el primer paso para despedirme.

Al salir de su oficina con la carta en las manos y sin saber qué hacer, oré a Dios: "Señor, envía a tus ángeles a pelear esta batalla porque yo no puedo". Al instante, de algún lugar salió una enfermera a quien le mostré la carta y ella dijo: "¿Doctora, me permite hacer una copia de esta carta?" A lo que yo accedí, para luego irme a casa llena de paz.

Dos días más tarde, el director del hospital me llamó a casa, y me dijo: "Dra. Parris —mi apellido paterno—, venga por favor a resolver este conflicto". Las enfermeras del hospital, el personal de limpieza y el de cocina, los testigos de mi trabajo, habían realizado un paro de labores y amenazaban con convocar un paro regional, y luego uno nacional si el director no revocaba su decisión.

Cuando me presenté en el hospital, aquel atormentado director estaba decidido a revocar su decisión. Sólo cuando redactó por sí mismo otra carta, en la que solicitaba que me integrara a mi trabajo de inmediato y sin ninguna sanción, todo el hospital comenzó de nuevo a trabajar.

El Señor nunca pierde una batalla. Confía en él siempre.

Sayda Johnson

Alegrías y tristezas

Enjugará Dios toda lágrima de los ojos de ellos. Apocalipsis 21:4.

Mi madre estaba enferma. Mi suegra había muerto meses atrás, y yo me encontraba en cama con dos cirugías y un embarazo de ocho meses. No atisbaba el día cuando mi vida se normalizara y pudiera jugar con mi hija de cuatro años y disfrutar de mi recién nacido.

Sin atender a las recomendaciones médicas yo visitaba a mi madre todos los días. Ella era feliz con mi presencia a pesar de su dolorosa enfermedad de cáncer en los huesos.

Era una dama hermosa. Su rostro no revelaba el dolor y sus labios no pronunciaban queja alguna. Su himno favorito: "Un día a la vez", mostraba su dependencia y seguridad en Cristo como su Salvador.

Un día de nieve decidí no ir al hospital, solo llamé para oír de su progreso. La enfermera me dijo: "Ella está bien". De todos modos subí al carro para manejar por 45 minutos por la autopista para verla por mí misma.

Cuando llegué, le dije lo que siempre le decía: "Mami, ya llegó su Chiquita". Ese día, ella no me extendió su mano ni me habló. La sacudí, le grité, pero Mami no respondió. El doctor me comunicó que sólo le quedaban dos horas de vida. Sentí que me moría de dolor. Mi madre, mi amiga, mi consejera, mi todo, estaba muriéndose. Su respiración pesada, su vista perdida, su boca abierta, sus fuerzas idas. Aun así logró tomar mis manos, llevárselas a sus labios y pronunciar las más bellas palabras que yo le oí hablar: "Chiquita, yo te adoro. Te amo".

Mis lágrimas corrían sobre mis mejillas como corren en este momento. Mi madre se estaba despidiendo. Yo no había sido nunca muy cariñosa; los besos y los abrazos no eran mi característica. Y mi madre me dio lo único y último que ella tenía para mí, su amor incondicional.

Yo la llené de las más bellas rosas que creí que necesitaba durante su vida, pero nunca me acerqué a darle un abrazo o un beso. ¡Qué terrible equivocación! No permitas que te pase lo mismo. Mi madre murió tres semanas antes de que yo diera a luz a mi hermoso bebé. Me duele el corazón al pensar que ella se fue al descanso sin ver a mi nuevo hijo, pero más me duele porque se fue sin mis abrazos y mis besos. Espero el bendito día de la resurrección para darle lo que un día no le di.

Marina Mesa

La sabiduría alimenta el alma

Con Dios está la sabiduría y el poder; suyo es el consejo y la inteligencia. Job 12:13.

Cierta vez, un caballero recorría las calles de una ciudad oscura. De pronto vio a un hombre que venía caminando con una linterna, y al acercarse a él se dio cuenta que tenía los ojos cerrados y se dijo: "Me parece que ese hombre está ciego". Acercándose a él le preguntó: "Amigo ¿Es usted ciego?" "Sí, soy ciego", le contestó el hombre de la linterna.

"Entonces ¿por qué lleva esa luz?"

"Para que la gente no tropiece conmigo, señor".

¿Cómo hacer para evitar la ceguera espiritual? ¿Qué pasos debo dar para adquirir sabiduría? ¿Soy lo suficientemente apto para obtener conocimiento? No podemos considerarnos ríos secos o desiertos en una tierra improductiva. El Señor tiene una promesa especial para cada alma. "El que cree en mí, como dice la Escritura, de su interior correrán ríos de agua viva" (Juan 7:38).

No pensemos que somos incapaces de hacer algo en esta vida. Todo lo que viene del cielo nos capacitará para administrar nuestros dones. Para perfeccionar cualquier don, debemos contar con sabiduría, ya que ésta alimenta el alma del hogar con bondad, la de la sociedad con la cortesía, la del negociante con la honradez, la de cada persona con amor y respeto, y la relación con Dios con adoración y alabanza.

Debemos considerar siempre que la capacidad que el Señor nos da "no es superficial". Es una capacidad genuina que aunada a una mente despierta y ágil, nos hará producir obras sólidas. La sabiduría no se improvisa. Es menester que nos preparemos concienzudamente para la gran labor que nos espera más adelante. Porque "si alguno de vosotros tiene falta de sabiduría, pídala a Dios, el cual da a todos abundantemente" (Sant. 1:5).

Levantemos los ojos al cielo, confiemos en el que todo lo hizo y todo lo sustenta, y marchemos hacia adelante con valor, fe y confianza.

Avancemos sin intimidaciones ni vacilaciones, la meta es segura cuando andamos en Cristo Jesús. Permitamos el señorío del Espíritu Santo en nuestra vida, ya que bajo nuestra responsabilidad está el seguir sus indicaciones para la gloria de Dios y el bien de nuestros semejantes. Perseveremos, el Espíritu garantiza la victoria.

Ana Clemencia Calvo

Momentos preciosos

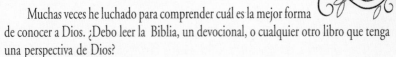

Pero el hombre natural no percibe las cosas que son del espíritu de Dios, porque para él son locura, y no las puede entender, porque se han de discernir espiritualmente. 1 Corintios 2:14.

Muchas veces he luchado para comprender cuál es la mejor forma de conocer a Dios. ¿Debo leer la Biblia, un devocional, o cualquier otro libro que tenga una perspectiva de Dios?

Cuido celosamente el uso de mi tiempo y me afano por saber qué consume lo mejor de mí. Trabajo cinco días a la semana, ocho horas diarias, 40 horas a la semana. Cuando analizo en qué he invertido mi día, me doy cuenta que gasto siete a ocho horas durmiendo, y que me quedan sólo unas pocas horas libres durante la semana.

Tengo muchos planes, objetivos, e ideas de lo que debería hacer con mi tiempo libre. Sin embargo, me pregunto por qué mis planes y propósitos son diferentes de los de mi Hacedor. No obstante, él espera pacientemente que acuda él. Como no comprendo que mucho de mi tiempo lo empleo en las cosas de este mundo, estoy dominada por actividades cuyo objetivo es hacerme sentir mejor. Pero Dios me recuerda que desea tener una relación amorosa y duradera conmigo. Después de todo, él envió a su Hijo a morir por mí, a fin de que yo pueda tener una oportunidad de vivir en el cielo con él. Lo único que me pide es que llegue a conocerlo mientras estoy aquí en la tierra.

La forma de conocer a Dios es leer su Palabra, orar y pasar tiempo con él. Sin embargo, lucho para encontrar tiempo para Dios en mi vida. Despierto en la mañana y tengo que andar siempre corriendo porque estoy atrasada, y prometiendo a Dios que tendré tiempo para él por la tarde. Sin embargo, pronto llega la tarde y pido perdón a Dios, racionalizando que por la noche soy una mejor persona. Para cuando llega la noche, ya me encuentro extenuada por las actividades del día. Y al fin me quedo dormida mientras oro, prometiendo a Dios que mañana será un día mejor.

Tryon Edwards dijo: "Las personas nunca mejoran a menos que contemplen alguna norma o ejemplo más alto y mejor que ellos mismos". Cada día es un regalo dado por un Dios que anhela ansiosamente tener una relación con nosotros. Él es el perfecto caballero. Espera pacientemente el día en que pueda compartir una relación de amor con todas y cada una de nosotras, si solamente le damos tiempo.

Ellen Torres

El Señor se ocupa de las cosas pequeñas

¿No se venden dos pajarillos por un cuarto? Con todo, ni uno de ellos cae a tierra sin vuestro padre. Pues aún vuestros cabellos están todos contados. Así que no temáis; más valéis vosotros que muchos pajarillos. Mateo 10:29-31.

Hace algunos años vivíamos en el sur de California donde mi esposo pastoreaba una iglesia y yo dirigía el bando de oración de la misma.

Por ese tiempo decidimos remodelar nuestra casa y en el proceso, todo tipo de insecto hizo notar su presencia. Un día vimos con sorpresa un pequeño ratón que atravesaba la sala y se refugiaba detrás del piano. Yo me horroricé, y al recordar cómo otro ratón muchos años antes había destruido los martillos de mi piano en Cuba, me dije: "No se repetirá".

Cuando mi esposo comentó que una vez un ratón había mordido a un vecino mientras dormía, los niños se asustaron. Desde entonces usaron todo tipo de protección para dormir. El suspenso en que nos tenía el ratón era algo que molestaba a toda la familia. Diariamente ponía la trampa detrás del piano, pero el ratón se burlaba. Se comía el queso y se iba. Yo estaba frustrada.

El bando de oración se reunía los sábados a las 6:00 a.m. y me dije: "El Señor se interesa por mí y conoce hasta la cantidad de mis cabellos; y este asunto del ratón me molesta". Llevé mi singular petición al grupo. Cuando lo dije, todas las hermanas se rieron. ¿Cómo iba yo a molestar a Dios con semejante asunto?

Les compartí mi convicción de que Dios se ocupa de las cosas pequeñas así como de las grandes, y les aseguré que mi preocupación era genuina, y les rogué que tuvieran en cuenta mi pedido. Ellas oraron por el asunto aunque algunas me miraron con cierta intriga o incredulidad.

Cuando llegué a casa mi esposo estaba alistando a los niños para ir a la iglesia y yo salté del carro con cierta precipitación. "¿Qué ocurre?", preguntó mi esposo.

"El ratón…" le dije sin concluir mi respuesta y corrí al lugar de la trampa.

El ratón estaba en la trampa y yo comencé a saltar de alegría, y mis hijos también. Ya no había por qué preocuparse. "¡Yo lo sabía, lo sabía!", grité eufórica.

Cuando les conté a mis hermanas que el ratón había caído en la trampa, ellas se alegraron, pues nuestro canto tema era: "Mi Cristo lo puede".

Tenemos un Dios todopoderoso que se interesa en cada una de nosotras. Él conoce nuestras preocupaciones grandes y pequeñas, y anhela que le llevemos nuestras más pequeñas cargas. Él nos contestará.

Alina Careaga

La oración cambia las cosas – 1

Mira que te mando que te esfuerces y seas valiente; no temas ni desmayes, porque Jehová tu Dios estará contigo en dondequiera que vayas. Josué 1:9.

Anualmente me practico un examen físico durante el mes de diciembre. Corría el mes de agosto del año 1996 cuando una mañana sentí la impresión de que debía practicarme el examen cuanto antes. Hice los arreglos necesarios. Para mi gran sorpresa mi ginecólogo me dijo que tenía una protuberancia en el seno izquierdo.

Cuando regresé a mi médico para el resultado de la biopsia, me informó que tenía cáncer. Le pregunté: "¿Y ahora, qué debo hacer?"

"Usted necesita cirugía urgente", me dijo. Fue un duro impacto en mi vida. Tengo amistades en los Estados Unidos quienes me recomendaban que viajara a Loma Linda para que allí me atendieran. No tenía ni un centavo ahorrado, pero una buena amiga me dijo que haría las averiguaciones, y ella misma me ofrecía su casa. Desde niña, aprendí que debía ser fiel a Dios en la entrega de mis diezmos y ofrendas, y a confiar en sus grandiosas promesas. Confiaba en mi Señor y sabía que no me abandonaría en ese momento.

Poco a poco se fue manifestando el gran amor de Dios en mi vida, pues unos amigos se ofrecieron para pagarme el pasaje de ida y vuelta a California. El 2 de octubre de ese mismo año viajé a Loma Linda. Allí estaba mi amiga con una de mis maestras. El proceso comenzó pero a los dos días se me informó que atenderme en Loma Linda era imposible. Una tarde mientras me encontraba sola en casa y leía porciones del espíritu de profecía, hablé con mi Dios y le dije: "Señor, tú eres el dueño de todo. Tú me trajiste aquí con un propósito. Estoy segura que abrirás las puertas". Y así fue.

Mi maestra me llevó al hospital de Riverside donde recibí la atención que necesitaba. Me trataron como la hija del Rey celestial que soy. La cirugía y las citas postoperatorias costaron unos $12.000. Te preguntarás, ¿cómo se pagó esa cuenta si no tenía dinero? Dios, que es el dueño de todo, canceló mi cuenta.

Mi querida lectora, si te encuentras pasando por una experiencia tal, confía en el Señor, pues él tiene cuidado de nosotras. Sé fiel y verás los resultados. Porque tú y yo podemos contar con un Dios real, un Dios vivo que nos ama tanto que dio su vida por nosotras en la cruz del Calvario.

Norma Osorio

La oración cambia las cosas – 2

Porque el Señor no desecha para siempre; antes si aflige, también se compadece según la multitud de sus misericordias; porque no aflige ni entristece voluntariamente a los hijos de los hombres. Lamentaciones 3:31-33.

La junta médica recomendó que debía recibir quimioterapia durante seis meses y luego un medicamento durante cinco años. En la segunda semana de diciembre tenía que iniciar la primera sesión. Siempre que me presentaba al hospital me preguntaban: "¿Qué clase de seguro tiene?", pues debería recibir dos tratamientos por semana durante seis meses y cada uno tenía un costo de $1.300, lo cual indicaba que necesitaría $2.600 por semana, pero mis compañeros de colegio que residen allá siempre estaban pendientes de mis necesidades. Así que guardaba todo el dinero que me enviaban y pude reunir para los dos primeros tratamientos. ¿Y el resto? Estaba segura que Dios lo supliría, y como él dice en su palabra: "¡Esfuérzate y sé valiente!", yo estaba confiada.

El día que recibí el primer tratamiento quedó marcado en mi vida. Nunca había pasado por una experiencia tal. Esa noche sentí que me moría. Sentía que mi cuerpo se quemaba. Recibí una llamada de mi país de una de mis amigas y le dije: "Siento que no puedo más. Esto es terrible". Ella me dijo: "Normita, Dios te sacará de todo eso. Yo sé que así será". Hoy puedo testificar que el Señor suplió todas mis necesidades. Estaba rodeada de muchos amigos y conocidos quienes me hacían sentir feliz y agradecida a él por todo lo que estaba haciendo por mí.

Una de mis amigas me invitó a su casa para el culto vespertino de fin de año. Allí conocí a una doctora. En la conversación le conté el propósito de mi estadía y además le dije que pronto tendría que regresar a mi país pues no tenía cómo continuar con el tratamiento. Inmediatamente me dijo: "Te voy a ayudar. No te preocupes. No tienes que irte". Mi corazón estaba lleno de gratitud a Dios porque él estaba trabajando en mi favor.

A la semana siguiente, ella me llamó y me dijo que todo estaba listo. Fue así como empecé a ir al Hospital del Desierto, un centro especializado para tratamiento del cáncer en Palm Springs. El 17 de octubre de 2001, cumplí mis cinco años de fecha límite que la junta médica había indicado. Tengo muchas personas a quienes agradecer. Pero sobre todo quiero agradecerle a Dios por su maravilloso cuidado y protección. Ahora sólo deseo servirle hasta el fin de mis días.

Norma Osorio

El cuidado de Dios y sus ángeles

Con sus plumas te cubrirá y debajo de sus alas estarás seguro... Pues a sus ángeles mandará acerca de ti que te guarden en todos tus caminos. Salmo 91:4, 11.

Corría el mes de octubre. En la selva de Guatemala había llovido por varios días. Los caminos sin asfaltar estaban resbalosos y el caudaloso río que teníamos que atravesar por un angosto puente de madera estaba sin protección. El torrente de color marrón, rugía arrastrando lo que hallaba a su paso.

Mi esposo y yo trabajábamos para el Instituto de Capacitación Adventista del Petén, y nos disponíamos a ir de vacaciones a la ciudad con nuestro bebé de escasos once meses.

Cuando despertamos esa madrugada, mi esposo y yo teníamos muy pocos deseos de viajar. Caía una tenue lluvia que parecía avisarnos de algún peligro. Llegamos a la conclusión de que, en vista de que no teníamos ni gas ni alimentos, habiendo dedicado todos nuestros fondos a la preparación para el viaje, era mejor viajar ese mismo día.

Al iniciar el viaje, tomé a mi hijo Edilson que estaba dormido y lo acosté entre mi esposo y yo para no interrumpir su plácido sueño.

Las llantas de nuestro jeep estaban cubiertas de barro resbaladizo. El río rugía bajo el puente. Cogí a mi niño y lo apreté contra mi pecho, justo cuando el jeep salió del puente y empezó a caer al vacío. Mi esposo no tuvo tiempo de contestar a mi pregunta: "¿Qué pasa?" El vehículo cayó en la orilla del río, sobre su techo y con las ruedas hacia arriba. Cuando reaccionamos descubrimos que estábamos sentados, con el piso del carro como techo y el techo como piso. Nuestro equipaje empezó a salirse por la puerta de atrás que se abrió por el impacto y si yo no hubiera sostenido al niño, él hubiera sido expulsado también. En ese lugar tan recóndito no había bomberos, ni hospitales. Me horroricé al pensar que si alguno de nosotros estaba herido no habría manera de atenderlo. Gracias a Dios salimos del vehículo por nuestros propios pies. El jeep fue declarado pérdida total por el seguro, pues estaba completamente destruido.

¿No es maravillosa la forma en que el Señor hace milagros modernos con sus hijos en circunstancias tan difíciles? Confía en que en este día el Señor estará a tu lado y te cuidará. Gracias, Señor, por habernos cuidado en aquella ocasión.

Aura García

Cuando Dios nos llama

Yo soy Jehová tu Dios, que te saqué de la tierra de Egipto, de casa de servidumbre. Éxodo 20:2.

El día 18 de octubre de 1992, Dios me sacó de casa de servidumbre. Me gustaban mucho las bebidas alcohólicas. Me parecía imposible dejarlas. Aunque siempre tuve temor de Dios, nunca pensé que podría pertenecer a una iglesia.

Todo comenzó un sábado de tarde de 1987. Un amigo de la Iglesia Adventista se ofreció a venir a mi casa a hablarme de la Palabra de Dios. Yo acepté y media hora más tarde llegó con otros amigos. Me preguntó si tenía una Biblia. Yo tenía una pues siempre había deseado leer la Biblia, pero nunca lo había hecho. Así que, al ofrecerme clases bíblicas, acepté con mucho interés de conocer la Palabra de Dios, aunque sin compromiso de unirme a iglesia alguna. No aceptaría presiones.

Cada vez que él venía, estudiábamos un tema nuevo, y con la Biblia en la mano, fui conociendo la Palabra de Dios, tan eficaz, y más penetrante que una espada. Cuando llegamos al tema del régimen de los alimentos y de la salud, me habló de mi debilidad por el alcohol y del daño que le hacía a mi cuerpo. Mientras él hablaba y leíamos la Biblia, yo pensaba: "Nunca podré dejar el alcohol". Pero Dios me dijo: "Confiad en Jehová perpetuamente, porque en el Señor Jehová está la fortaleza de los siglos" (Isa. 26:4).

Pasaron dos meses en los cuales no me acordé que existía el alcohol, ni algún otro tipo de bebida alcohólica. ¡Gloria a Dios por eso! "Todo lo puedo en Cristo que me fortalece" (Fil. 4:13). El poder transformador de Dios fue más fuerte que mi debilidad. ¡Qué grande es nuestro Dios!

Un sábado fui invitada a la iglesia. Acepté, pero sin ningún compromiso de asistir regularmente. Aún no estaba segura de lo que quería. Me interesó mucho el tema de la muerte, así que continué asistiendo. Pero luego dejé de asistir y me quedé en casa por dos meses. Pero el Espíritu de Dios siguió trabajando en mí y me hacía sentir la necesidad de asistir a la iglesia. Continué estudiando la Palabra de Dios y más tarde entregué mi vida a Cristo Jesús. Fui transformada por el estudio de su Palabra.

Anónimo (Escrito por una hermana ahora miembro de la Iglesia Adventista)

Nunca debemos pagar mal por mal

No seas vencido de lo malo, sino vence con el bien el mal. Romanos 12:21.

Cuando aceptamos el primer distrito, nunca pensamos que el Señor probaría nuestra fortaleza y demostraría su cuidado hacia nosotros. Ninguna familia pastoral aceptó antes vivir en la sede de ese distrito, un pequeño pueblo rural llamado Boca del Monte, Veracruz, México. Sólo el nombre te da una idea de las condiciones del montañoso lugar.

Así que con tres niños, uno con quince días de nacido, iniciamos nuestra osadía. Tuvimos en ese lugar experiencias que nos mostraron la grandeza de Dios, y también otras que nos enseñaron lecciones para fortalecer nuestro ministerio y la convicción de que Dios está siempre con nosotros.

Ese lugar carecía de muchas cosas esenciales tales como gas, luz, y agua potable. El único arroyo que abastecía de agua al pueblo estaba a casi cinco kilómetros de distancia y cada familia se encargaba de ir por ella con la ayuda de una bestia de carga. Cuando llovía, el camino se volvía intransitable. El médico más cercano estaba a varias horas de viaje de allí y cuando oscurecía, nadie salía del pueblo por ser aquella una zona peligrosa. Este fue el factor que usó el Señor para enseñarnos una lección.

Al dirigente católico del pueblo no le caímos bien. Nos atacaba y se burlaba de nosotros. Su casa estaba ubicada frente a nuestra iglesia. Pero un día su hijo fue herido de un machetazo. A causa de la hemorragia, el niño estaba por morir. Uno de los hermanos le dijo que nosotros podíamos ayudarle, pero él no quiso aceptar la ayuda, pues temía que no lo atendiéramos por venganza. Por fin accedió y a medianoche llegó a casa con su hijo en brazos. Convertimos nuestro pequeño cuarto en un quirófano. Suturamos la herida, le dimos gracias a Dios por su ayuda, y él se fue a su casa agradecido. Por supuesto cambió su actitud. Después, él mismo se encargó de decir a la gente cuán equivocado estaba acerca de nosotros.

Yo aprendí que no debemos pagar mal por mal. Recordemos a nuestro máximo ejemplo, Jesús. Él siempre devolvió un bien a cambio del mal que le hacían, y aun en la hora de su muerte oró por los que lo escarnecían. Si memorizamos el versículo de hoy, nos ayudará a recordar lo que debemos hacer en esas ocasiones cuando alguien nos hace mal. Es difícil, ¿verdad? Pero no imposible.

Beatriz Vallejo

El corazón transformable

Él dijo: ¿Quién eres, Señor? Y le dijo: Yo soy Jesús, a quien tú persigues; dura cosa te es dar coces contra el aguijón. Hechos 9:5.

Saulo de Tarso tenía como misión perseguir a los cristianos. Estaba convencido de que hacía lo correcto. Hasta que un día, se encontró con Jesús en su camino y dejó de ser Saulo para convertirse en Pablo, uno de los más grandes apóstoles de Cristo. Pablo no dejó de luchar, pero cambió su lucha.

Existen dos maneras por las que una persona toma decisiones y las ejecuta; por la razón o por el impulso. Y es por ese ejercicio de la voluntad que reside en la mente. Ningún otro miembro del cuerpo toma decisiones, sólo las ejecuta.

Saulo de Tarso conocía perfectamente la doctrina del cristianismo. Había sido educado por los maestros más sabios de su tiempo y no carecía de sabiduría. Era rabino y se cree que miembro del Sanedrín. Saulo tenía un problema en su corazón, pero cualquier psicólogo que hubiera tratado de cambiar su pensamiento, habría fracasado. El problema de Saulo terminó el día que se encontró con el cardiólogo del universo. Jesús hizo la operación prodigiosa. Transformó su corazón, lo purificó con su sangre bendita, derramada en la cruz del Calvario.

Como a Pablo, Dios está en busca de hombres y mujeres que han de proclamar sin reservas la voluntad de Dios, fieles y dispuestos a impartir el Evangelio a todos los sedientos de perdón. Pronto Jesús se acercará a ellos y no tardarán en ser rodeados por su resplandor para caer de rodillas, dispuestos a llevar en sus hombros la cruz de salvación. Quizá aun aquellos a quienes ya les hablaste del amor de Dios aún no se rinden a él. Pero no te aflijas, dobla tus rodillas y habla con el único cardiólogo que puede resolver la pecaminosa condición del corazón.

Sara Bernal

¿Esposa de quién?

Mirad cuál amor nos ha dado el Padre, para que seamos llamados hijos de Dios. 1 Juan 3:1.

Como directora del departamento de escuela sabática, me toca confeccionar cada sábado de tarde un listado de miembros que estuvieron ausentes del culto para hacerles una llamada durante el transcurso de la semana. Es una labor que realizo con mucho gusto pues así he desarrollado amistades valiosas y he sido bendecida por Dios.

Una joven profesional había estado visitando nuestra congregación regularmente, pero hacía ya dos semanas que no la veíamos. El domingo de mañana llamé a su casa. Me contestó la madre, una mujer muy amable y con muchas ganas de conversar. Me contó con detalles la razón por la cual la hija no había asistido a nuestra congregación. Ella había acompañado en ambas ocasiones a su madre, quien fue invitada al culto en otra iglesia.

Disfruté mucho de la conversación que duró unos diez minutos, pero se me hacía tarde y tenía otros nombres en mi lista, así que le agradecí a la señora por su amabilidad y amena conversación. Al despedirme, me preguntó mi nombre. Sentí un poco de vergüenza, pues se me había olvidado presentarme. Sólo le había dicho que llamaba de parte de la iglesia. Le dije mi nombre, y me comentó que su hija le había hablado muy bien de mí y que algún día visitaría mi congregación para conocerme en persona.

Una vez más le agradecí. Estaba a punto de despedirme cuando me interrumpió y preguntó: "¿Dinorah? ¿esposa de quién?" Por algunos segundos no supe qué contestar. No porque se me hubiese olvidado el nombre de mi esposo, sino porque nunca antes alguien me había hecho una pregunta tan extraña.

Le dije el nombre de mi esposo y resultó que eran compañeros de trabajo. Nuevamente me recalcó lo mucho que su hija le había hablado de mí. Terminamos la conversación, pero después de colgar el teléfono seguí pensando en su pregunta. ¿Por qué era tan importante para ella saber de quién era yo esposa?

Al meditar en ello, reconocí la gran responsabilidad que todos tenemos cuando nos llamamos cristianos, pues estamos representando a Dios. Y me pregunté si alguna vez alguien dudó de mi condición de hija del Rey.

Cuando llegue el día en que alguien me pregunte a quién pertenezco, quiero con firmeza y orgullo responder: "¡Soy hija de Dios!"

— *Dinorah Blackman*

Las promesas recibidas

Y sabemos que a los que aman a Dios, todas las cosas les ayudan a bien, esto es, a los que conforme a su propósito son llamados. Romanos 8:28.

Enferma y abatida por causa de una dolencia del páncreas, oraba a Dios por paciencia y sabiduría. Tenía problemas con mi esposo y cada día se menoscababa mi débil salud física. La causa de los problemas era mi amor por Jesús, y el hecho de llevar a mis hijos a la iglesia.

Un día mi recaída fue severa. Mis fuerzas se agotaban. Debía viajar a La Habana en forma urgente y realizarme estudios especiales, pero Dios estaba en acción y en control. Mi ser finito no podía vislumbrar más allá de lo presente. Me resistía a partir y dejar a mi pequeña niña y a mis hijos varones a merced de quien no amaba a Dios y vivía para su propio ego.

El pastor me ungió y aferrada a Dios por la fe, mi ánimo no desmayó. Oré fervientemente. Me uní a él como la oveja más descarriada que hubiera y clamé:

"Padre Celestial, escúchame por tu bendita misericordia. Mira a tu hija. Ven a socorrerme con tu divino perdón. Padre, no te cuestiono, no te pregunto el porqué de esta situación, porque tú, Padre eterno, eres sabio. Me conociste antes de nacer. Has velado mis pasos, y aún me amparas bajo tus poderosas alas. Padre, ayúdame a superar esta prueba junto a ti. Amén".

Me acosté con una paz sorprendente. Dormí como nunca antes, porque dormí en el regazo de Jesús. Al despuntar el alba, vi en sueños una luz que se filtraba en mi recámara, con un fulgor deslumbrante, que aun en estos días no lo he visto con toda la ciencia de la pirotecnia, y una voz dulce, alta, clara y muy profunda, me dijo: "Busca Romanos 8:28".

Sentí que no sólo mis oídos recibían el mensaje, sino todo mi cuerpo. Desperté gozosa y caí de rodillas en acción de gracias. Rápidamente tomé mi Biblia y allí, sí allí frente a mí, estaba la respuesta a mi tribulación.

Acepté hacerme todos los exámenes fisiológicos por fe en Jesús. Y los médicos nunca entendieron qué había ocurrido en mí. "¿Dónde quedó la lesión?", se preguntaban. No entendían lo ocurrido. Pero yo sí, porque aprendí algo maravilloso:

1.- Que Dios está en control y actúa en nuestro favor.

2.- Que él es nuestro mejor amigo.

3.- Que la obra que él comienza, la termina con perfección hasta el final.

Por eso, nunca dejes de orar. "Y antes que clamen, responderé yo, mientras aún hablan, yo habré oído" (Isa. 65:24).

Rafaela A. Almanza

Abba, mi Padre

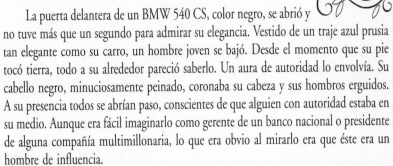

Cuando veo tus cielos, obra de tus dedos, la luna y las estrellas que tú formaste, digo: ¿Qué es el hombre, para que tengas de él memoria, y el hijo del hombre, para que lo visites? Salmo 8:3, 4.

La puerta delantera de un BMW 540 CS, color negro, se abrió y no tuve más que un segundo para admirar su elegancia. Vestido de un traje azul prusia tan elegante como su carro, un hombre joven se bajó. Desde el momento que su pie tocó tierra, todo a su alrededor pareció saberlo. Un aura de autoridad lo envolvía. Su cabello negro, minuciosamente peinado, coronaba su cabeza y sus hombros erguidos. A su presencia todos se abrían paso, conscientes de que alguien con autoridad estaba en su medio. Aunque era fácil imaginarlo como gerente de un banco nacional o presidente de alguna compañía multimillonaria, lo que era obvio al mirarlo era que éste era un hombre de influencia.

De pronto lo inimaginable ocurrió. Se oyó el grito de un niño: "¡Papi!" y el extraño se volteó. Sin pensarlo, el hombre se tiró de rodillas al suelo y abrió los brazos, al tiempo que una pequeña figura vestida de rojo voló por las escaleras y se lanzó sobre su pecho. Sacudí la cabeza con incredulidad. A él no le importaba que su padre fuera jefe de tantos, que ante su presencia muchos inclinaran la cabeza. No se le ocurrió que el pantalón que raspaba el suelo había costado tanto como la cuota de un mes de su enseñanza. Sólo sabía que ése era su papi que había estado lejos y había regresado.

Tú también estás lejos, Abba. Creador del Universo. Ingeniero de Galaxias. Sublime Majestad, adorado por otros mundos. Soplo de Vida. Pensamiento de millares. Misterio infinito. Abba, mi Padre. ¿Quién soy yo para que te tires de rodillas en este suelo y te ensucies el manto real para abrazarme? ¿Quién soy yo para tener permiso de pasar sobre todos tus títulos imponentes e impresionantes y simplemente llamarte "mi padre"? ¿Quién soy yo para tener acceso a ti en cualquier momento, oh Dios del universo?

No sé cuánto tiempo estuve allí parada. Inmóvil. Embargada por un sentimiento superior a mí. Tratando de absorber la divinidad en mi mente finita. Los seguí con la mirada hasta que el carro desapareció en la lejanía. "Papi, cuánto te extraño. Regresa pronto. Yo también quiero irme contigo".

Mi plegaria murió en mis labios al tiempo que oí un grito: "¡Mami!" Sin pensarlo, me tiré al suelo y abrí mis brazos.

Raiza de los Ríos Fernández

La alegría del hogar

Sus hijos y su esposo la alaban y le dicen: "Mujeres buenas hay muchas, pero tú eres la mejor de todas". (Proverbios 31:28, 29 DHH).

¿Qué te parece el siguiente pensamiento de Emerson? "La influencia de mujeres virtuosas es una buena contribución a la civilización". En lugares como el hogar, la escuela, el trabajo, la iglesia o la comunidad se necesitan mujeres de virtud. Esto es muy desafiante, ¿no crees? Pero te invito a meditar especialmente en nuestro papel en el hogar, porque allí está nuestro mayor desafío para trascender como mujeres cristianas.

En el capítulo 31 de Proverbios se describe claramente a la mujer ejemplar. Allí encontramos el desarrollo armonioso de las gracias, destrezas, dones y habilidades que puede poseer toda mujer. La mujer que por la gracia de Dios podemos llegar a ser, de acuerdo a este proverbio, es fuerte, hermosa y confiable. Se preocupa genuinamente por los demás; habla y toma decisiones con prudencia y sabiduría. Es muy trabajadora. Honra al Señor. "Mujer ejemplar no es fácil hallarla" (Prov. 31:10). Pero después del reto, casi al final, yo he encontrado una coronación: los miembros más cercanos de su familia le dicen: "Eres la alegría de nuestro hogar". ¡Qué coronación! ¿No te ha ocurrido que nos ocupamos demasiado en trabajar por otros —y eso no está del todo mal—, que nos quedamos sin fuerza y sin palabras para los seres más queridos y cercanos? Tenemos muchas responsabilidades, títulos, nombramientos, y reconocimiento por todo esto. Pero no debiéramos permitir que nuestra familia quede fuera de nuestra área de servicio y de nuestro desarrollo como mujeres.

Cierta vez leí la historia de una mamá que casi pierde la oportunidad de escuchar el mejor reconocimiento que hubiera deseado. Ella se preparaba para una reunión de trabajo cuando al pasar por la sala vio que una de sus niñas ponía una melodía alegre. Tomó las manos de la hijita y se puso a dar vueltas con ella al son de la música. Tres minutos tal vez. Después de eso, la mandó a darse un baño y mientras la mamá terminaba de arreglarse escuchó que la niña le decía a su hermana: "¿Verdad que es la mejor mamá del mundo?"

Dejemos ese sabor de vida en nuestros hijos, en nuestro esposo o en nuestra familia más cercana. Pueden ser muy diversas y agobiantes las circunstancias que nos esté tocando vivir hoy. Pero que no quede oportunidad sin ser aprovechada para traer alegría a nuestro hogar.

Invirtamos nuestro mayor esfuerzo en construir y mantener un hogar gozoso y ejemplar. ¡Dios está a nuestro lado!

Miriam Castillo

En el lugar correcto, a la hora indicada

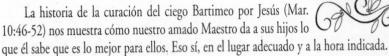

Entonces los ojos de los ciegos serán abiertos; y los oídos de los sordos se abrirán. Isaías 35:5.

La historia de la curación del ciego Bartimeo por Jesús (Mar. 10:46-52) nos muestra cómo nuestro amado Maestro da a sus hijos lo que él sabe que es lo mejor para ellos. Eso sí, en el lugar adecuado y a la hora indicada.

Hace más de 30 años, después de una enfermedad, mi hijo Salomón quedó ciego. Sentí que el mundo se caía sobre mí. "No, no Señor, a mi hijo, no, por favor" —lloraba amargamente. La ansiedad por que mi hijo recuperara la vista, me llevó a viajar buscando a los mejores médicos especialistas en oftalmología de los Estados Unidos. Y los encontré. En mi corazón renacía la esperanza de que mi hijo a través de una operación volvería a ver. Cada vez que uno de estos doctores analizaba los ojos de mi hijo, yo esperaba ansiosa las buenas noticias. Y cada vez, uno a uno me fueron diciendo: "Señora, su hijo jamás podrá ver otra vez". Cansada de viajar, cansada de llorar y cansada —debo reconocerlo— de orar, no quería aceptar la realidad de que mi hijo, médicamente, no volvería a ver.

Un día abrí mi Biblia y comencé a leer la conversión de Saulo (a Pablo) y cómo Pablo le pedía a Dios una recuperación total de su vista. Pero el Señor le contestó: "Bástate mi gracia; porque mi poder se perfecciona en la debilidad" (2 Cor. 12:7-9). Enjugué mis lágrimas y dije: "Señor, acepto tu decisión para mi hijo".

Hoy abrigo en mi corazón la bendita esperanza de que cuando Cristo venga en las nubes de los cielos, mi hijo podrá recuperar su vista, porque el Señor lo sanará en el lugar adecuado y a la hora indicada. Mi hijo, aunque no puede hablar, me inspiró a escribir estos versos:

Yo sólo puedo ver
a través de los ojos de mi madre.
Y eso es suficiente para mí.
A través de los ojos de mi madre
puedo ver el sol, la luna y las estrellas,
el cielo azul y los árboles verdes.

Algún día, cuando Cristo venga,
mis ojos serán abiertos,
y podré ver el rostro de mi Cristo
pero también veré el rostro
de mi querida madre.

Si tú eres madre, confía en el Señor. Viene el día cuando todas nuestras tribulaciones terminarán, y seremos muy felices con nuestros hijos al lado del dador de la vida, nuestro Rey y Señor.

Lucy Gadea

Confianza en las pruebas

Mírame, y ten misericordia de mí, porque estoy solo y afligido. Las angustias de mi corazón se han aumentado; sácame de mis congojas. Salmo 25:16, 17.

Es fácil sentir desánimo cuando las cosas andan mal, pero no debemos angustiarnos, porque Dios tiene el control de nuestras vidas, aun en medio del sufrimiento y el dolor. Deseo compartir un relato que recibí de una amiga.

"El único sobreviviente de un naufragio fue arrastrado por las olas del mar a una pequeña isla deshabitada. Oró fervorosamente para que Dios lo rescatara, y cada día observaba el horizonte por si veía algún barco que viniera a rescatarlo.

"Estaba agotado, pero eventualmente se las arregló para construir una cabaña de troncos y paja para guardar sus pertenencias y protegerse de las inclemencias del tiempo. Un día salió en busca de alimentos y cuando volvía, descubrió que su choza estaba en llamas, el humo subía hacia los cielos. Había sucedido lo peor; las llamas lo habían consumido todo. Enojado y abrumado de dolor, miró hacia el cielo y dijo: 'Señor, ¿por qué me hiciste esto?'

"Al día siguiente, lo despertó el sonido de un barco que se aproximaba a la isla. Venía a rescatarlo. '¿Cómo supieron que yo estaba aquí?' —preguntó el hombre sorprendido—. 'Ayer vimos la señal del humo' —le contestaron los tripulantes.

"La próxima vez que tu cabaña esté ardiendo hasta consumirse, recuerda que puede ser sólo una señal de humo que se dirige al cielo en busca del favor divino" (Autor desconocido).

La pluma inspirada nos dice: "Tengamos confianza y seamos valientes... Dios conoce todas nuestras necesidades... Su poder es absoluto... tiene medios de apartar toda dificultad, para que sean confortados los que le sirven y respeten los medios que él emplea... Vela por sus hijos con un amor inconmensurable y eterno. En los días aciagos, cuando todo parece conjurarse contra nosotros, tengamos fe en Dios, quien lleva adelante sus designios y hace bien todas las cosas... Dios puede y quiere conceder a sus siervos toda la ayuda que necesiten. Les dará la sabiduría que requieren sus varias necesidades" (*El ministerio de curación,* pp. 382, 383).

Muchos nos sentimos abandonados durante las pruebas, porque hemos quitado nuestra vista del Señor. Al permitir que se interrumpa nuestra comunión con Dios, perdemos nuestra defensa. Nada es más necesario en nuestras vidas que la comunión con Dios; ésta ennoblece el carácter y la vida misma, y da paz a nuestro espíritu en cualquier circunstancia que nos encontremos.

Ruth A. Collins

Dios protege a sus hijos

El ángel de Jehová acampa alrededor de los que le temen, y los defiende. Salmo 34: 7.

En el año 1995 quedé embarazada por segunda vez. Recuerdo que a mi esposo lo trasladaron para trabajar en Jamaica. Mi otro hijo tenía ya cuatro años. Lo peculiar de esta isla es que se manejan los autobuses por el lado contrario a mi país. En Puerto Rico se maneja por el lado derecho, pero en Jamaica por el lado izquierdo. Si difícil era para mí manejar un carro, más difícil era cruzar la calle.

Un sábado de mañana mi esposo, no converso, se dirigió temprano a su trabajo y yo, con siete meses de embarazo y tomada de la mano de mi hijo, me dirigí caminando a la iglesia cercana a nuestro apartamento. Cuando me disponía a cruzar la calle, miré hacia ambos lados y crucé. En cuestión de segundos escuché un horrible ruido, pero no sabía de qué se trataba. Lo cierto es que miré despreocupada hacia mi lado izquierdo y vi algo que nunca olvidaré: Un carro, a un metro de distancia, se movió hacia su lado derecho, como tratando de esquivarnos. Entonces comprendí que el ruido que había escuchado había sido provocado por las ruedas de aquel auto al tratar de evadirnos, pero el auto iba tan rápido, que no se detuvo. Cuando me di cuenta de la situación, ya estaba fuera de peligro.

Al parecer, cuando miré hacia ambos lados y vi ese carro a la distancia, al verlo en el carril contrario pensé que ya había pasado, y no que venía en dirección hacia mí. Lo cierto es que no me fijé que venía de frente.

No hay explicación humana para lo que allí sucedió. Ese auto no se desplazó violentamente ni derrapó al cambiar de carril a la velocidad que iba. Yo recuerdo que vi un auto que pasó del carril izquierdo al derecho, como si alguien lo hubiera movido al otro carril sin que las ruedas giraran. Por un instante el auto se movió hacia un lado, en lugar de moverse hacia el frente.

¡Alabo el nombre de Dios porque sé que él me protegió a mí y a mis pequeños en ese momento! Nunca, hasta entonces había comprendido plenamente que Dios interviene en la vida de sus hijos y los protege. ¡Gracias Señor!

Keila Silva

¿ *Por qué desesperar* ?

Echando toda vuestra ansiedad sobre él, porque él tiene cuidado de vosotros. 1 Pedro 5:7.

Era el campamento de verano de 1984, la reunión nacional de Conquistadores. Como directora del Club de Usulután, El Salvador, yo tenía aproximadamente 30 adolescentes bajo mi dirección, incluyendo a mis cuatro hijos.

En el lugar donde se realizaría el campamento, se descubrió que el agua estaba un poco contaminada, y los líderes del evento nos proveyeron de cloro para purificarla. El recipiente que contenía el cloro era idéntico al recipiente donde guardábamos el agua para tomar.

Al concluir el campamento, teníamos que dejar el lugar limpio. Así que los muchachos trabajaron arduamente. Después de trabajar tanto bajo el sol, los muchachos estaban cansados y sedientos. Wilver, mi tercer hijo, quien tenía doce años, corrió hacia lo que fue la cocina del campamento y tomó el recipiente donde teníamos el cloro, creyendo que era el recipiente del agua y... ya te imaginas lo que pasó. Al probar el cloro él tiró lo que le había quedado en la boca; sin embargo alcanzó a beber algo del líquido y éste le quemó la garganta. Al ver la desesperación en su rostro comprendí lo sucedido. Corrí hacia él, contraje su espalda contra mi pecho y puse mis manos en su estómago. Lo agité de un lado hacia otro y de arriba hacia abajo. Todo el entrenamiento de primeros auxilios que yo había recibido, se me había escapado de la mente. Alguien dijo: "Denle jugo de limón". Pero en lugar de ayudar, empeoró la situación. Yo lloraba, esperando lo peor. Entonces vi al director de OFASA de la Misión. Él se dio cuenta de lo que estaba pasando. Dijo suave y calmadamente: "Déle leche". No sé como lo hicieron, pero allí estaba la leche. Pero el pastor dijo: "No, leche de magnesia", un medicamento que sirve para la acidez estomacal. Y justamente en el botiquín de nuestro club, había una botella pequeña de leche de magnesia, lo suficiente para que mi hijo pudiera expulsar la solución que había ingerido.

Como líderes tenemos una gran responsabilidad de guiar a nuestros jóvenes. Hay mucho de tóxico allá afuera, que ellos equivocadamente ingieren y les daña tanto su cuerpo como su mente. Es nuestra responsabilidad ayudar a proveer la "leche" para que aquello tóxico que tengan dentro pueda ser expulsado con la ayuda de Dios. Cristo Jesús siempre tiene una medicina para nuestros males y una solución para nuestras congojas. ¿Por qué desesperar?

Doris Hernández

De la abundancia del corazón

El hombre bueno, del buen tesoro de su corazón saca lo bueno; y el hombre malo, del mal tesoro de su corazón saca lo malo; porque de la abundancia del corazón habla la boca. Lucas 6:45.

Muchas veces escuchamos frases o pensamientos que llegan a ser rutinarios, pero llega el día en que valoramos su significado. Y reconocemos su valor. En relación con ello me gustaría compartir con usted una experiencia que dio alegría a mi alma en medio de una gran tristeza.

Carlita Johnson, una amorosa madre de familia, miembro fiel de la Iglesia Adventista de Juana Vicenta, Samaná, República Dominicana, hacía tiempo que sufría de hipertensión arterial. Un día sufrió un accidente trombótico, que le causó problemas de audición y dificultad en el habla, por lo que fue trasladada a un hospital en la capital del país en busca de tratamiento médico adecuado, el cual le fue dado. Pero pese al tratamiento y el cuidado abnegado de sus hijos, Carlita no mejoró mucho. Poco a poco fue perdiendo la capacidad de valerse por sí sola hasta que en poco tiempo no podía entender lo que se le decía, ni hablar claramente. Entonces todo lo que salía de su boca era un "Amén".

El corazón de mi amada suegra estaba rebosante de amor a Dios y confiaba en sus promesas. Eso explica el "Amén" que de su corazón salía aun en los últimos momentos de su vida en esta tierra. Ahora, ella duerme en espera del gran día cuando nuestro Señor venga a buscar a los salvados. Es cierto que no seremos salvos por nosotros mismos, ni aun por nuestras buenas obras, pero ojalá que en este día pidamos a Dios que llene nuestros corazones y que more en nuestras vidas, sin importar el dolor o las dificultades de este día y que toda palabra que salga de nuestras bocas sea para glorificar su nombre y llevar buenas nuevas de salvación a aquellos que aún no lo conocen. De un corazón lleno de amor a Dios y a nuestros semejantes sólo pueden salir palabras de amor y de verdad cada día. Y nosotros conocemos una fuente inagotable de amor donde podremos llenar nuestros corazones.

Sayda Johnson

La alegría es buena medicina

El corazón alegre constituye buen remedio. Proverbios 17:22.

La relación que existe entre la mente y el cuerpo es muy íntima. Cuando la primera está afectada, el otro simpatiza con ella. La condición de la mente influye en la salud mucho más de lo que generalmente se cree. Muchas de las enfermedades que padecen los hombres son resultado de la depresión mental. Penas, ansiedad, descontento, remordimiento, sentimiento de culpabilidad, desconfianza, todo esto menoscaba las fuerzas vitales, y lleva al decaimiento y a la muerte.

La enfermedad es muchas veces originada y reagravada por la imaginación. Muchos hay que llevan vida de inválidos cuando podrían estar bien si pensaran que lo están...

El valor, la esperanza, la fe, la simpatía, el amor: todas estas cosas fomentan la salud y alargan la vida. Un espíritu satisfecho y alegre es como salud para el cuerpo y fuerza para el alma.

El agradecimiento, la alegría, la benevolencia, la confianza en el amor y en el cuidado de Dios, son otras tantas incomparables salvaguardias de la salud.

Se debería mostrar el poder de la voluntad, y la importancia del dominio propio, tanto en la conservación como en la recuperación de la salud, el efecto depresivo y hasta ruinoso de la ira, el descontento, el egoísmo, o la impureza, y por otra parte, el maravilloso poder vivificador que se encuentra en la alegría, la abnegación, y la gratitud.

Hay en la Escritura una verdad fisiológica que necesitamos considerar: ¡El corazón alegre es una buena medicina!

Los verdaderos principios del cristianismo abren ante todos nosotros una fuente de inestimable felicidad.

Deberíamos cultivar un estado de ánimo alegre, optimista y apacible; porque nuestra salud depende de ello (*Meditaciones matinales,* p. 151).

Elena G. de White

Mi testimonio

Clama a mí y yo te responderé. Jeremías 33:3.

Nací en un hogar humilde. Mis padres católicos me dieron el ejemplo de la oración y del temor a Dios.

Cuando cumplí veinte años, mis padres recibieron el mensaje adventista, lo aceptaron y se bautizaron. En mi ignorancia pensé que se habían alejado del camino de Dios. Me casé, tuve mis hijos (ocho en total) y seguí la tradición católica. A los 35 años de edad, cuando las cosas empeoraron, tuve que viajar a los Estados Unidos en busca de mejoría económica, pues mi esposo tenía dificultades para sostener una familia tan numerosa. El primer regalo que recibí al llegar a este país fue una Biblia. Como extrañaba tanto a mi familia, para consolarme leía mi Biblia. Al cabo de dos años volví a mi país. Mi único deseo era que mis hijos también conocieran la Palabra de Dios. Así que llevé una Biblia para mis niños, de diez y cinco años. Empecé a clamar: "Señor, muéstrame tus caminos. Ayúdame a encontrarte".

Una de las cosas que aprendí al leer la Biblia fue el mensaje de Malaquías 3:10 que habla de los diezmos. Aunque mis entradas eran muy reducidas, empecé a apartar la décima parte, apoyada en la promesa del Señor ."Derramaré sobre vosotros bendición hasta que sobreabunde". Así cada domingo, con una de mis niñas, de doce años, llevaba a la iglesia la bolsita llena y la depositábamos en secreto en la bolsa de la iglesia. Pero la situación económica iba cada vez peor. Perdimos la casa que hizo mi esposo, y aunque me esforcé hasta enfermarme para salir adelante, tuve que regresar a los Estados Unidos, después de diez años y con tres niñas más que nacieron. Aunque parecía que el Señor se había olvidado de su promesa en Malaquías 3:10, nunca se debilitó mi fe y seguí fiel entregando mis diezmos. Ahora sé que el Señor usó el único medio por el cual podía llevarme a su verdad.

Aquí, en forma milagrosa conocí el mensaje y a los 49 años me bauticé, hace trece años, y le doy gracias a Dios cada día por ello, porque veo claramente que él me guió con su mano poderosa hacia su verdad. Mis tres últimas hijas se bautizaron ya y espero que los otros cinco, cuatro mujeres y un varón, ya todos casados y con hijos, y mi esposo también lo acepten. Dios bendiga su Palabra. ¡Amén!

Gladys Vendeuvre

Yo soy tu Dios

Yo soy Jehová tu Dios. Éxodo 20: 2.

¿Qué significa para ti la expresión: "Yo soy tu Dios"? Te has detenido a pensar en la profundidad de esa palabra? ¿Sabías que en ese "Yo Soy", nuestro Jesús, te dice que él es tuyo que y tú eres de él, que perteneces a él? Existe en ello una íntima relación de amor, de pertenencia. Esto implica que él es capaz de hacer cualquier cosa por ti. ¿Por qué? Porque te ama.

Eres una joya de mucho valor. Si él se preocupa por vestir a las flores, por darles ese encantador colorido y por proveer a las aves su alimento, con mucha mas razón está dispuesto a socorrerte en cualquier situación.

¿Has contado cuántas veces te ha librado de ser descubierta en ese pecado secreto que has estado cometiendo a sabiendas, sin que te sea divulgado en público para tu propia vergüenza? ¿Sabes? Dios te ama tanto, que está dispuesto a esconder tu pecado de aquellos que podrían perjudicarte. Él sabe que si los deja enterarse de tu pecado en este instante, podrían dañar tanto tu reputación que te costaría mucho reponerte. ¿No te parece que eres afortunada? Hay muchos pecados que escondemos, por ejemplo, el orgullo, la envidia, el adulterio, la fornicación, la masturbación, la intemperancia, el alcohol, las drogas, la pornografía, el egoísmo, el odio. Yo le he dicho más de una vez: "Gracias, mi Dios. Me salvaste de esta situación. Eres tan bueno conmigo. Ayúdame a no pecar contra ti".

El llamado del Espíritu para este día es: ya no resbalar más en el pecado. Ya no endurecer más el corazón a la voz del Espíritu Santo que llama. En Proverbios 28:13 se nos dice: "El que encubre sus pecados, no prosperará; más el que los confiesa y se aparta alcanzará misericordia". Jesús quiere evitarnos todo dolor.

Si te sientes desesperada, sin salida, hundida en el pecado o en algún vicio; si estás triste, o eres rechazada, maltratada, humillada o malentendida, Jesús, el gran "Yo Soy", te dará la fuerza para vencer y te limpiará de todo pecado.

Él está a tu lado listo para socorrerte si se lo pides de todo corazón. Él te envolverá en sus brazos de amor y enjugará tus lágrimas. Entonces hallarás la paz y el gozo y verás los fulgores de un nuevo amanecer.

Alicia Robertson

No se puede vencer lo que está escondido

El que encubre sus pecados no prosperará; mas el que los confiesa y se aparta alcanzará misericordia. Proverbios 28:13.

Un dicho sabio dice: "Donde se deja entrar el pecado como suplicante, allí se queda como tirano". Cuenta una leyenda de un molinero que quiso descansar en su cabaña. De pronto fue sorprendido por un caballo que había metido la cabeza por la puerta. El caballo le dijo: "Afuera hace mucho frío. Permíteme introducir aquí tan sólo las narices". El molinero le dio permiso de hacerlo. Pero pronto el caballo había metido todo el cuerpo, lo cual no era muy agradable al hombre. Quejándose, el molinero le dijo al caballo: "Esta cabaña es muy pequeña y no caben dos". Entonces el caballo respondió: "Si te sientes incómodo, puedes salirte. Yo, por mi parte, me quedo aquí".

La Biblia nos dice que "la paga del pecado es muerte" (Rom. 6:23). Pero también dice: "Así que, si el hijo os libertare, seréis verdaderamente libres" (Juan 8:36). Para que nuestra vida sea totalmente desatada de las cadenas del enemigo, tenemos que confesar al Señor el pecado tal cual es, llamarlo por su nombre. ¿De qué sirve cortar el árbol y conservar la raíz si por naturaleza la raíz crece en forma contraria? Así crece el pecado, nos sumerge en lo más profundo del mal. Es por ello que debemos postrarnos y humillarnos ante el Señor, descubrir nuestro corazón, y permitirle a él que limpie toda impureza. Pero cuando insistimos en dejar el pecado tantas veces y no podemos, es porque hay algo que nos gusta y nos mantiene atados a él.

Una viejecita vivió durante trece años orando por el mismo pecado. En sus oraciones repetía constantemente: "Señor, quítame esta telaraña que no me deja ver". El esposo, anciano y ya cansado de escuchar lo mismo, un día interrumpiendo la oración, le dijo: "No pidas más auxilio por causa de la telaraña. Más bien, pídele a Dios que mate la araña". Llegará el momento en que será demasiado tarde para alcanzar la salvación de Dios. El único tiempo que podemos considerar como nuestro es ahora. "Si oyereis hoy su voz, no endurezcáis vuestros corazones" (Heb. 3:15).

Hay una plegaria antigua y muy sensata que dice: "Señor, dame el valor necesario para cambiar lo que puedo; serenidad para resignarme ante lo que no puedo cambiar, y buen sentido para comprender la diferencia entre una cosa y otra". Que la gracia de nuestro Señor Jesucristo, y el sol de su justicia brillen para todos aquellos que le buscan con arrepentimiento.

Ana Clemencia Calvo

Dios siempre nos escucha

Dios es nuestro amparo y fortaleza, nuestro pronto auxilio en las tribulaciones. Salmo 46:1.

Cuando pasamos por pruebas o aflicciones, la tendencia humana hace que nos concentremos en el problema. Entonces olvidamos que nuestro Padre Celestial tiene la solución, aun frente a la muerte.

En un invierno demasiado frío y con mucha nieve como estamos acostumbrados a tener en el Estado de Nueva Jersey, nació Salomón "Chicky" como cariñosamente le llamamos. Era un niño saludable y juguetón, y nosotros sus padres cada día que pasaba lo amábamos y lo cuidábamos más. Todo era felicidad.

Un día, la tristeza tocó a nuestra puerta. A los seis meses de vida, nuestro niño fue víctima de un error médico, y entró en estado de "coma" en el hospital. Los médicos hacían todo lo posible por salvarle la vida, pero parecía que no sobreviviría a la fiebre que lo consumía.

Desahuciado por los médicos —porque el niño ya no comía, ni bebía— mi esposo y yo regresamos a casa con el corazón hecho pedazos. Pasamos toda la noche en vela, orando al Médico de los médicos —nuestro amado Jesús— clamando con llanto, que si era su voluntad dejara vivir al niño. Al día siguiente, al regresar al hospital, nos enteramos que el niño había empezado a comer otra vez y que había esperanza de que viviera.

Después de dos meses en el hospital, el niño volvió al hogar. Como consecuencia de la infección y la alta fiebre quedó afectado del cerebro y de la vista. Pero lo más importante para nosotros es que estaba vivo para honra y gloria de Dios.

Hoy, han pasado mas de 30 años y mi hijo, aun incapacitado de algunas de sus facultades, ha sido mi más grande inspiración y bendición. El Señor siempre tiene su oído "inclinado" hacia las necesidades de sus criaturas.

Como madres, refugiémonos en el Señor. Cuando las tempestades de la vida nos azoten, recordemos que él siempre está al control.

Lucy Gadea

Espera en Dios

¿Por qué te abates, oh alma mía, y por qué te turbas dentro de mí?
Espera en Dios; porque aún he de alabarle, salvación mía y Dios mío.
Salmo 42: 11.

Luego de egresar de la universidad, acepté trabajar en una pequeña clínica, pero soñaba con un lugar mejor. Pocos meses después supe de una vacante en una red de hospitales. Realicé las pruebas, y obtuve el puesto. Los administradores me advirtieron que me faltaba un documento, pero les prometí entregarlo a la mayor brevedad. Una semana después le informé al director que ya tenía el documento. Él me respondió que los directivos habían pensado que me tomaría mucho tiempo conseguirlo, por lo tanto habían contratado al siguiente colega en la lista.

Frustrada, tuve que continuar trabajando en el mismo lugar. Al poco tiempo llegó a la clínica una nueva gerente. Era una mujer llena de entusiasmo. Nos hicimos buenas amigas.

Se llamaba Flaviana, y era una líder en su iglesia. Estaba ansiosa por conocer más a Dios. Le presenté a dos pastores, uno de ellos mi padre. Estudiaron con ella la Biblia y le mostraron cosas que ella nunca había entendido. Le tomó bastante tiempo aceptar la verdad. Yo hacía mi parte durante la semana para apoyarla y animarla. Finalmente, en mi tercer año de trabajo en la misma clínica, Flaviana tomó la decisión y fue bautizada. Hasta hoy puedo sentir la profunda alegría que la noticia me causó.

El lunes siguiente al bautismo de mi amiga, me llamó el director del hospital para informarme que tenían otra vacante y que por el hecho que yo ya había sido aprobada anteriormente, el trabajo era mío. ¡No lo podía creer! Todo ese tiempo el Señor me había mantenido en el lugar que él deseaba, porque había una misión que cumplir. ¡Y qué privilegio el mío haber participado en la decisión de mi amiga! Trabajé en el nuevo hospital por dos años, luego me casé, y nos mudamos a otra ciudad. Volví a ver a Flaviana seis años después en un congreso del ministerio de la mujer. Me contó con lágrimas de gozo que durante esos años, su esposo e hijos se habían bautizado junto con muchos miembros de su antigua iglesia, incluso el pastor. En total eran más de cincuenta personas.

Mi hermana, tal vez hoy te sientas frustrada por no estar en el lugar donde quisieras, pero espera en el Señor, porque si sigues su camino él te mostrará el porqué cuando sea conveniente.

Lilian Becerra de Oliveira

¡Perdida!

Y les dice: "Felicítenme, porque ya encontré la moneda que había perdido". Les digo que así también hay alegría entre los ángeles de Dios por un pecador que se convierte". Lucas 15:9, 10 (Dios habla hoy).

Sentada en el suelo, con las piernas cruzadas y rodeada de piezas de un rompecabezas, Kassandra, de dos años, movía su cabecita en forma negativa.

"Hmm... Me falta una. Yo sé que me falta una".

Sonreí con esa sonrisa que las madres tienen cuando piensan saber más que sus hijos, y le dije: "Mi amor, hay muchas piezas. ¿Por qué no comienzas a armarlo? Sólo así te darás cuenta de que no te falta ninguna"

Todavía meneando la cabeza, gateó hasta la cama, levantó el encaje y miró debajo. "Hmm... No está aquí. ¿Donde estará?" se preguntó en voz alta.

Como tratando de adivinar las andanzas de la extraviada pieza, se sentó en el medio de la alfombra y miró hacia todas partes con cuidado de no perder ni el más mínimo detalle. Miró debajo del gavetero, rebuscó entre sus juguetes y todavía con cara de perplejidad se dio a la tarea de revisar dentro del armario.

Yo seguí leyendo, un poco curiosa por saber si mi niña optaría por darse por vencida y guardar el rompecabezas, o siguiendo el sabio consejo de mami, trataría de armarlo, dándose así cuenta de su error. Pero fui interrumpida en mis pensamientos por el grito triunfal de Kassandra.

"Aquí estás, pieza traviesa. Te encontré. ¿Por qué te escondías?"

En mi incredulidad, no podía entender que una niña de dos años pudiera mirar al suelo lleno de piezas y saber con toda certeza que le faltaba una. Mientras que Kassandra satisfecha armaba su rompecabezas, pude imaginarme la felicidad de aquella mujer que había pasado tanto tiempo buscando su dracma perdida. Sin dejarse llevar por los "sabios consejos" de sus amigas y familiares, ella continuó en busca de algo preciado y valioso para ella, y fue recompensada por su hallazgo.

Me gusta también pensar que mi Padre, mira hacia este mundo y sabe exactamente donde estoy. Me imagino que mueve la cabeza con tristeza cuando, entre las muchas oraciones todas las mañanas, falta la mía. Sé que mira dentro de su Casa de Oración y me extraña cuando falto. Y oigo cuando después de mucho buscar, convencer y llamar, exclama: "Aquí estás, mi niña. Te encontré. ¿Por qué te escondías?"

Raiza de los Ríos Fernández

Nuestro compasivo Dios

Derramaré sobre vosotros bendición hasta que sobreabunde.
Malaquías 3:10.

Yolanda, mi hermana gemela, mi hermano Sigifredo, y yo amábamos aquel perro. Nuestro perro jugaba con nosotros y se dormía a nuestros pies. Pero un día desapareció. Lo buscamos por el barrio, pero no aparecía.

"Quizá se lo llevó el camión del refugio para perros", nos dijo un vecino. "Pobre Gulliver —dijo Sigifredo, tratando de contener el llanto—, lo van a matar". Entonces fuimos a hablar con papá; pero éste estaba durmiendo la siesta.

Los minutos de espera nos parecieron horas. Por fin, cuando papá despertó, nos abalanzamos sobre él. "Papá, Gulliver ha desaparecido. Ya lo buscamos por todo el barrio y no aparece. ¿Podrías ir a buscarlo al refugio para perros?" preguntamos en coro. "Ay, cuánto quisiera hacerlo, pero no tengo con qué pagar la cuota por liberarlo. Ustedes ya conocen el reglamento", dijo el papá.

"Por lo menos preguntemos si se encuentra allí. Si ellos no lo tienen, entonces lo seguiremos buscando", propuso mi hermanito.

"Eso sí puedo hacer".

Al llegar, encontramos a Gulliver en una jaula con un perro gruñón. El pobre gemía impotente. Había que rescatarlo. De lo contrario, sería sacrificado. Pero no teníamos el dinero del rescate. Lloramos hasta el cansancio. Entonces recordamos nuestras alcancías. Corrimos a vaciarlas y contar el dinero, pero fue insuficiente. "¿Por qué no orar? —dijo Yolanda— Dios puede ayudarnos".

Pasó una semana. Y no hubo dinero, ni había milagro. Una tarde, oímos ladridos y ruido de uñas en el portón. ¿Quién crees que estaba allí, moviendo la cola y gimiendo? ¡Gulliver!

Flaco y hambriento, arañaba el portón, queriendo entrar. Abrí el portón y nos abalanzamos sobre Gulliver quien correspondió con intensos lengüetazos.

¿Qué había ocurrido? Seguramente, al momento de la ejecución Gulliver logró escapar de sus verdugos y emprendió la caminata hacia su lejano hogar. La casa se llenó de algarabía. Dios había hecho el milagro. Con corazón agradecido, recordamos su promesa cumplida: "Clama a mí y yo te responderé" (Jer. 33:3).

Quizá diríamos: "Dios está tan ocupado con los asuntos del universo que el extravío de un perro y las lágrimas de unos niños que no se resignan a perder su mascota no le son relevantes". Pero él se interesa en todo lo que nos sucede, sufre nuestros dolores y goza de nuestras sanas alegrías porque nos ama sin medida y sin condiciones.

Leticia Uribe de Campechano

Nuevas misericordias cada mañana

Por la misericordia de Jehová no hemos sido consumidos, porque nunca decayeron sus misericordias. Nuevas son cada mañana; grande es tu fidelidad. Lamentaciones 3:22, 23.

Cuando éramos muy jóvenes, mi esposo y yo nos casamos y decidimos continuar estudiando. Nuestro país no tenía universidad adventista, así que decidimos ir a Costa Rica. Para el hombre esto era imposible. No teníamos dinero ni nadie que nos pudiera ayudar. Lo único que teníamos era nuestra pequeña Yaritza de diez meses. Muchas personas que nos amaban quisieron quitar esa idea de nuestra mente, pero nosotros seguimos adelante, confiados en que "nada es imposible para Dios". Cada mañana caíamos de rodillas esperando de Dios misericordia. Milagrosamente Dios abrió las ventanas de los cielos y pudimos salir hacia nuestro anhelado colegio.

Al llegar al colegio no fue fácil. Mi esposo salía a colportar para pagar la colegiatura. Andábamos en los salones de clases con nuestra bebita en brazos. Cada día podíamos ver la misericordia del Señor. Cuando no teníamos que comer, mi esposo tomaba las revistas en lugar del dinero, las vendía en el mismo supermercado y así podíamos sostenernos.

Cada mañana veíamos la mano del Señor dirigiendo nuestra vida. Aprendimos a depender de Dios como nuestro sustentador. Yo adquirí el hábito de orar cada vez que necesitaba algo. Me arrodillaba y le decía: "Señor, sólo a ti te tengo aquí. Ayúdame hoy". Durante tres años y medio las misericordias del Señor fueron nuevas cada mañana para nosotros. Hoy, cuando tenemos tiempo libre, mi esposo y yo nos sentamos a recordar esos tiempos y muchas veces nos emocionamos porque nuestras mentes no comprenden las maravillas que Dios hizo con nosotros. Hoy tú también debes creer que eres muy especial para Dios. Él es "nuestro amparo y fortaleza, nuestro pronto auxilio en las tribulaciones" (Sal. 46:1). Por tanto no tengas temor. Él conoce tus tristezas antes que se las cuentes. En este día ven a Jesús con todas tus cargas. Y él transformará tus tristezas en gozo y paz. Sus misericordias son nuevas cada mañana para ti y para mí.

Mercedes Croussett

¡Esos ojos!

Yo reprendo y castigo a todos los que amo. Apocalipsis 3:19.

El prisionero se sentó frente a mí. No lo conocía. Era un extraño y eso me inspiraba cierto temor. Al comienzo hablamos de que estaba solo en la ciudad, que su esposa vivía en otro Estado, y que venía de otro país. Se excusó débilmente al hablar de la causa de su cautiverio. Le dije que no me importaba. Hubiera preferido que no me hubiera dicho nada de eso. Me clavó la mirada. ¡Esos ojos! Si Leonardo da Vinci hubiera querido pintar unos ojos que reflejaran dolor, un profundo dolor, hubiera pintado esos ojos.

Dicen que los ojos son las ventanas del alma, y yo sé que sí. El prisionero reflejaba su corazón partido en dos por la amargura. Me dijo que había crecido en la iglesia pero hacía algunos años que se había alejado de Dios. Al hablar de Dios sus ojos se llenaron de lágrimas, esas lágrimas furtivas. No sabía cuanto tiempo tenía que quedarse en la cárcel antes de comparecer ante la corte. "He esperado ya mucho tiempo, pero siguen posponiendo la comparecencia", me dijo.

Hablamos de José, que a pesar de ser inocente, tuvo que pasar varios años en una prisión egipcia. Eso no lo consoló. Yo seguía tratando, con la ayuda del Espíritu de Dios, de tocar lo más íntimo de su corazón, ese sitio sagrado que Jesús toca cuando nos llama a él. Hablamos del capítulo 15 del Evangelio de Juan donde el Padre labrador poda las ramas de la viña para que produzcan más fruto. "Jesús es la vid verdadera". ¡Lo entendió! En ese momento entendió que Jesús nos "poda" por nuestro bien. Sí, sí, duele, y mucho. Duele como estar en la cárcel lejos de su país, lejos de su casa, lejos de su esposa. Pero quizá es para salvarnos de algo peor. Lo que nos conviene hacer es confiar en que la disciplina del Señor es para nuestro bien.

Pasó la media hora y la visita tenía que terminar. Él me pidió que por favor le dejara la Biblia que yo tenía. Se la regalé. Antes de despedirnos, lo invité a orar, y él aceptó.

Yo creo que Jesús le tocó el corazón, lo más íntimo de su alma. Esas lágrimas lo testifican. Esas lágrimas eran la prueba.

Anna María Branham

El toque del Espíritu Santo

Echa tu pan sobre las aguas; porque después de muchos días lo hallarás. Eclesiastés 11:1.

Conocí a mi esposo muy joven, mientras trabajaba como maestra en mi país, la República Dominicana. Nos casamos y procreamos tres hijos. Participábamos en las actividades espirituales de la iglesia y éramos muy felices. Cinco años más tarde, misteriosamente, un enfriamiento espiritual se apoderó de mi esposo y lo separó de la iglesia. Era tanto su alejamiento que llegó a decirme: "Sálvate tú sola, que yo no me quiero salvar".

Mi esposo se sumergió en los placeres mundanales. Sus negocios prosperaron mucho y ganaba mucho dinero. Pero un día su salud se deterioró y le pronosticaron cáncer. Luego sufrió un accidente que casi le costó la vida. Sus negocios también se desvanecieron y esa fue la oportunidad que el Señor le dio para que él advirtiera su condición espiritual. Mis oraciones se tornaron en clamor a Dios. Dios nos escuchó y recompensó nuestra fe, ya que mi esposo fue curado de su cáncer y el nombre de Dios fue glorificado. Mi esposo comenzó a poner atención al mensaje del Señor, ahora escuchaba su Palabra. El Espíritu Santo estaba tocando su corazón progresivamente.

Un sábado que había una ceremonia bautismal, le pedí al hermano que le daba los estudios bíblicos que lo invitara a la iglesia, ya que yo lo había invitado pero no quiso asistir. Él lo visitó, lo invitó y lo convenció de asistir al templo. Y cuál no fue mi sorpresa: Mi esposo volvió a entregar su corazón a Jesús y descendió a las aguas bautismales ese mismo sábado. Durante veintitrés largos años había orando por él, y ahora podía dar gracias a Dios por haber escuchado mis oraciones.

Ahora mi esposo es un verdadero cristiano, un líder y dirigente de su iglesia, tanto en mi país como en la ciudad de Nueva York, donde hoy es anciano de iglesia. Nunca debemos perder la fe, ni tampoco dejar de orar porque, a su tiempo, cuando sea la voluntad de Dios, su promesa se cumplirá: "Echa tu pan sobre las aguas; porque después de muchos días lo hallarás". "Al recibir la luz divina y cooperar con las inteligencias celestiales, nacemos de nuevo, liberados de la corrupción del pecado por el poder de Cristo" (*Youth Instructor,* septiembre 9, 1897). ¡Gloria a Dios! El Espíritu Santo nos rescata del pecado.

Agustina Paulino

Influencia

En cuanto lo hicisteis a uno de estos mis hermanos más pequeños, a mí lo hicisteis. Mateo 25:40.

Las reuniones campestres de diez días son una reliquia del pasado, pero fue en una de aquellas reuniones que un evento muy significativo tuvo lugar en mi vida. Cada año mi mamá empacaba nuestro equipaje y viajaba con sus tres hijos en un autobús Greyhound a la academia donde se realizaba el campestre.

Una vez, cuando yo tenía diez años de edad, el orador para los menores era un líder del Departamento de Jóvenes de la Asociación General. Era un genial narrador de relatos y nos mantenía cautivados con emocionantes historias del campo misionero y de la Biblia.

Un día nos contó la historia de una boa constrictora y mientras imitaba todos los movimientos del monstruo a través de la densa selva, me aterrorizó cuando, en un momento estratégico, saltó hacia la audiencia, como si fuera la serpiente. Durante toda la semana, mientras contaba más historias misioneras, llegó a ser el orador que yo más esperaba. Cuando hizo un llamado a todos los que quisieran bautizarse, mi pequeño corazón fue tocado, y pasé al frente.

Después habló con nosotros y, en el curso de la conversación, se dio cuenta que yo no tenía una Biblia propia. Así que me llevó, escaleras abajo, a la agencia de publicaciones, donde había todo tipo de Biblias. "Toma una, la que quieras, que yo la pagaré", me dijo. Mis pequeños ojitos se hicieron enormes. Yo estaba abrumada, no sólo porque tenía que elegir una Biblia, sino por la generosa oferta de aquel hombre. No podía yo comprender cómo un hombre tan importante y famoso, de la Asociación General, podía manifestar esta clase de interés en una niña flacucha como yo.

Aquello hizo tal impresión en mi mente que nunca lo he podido olvidar. Era el pastor Henri Dunbar.

Todos nosotros tocamos la vida de otros cada día. Algunos parecieran no ser dignos de nuestra atención. Pero nunca se sabe el tipo de influencia que se puede ejercer sobre alguien. Estoy segura que el pastor Dunbar nunca supo que sus historias misioneras influyeron sobre mí para animarme a servir en el campo misionero. Y ninguno de nosotros sabía entonces que yo, algún día, trabajaría en las oficinas centrales de la iglesia mundial de donde él había venido.

Nancy Cachero Vásquez

Una misión muy especial

A ti, pues, hijo de hombre, te he puesto por atalaya a la casa de Israel, y oirás la palabra de mi boca, y los amonestarás de mi parte. Ezequiel 33:7.

La iglesia donde mi esposo ejerce su ministerio está ubicada en el centro del alto Manhattan, en Nueva York. Esta es el área de donde procedía la mayoría de las personas que perecieron en el avión que cayó en medio de la ciudad el 12 de noviembre de 2001, sólo minutos después de haber despegado. La gran mayoría de los ocupantes del avión eran emigrantes de la República Dominicana. Consecuentemente, el dolor y la angustia que el accidente ocasionó en nuestro derredor eran extremadamente conmovedores.

Mi esposo fue invitado a hablarle de la Palabra de Dios a una de esas desconsoladas familias. Cada persona tenía una historia: un apartamento quedó vacío pues toda la familia de seis miembros viajaba en ese avión. Cuarenta personas viajaban juntas para unas fiestas patronales del país. Varios amigos que iban a viajar el martes, 13 de noviembre cambiaron su vuelo al lunes, 12 de noviembre, ya que consideraban la fecha del martes 13 como " de mala suerte". Una joven que trabajaba en el Centro Mundial de Comercio (World Trade Center), y logró sobrevivir al ataque terrorista del 11 de septiembre, perdió la vida en ese vuelo.

Otra familia, cuyo esposo y padre los esperaba en la República Dominicana, planeaba viajar más tarde, pero decidieron cambiar su vuelo para esa fecha aunque tuvieron que pagar mucho dinero extra. Una señora y su hijo que iba a casarse, quien llevaba el atuendo que ella había usado en su boda, murieron. Una niña de once años se quedó sin familia pues los cuatro miembros de su hogar iban en ese avión, y ella viajaría con su tía cuando terminaran sus clases.

Los hermanos de la iglesia se unieron para visitar todos estos hogares, llevándoles el consuelo divino. Al meditar en tantos conflictos, guerras y crisis que nos rodean y nos preguntamos: ¿Cuál será el siguiente desastre?

En la primera oportunidad que mi esposo tuvo de predicar en la iglesia, nos instó a clamar y predicar el mensaje de salvación sin detenernos, a tocar la puerta de cada apartamento en toda el área, a llevarles una revista *El Centinela*, a orar y a hablarles de Dios antes que tantas personas en masa sigan pereciendo, ignorando la salvación que sólo Dios les ofrece, y a instarles a prepararse para la segunda venida de Cristo.

Norma Familia

El Señor me salvó

El que habita al abrigo del Altísimo morará bajo la sombra del Omnipotente... Él te librará del lazo del cazador, de la peste destructora. Salmo 91:1, 3.

Yo acababa de regresar a Nueva York de mi país natal, la República Dominicana. Al día siguiente, 12 de noviembre de 2001, escuché que el vuelo 587 se había estrellado en Queens, Nueva York. Me estremecí, ya que la noche anterior yo había regresado a Nueva York en ese mismo avión. Recuerdo que dentro del avión sentí un ruido extraño y le rogué a Dios que no me permitiera morir sin cumplir la promesa que le había hecho de arreglar mi vida con él.

El 11 de septiembre, cuando el Centro Mundial de Comercio (World Trade Center) fue destruido, logré salvar mi vida por la gracia de Dios. Trabajaba en el primer piso de la torre 1, en una tienda de perfumes con mi tío.

Ese martes negro llegué temprano. Me fui a una habitación pequeña donde siempre oraba antes de comenzar mi trabajo. Parecía un día rutinario. Poco tiempo después, se escuchó una gran explosión ¡y todos los cristales de ese piso se hicieron añicos! Salí, nerviosa, a preguntar qué había pasado y me enteré de que algo había estallado en los pisos superiores.

Las personas espantadas corrían por sus vidas gritando. Había terror. Todas las alarmas de incendios habían sido probadas la semana anterior y funcionaron perfectamente; sin embargo, ¡esta vez no sonaron! Ya afuera en la calle, vi cómo caían las personas desde las alturas. ¡Parecían hojas de papel! ¡Qué horrible! Pensé en mis amigos que trabajaban en los pisos de arriba y que iban a morir sin entregar sus vidas a Dios.

Recuerdo a un señor de camisa a rayas que venía cayendo como si estuviese nadando, para morir inevitablemente al estrellarse contra el pavimento. ¡Cuántas escenas espantosas! No resistí ver más esos cuadros desgarradores. Corrí desesperadamente por varias cuadras sin mirar hacia atrás. Ya fuera de peligro, tuve que caminar un largo trecho para llegar a mi casa porque no había transporte público disponible.

Hoy le agradezco infinitamente a Dios por haberme protegido y librado de una muerte segura y catastrófica en esas dos ocasiones. Con corazón profundamente agradecido cumplí mi promesa a Dios y fui bautizada en una de nuestras iglesias en la ciudad de Nueva York.

Oremos mucho cada día porque no sabemos cuándo habrá otro día negro y ojalá que para entonces hayamos entregado nuestras vidas a Jesús. ¡Gracias a Dios por darnos una nueva oportunidad!

Lucrecia de Jesús

Me enojé con mi mejor Amigo

En todo tiempo ama el amigo, y es como un hermano en tiempo de angustia. Proverbios 17:17.

Cuando te enojas con un amigo, especialmente si es muy íntimo y confías plenamente en él, te apartas de él. No deseas verlo, no quieres oír nada. En mi experiencia personal sucedió así. Me enemisté con un amigo de muchos años. Sentí que me traicionó, que en un momento difícil no hizo nada por evitar mi dolor. Por lo tanto dejé de buscar su apoyo. Me enemisté con Jesús.

No entendía por qué él permitió la muerte sorpresiva de mi hijo mayor. Todos los años de crianza fueron de mucha oración y ejemplo cristiano. A través de los años he ido coleccionando mis diferentes listas de oración, y en todas hay un denominador común: el cuidado de mis hijos. Es por ello que decía que mi mejor amigo me había fallado.

Dejé de hablarle. ¿Para qué pedir su protección? ¿Para qué abrirle mi corazón como a un amigo? Siempre he creído que un buen amigo te evita el sufrimiento, te advierte del peligro. Me sentía como una fiera enjaulada. Llena de ira, de impotencia, quería a mi hijo de nuevo conmigo. Todavía me duele mucho la separación.

Cierto día, al hablar con un pastor amigo, él me sugirió que le dijera al Señor mi enojo. Me dijo: "Si no quieres orar, está bien. No lo hagas, pero arrodíllate y pelea con él". Otra amiga me dijo: "Cuando peleas con tu esposo, ¿qué haces? Le dices cómo te sientes. Dejas de hablarle por algunas horas. Yo te pregunto: ¿dejas de amarlo?, ¿dejas de hablarle indefinidamente?" Al contestarle que no, añadió: "Haz lo mismo con Jesús, pelea con él, llora con él".

Así lo hice. Un día me arrodillé y por más intentos que hice por orar, lo único que pude hacer, fue llorar por largo rato, golpear la cama y decirle: "Señor Jesús, estoy enojada contigo. Estoy furiosa. No quiero hablarte. Me has traicionado". Pasaron algunos días e hice otro intento y ocurrió lo mismo.

Poco a poco, en un proceso lento y doloroso, volví a él cada día en oración de llanto y reproches. Como buen Pastor, él fue paciente conmigo.

Como dijo mi amiga, aunque te enojes con tu esposo o con la familia, nunca dejas de amarlos. Tuve la bendición de tener un hijo bueno, obediente, trabajador y sobre todo, cristiano. Hoy puedo decir: "Gracias, Señor, por todas las bendiciones que me has dado en medio del dolor".

Dilcia Gonzáles

La bendición de dar

Lo que has oído de mí ante muchos testigos, esto encarga a hombres fieles que sean idóneos para enseñar también a otros. 2 Timoteo 2:2.

Don Arnulfo, anciano de 83 años, solía sentarse a tomar el sol al lado de nuestra iglesia. No podía movilizarse porque no tenía una silla de ruedas. Una hermana de nuestra iglesia pasaba todos los días por allí y saludaba al anciano, hasta que logró hacer amistad con él y le ofreció orar y estudiar la Biblia con él. Él aceptó gustosamente.

Yo me uní a la hermana misionera y empezamos a estudiar, pero al poco tiempo le amputaron a Don Arnulfo una de sus extremidades de la rodilla hacia abajo. Seguí visitándolo y estudiando con él y una nieta quien se bautizó una vez completados los estudios. Su hija María se interesó y también empezó a estudiar la Biblia.

Al ver la necesidad de una silla de ruedas, solicitamos ayuda a la junta de la iglesia. La iglesia aprobó la compra y préstamo de la silla a Don Arnulfo. Su familia estaba muy agradecida. En unos días tuvimos seis miembros de la familia estudiando la Palabra de Dios. Doña María nos decía: "Hemos tenido la iglesia a nuestro lado durante tanto tiempo y no nos interesábamos en ella". Hoy ella es miembro de nuestra iglesia, y aunque su padre ya murió, la semilla del Evangelio pudo germinar en aquel hogar.

El esposo de nuestra hermana, aunque aún no profesa nuestra fe, colabora en las obras sociales de nuestra iglesia. Su ayuda económica ha sido muy útil.

Gracias a que un día se brindó una amistad y se prestó un servicio a un necesitado, el Señor pudo actuar en los corazones de estas personas.

Hemos sido llamados a ocupar un lugar de privilegio. Somos la luz del mundo para dar a conocer la verdad del Evangelio a otros. Nuestro propósito debe ser dar, buscando los medios para cumplir la obra encomendada. Usemos los medios que Dios coloque a nuestro alcance para poder dar testimonio de la verdad a todos aquellos que nos rodean.

En este día, sal con alegría, y brinda tu amistad. Dios te utilizará para que muestres su amor, ese amor que salva y que al ser compartido con quienes nos conocen hará brillar la luz de Jesús al mundo.

Nelly García

Perdonando a nuestros deudores

Y perdónanos nuestras deudas, como también nosotros perdonamos a nuestros deudores. Mateo 6:12.

Cuantas veces en mis días de juventud repetía las palabras de la oración modelo sin hallarle ningún sentido. Las decía simplemente porque se me exigía repetirlas para alcanzar la absolución que me otorgaba el sacerdote por los pecados que le había confesado.

Ya en la edad adulta, y con el conocimiento de la verdad bíblica, entendí que solamente a través de Cristo se recibe el perdón. Me di a la tarea de enseñar a mis hijos el verdadero sentido de la oración modelo, tal como lo presentan las Sagradas Escrituras.

En cierta ocasión, al pasar por pruebas y dificultades que el Señor me permitió superar para pulir mi carácter, les comenté a mis hijos la decisión que había tomado. El compañero que Dios me había concedido no había sido sincero conmigo y había tomado un camino equivocado, y a pesar de que me había pedido perdón, yo no estaba dispuesta a perdonarlo.

Mi hija Milca, quien tenía sólo doce años, me dijo muy seria: "Mami, tú sabes que si tú no lo perdonas, él se va a perder, pero tú vas a estar en la puerta del infierno para darle la bienvenida, porque el Padrenuestro dice: 'perdónanos nuestras deudas como también nosotros perdonamos a nuestros deudores' ".

Dios, en su infinita sabiduría, iluminó a mi hija en ese momento para hablar palabras que repercutirían por el resto de nuestras vidas y que harían un gran cambio en mi vida y la de mi esposo. Se hicieron realidad las palabras del sabio Salomón: "Instruye al niño en su camino". Qué gran lección les damos a nuestros hijos cuando les enseñamos a través del ejemplo. Como humanos, no podemos ser los mejores ejemplos si no estamos dispuestos a aceptar que Jesús nos sirva de modelo en nuestras vidas. Humanamente, es muy difícil obtener y otorgar el perdón genuino. Sin embargo, es tan importante para Jesús que nos dejó la oración modelo para poder repetir y hacer que el verdadero perdón sea parte de nuestro diario vivir.

Dimas Bermúdez

¿Cuál es tu concepto de igualdad?

Que vuestra fe en nuestro glorioso Señor Jesucristo sea sin acepción de personas. Santiago 2:1.

Una estudiante de mi clase de inglés, relató la siguiente experiencia: Un día, al salir del elevador del edificio donde trabajaba como niñera en la ciudad de Nueva York, llevaba los brazos llenos de paquetes, un perrito pekinés y tres niños pequeños que se sujetaban de sus faldas. De pronto vio un grupo de ejecutivos. Uno de ellos se le acercó, le extendió la mano, y le dijo: "Mucho gusto, mi nombre es..." Volvió a repetirle el saludo, pero ella no creía que se dirigiera a ella. Repentinamente el elevador anunció su llegada y el caballero y su delegación desaparecieron. Entonces se dio cuenta de que había saludado a uno de los candidatos para alcalde de la ciudad de Nueva York.

Después de contar su experiencia, ella me preguntó: "¿Maestra, cree Ud. que si este caballero hubiese sabido que no soy ciudadana estadounidense, hubiese sido tan amable conmigo?" Honestamente, no pude contestar su pregunta, pues no conocía las intenciones del candidato.

Este incidente ilustra la triste realidad de las motivaciones humanas. Nuestras motivaciones están basadas en lo que podemos conseguir de una persona. Por lo tanto, en la mayoría de los casos, al tratarnos los unos a los otros, no somos genuinos, ni sinceros. Debemos hacernos la siguiente pregunta: ¿Tratamos a otros de manera diferente porque no concuerdan con nuestro concepto de igualdad por pertenecer a otra religión, ser de otra nacionalidad, ser de otra raza, o tener un aspecto físico diferente? Y aunque muchas veces decimos que "Dios nos creó a todos iguales" actuamos como si algunos fuesen superiores o inferiores a nosotros.

Cuando Jesús vino a la tierra, se relacionó con pescadores pobres, rudos y sin educación. Sin embargo, con ellos y a través de ellos, Jesús logró cosas maravillosas. Gracias a ellos, tenemos acceso al libro más leído en el mundo: la Biblia. ¿Te das cuenta de cuántas cosas maravillosas podríamos lograr si tratásemos a todos como iguales? Examínate hoy. ¿Cuál es tu verdadero concepto de la igualdad? Pídele a Dios que transforme tu concepto según el patrón divino para que trates a todos con verdadera igualdad.

Norka Blackman-Richards.

"¡A la ley y al testimonio!"

¡A la ley y al testimonio! Si no dijeren conforme a esto, es porque no les ha amanecido. Isaías 8:20.

Mi hermano mayor era miembro de la Iglesia Adventista, en cambio yo, que era muy religiosa, siempre visitaba mi iglesia, y asistía a misa cada domingo.

Desde niña trataba de seguir las tradiciones religiosas, participando en ceremonias y en procesiones, llevando las imágenes, rezando, etc. Mi hermano siempre me invitaba a las actividades sociales de su iglesia y me presionaba para que entregara mi vida a Cristo. Pero yo consideraba más importantes los estudios académicos, pues pensaba que era muy temprano en mi vida para seguir a Jesús. Además no creía que la iglesia de mi hermano fuera el pueblo de Dios.

Cierta vez la iglesia de mi hermano organizó un paseo muy lejos de mi hogar en el sur de mi país, la República Dominicana. Me interesé en asistir porque el lugar era muy bonito.

Invité a mi amiga Ana para que me acompañara. Fue muy emocionante preparar todo lo que llevaríamos para comer allá. Pero qué sorpresa me llevé de parte de los miembros de la iglesia de mi hermano. Nos hicieron una broma muy pesada. Yo me enojé mucho y mi amiga también. La broma consistía en dejarnos sin almuerzo.

Decidí que nunca sería miembro de esa iglesia porque le había perdido la confianza. Al día siguiente, todavía enojada, me dirigía a la universidad acompañada de otra amiga. Tomamos el autobús urbano y allí le conté a mi amiga del mal rato que pasé y de mi decisión: "Yo perteneceré a cualquier iglesia cristiana, pero a la Iglesia Adventista, ¡nunca!", dije en alta voz. El chofer, quien escuchó, nos interrumpió y nos explicó muchas razones por las cuales él pensaba que esos jóvenes actuaron de esa forma. Luego nos habló del perdón, de la recreación sana, y de no juzgar a toda una iglesia por la conducta de unos pocos jóvenes.

Esas palabras se quedaron en mi corazón, pero mantuve mi decisión y, cuando entregué mi corazón a Jesús, lo hice en otra iglesia cristiana.

Sin embargo, el Señor me hizo reconocer que había que guardar sus mandamientos. Aún puedo escuchar la voz del chofer quien, cual si fuera un ángel del cielo, me habló de manera tan acertada aquel día en que tenía mi corazón herido. Ahora estoy convencida de que desde entonces ya Dios me llamaba a pertenecer a su pueblo elegido.

Cristina de la Cruz

La fe

Si tuvieseis fe como un grano de mostaza, diréis a este monte: Pásate de aquí allá y se pasará; y nada os será imposible. Mateo 17:20.

Hace como 20 años yo tuve un coche rojo con caja de velocidades, y mientras estuvo en mi poder me sucedieron muchas cosas que aumentaron mi fe.

En esos días estaban vendiendo aquel carrito rojo modelo 65, en mil dólares, pero yo no tenía dinero para comprarlo. Lo único que yo tenía era el deseo de comprar el vehículo, pues ni siquiera sabía conducir un carro de cambios. Pero una hermana de la iglesia me ayudó a comprarlo y un vecino me enseñó a manejarlo.

Muchos hermanos me dijeron que aquel carrito no me duraría más de un año. Pero no fue así. Lo cierto es que llegó muchas veces a muchos conciertos y actividades de la iglesia, y lleno de muchachos. Mis hijos eran miembros del club de Conquistadores de la iglesia y cuando los campamentos eran distantes yo me llevaba a mis hijos, y también a sus amigos con todo lo necesario para acampar en mi viejo carrito.

Un día, cuando regresaba de uno de esos viajes llegué a una gasolinera para verificar que todo estuviera bien. El muchacho que revisó el carro me preguntó: "¡Señora! ¿De dónde viene usted?" Cuando le dije de qué lugar venía, que se encontraba a más de 50 km. de distancia me dijo admirado: "Pues permítame decirle que Dios está con usted. Tiene dos tuercas sueltas en una rueda y esto pudo haberle ocasionado un accidente fatal".

En otra ocasión, una de las ruedas del carro se desinflaba continuamente. Yo iba todas las mañanas a llenarla, en espera de reunir el dinero para comprar otra. Pero ese viernes, absorta en los preparativos para ir a cantar a un lugar lejano, olvidé echarle aire a la rueda.

Cuando me acordé de la rueda que se desinflaba, ya estábamos lejos, en una carretera de campo. Me puse muy nerviosa, pero mi hijo me dijo: "¡Mami, vamos a orar!" Entonces él oró así: "Señor, a mamita se le olvidó echarle aire a la rueda. Por favor, échale aire tú. Te lo pido en el nombre de Jesús. Amén". Media hora después volví a recordar el problema de la rueda y le dije a mi hijo: "Revisa la rueda a ver cómo está". Él me contestó: "¿Para qué, yo oré?"

Mi pequeño me enseñó una lección de fe que nunca olvidaré.

Annie Aldahondo

El poder de la oración

Orad sin cesar. 1 Tesalonicenses 5:17.

"Invisible paloma mensajera". Siempre me agradó esta hermosa definición que hace un poeta de la oración.

Mientras no tuve hijos oraba por muchas cosas: estudios, amistades, familia, pero no fue hasta que me casé y tuve mis hijos cuando verdaderamente aprecié el valor de la oración: esa comunión constante con Dios mediante la invisible paloma mensajera que nos une al cielo y baja de él a la tierra en perenne vaivén, llevando nuestras peticiones y trayendo las respuestas de Dios, a veces no como quisiéramos, pero sí como él cree conveniente.

Mis hijos se bautizaron en la iglesia desde pequeños, cuando aún estudiaban en la escuela primaria adventista. Pero, como les ha ocurrido a muchos, al llegar a la adolescencia se apartaron de la fe y siguieron sus propios caminos.

El mayor pronto se enamoró en la universidad y como quería casarse, no terminó su carrera. Consiguió trabajo como guardia de seguridad. Pronto obtuvo su licencia para portar armas, le mejoraron el sueldo, y se casó. Al año tuvo su primer hijo. Desde que mi hijo comenzó su trabajo como guardia, yo oraba noche y día pidiendo a Dios que lo protegiera de todo mal, pues su trabajo era muy peligroso.

Un día, mientras mi hijo estaba en un negocio que él supervisaba, lo asaltaron tres individuos enmascarados y le dispararon. Ni siquiera le dio tiempo de sacar su pistola para defenderse. Cayó al suelo gravemente herido.

Cuando lo llevaron al hospital, los doctores que lo atendieron dijeron que había sido un milagro que no hubiera muerto porque recibió dos balazos que, si hubieran seguido su ruta de muerte, uno le hubiera atravesado el corazón y el otro la columna vertebral y el riñón. Pero las balas se detuvieron antes de que esto sucediera. ¿Por qué?

¿Quién las detuvo a pocos milímetros de su objetivo? ¿Por qué no pudo sacar su pistola para defenderse?

Creo que estarás de acuerdo conmigo en que Dios detuvo las balas e impidió que sacase su arma para matar a los asaltantes. Las oraciones de fe de las madres llegan al trono de la gracia y son contestadas en forma milagrosa.

Queridas madres: ¡No os canséis de orar por vuestros hijos porque el Señor cuidará de ellos como cuidó del mío!

Ana Parodi

Tú también puedes ser su consentida

Cuando veo los cielos, obras de tus dedos, la luna y las estrellas que tú formaste, digo: ¿Qué es el hombre para que tengas de él memoria? Salmo 8:3, 4.

Era mi última noche en casa. Al día siguiente viajaría al Estado Yaracuy donde se encuentra el Instituto Vocacional de Venezuela, (INSTIVOC-IUNAV), para culminar mis estudios de bachillerato y ver la posibilidad de continuar una carrera universitaria como alumna interna. Allí tendría que trabajar duro para pagar mis estudios y el internado.

Dos años después sucedió lo inesperado. Mis padres se separaron y mi mamá decidió irse a vivir cerca del colegio donde yo estaba estudiando. Me pidió todo mi apoyo y aunque no sabía qué clase de apoyo, le dije que nunca la dejaría sola porque la amaba. La separación de mis padres fue un golpe muy duro para mí. Me sentía tan insegura e impotente que me dejé caer en los brazos de Aquel que sabe el fin desde el principio.

Ese Amigo maravilloso decidió consentirme por el resto de mi vida, pues me permitió terminar una carrera universitaria, aunque yo no tenía un centavo. Él lo resolvió al enviar a un ángel. Yo siento que todos aquellos que ayudan a los jóvenes sin recursos a culminar sus estudios, son ángeles enviados por Dios. No sabes lo feliz que estudié mi carrera de Administración de Oficinas.

Yo pensaba que me había metido en un problema al pedirle a mi amigo Jesús que decidiera por mí, porque no siempre nos gusta lo que él quiere para nosotros. Déjame decirte que cuando menos pensaba en casarme, Jesús me trajo un muchacho que haría mi vida muy feliz, aunque al principio no me gustaba tanto porque no me parecía muy apuesto. Imagínate, nunca vemos las cosas como Dios las ve, porque hoy aquel joven es mi esposo y lo amo muchísimo. Es un ser muy especial y me ha hecho inmensamente feliz.

Mi esposo es un ministro de esta causa a la cual amamos tanto. Llevamos tres años de casados y pronto vamos a disfrutar el primer fruto de nuestro amor.

¿No es grandioso tener un amigo como Jesús, que se digna mirarte y darte todo lo que necesitas para ser feliz? Lo único que tienes que hacer es dejarte caer en sus cálidos y amorosos brazos. No sabes lo maravilloso que es dejar que él guíe tu vida. Si lo sigues no te arrepentirás, aunque no siempre estés de acuerdo con las decisiones que él toma en tu favor.

Carmen de Rivas

"El Dios de los milagros"

He aquí que yo soy Jehová, Dios de toda carne. ¿Habrá algo que sea difícil para mí? Jeremías 32:27.

El valiente muchacho que huyó de Cuba trece años atrás, ahora, al enterarse que han abierto una salida, aborda una embarcación para regresar a la isla en busca de los suyos.

Nosotros estábamos tranquilos, absortos en nuestros deberes en la iglesia de Santiago de las Vegas. Pero esa tranquilidad se alteró al recibir una llamada de los Estados Unidos en la que nos avisaban que nuestro hijo llegaría como en doce horas al puerto, y que estuviéramos preparados para la salida.

Desde ese momento me sentí muy preocupada, pues las noticias por radio y televisión eran alarmantes. Fieras tormentas se habían desatado y cientos de personas eran tragadas por el mar. Orábamos sin cesar. Los días pasaban y no sabíamos nada de él. La comunicación entre Cuba y los Estados Unidos era imposible. Al quinto día de ansiosa espera, me encerré en mi cuarto y le di rienda suelta a mi tristeza. Lloré mucho, y con desesperación le dije a Dios: "Señor, dame alguna señal que me diga claramente que todo esto tendrá un final feliz".

Angustiada, salí de la cama hacia el portal y me senté en un sillón, con los ojos cerrados. De pronto llegó un hermano quien me dijo: "Violeta, anoche al regresar de la iglesia, mientras mi mamá leía la Biblia, escuchó una voz que le dijo: 'El Pastor Bence se va para California. Mándale con él una carta a tu hijo' ". Al decirme esto, me entregó la carta, y se fue.

Tuve la certeza que Dios, mediante este hermano me había hablado, y me había enviado la señal que yo, minutos antes, le había pedido. Una paz indescriptible llenó mi alma. ¡Qué Dios tan grande y poderoso tenemos!

Me lavé la cara, enjugué mi llanto y el Señor me ungió con el óleo de su paz.

Dos días después mi hijo llamó desde el puerto, sano y salvo, y dieciocho días más tarde, nos llegó la salida.

El Dios de los milagros preservó la vida a nuestro hijo en el mar. "La razón de la demora fue que nos azotó una tormenta, quedamos a la deriva con el barco roto y el guardacostas estadounidense nos remolcó a Cayo Hueso. Días después, volvimos a salir", nos dijo.

También Dios nos concedió que pudiéramos salir todos juntos. ¡Otro gran milagro! Como dice el pastor Alejandro Bullón: "Los milagros no se explican, se aceptan".

Violeta Bence

Redimidos al nacer

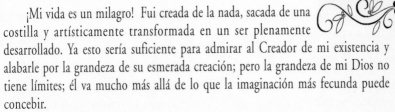

Dios,... me apartó desde el vientre de mi madre, y me llamó por su gracia. Gálatas 1:15.

¡Mi vida es un milagro! Fui creada de la nada, sacada de una costilla y artísticamente transformada en un ser plenamente desarrollado. Ya esto sería suficiente para admirar al Creador de mi existencia y alabarle por la grandeza de su esmerada creación; pero la grandeza de mi Dios no tiene límites; él va mucho más allá de lo que la imaginación más fecunda puede concebir.

La llegada de un bebé siempre crea una gran expectativa. Todos esperan con ansias el momento del alumbramiento para dar la bienvenida al recién nacido y ofrecerle un espacio en la familia. A la luz de nuestro texto de hoy, pienso que el nacimiento de un ser humano es también motivo de gozo y gran emoción para los habitantes del cielo. Dios también prepara las condiciones para la llegada de una criatura. No hemos nacido aún cuando la gracia divina se manifiesta en favor nuestro. Previo a nuestro nacimiento, a nuestras primeras alegrías, a nuestras primeras lágrimas y antes que el pecado comience a manifestarse, el Señor despliega su gracia, apartándonos y predestinándonos para la salvación eterna.

Las flores del campo, el aire que respiro, la lealtad de un amigo, la sonrisa de un niño, el saludo de mis vecinos y una lista casi interminable de bendiciones, forman parte del contenido de ese regalo, de la gracia que recibí al nacer. En consecuencia doy gracias al Dios Todopoderoso, tanto por las cosas pequeñas como por las grandes. Todo lo recibimos de su mano y todo contribuye a nuestra felicidad.

Hoy, al encarar una crisis, no tengo miedo. Mi propia experiencia me enseña que puedo seguir confiando en Aquel que ha hecho por mí mucho más de lo que yo hubiera esperado. ¿Cómo habré de temer si fui apartada desde el vientre de mi madre, y llamada por su gracia? ¿Cómo desconfiar si las promesas de mi Padre celestial son firmes y duraderas? ¿Por qué temer al futuro si su amor me transporta en alas de la fe hasta el trono de su gracia?

Amiga, en este día, únete al coro de las damas cristianas agradecidas. Alza tu rostro. Eleva tu vista al Sol de justicia y que tu voz se escuche cual eco más allá de las montañas en expresiones de vivo agradecimiento. Exclamemos juntas: "Gracias, Padre celestial, por habernos redimido antes de nacer".

Virginia Sánchez

Un nombre nuevo

El que tiene oído, oiga lo que el Espíritu dice a las iglesias. Al que venciere, daré a comer del maná escondido, y le daré una piedrecita blanca, y en la piedrecita escrito un nombre nuevo, el cual ninguno conoce sino aquel que lo recibe. Apocalipsis 2:17.

En 1990 estábamos en el distrito de Palenque, Chiapas. Con frecuencia llegaban a visitarnos algunos indígenas de la tribu lacandona que aceptó el mensaje adventista. Ellos conocieron a mi esposo algunos años antes cuando formó parte de una brigada médica que el hospital donde trabajábamos envió para ayudar a la tribu en el área de la salud física y espiritual.

En esa ocasión no pude ir. Tuve que quedarme para atender las urgencias en el hospital. El lugar estaba lejos pues ellos viven en la selva, montaña arriba. Es interesante saber cómo esta tribu se convirtió al adventismo, gracias a un valiente misionero que hablaba su idioma.

Sólo te contaré un detalle que me llamó la atención. Ellos tenían nombres mayas, tales como Chan-kin (pequeño sol), Bo-or (abeja). Cuando conocieron el mensaje, decidieron dejar sus costumbres paganas. Aun más, dijeron al pastor que los bautizó que ya que Dios los había hecho nuevas criaturas, también tendrían un nuevo nombre.

Lo interesante es que algunos escogieron nombres bíblicos, pero otros se pusieron nombres de políticos famosos como José López Portillo, ex presidente de México, o de algún personaje de la historia como Miguel Hidalgo. Algunos pueblos también cambiaron de nombre. Por ejemplo, Metzaboc se llamó Bethel.

Como verás, al igual que tú y yo al aceptar a Jesús como nuestro Salvador personal, ellos olvidaron su pasado y ahora son nuevas criaturas. Y si nosotros también vencemos, Jesús nos dará un nombre nuevo, el cual sólo él conoce. ¿Quieres saber cuál es? Decídete hoy a ser una vencedora.

Beatriz Vallejo

Rescate milagroso

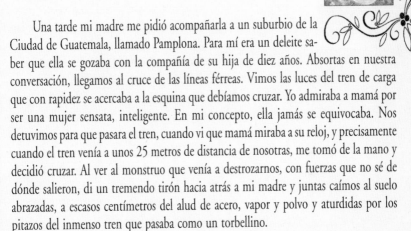

De Jehová son los pasos del hombre; ¿cómo pues entenderá el hombre su camino? Proverbios 20:24.

Una tarde mi madre me pidió acompañarla a un suburbio de la Ciudad de Guatemala, llamado Pamplona. Para mí era un deleite saber que ella se gozaba con la compañía de su hija de diez años. Absortas en nuestra conversación, llegamos al cruce de las líneas férreas. Vimos las luces del tren de carga que con rapidez se acercaba a la esquina que debíamos cruzar. Yo admiraba a mamá por ser una mujer sensata, inteligente. En mi concepto, ella jamás se equivocaba. Nos detuvimos para que pasara el tren, cuando vi que mamá miraba a su reloj, y precisamente cuando el tren venía a unos 25 metros de distancia de nosotras, me tomó de la mano y decidió cruzar. Al ver al monstruo que venía a destrozarnos, con fuerzas que no sé de dónde salieron, di un tremendo tirón hacia atrás a mi madre y juntas caímos al suelo abrazadas, a escasos centímetros del alud de acero, vapor y polvo y aturdidas por los pitazos del inmenso tren que pasaba como un torbellino.

Nunca olvidaré el terror que se apoderó de mí al sentir cómo la fuerza del viento desplazado por el tren a velocidad, luchaba por succionarnos hacia las ruedas del ferrocarril. Con nuestros ojos cerrados, ambas invocábamos a gritos el nombre de Jesús. Por fin, después de lo que a nosotras nos pareció una eternidad, pasó el último carro de esa gran serpiente de acero. Tratamos de levantarnos, pero las fuerzas habían huido de nuestros cuerpos. Pasamos varios segundos en el suelo, sin pronunciar palabra. Los transeúntes que presenciaron la escena, pensaron que estábamos muertas. De pronto, mi madre dijo: "Bendito sea Dios para siempre, porque nos libró de una horrible muerte. Gracias, hijita querida, porque obedeciste al ángel del Señor que te dio fuerzas para impedir seguir el cruce de la muerte que Satanás había planeado para nosotras".

Ese terrible incidente me hace pensar en lo que Jesucristo pasó en el Getsemaní por ti y por mí; postrado en el suelo, angustiado como ninguna mente humana jamás podrá entender. "Ninguna vía de escape había para el Hijo de Dios... [pero] su muerte ocasionaría la derrota completa de Satanás" (*El Deseado de todas las gentes*, pp. 642, 643). Agradezco a Dios por habernos librado de aquella serpiente de acero, pero ante todo por su liberación de la serpiente antigua que procura nuestra muerte eterna. ¡Alabado sea el nombre de Jesús por su rescate milagroso en la cruz del Calvario!

Ruth A. Collins

Gratitud

Dad gracias en todo, porque esta es la voluntad de Dios para con vosotros en Cristo Jesús. 1 Tesalonicenses 5:18.

Gracias, Señor, por este bonito día que me has regalado. No importa si está bañado por los brillantes rayos del sol o decorado con enormes nubes grises, si llueve a torrentes, o aspiramos el perfume de las flores, es para mí un día pleno de belleza, y por ello te expreso mi gratitud, oh Creador del universo.

Gracias, Señor, por los maravillosos padres que me diste. Sí, porque me has dado unos padres excepcionales, trabajadores, misioneros. La casa de mis padres, Llilla y Mingo, ha sido llamada con sobradas razones: "La casa de la Iglesia Adventista" porque mis amados padres siempre han tenido lugar en el tranquilo pueblo de Montecristi a orillas del Atlántico, para alojar al hermano cansado que allí llega, al colportor misionero, al enfermo desvalido, y al joven alegre que visita las cálidas y azules playas del imponente océano. Padres pobres, pero de mucha fe.

En mi amado hogar paterno ha habido alimentos saludables para el nuevo creyente que no podía ingerir las comidas de su propio hogar porque no eran aprobadas por la Palabra de Dios, o tal vez había sido despedido de su empleo por causa de su nueva fe.

Gracias, Señor, por la maravillosa y paternal manera en que nos has protegido. Jamás olvidaré aquel día cuando Mamá bajaba de un vehículo en una ciudad del este de República Dominicana, y el conductor, apresurado por las demandas del diario vivir, aceleró, mientras ella todavía no terminaba de bajar. Así la arrastró por unos cien metros, sujetada sólo con una mano. La gente gritó y el conductor se detuvo. Un hombre abrazó a Mamá e impidió que cayera al pavimento. ¿Quién era aquel fornido caballero? Nunca lo supe.

Gracias, Señor, muchas gracias. Te alabo y glorifico tu nombre santo en este día. Muchas gracias.

Dolores Francisco

La sonrisa de Natalia

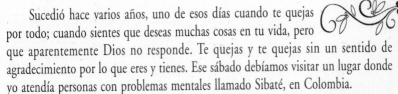

Dando siempre gracias por todo al Dios y Padre, en el nombre de nuestro Señor Jesucristo. Efesios 5:20.

Sucedió hace varios años, uno de esos días cuando te quejas por todo; cuando sientes que deseas muchas cosas en tu vida, pero que aparentemente Dios no responde. Te quejas y te quejas sin un sentido de agradecimiento por lo que eres y tienes. Ese sábado debíamos visitar un lugar donde yo atendía personas con problemas mentales llamado Sibaté, en Colombia.

Esta institución recibe mujeres de todas las edades, que regularmente son abandonadas por sus familias de escasos recursos. Son instituciones del Estado que carecen de casi todo, especialmente de amor y ternura. Los hermanos de la iglesia y yo llevábamos arroz con leche, un postre muy delicioso de este país. La enfermera nos sugirió repartirlo a las niñas en el patio. Pero como llevábamos suficiente cantidad pedimos ir al lugar donde estaban las niñas postradas en sus camas. Ella accedió. A mí me correspondió servirle a una niña solitaria que se encontraba en la cama del fondo. Se llamaba Natalia.

Cuando me acerqué a ella, pude notar que casi no tenía cabello. Tendría como 16 años de edad. Al verme sonrió con tal alegría que pude ver el brillo en sus ojos. La saludé, le sonreí y le quité la cobija que la abrigaba, para incorporarla y darle de comer. Quedé impresionada. Natalia no tenía brazos ni piernas. Sólo se apoyaba en su tronco; había que alzarla para darle de comer. Además tenía un problema con su lengua y no podía controlar la frecuencia de sus movimientos. Para darle de comer debía mirarse muy bien la posición de su boca, pues si no se tenía cuidado, ella podría ahogarse. Mientras duró nuestra visita, esta niña nunca dejó de sonreír a pesar de su situación. Con dolor en el corazón lloré al ver su situación. ¿Cómo podía sonreír con todo aquello que le sucedía?, ¿y cómo yo, que no tenía ninguno de esos problemas me sentía sin motivos para agradecer al Señor por todo lo que recibía?

La lección que obtuve de mi encuentro con Natalia fue silenciosa, pero inolvidable. Como cristianos agradecemos a Dios por todo lo que nos da diariamente. Pero resulta un mayor privilegio darle gracias por lo que no sufrimos, por las pruebas, las dificultades, las tristezas. Después de todo, nuestra gratitud es una de las pocas cosas que podemos tributarle a ese Dios amante y tierno Salvador.

Olga Marly Galindo

Con fe y sacrificio

Instruye al niño en su camino, y aun cuando fuere viejo no se apartará de él. Proverbios 22:6.

Mi madre había decidido que con la ayuda de Dios sus hijos tendrían una educación cristiana. La escuela pública en realidad quedaba mucho más cerca de la casa que la escuela adventista, pero esta no era una opción, aun cuando educar a cuatro hijos en la escuela de iglesia significaba mucho esfuerzo y sacrificio de su parte. La única ayuda que recibieron mis padres fue el diez por ciento de descuento por tener cuatro hijos matriculados. En esos años no había ayudas escolares.

Llegaron tiempos difíciles, especialmente en la década de los 40 durante la Segunda Guerra Mundial. Recuerdo que cuando se me gastaban los zapatos, cortaba un pedacito de cartón todos los días para tapar el agujero que se me había abierto en la suela, pero aun así las espinas atravesaban el cartón cuando salíamos a jugar durante el recreo. ¡Y qué doloroso era! A causa de la guerra, el gobierno había racionado todo, nos habían dado un librito de estampillas y con ellas conseguíamos una cantidad limitada de artículos. Por ese tiempo mi madre trabajó donde hacían piezas para aviones de guerra, y después en la casa del Dr. Ernest von Pohle ayudando a la esposa con los quehaceres de la casa.

En el estacionamiento de la iglesia, nuestro vehículo era el más viejo de todos: un Ford Modelo A. Pero gracias a Dios y a los sacrificios de mis padres, pudimos continuar en la escuela adventista.

Años después, mi madre vio sus oraciones y sacrificios recompensados cuando mi hermano, Carlos Ayala Jr., que ahora descansa en el Señor, se fue al Colegio de la Unión del Pacífico a prepararse para el ministerio.

Una de las pocas veces que Carlos regresó a casa por unos días, el pastor de la iglesia le dio oportunidad de predicar, y al escuchar su predicación esa mañana, algunas madres en la congregación lloraron. Ellas lloraban porque sus hijos que habían asistido a la escuela pública ya no estaban en la iglesia, además tenían novia o se habían casado con jóvenes del mundo. Mi madre también lloraba pero de gratitud a Dios. Ella se sentía agradecida porque Dios había contestado sus oraciones. Carlos terminó sus estudios y trabajó en la obra del Señor por algunos años en los Estados Unidos y en Centro y Sudamérica, incluso desempeñó cargos administrativos en la Iglesia Adventista.

Madres, recordemos que la educación cristiana adventista, a pesar de sus imperfecciones, tiene como blanco el desarrollo de las facultades "físicas, mentales y espirituales" (*La educación*, p. 11). Sigamos firmes en el plan de Dios: la educación cristiana de nuestros hijos.

Esperanza Ayala Benavides

Sembrando para Cristo

No os engañéis; Dios no puede ser burlado: pues todo lo que el hombre sembrare, eso también segará. Gálatas. 6:7.

Vivimos cosechando lo que sembramos, tanto material como espiritualmente. Si trabajamos recibimos un salario para satisfacer nuestras necesidades materiales. La economía y la moral de los países dependen de lo que cada ciudadano invierta y haga. La espiritualidad de la iglesia depende de cada uno de sus miembros. Los grandes hombres y mujeres de la Biblia tales como Moisés, José, Daniel y Ester honraron a Dios como resultado de la gracia divina y de los principios que sus madres sembraron en ellos. Nosotras, las madres concienzudas, vivimos sembrando esos principios en nuestros hijos y a nuestro alrededor.

Sí, podemos estar sembrando justicia, paz, fe, santidad, y los demás frutos del Espíritu. Pero para sembrar, primero debemos tener la semilla porque si estamos vacías nada podremos dar. Así que lo primero es llenarnos nosotras del amor de Cristo, y cultivar su carácter en nuestros corazones.

"Dios es honrado sólo cuando los que profesan creer en él son amoldados a su imagen. Debemos representar ante el mundo la belleza de la santidad, porque nunca entraremos a través de las puertas de la ciudad de Dios hasta que perfeccionemos un carácter como el de Cristo. Si nosotros, con confianza en Dios, nos esforzamos por lograr la santificación, la recibiremos. Entonces, como testigos de Cristo, daremos a conocer lo que la gracia de Dios ha producido en nosotros" (*Dios nos cuida*, p. 290).

Nuestro Señor comparó el Evangelio con la buena semilla. ¿Qué clase de semillas estoy yo sembrando? Si la fuente de nuestra vida es Cristo Jesús, estaremos sembrando bien. Cada día de nuestras vidas sembramos para el futuro. Esa es la razón por la cual debemos ir a la Fuente inagotable, a llenarnos del amor de Cristo ya sea en oración o leyendo su Palabra. Así no nos será difícil dar un buen ejemplo, y nuestro testimonio estará lleno de ricas experiencias.

Cuando por la contemplación de Cristo en su Palabra mantengamos nuestros pensamientos en sintonía con nuestro Hacedor, recibiremos la lluvia de su Espíritu y podremos sembrar el amor, la fe y la santidad en nuestro hogar, en la iglesia, en el lugar de trabajo y en la comunidad.

Entonces dejaremos huellas de bien para las nuevas generaciones, para honra y gloria de Dios. Que cuando alguien nos conozca pueda, a través de nosotras, conocer a nuestro Señor Jesús.

Norma Familia

Echen mano de la fortaleza divina

Entonces hablaste en visión a tu santo, y dijiste: He puesto el socorro sobre uno que es poderoso. Salmo 89:19.

El Señor los ama. El Señor es tierno y compasivo. Su promesa es la siguiente: "Acercaos a Dios, y él se acercará a vosotros" (Sant. 4:8). Cuando el enemigo se aproxime como una inundación, el Espíritu del Señor levantará bandera contra él y en favor de ustedes. Recuerden que Jesucristo es nuestra esperanza. En medio de las circunstancias tristes y desanimadoras que les pueden sobrevenir en cualquier momento, Cristo les dice: "Haga[n] conmigo paz; sí, haga[n] paz conmigo" (Isa. 27:5).

La tarea de ustedes consiste en echar mano de la fortaleza que es tan firme como el trono eterno. Crean en Dios. Confíen en él. Manténganse alegres en toda circunstancia. Aunque sufran pruebas, sepan que Cristo padeció estas aflicciones en favor de su herencia. Nada es tan querido para Dios como su iglesia. El Señor mira el corazón. Sabe quiénes son los suyos. Probará a toda alma viviente. "Muchos serán limpios, y emblanquecidos y purificados; los impíos procederán impíamente, y ninguno de los impíos entenderá, pero los entendidos comprenderán" (Dan. 12: 10). Entonen himnos de alabanza y gratitud los que aman a Dios y obedecen su Palabra, en lugar de pronunciar acusaciones, de criticar y murmurar. El Señor bendecirá a los pacificadores.

Confíen en el Señor. No permitan que los depriman ni los sentimientos, ni los discursos ni las actitudes de ningún ser humano. Tengan cuidado que ni sus palabras ni sus actos les den a los demás la ventaja de herirlos. Mantengan la vista fija en Jesús. El es la fortaleza de ustedes. Al contemplarlo, se transformarán a su semejanza, será la salud del rostro de ustedes, y su Dios. La iglesia los necesita, y ustedes necesitan suavizar y someter sus propios sentimientos por causa de Cristo. Quiere que su Santo Espíritu obre en ustedes. Entonces estarán en condiciones de impartir vida y consuelo a la iglesia. Elijan bien sus palabras de manera que sean una bendición para ella. No se aflijan por las inconsecuencias de los demás. Preocúpense de ustedes mismos, y sean consecuentes en todo. (*Cada día con Dios,* p. 245).

Elena G. de White

Y las repetirás a tus hijos

Y estas palabras que yo te mando hoy, estarán sobre tu corazón; y las repetirás a tus hijos, y hablarás de ellas estando en tu casa, y andando por el camino, y al acostarte, y cuando te levantes. Deuteronomio 6:6, 7.

Uno de los mejores métodos de enseñanza, desde los tiempos antiguos, es la repetición. Los niños normalmente sienten la necesidad de compartir o jugar con otros niños y pueden aprender tanto de ellos como de los mayores.

A nosotros nos toca guiarlos por el camino recto. Mi hija, Esther, por ser hija única, muchas veces sintió la necesidad de compañía para jugar. Cuando esto no era posible, se aburría; entonces yo la animaba a leer un libro.

Cierto día Esther recibió una llamada telefónica de su amiga, y por la respuesta que ella dio me pude dar cuenta de lo que le había dicho: estaba aburrida. La respuesta de Esther fue la siguiente: "Oye, ¿por qué no buscas un buen libro y te pones a leer como dice mi mami?" No había sido mi intención escuchar su conversación, pero me llenó de gozo el saber que mi hija guardaba en su mente y corazón el consejo que le había dado y que ya estaba poniendo en práctica.

La educación y dirección de nuestros hijos, y la preparación para la salvación de sus almas, no es un asunto de un país, escuela, o maestro. La educación de nuestros hijos es nuestra responsabilidad, es la misión que nuestro Dios nos ha confiado: guiarlos por el sendero de la verdad.

Muchos animales domesticados aprenden el camino recorrido cada día, precisamente por la repetición. Y hemos visto casos en que un animal ha salvado la vida de un ser humano, por haber sido entrenado día tras día.

Los seres humanos poseemos una capacidad de aprendizaje infinitamente superior a la de los animales; además tenemos raciocinio y capacidad moral. Sigamos el consejo del profeta. Repitamos a nuestros hijos cada día los estatutos dados por Dios para la salvación del hogar.

Sayda Johnson

La mejor protección

Caerán a tu lado mil, y diez mil a tu diestra; mas a ti no llegará.
Salmo 91:7.

El 2 de diciembre de 1990, estaba en mi hogar en la República Dominicana. Me acompañaba mi sobrina Yadelkis, mi cuñada Josefina, y mi hermano, Faustino. De pronto sentimos un fuerte impacto, como si algo se desplomara sobre nosotros. Era el techo de la casa que se nos caía encima. ¿Qué había ocurrido? Un camión se había desviado de la ruta y había impactado nuestra casa. Al sentir que todo nos caía encima, solamente pude orar: "Dios es mi amparo y fortaleza; mi pronto auxilio en las tribulaciones. ¡Cuídanos, oh Dios!"

Cuando el techo terminó de caerse, yo podía ver, pero veía todo como opaco o nublado, ya que los residuos del techo estaban encima de nosotros. Sin embargo, ninguno sufrió daño físico.

¡Gracias a Dios por su protección para con sus hijos! Yo pude ver el rostro de un ángel que estaba frente a mí para protegerme, junto a mi familia.

En ese momento vimos frente a nuestros ojos el cumplimiento de la promesa de nuestro versículo de hoy: "Caerán a tu lado mil, y diez mil a tu diestra; mas a ti no llegará" (Sal. 91:7). ¡Cuán grande es el poder de Dios! ¡Cuán grande es su amor por nosotros!

Para mí esa ha sido una experiencia inolvidable porque Dios nos dio protección y porque cuando oramos con fe, él contesta nuestras oraciones de acuerdo a su divina voluntad, pues sabe lo que es mejor para nosotros. ¡Qué privilegio tenemos como cristianos de contar con la protección de los santos ángeles de Dios! Verdaderamente, esa es la mejor protección.

Nedelys Holguín

Nueva criatura

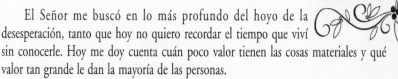

De modo que si alguno está en Cristo, nueva criatura es; las cosas viejas pasaron; he aquí todas son hechas nuevas. 2 Corintios 5:17.

El Señor me buscó en lo más profundo del hoyo de la desesperación, tanto que hoy no quiero recordar el tiempo que viví sin conocerle. Hoy me doy cuenta cuán poco valor tienen las cosas materiales y qué valor tan grande le dan la mayoría de las personas.

Yo vivía una vida muy cómoda, disfrutando de todas las cosas materiales que una mujer sueña: modelar en una estación de televisión, trabajar como actriz; viajar, estrenar carro cada año; poseer apartamentos propios; pasear por toda Nueva York, Japón, Italia, París; frecuentar los mejores restaurantes. Pero aun teniéndolo todo, y disfrutando de tantas cosas maravillosas, yo sentía que me faltaba algo. No sabía qué era, pero sentía un vacío en mi corazón. No era feliz.

Un día me enfermé y visité a los mejores médicos del mundo, pero ellos no podían diagnosticar mi enfermedad. Como último recurso acudí a una doctora para quien el Señor tenía la cura para todos mis males. Allí encontré la respuesta a mi pregunta: "¿Por qué no tengo felicidad, paz y salud?" Comencé a conocer al Médico que sanó a una mujer que estuvo enferma por doce años (Mat. 9:20). Conocí a quien dio la vista a los ciegos de nacimiento (Juan 9:7). A aquel que resucitó a Lázaro (Juan 11:43). Entonces tuve la oportunidad de contemplarle en la cruz. ¡Qué maravilloso Jesús!

Un hijo de Dios de Nuevo León, México, me dijo: "Deja a sus pies todos tus problemas". Seguí su consejo y esa ha sido la decisión más inteligente que he tomado en mi vida. Ahora soy muy feliz; ¡la más feliz del mundo! Me deshice de todas las cosas materiales que tenía y he seguido la Palabra del Señor que me dice: "Déjalo todo y sígueme". Mi vida cambió por completo. Hoy puedo glorificar al Señor y contarles a otros lo que Jesús ha hecho por mí y lo que puede hacer por ellos. Es maravilloso compartir a Jesús con los demás. Hoy soy una nueva criatura y he dedicado mi tiempo y todo lo que tengo a la predicación del Evangelio como misionera en la República Dominicana. Amo a Jesús y glorifico su nombre. Dependo de él cada día. Todo es diferente, todo es nuevo en Cristo Jesús y con la ayuda de su poder permaneceré fiel hasta que él venga otra vez.

Ildalicia Sención

De contable a misionera

¿Qué aprovechará al hombre si ganare todo el mundo, y perdiere su alma? Marcos 8:36.

Yo sólo tenía quince años cuando vine a los Estados Unidos por primera vez. Mi meta era ser el orgullo de mis padres. Quería ganar tanto dinero que mis padres no tuvieran que trabajar más. Cuando terminé la educación secundaria, tomé un curso vocacional de Contabilidad. Busqué un buen trabajo como contadora a fin de ahorrar para pagar mis estudios universitarios.

Pero comencé a ganar bastante dinero, y entonces mis planes cambiaron. Ya no pensaba en seguir estudiando. Tenía un carro nuevo, me vestía como una persona mundana, y me iba a las fiestas con "mis amigos". Comencé a independizarme, no sólo de mis padres sino también de Dios. Ya no asistía a la iglesia con frecuencia. Me relacionaba con jóvenes incrédulos, y hasta iba el cine los viernes de noche en vez de ir a la iglesia.

Una tarde mientras trabajaba, Dios me hizo ver hasta donde había llegado. Me di cuenta que todas esas vanidades del mundo que yo trataba de disfrutar no me ofrecían la felicidad que buscaba.

Sentí la gran necesidad de servir a Dios y a otros y dejar de buscar tan sólo ganancias materiales. Debo aclarar que ser una persona profesional y bien preparada es bueno y necesario, pero cuando sólo buscamos satisfacer nuestras necesidades egoístamente, eso que es bueno puede resultar en la perdición de nuestras almas.

Cuando yo era niña, siempre soñaba con hacer algún tipo de obra en que pudiera ayudar a otros. Pensaba en dirigir un orfanatorio o trabajar con los ancianos. Me gustaba visitar a los enfermos, ayudarles en lo que podía, y hablarles acerca de Jesús.

Decidí inscribirme en un colegio cristiano, y allí terminé mis estudios en Educación para la Salud y Nutrición. Ahora viajo por muchos países y enseño a otros cómo mantenerse saludables. Hasta ahora Dios me ha enviado a Asia y América Latina. Así he podido ayudar a los enfermos y guiarlos hacia el Médico de los médicos. Mi meta es ser como Jesús y trabajar como él trabajó. Deseo ser una médica misionera como lo describe el Evangelio: "Recorría Jesús todas las ciudades y aldeas, enseñando en las sinagogas de ellos, y predicando el evangelio del reino, y sanando toda enfermedad y toda dolencia en el pueblo". "Cristo era médico tanto del cuerpo como del alma. Era ministro, misionero y médico. Podía decir con seguridad: 'No vine para ser servido, sino para servir' " (*Review and Herald*, 24 de octubre, 1899).

Pamela García

No temas

No temas, porque yo estoy contigo; no desmayes, porque yo soy tu Dios que te esfuerzo; siempre te ayudaré, siempre te sustentaré con la diestra de mi justicia... Porque yo Jehová soy tu Dios, quien te sostiene de tu mano derecha, y te dice: No temas, yo te ayudo. Isaías 41:10, 13.

Mis padres vivían en el Perú y mi hermano mayor y yo en Argentina. Él había terminado sus estudios y estaba trabajando en otra ciudad. Acababa de iniciar mi noviazgo con quien es mi esposo desde hace 24 años, y quería tener cerca a alguien de mi familia para contarle de ello y no sólo hacerlo por teléfono.

Así que pedí permiso a los directores del colegio, donde estaba internada, para visitar a mi hermano. Ellos me hicieron acompañar por el grupo coral hasta la ciudad donde vivía mi hermano. Hasta allí me sentía muy bien protegida. Pero al llegar a su casa a las tres de la mañana, hallé que mi hermano se había mudado. No tenía referencia donde encontrarlo. Ya nos habíamos demorado por los desperfectos del autobús y ahora ¿una demora más?

El representante del grupo estaba perdiendo la paciencia y como nadie abría la puerta, ni siquiera el cuidador del edificio, decidió dejarme en la calle a esa hora de la madrugada. ¿Irresponsabilidad? ¿Falta de amor? No lo sé. No me puse a pensar en eso.

El miedo se apoderó de mí. Las sombras y ruidos eran una amenaza a mi tranquilidad. Pensé tantas cosas. Sentada en la acera con las lágrimas corriéndome por las mejillas, me sentía abandonada, desprotegida y sola en esa noche oscura y fría. Saqué mi Biblia y encontré los versículos de Isaías 41:10 y 13, "No temas, porque yo estoy contigo".

La paz volvió a mi corazón. Sin embargo no pude cerrar los ojos un segundo hasta el amanecer. Miré las copas de los árboles y sus diferentes figuras, las estrellas en un cielo oscuro y limpio, las que parecía que brillaban sólo para mí. Contemplé la naturaleza en medio de la noche y al amanecer el canto de los pajaritos alegró mi corazón. Todo me hablaba de Dios y su dulce compañía. Oré y pensé: "Qué horrible debe ser estar siempre en la oscuridad de una vida de pecado".

No hay nada más hermoso en este mundo de conflictos y tinieblas, que la luz de Cristo brille en nuestro corazón y él ilumine nuestro camino. ¡Qué privilegio el nuestro, el poder compartir con otros la Luz y el Pan de vida!

Pilar C. de Hengen

Un día para recordar

No os preocupéis por cómo o qué hablaréis; porque en aquella hora os será dado lo que habéis de hablar. Porque no sois vosotros los que habláis, sino el Espíritu de vuestro Padre que habla en vosotros. Mateo 10:19, 20.

Sucedió en España. Era sábado, y terminada la comida del mediodía, mi familia sostenía una animada charla con las visitas sobre temas bíblicos que habían sido discutidos intensamente los días previos.

La reunión era especial porque estaba allí una dama que había pertenecido a una asociación de espiritistas. Había decidido entregarse a Jesús, acontecimiento que estuvo rodeado de toda oposición imaginable.

Como yo deseaba estirarme en uno de los sofás, me eché cómodamente para tener un breve reposo. Pero mi relajamiento no duró mucho, ya que repentinamente me vi aplastada por la espalda contra el sofá a tal punto que se me hacía difícil respirar. Sonreí al pensar que una de mis hermanas me jugaba una broma, pero no podía ver cuál de ellas era, ya que sentía como un gran globo en la espalda que me impedía respirar.

Intenté entonces girar la cabeza y alargar mi brazo con el fin de librarme de la presión de mi hermana, pero tampoco lo logré. En ese momento me oí decir a mí misma involuntariamente: "Padre nuestro que estás en los cielos". En el preciso instante, lo que yo creía ser un globo gigante aprisionándome contra el sofá, se desvaneció como un soplo. Ya librada para mirar detrás de mí, descubrí que no había nadie. Me quedé perpleja al advertir que sin proponérmelo, hubieran brotado de mí dichas palabras. Sólo entonces tomé conciencia de la terrible situación a la que me había enfrentado sin siquiera haber sido consciente del grave peligro que ello implicaba.

Recordé este texto: "No os preocupéis por cómo o qué hablaréis; porque en aquella hora os será dado lo que habéis de hablar. Porque no sois vosotros los que habláis, sino el Espíritu de vuestro Padre que habla en vosotros".

En el mundo en que vivimos, dominado por todo lo que apela a nuestros sentidos, sonidos, imágenes que bombardean nuestra vista, o por ideas que sólo dejan lugar a la "lógica aplastante", es difícil tener suficiente lucidez para darnos cuenta que existe un mundo espiritual del que participamos.

Aquel pudo haber sido un sábado más, sin embargo, agradezco a Dios que lo señalara como un hito imborrable. Ese día él abrió mis ojos a su gran poder, ese día experimenté la realidad de su constante y, por desgracia, a veces imperceptible presencia.

Esther Saguar

Déjate dirigir por Dios

Y ella dijo: Halle tu sierva gracia delante de tus ojos. Y se fue la mujer por su camino, y comió, y no estuvo más triste. 1 Samuel 1:18.

Ana era una de las esposas de Elcana y en muchas ocasiones Satanás trató de destruirla. Penina, la otra esposa de Elcana, frecuentemente la hostigaba y humillaba debido a que Ana no podía concebir. En 1 Samuel 1:5, se nos revela que Dios había permitido que Ana estuviese en un estado de esterilidad.

Penina hostigaba a Ana mayormente debido a dos factores; su condición de esterilidad, y el hecho de que Elcana mostraba preferencia hacia Ana, especialmente al darle una parte especial del sacrificio.

Por otro lado, Ana había desarrollado rencor hacia Penina por ese continuo agravio. Por supuesto que estos sentimientos interferían con el proceso de adoración y gozo, el sacrificio ofrecido a Dios.

Cuando analizamos esta experiencia, fácilmente podemos pensar que el punto clave es la esterilidad de Ana y pasamos por alto la raíz de su problema. Veamos, ¿qué hizo Ana durante este gran sufrimiento? En los versículos 9-11, hallamos a Ana que al terminar de comer en Silo, acude al templo y allí ora y llora. Ana era el tipo de persona que mostraba su dolor abiertamente. El sacerdote Elí sólo pudo ver sus labios moverse, y la acusó de estar ebria (vers. 14). Por supuesto que Ana lo negó y le confesó la razón de su aflicción y tribulación. En el versículo 11, la traducción bíblica del original revela que Ana se encontraba dedicando y entregando su vida y alma a la voluntad de Dios. Ana tenía que confesar frente a Dios su enojo con Penina, y su resentimiento con su esposo por no comprender su dolor y probablemente hasta con Dios por permitir su condición de esterilidad.

Al analizar esta historia, descubrimos que las oraciones de Ana por un hijo no fueron contestadas hasta que ella se abrió por completo y permitió que Dios retirara de ella los malignos sentimientos que la estaban carcomiendo.

El día que Ana se rindió por completo, y permitió que el Señor la librase de los sentimientos amargos hacia Penina, Dios le contestó sus oraciones.

Cuando nosotros permitamos que Dios entre en nuestras vidas, experimentaremos la paz de Ana.

Eleonor Pusey-Reid

Te extraño

Jehová se manifestó a mí hace ya mucho tiempo, diciendo: con amor eterno te he amado; por tanto, te prolongué mi misericordia. Jeremías 31:3.

Mi esposo se había ido durante varios días en un viaje internacional de negocios. Por lo general, me llama cada día mientras está de viaje en el país, pero en el país donde estaba era muy difícil y costoso hacer una llamada telefónica, por lo tanto, yo no esperaba que me llamara, hasta el día de su regreso.

Cuando mi esposo está en casa, trato de pasar la mayor parte de mi tiempo libre con él. Así que ahora que se había ido, me ocupé en las tareas que tenía pendientes. Mientras limpiaba algunos cajones y atacaba algunas pilas de papeles, di con varias tarjetas que me había enviado en los aniversarios de bodas, cumpleaños, día del amor y la amistad. Los sentimientos expresados y las notas escritas a mano, son un reflejo de su carácter: abierto, honesto, que no se avergüenza de sus afectos. No hay palabras calculadas ni trillados clichés, sino una genuina, casi ingenua expresión de sus sentimientos por mí. Esas notas de amor mueven los sentimientos más profundos de mi corazón. "Debo hablarle", me dice mi corazón.

Hago una llamada para encontrar su número. Luego comienzo una retahíla de llamadas para conectarme con el país y con el hotel donde está hospedado. Para cuando finalmente lo encuentro, ya está dormido. Cuando contesta el teléfono, se sorprende mucho, pero se siente muy contento de escuchar mi voz. "Te extraño", le digo. Su cándida respuesta es que ese sentimiento es mutuo. "Sólo dos días más y estaré en casa", me dice. "Apenas puedo esperar", le replico.

Después de colocar el auricular en su lugar, me siento a meditar. Cuán parecido al amor que Jesús tiene por nosotros. Aunque se ha ido, nos dejó notas de amor en su Palabra, sentimientos que son puros y honestos, escritos con su propia sangre. Si tomamos sus palabras y las leemos, nuestro amor por él aumentará, y no solamente desearemos hablar con él, sino estar con él. La oración es la forma más fácil de hablar con Jesús, y no es difícil ni costosa. Y él se deleita siempre que le hablamos, sea de día o de noche. No podemos molestarlo, porque nos ama y está interesado en todo lo que nos preocupa. Él espera el momento cuando podremos estar juntos y vernos cara a cara. Ese momento ocurrirá más pronto de lo que piensas. "Ven, Señor Jesús. Te extraño".

Nancy Cachero Vásquez

72 horas de silencio

Estad quietos, y conoced que yo soy Dios. Salmo 46:10.

Mientras escribo, estoy bajo órdenes estrictas de no pronunciar palabra alguna por 72 horas. Todo empezó con un simple malestar en la garganta que noté mientras me dirigía a mi trabajo. Al final del día de clases, apenas podía hablar en susurros.

Finalmente mi esposo decidió que era hora de visitar al médico quien, después de examinarme, concluyó que padecía de laringitis aguda y recetó algunos medicamentos desinflamatorios junto con la advertencia de que el mejor tratamiento consistía en permanecer en silencio por tres días. ¡No lo podía creer! ¿Cómo sobreviviría?

Al día siguiente confeccioné un letrerito que decía "Tengo laringitis aguda, estoy incapacitada. No puedo hablar por 72 horas". Al ver mi mensaje, muchos colegas pensaron que se trataba de una broma. ¿Pero dejar de hablar por completo? ¡Imposible! Pues decidí mostrarles que lo lograría.

En el proceso aprendí lecciones valiosas. Pronto un alumno se me acercó con un problema y mientras hablaba no pude interrumpirle con mis opiniones y consejos. Aprendí que a veces es mejor sólo escuchar. Después de hablar por unos minutos él me agradeció por haber sido tan atenta y yo toqué su brazo en señal de afecto, algo que nunca hubiera hecho de haber tenido mi voz.

Al entrar al salón de clases sonreí, pues no podía decir: "Buenos días". Tomé tiempo para escribir las instrucciones en la pizarra, en lugar de recitarlas rápidamente y molestarme si los alumnos no captaban. Y recordé que no todos me van a entender con la misma rapidez, que debo buscar mecanismos para asegurar que todos aprendan.

Tuve que tocar a las personas para llamar su atención, mirarlas a los ojos para mostrar que estaba prestando atención, en lugar de decir el tradicional: "Ajá, sí te escucho", mientras miraba para otro lado. Y mientras me tomaba el tiempo para escribir lo que quería decir, aprendí que me hace falta mucha más paciencia porque en mi apuro, mis letras parecían garabatos.

Algo aun más importante es que escuché a Dios. A veces ni bien me había levantado de mis rodillas cuando ya empezaba a conversar con mi esposo y se rompía ese momento especial de comunión con mi Salvador. Dentro de algunas horas podré hablar otra vez, pero me lleno de compasión por tantas mujeres que permanecerán en silencio por distintas razones, y agradezco al Señor por su infinita misericordia y creatividad mientras me enseña a vivir.

Dinorah Blackman

Los cielos cuentan su gloria

Los cielos cuentan la gloria de Dios, y la expansión denuncia la obra de sus manos. Salmo 19:1.

Es pleno invierno en Nueva Inglaterra, en el noreste de los Estados Unidos. En esta área hay dos estaciones extremadamente bellas para mí y que yo disfruto con sin igual placer: el otoño y el invierno.

Pero es ahora cuando me deleito ante el espectáculo de los innumerables copos de nieve, que cual soldados marchan acompasados hasta ir formando una hermosa y suave colcha que cambia totalmente la apariencia de nuestro entorno al cubrirse todo con ese manto de sin igual blancura.

Anoche, mientras viajábamos de regreso a nuestro hogar desde la iglesia distante una hora de viaje, observaba cómo las enormes montañas y los profundos valles, envueltos en su gélido abrigo de nieve, parecían iluminar todo el apacible trayecto. Parecían reflejar con exacta fidelidad la luz de las miríadas de estrellas que titilaban como para unirse en un canto de alabanza al Creador de tanta belleza. Todo parecía dar gloria a Aquel que hizo al diminuto copo de nieve como a las enormes rocas y las escarpadas montañas.

La naturaleza, entrelazando la humildad y la grandeza divina, nos cuenta del que dijo y fue hecho, y que movido por el más grande y sublime amor, dejó los cielos para venir a rescatarnos del pecado.

¡Alabemos y glorifiquemos al Señor, porque él es digno de toda honra y toda gloria! ¡Vistámonos de la pureza de Jesús, cantemos a su gloria y loemos su santo nombre! ¡Unámonos a la naturaleza para contar su amor y su grandeza! ¡Aleluya!

Dolores Francisco

El abrazo de Dios

Mi copa está rebosando. Salmo 23:5.

Estuve casada, muy enamorada por varios años, hasta que trágicamente mi joven esposo, con quien compartía la vida; el deporte, los viajes, los estudios, el trabajo, y tantas ilusiones, murió. ¡Qué triste! Ahora mis días eran oscuros y mis noches sin descanso. Ante el pesar, le pedí a Dios que tomara mi vida y la usara conforme a su divina voluntad.

Nunca imaginé que esto representaría mucho estudio, más trabajo, horas de rodillas, vivir sin la protección de un hombre, y entregarme solamente por fe, en manos del Señor cada día.

Como muchos que crecen en la iglesia, aquella hija de pastor, al igual que "el "joven rico", creía saber suficiente de la Biblia, pero le faltaba una cosa. La muerte de la pareja, del matrimonio, le mostró que no sabía ni podía encontrar ningún pasaje que mitigara su dolor. Mientras apretaba la Biblia contra su pecho, entre las grises lápidas en el atardecer tropical, "¡Oh Dios, si de verdad te importo, dame un abrazo real ahora mismo, y te prometo que te dejaré usar el resto de mi vida, como tú quieras, no dejaré pasar un día sin leer la Santa Biblia!", dijo la viuda joven y sola que se tambaleaba ante la escena de aquellos hombres que luchaban por bajar el ataúd que parecía no querer entrar en la tierra y que se llevaba el amor, los sueños, los planes. Al instante ella sintió que una nube suave y tibia la rodeaba, arrullándola y sosteniéndola hasta el anochecer. La ternura, la paz y la seguridad expresadas en ese abrazo divino, aunque se hallaba lejos de la familia y las amistades, le manifestaron que Dios estaba allí.

¡Dios me abrazó cuando más lo necesitaba! Los días se fueron llenando de la luz que emana de su Palabra e ilumina el camino de la vida.

¡Cuán bueno es el Padre celestial! Ha enriquecido mi vida. Hoy pinto, retrato, hago cuadros bíblicos y paisajes, pero aún más, ahora pinto con palabras al exponer conferencias y seminarios donde Dios permite que sea invitada. Cada mañana, su vara y su cayado me infunden aliento, al estudiar los principios bíblicos.

Él es mi pastor, nada me falta, y aun en el valle de la sombra de la muerte nada temo porque él siempre está conmigo. Me ha hecho descansar rodeándome de belleza. Me ha nutrido con pan del cielo. Me ha refrigerado con agua viva. Me ha restaurado, me ha dado alegría en vez de angustia, y me hará vivir en su casa por siempre.

Linda Jiménez Salazar

Confía en el Señor

Fíate de Jehová de todo tu corazón, y no te apoyes en tu propia prudencia. Reconócelo en todos tus caminos, y él enderezará tus veredas. Proverbios 3:5, 6.

Jamás olvidaré aquella noche del 12 de diciembre de 1994, mientras volvía a casa, después de estudiar para mis exámenes finales. Vi luces intermitentes y pensé que eran oficiales de la policía que estaban comprobando el uso de cinturones de seguridad, así que me lo puse rápidamente para evitar una multa. Mientras me acercaba a la escena, sin embargo, vi que varios vehículos de la policía cerraban el paso a causa de un accidente automovilístico. Vi un carro rojo, volcado, con las llantas hacia arriba, y mientras la policía me guiaba hacia una desviación, vi otro vehículo con el techo rebanado. Yo pensé para mí, es probable que hayan sido decapitados por el impacto. También me di cuenta que el vehículo que no tenía techo se parecía al carro de mamá. Comencé a gritar en el carro, diciendo: "¡No, no, no!" Estaba temblando, y traté de calmarme, diciéndome que no me preocupara, y que tratara mejor de comprobar si el carro de mi madre estaba o no en casa.

Eran mi madre, mi hermana y mi sobrina, quienes estaban involucradas en el accidente de aquella noche. Habían salido para hacer algunas compras navideñas. Mi madre era la única sobreviviente, pero se le había diagnosticado un trauma cerebral que afectaba su memoria a corto y largo plazo. ¡Aquella noche fue la peor de mi vida! Perdí a mi sobrina y a mi hermana que era como una madre, padre, y amiga para mí. Tres meses más tarde se me diagnosticó depresión y pánico post traumático. Esa noche cambió mi vida para siempre. No podía entender por qué el Señor había hecho tal cosa.

No era cristiana en aquel tiempo y odiaba al Señor por haberse llevado a mi hermana; pero lo que yo no sabía era que él tenía un plan para mí. Aquel accidente me puso frente a frente con Jesucristo. Dos años antes de morir, mi hermana y mi sobrina habían aceptado a Jesús en sus corazones. Ahora yo espero su regreso cuando podré volver a verlas. El Señor se llevó a alguien muy importante para mí, sin embargo se dio a sí mismo por mí. No conozco todos los planes que el Señor tiene para mi vida, pero confío en que son perfectos.

Miriam Pardo

Fija tus ojos en Cristo

Puesto los ojos en Jesús el autor y consumador de la fe, el cual por el gozo puesto delante de él sufrió la cruz, menospreciando el oprobio, y se sentó a la diestra del trono de Dios. Hebreos 12:2.

Unas de las escenas más conmovedoras en la vida de Jesús fue el encuentro con la mujer cananea. Esta mujer tenía una hija poseída por el demonio y nadie había podido ayudarla. Un día ella oyó hablar de las maravillas que Jesús hacía y decidió salir a su encuentro. Sus amigos y familiares la desanimaban recordándole que ella era como un perro para un judío. Pero nada ni nadie pudo conmover esa fe que ella había depositado en Jesús. Al acercarse a Jesús, ella fue avergonzada y humillada por quienes lo rodeaban. Pero ella nunca quitó de él sus ojos. Sabía que en él estaba la salvación de su hija. Con una voz muy fuerte, ella clamó: "¡Señor, Hijo de David, ten misericordia de mí" (Mat. 15:22). Jesús quería enseñarles una lección a sus discípulos, así que su bienvenida a esa mujer no fue muy agradable: "¿Cómo crees tú que un padre puede tomar la comida de sus hijos y echarla a los perros?" Esta pobre mujer al oír esas palabras advirtió que lo que salía de esos labios no era lo que ese rostro manifestaba. Ella pudo ver en Jesús amor y comprensión, y le dijo: "Señor, dame de lo que le sobra a tus hijos. Los perros pueden comer las migajas que se caen en el suelo". Entonces Jesús le dijo, "Oh, mujer, grande es tu fe; hágase contigo como quieres" (vers. 28).

Así como la mujer cananea, muchas de nosotras enfrentamos problemas difíciles y nadie nos puede ayudar. Pero en este momento, como lo hizo ella, fijemos nuestros ojos en Jesús y no permitamos que nada ni nadie nos aparte de él. En el camino de la vida encontraremos muchas dificultades y calamidades, pero pongamos nuestros ojos en el Autor y Consumador de nuestra fe.

En mi experiencia personal he visto cómo la mano de Dios me ha dirigido. He pasado por momentos difíciles. Me he tambaleado, pero la mano de Dios me ha sostenido. En este día te invito a mantener tus ojos fijos en Jesús.

Mercedes Croussett

Meditaciones de una madre

Y dio a luz a su hijo primogénito, y lo envolvió en pañales, y lo acostó en un pesebre... y el niño crecía y se fortalecía, y se llenaba de sabiduría; y la gracia de Dios era sobre él. Lucas 2:7, 40.

Las palabras de este versículo todavía inspiran al lector. Pero el corazón de una madre no ha cambiado. Sigue siendo el mismo, como desde el principio. ¿Podemos meditar por un momento en lo que pudo haber sentido María, la madre de Jesús, al observar a su hijo día a día, y ponernos en su lugar?

¿Cuáles serían nuestros pensamientos si nos encontráramos con Jesús en nuestro camino? Tal vez pudieran ser como las palabras que siguen:

"Oh dulce Nazareno, Rey del universo y Santo de Israel. Cuánto me hubiese gustado haber podido tomarte en mis brazos para arrullarte y cantarte alabanzas hasta que te quedases dormido.

"Humilde Nazareno, cuánto me hubiese gustado escuchar tus dulces susurros y tu encantadora risa de niño feliz. Cuánto me hubiese gustado haber presenciado la ocasión cuando por vez primera tus divinos pies dieron sus primeros y vacilantes pasos, y ver tu alegre sonrisa de victoria.

"Maestro divino, cuánto me hubiese gustado haber estado a tu lado cuando por vez primera tomaste un pincel para formar las letras de tu nombre. Cuánto gozo hubiese sentido, al verte traer a mí la primera pieza de madera que lograste forjar por ti mismo, en el taller de carpintería de José.

"Al meditar en tu vida como niño, solo puedo decir con profundo respeto ¡Qué dicha la de María!, ¡qué placer tan grande el de haber sido escogida por nuestro Padre celestial para traerte al mundo, y por guiarte hasta llegar a ser un hombre, el Maestro divino, el Santo de Israel, el Príncipe de paz, y nuestro Redentor y Salvador! ¡Oh dulce Nazareno, espero con ansia el día cuando podré estrechar tus manos que fueron clavadas en la cruz por mí, cuando podré lavar con lágrimas tus pies que fueron heridos con aquellos toscos clavos en esa cruz cruel.

"¡Qué dicha será para mí poder escuchar de tus divinos labios palabras dulces de amor celestial y responderte con cantos de eterna alabanza! Ven pronto, querido Jesús".

Martha Ayala de Castillo

Su confianza en Dios

En el temor de Jehová está la fuerte confianza; y esperanza tendrán sus hijos. Proverbios. 14:26.

Sucedió hace algunos años. Nos disponíamos a salir para la iglesia. Mi esposo se encontraba realizando una campaña evangelística, que estaba siendo muy bendecida. Muchas personas aceptaban cada noche a Jesús como su Salvador personal y querían seguirle, sellando sus vidas con el bautismo. Sin duda que el enemigo estaba enojado.

Faltaba media hora para que saliéramos hacia la iglesia mi esposo, nuestro hijo de diez meses de edad y yo. En cosa de segundos el bebé se fue de mi lado. Lo busqué y lo encontré con su ropita empapada en kerosén y su carita impregnada. Teníamos ese combustible en casa porque en el país donde servíamos como misioneros frecuentemente había apagones. Creí haber guardado el kerosén en un lugar seguro. Pero no fue así.

Muy alarmada, corrí con el bebé hasta donde mi esposo nos esperaba para irnos. Le mostré al bebé y le pedí que por favor nos llevara al hospital antes de irse a la iglesia. Él me miró con tristeza y se fue a nuestra habitación. Al rato regresó, habló con el bebé, y luego me dijo: "Cámbiale la ropa, báñalo y trata de darle de beber agua, y lo observas".

Hice todo lo que él me dijo, pero por mi mente cruzaban ideas negativas ante su actitud. Después oré y sentí una orden que decía: "Acércate y huele la boca del niño a ver si huele a gas". Lo hice enseguida y no tenía ningún olor a gas. En ese momento le pedí a Jehová que me perdonara por los pensamientos negativos que tuve.

Cuando mi esposo regresó del templo, lo primero que hizo fue preguntarme cómo seguía el niño. En seguida jugó con él y lo acarició. ¡Gracias a Dios todo estaba normal! Luego mi esposo me hizo el siguiente comentario: "Cuando me diste la noticia de lo que le pasó al bebé, me puse muy triste. Quería quedarme, pero sentí que debía pedir la dirección de Dios acerca de lo que debía hacer y tuve la impresión de que tenía que ir al templo a continuar con la campaña evangelística. El enemigo sabe cuántas almas están aceptando las verdades del Evangelio".

Debemos practicar la oración secreta continuamente para que la justicia de Jehová vaya con nosotros siempre, pues como dice el Salmo 118:8: "Mejor es confiar en Jehová que confiar en el hombre".

Verónica Reyes

¡El horario de Dios es mejor!

Porque yo sé los pensamientos que tengo acerca de vosotros, dice Jehová, pensamientos de paz, y no de mal, para daros el fin que esperáis. Jeremías 29:11.

El horario de Dios es siempre el mejor. Parece que acostumbramos pedirle muchas cosas a Dios. Y si tú eres como yo, el Señor no siempre te da lo que deseas, más bien te da lo que necesitas.

Pero este no es el desafío más grande. Ya sea que Dios me dé lo que deseo o lo que necesito, el problema es que lo quiero de inmediato, a la voz de ¡ya! Esta urgencia incontinente me ha llevado a comprender que el horario de Dios es el mejor horario.

Los que tenemos o tuvimos niños podemos recordar cuando nuestros hijos nos pedían algo que sabíamos bien que no les convenía o que les causaría daño. Por ser tan pequeños les decíamos: "No" o "después lo consigues" porque siempre hemos deseado lo mejor para nuestros hijos. Darles todo lo que deseaban nunca fue lo mejor, ni la medida para determinar si ellos lo conseguirían.

Pienso que así es con Dios. Él conoce nuestras necesidades, nuestro futuro. Él sabe qué es y será lo mejor para nosotros. Pero sobre todo, Dios conoce el momento oportuno para darnos lo que necesitamos. La mentalidad y sabiduría de Dios son más elevadas que la nuestra. No podemos siquiera imaginar sus planes para bendecirnos.

Cierta vez nuestro auto familiar se descompuso una vez más. Mi esposo había pasado años reparándolo. Pero ese día nos dimos cuenta que esa descompostura sería la última. La reparación costaría más que el mismo auto.

Nuestra familia tendría que caminar a pie, conseguir autos prestados o rentados por varios meses. Le pedí a Dios sólo una cosa, un auto para mi familia. Al pasar el tiempo me confundí al ver que Dios no nos daba el auto que tanto necesitábamos tan desesperadamente. Por un tiempo mi fe vaciló; me preguntaba: "¿Por qué Dios permite nuestro sufrimiento?"

Pasó mucho tiempo y por fin, un día ocurrió un milagro. Ese día nos llegó una cantidad de dinero que no esperábamos. La cantidad era exactamente lo que costaba un auto. Lo pagamos al contado. El Señor sabía cuando este auto estaría disponible, y ese día abrió la puerta para obtenerlo. No solamente sabía Dios qué tipo de auto necesitábamos, también la mejor ocasión para adquirirlo.

Confirmé en mi vida que la agenda y el horario de Dios siempre son mejores.

Ruthie Rojas

Un hijo rebelde; un padre amante

¡Hijo mío Absalón, hijo mío, hijo mío Absalón! ¡Quien me diera que muriera yo en lugar de ti, Absalón, hijo mío, hijo mío! 2 Samuel 18:33.

La Biblia dice: "No había en todo Israel ninguno tan alabado por su hermosura como Absalón; desde la planta de su pie hasta su coronilla no había en él defecto" (2 Sam. 14:25).

Pero Absalón no sólo era bien parecido, también era traidor. Aunque vivía en el palacio de David, lo traicionaba, tratando de ganarse la lealtad de los israelitas. Absalón se levantaba muy temprano por la mañana y se dirigía a la puerta de la ciudad. Cuando un israelita venía a presentar su caso ante el rey David, Absalón lo llamaba a un lado, y le decía: "Mira, tus palabras son buenas y justas; mas no tienes quien te oiga de parte del rey". Y agregaba: "¡Quién me pusiera por juez en la tierra, para que viniesen a mí los que tienen pleito o negocio, que yo les haría justicia!" (2 Sam. 15:3, 4). "De esta manera hacía con todos los israelitas que venían al rey a juicio; y así robaba Absalón el corazón de los de Israel" (vers. 6).

Después de cuatro años de silenciosa campaña, Absalón pidió permiso a su padre para ir a Hebrón, su lugar de nacimiento, para adorar a Dios. David, ajeno a la traición de Absalón, aceptó. Allí en Hebrón, Absalón comenzó a juntar un ejército para tratar de hacerse rey. Las noticias llegaron a David, quien reunió a su familia y sus soldados, y huyó de Jerusalén, antes que Absalón atacara.

El ejército de Absalón persiguió a David y su compañía a Mahanaim. Allí los dos ejércitos entraron en batalla. Los hombres de David ganaron la batalla, Absalón murió, y David llegó a ser rey de Israel de nuevo. Cualquiera pensaría que David se sentiría muy contento al saber que había ganado la batalla y que todavía era rey de Israel; que habría estado furioso con su hijo por haberse rebelado contra él y por haberlo expulsado de Jerusalén.

Pero cuando David supo que Absalón había muerto, "el rey se turbó, y subió a la sala de la puerta, y lloró; y yendo, decía así: ¡Hijo mío Absalón, hijo mío, hijo mío Absalón! ¡Quién me diera que muriera yo en lugar de ti, Absalón, hijo mío!"

Cualquiera pensaría que David se sentiría un poquito aliviado por haberse librado de un hijo rebelde y traidor como Absalón; pero, como el Padre celestial, David hubiera deseado más bien morir en lugar de Absalón, que ser rey sin él.

Amanda Sauder

Dios cumple

Traed todos los diezmos al alfolí y haya alimento en mi casa; y probadme ahora en esto, dice Jehová de los ejércitos, sino os abriré las ventanas de los cielos, y derramaré sobre vosotros bendición hasta que sobreabunde. Malaquías 3:10.

Los niños aprenden más de lo que ven. Soy maestra y sé por experiencia que los educadores nos preocupamos por aplicar este principio en la enseñanza.

Siendo la hija mayor y teniendo escasos doce años, vi salir a Papá de casa un día, para no regresar. La vida holgada y con ciertos lujos se acabó. Mi madre, que nunca había salido del hogar, tuvo que empezar a trabajar para hacerle frente a los gastos que demandaba el hecho de tener cinco hijos pequeños.

Cada noche mi madre confeccionaba una pieza de ropa para niño, y la llevaba a casa de una amiga, para que al día siguiente la vendieran en el mercado donde ella trabajaba. Debo contarte que cada día, esa piececita de ropa se vendía y dejaba una módica ganancia que equivalía a $5.00. Con ese dinero Mamá compraba nuevo material, para confeccionar otra pieza, y con la ganancia obtenida nos alimentaba en forma balanceada y nutritiva. Se hizo experta en seleccionar alimentos al alcance de su presupuesto. Nunca fuimos al médico, no hubo emergencias, ni enfermedades graves. Nunca tuvimos seguro médico, no lo necesitábamos.

¿Te preguntas dónde estaba el secreto? Es muy sencillo. Cada día Mamá apartaba religiosamente su diezmo y el cinco por ciento para la ofrenda. Lo colocaba en un sobre y lo guardaba con cuidado, hasta el sábado siguiente. Yo veía cómo colocaba el sobre en el platillo de la ofrenda en la iglesia.

Nunca nos acostamos sin comer las tres comidas, estábamos bien vestidos, íbamos a la escuela, y llevamos una vida normal. En mi país no hay ayuda del gobierno para los necesitados, y nunca tuvimos que pedir nada a nadie. Cuando pienso en esa etapa de mi vida, no puedo menos que exclamar: ¡Dios cumple, sus promesas son ciertas! Dios le dio a mi madre sabiduría, habilidad y bendiciones, hasta que sobreabundaron.

La bendición de diezmar y ofrendar son una realidad en mi vida, una lección aprendida por medio del ejemplo y desde mi niñez. Siempre he creído que devolver el diezmo es un convenio entre el adorador y Dios, y nunca me he detenido a pensar si el tesorero de la iglesia o de las instituciones superiores son honestos. Tampoco me preocupa si la organización usa sabiamente ese dinero. Mi trato es con Dios, las bendiciones son para mí. Dios cumple.

Esperanza Pico

No habrá más llanto

Enjugará Dios toda lágrima de los ojos de ellos; y ya no habrá muerte, ni habrá más llanto, ni clamor, ni dolor; porque las primeras cosas pasaron. Apocalipsis 21:4.

Nació con diabetes congénita, heredada por la unión de padres diabéticos. La diabetes es una enfermedad degenerativa de evolución crónica y ocasiona la muerte del bebé antes del nacimiento, o pocas horas después del parto. Los diabéticos congénitos rara vez alcanzan la mayoría de edad.

El exceso de azúcar en la sangre no se puede eliminar. El daño más grave se produce en el sistema arterial, y los vasos sanguíneos se van estrechando progresivamente hasta llegar a ocluirse totalmente, perdiendo su capacidad de transportar la sangre a los tejidos que paulatinamente van muriendo. El hermano Carlos no murió en el vientre materno porque fue asistido por la divina providencia, que le permitió sobrevivir a 43 años de dolor y sufrimiento. Perdió a sus padres cuando todavía era un niño. Perdió la vista. Perdió sus riñones y durante cinco años soportó el martirio de una diálisis tres veces por semana. Nunca volvió a orinar, y su sangre debía ser depurada. Perdió los dedos de un pie, los dedos de una mano; después el pie, la mano y más adelante una pierna. Así, confinado a una silla de ruedas, seguía luchando y viviendo con una entereza asombrosa.

Sobrevivió 43 años, conservando una lucidez mental envidiable, una memoria privilegiada, un verbo fluido, ameno e interesante de persona bien informada, y una alegría contagiosa. Con tal actitud, hacía feliz a cuantos lo visitaban, quienes se encontraban en presencia de un hombre sano, santo y normal. Tal era su fortaleza. Conoció la Palabra de Dios y formó parte de la Iglesia Adventista Hispana de Morristown en Nueva Jersey que lo acompañó con sus oraciones, con su apoyo moral, con su asistencia permanente, añorando su presencia en la congregación cuando sus múltiples limitaciones se lo impedían. El hermano Carlos fue un ejemplo de coraje, e iluminó nuestras vidas.

No es la voluntad de Dios que vivamos tristes o con dolor. Este es el trabajo del enemigo que se deleita en vernos dolientes. Las enfermedades vinieron al mundo por causa del pecado, pero Dios es victorioso y algún día viviremos con él sin enfermedad, ni dolor, ni muerte ni lágrimas. Que en este día podamos vivir felices con las bendiciones de Dios.

Aura García

El director de la orquesta

En los ancianos está la ciencia, y en la larga edad la inteligencia.
Job 12:12.

Era Navidad. Visitábamos lugares frecuentados por los marginados para darles a conocer el amor de Jesús. Elegimos un asilo del Estado, ubicado en el centro de Bogotá, donde había unos 300 ancianos dejados allí por sus familias. Tratar con ellos es como tratar con niños. Sólo que no tienen el vigor de los pequeños. Parte del programa que llevamos consistía en unas melodías de Navidad interpretado por el coro de mi pequeña iglesia. El grupo, bajo mi dirección, conformado por jóvenes con poca formación musical, procuraba alabar y dar testimonio de Cristo.

Al mirar nuestro auditorio no encontré ningún rostro que nos pusiera nerviosos. "Son sólo abuelitos abandonados", pensé. Pero cuando comenzamos a cantar, observamos a un anciano como de 80 años, de tez blanca, y barba y cabello totalmente encanecidos, muy concentrado en el canto. De repente se levantó de su silla. Emocionado, comenzó a dirigirnos. Movía sus brazos con tal vigor que parecía que de momento hubiese rejuvenecido. Nos miramos y sonreímos. Al finalizar el himno, él, junto con los demás ancianos y ancianas, aplaudieron. Los hermanos que nos acompañaban se reían mientras repartían galletas a nuestro amable y entusiasta público.

Pero al conducirlos a sus habitaciones, advertimos que este abuelito estaba llorando. Le preguntamos tiernamente qué le había sucedido. "Los recuerdos llegan a mi mente —nos dijo—. Por más de 25 años fui director de la Orquesta Filarmónica de Bogotá". No podía creerlo. Ese anciano había dirigido una de las orquestas más reconocidas en su género en Colombia. Al envejecer, su familia, de un elevado estrato social, se cansó de él y lo abandonó en ese lugar. Nuestro abuelito lloraba. Se había quedado sólo. Lo abrazamos y atentamente escuchamos sus historias. Prometimos visitarlo con más frecuencia. Mi tristeza por él se convertía en vergüenza. Yo también lo había menospreciado. Basada en las apariencias, sólo vi lo externo. Al ignorar su sabiduría no vi lo que realmente era, al verlo vencido por el paso de los años y abandonado por su familia, no advertí su valor humano.

Gracias a Dios, Jesús no actúa como nosotros. Él no ve lo que ahora somos, sino lo que podemos llegar a ser y nos ofrece la salvación. Él sí aprecia nuestro valor.

¿Has menospreciado alguna vez a alguien? ¿Es posible que no entiendas su verdadero valor? Habrá que calcularlo a la luz del sacrificio de Cristo en la cruz. Allí todos somos de igual valor.

Olga Marly Galindo

¿*Convicción o conversión* ?

Entonces Jehová Dios formó al hombre del polvo de la tierra, y soplo en su nariz aliento de vida, y fue el hombre un ser viviente. Génesis 2:7.

Querida amiga, ¿tienes la convicción de que Dios es real, un Dios vivo, tardo para la ira y grande en misericordia y verdad?

¿Vas cada sábado a la iglesia, participas en las actividades y tienes algún cargo? ¿Devuelves tus diezmos, haces tu devocional, y participas del culto familiar? ¿Testificas de Jesús en tu trabajo? ¿Eres vegetariana? ¿Oras, estudias la Biblia y lees el espíritu de profecía?

¿Estás tan agitada con los quehaceres del hogar que no tienes tiempo para tus hijos, ni para tu esposo y mucho menos para ti? ¿Y qué del tiempo para Dios? ¿Cuando llega la noche, estás tan cansada que apenas puedes tomar la Biblia, y no pasan cinco minutos hasta que caes rendida y te duermes?

En la oración, te arrodillas y dices algo así: "Padre nuestro que estás en los cielos, gracias por este día, cuida a mi familiares y los que están lejos de ti tráelos a tus pies. Gracias por todo, en el nombre de Jesús. Amén". ¿Qué tiempo pasaste en oración? ¿Cuántos segundos? ¿Un minuto o dos? ¿Sabes? Ese era mi mal y esa vocecita que nos dice que estamos mal, yo la callaba diciendo: "Tú sabes Dios cuán cansada estoy", y no la enfrentaba. Tenía un vacío tan grande. Hablaba a la gente del gran amor de Dios, pero, ¿sabes? No estaba convertida. Hasta que una mañana no pude más y me arrodillé y le pedí a Dios que me sacara de esa indiferencia y tibieza espiritual en que me hallaba.

Fue hasta entonces cuando Dios me hizo comprender mi condición laodicense (Apoc. 3:14-21). Decidí comprar ese oro refinado. Pasó por mi mente la vida de mi amado Jesús cuando dijo: "Si alguno quiere venir en pos de mí, niéguese a sí mismo, y tome su cruz y sígame" (Mat.16:24).

Comprendí que la palabra "sígueme" significa seguir las mismas pisadas de Jesús, ir donde él anduvo, hacer lo que él hizo, pasar tiempo como él lo hacía en comunión con el Padre; orar sin cesar, estudiar su Palabra diligentemente y compartir con otros este precioso mensaje; tener el carácter de Cristo. Desgarré mi alma ante el Altísimo y él me mostró su salvación. Lo que él quiere de ti y de mí es humillación (2 Crón. 7:14-16).

Zaida del Rosario

María y la Navidad

Y dio a luz a su hijo primogénito, y lo envolvió en pañales, y lo acostó en un pesebre. Lucas 2:7.

Uno de los principales personajes de la historia de Navidad que con frecuencia se pasa por alto es María, la madre de Jesús. Sin embargo, hay tres lecciones muy importantes que podemos aprender de ella.

1. María estaba totalmente consagrada al Señor, por eso Dios pudo hacer grandes cosas a través de ella. Es posible que antes que el ángel le apareciera, María estuviera haciendo planes para su boda: viendo que le hicieran el vestido, haciendo planes para la recepción, etc. Pero de repente, un brillante ser celestial se le apareció y le comunicó sorprendentes noticias con relación a la concepción de un niño. En cuestión de segundos, toda su vida cambió, ¡para siempre! "He aquí la sierva del Señor; hágase conmigo conforme a tu palabra", fue su humilde respuesta.

¿Estás dispuesta a darte totalmente al Señor en esa forma? ¿Puedes decirle honestamente: "Soy tuya, Señor. Haz de mí lo que quieras"? Es difícil. Pero si lo haces, Dios puede hacer grandes cosas a través de ti.

2. Dios siempre te da más de lo que abandonas por su causa. Al aceptar el plan de Dios, María abandonó todos los planes que había estado haciendo para el día de su boda, que es uno de los eventos más importantes en la vida de una mujer. Pero fue más que recompensada al dársele el privilegio de ser la madre del Hijo de Dios. Sin embargo, concebir un hijo antes de casarse era una enorme desgracia, así que no podía esperar mucho gozo durante su embarazo. Dios, sin embargo, la recompensó con el coro de ángeles que vino desde el cielo a cantar gozosamente a causa del nacimiento de Jesús. Los sabios vinieron desde el oriente con sus costosos regalos. Dios puede llenar tu vida con mucho más de lo que abandonas por su causa.

3. María estaba contenta con su situación e hizo lo mejor que pudo, sin quejarse. María estaba a punto de dar a luz cuando tuvo que viajar hasta Belén, cabalgando sobre un burro. Pero no se quejó. Es probable que cuando se le negó posada en el mesón, ya hubiera comenzado su parto; pero no tenemos registros de que se hubiera quejado, ni siquiera cuando tuvo que dar a luz en un sucio establo para animales.

¿Estás contenta donde el Señor te ha puesto ahora y con lo que estás haciendo? Entrégate totalmente en las manos de Dios y espera para ver lo que puede hacer contigo y a través de ti.

Nancy Cachero Vásquez

El mejor espejo

Si alguno es oidor de la palabra pero no hacedor de ella, éste es semejante al hombre que considera en un espejo su rostro natural. Santiago 1:23.

Tendría yo unos cinco años cuando nos mudamos de la casita donde vivíamos. Era demasiado chica y además necesitábamos estar más cerca de la escuela adventista en Phoenix, Arizona.

Fuimos los primeros hispanos en comprar una casa en aquel barrio cercano a la academia. Mi mamá se esmeraba por tener la casa y el jardín limpios y bien arreglados, así no daríamos mala impresión. Además de ser hispanos, éramos adventistas y era importante no dar motivo de crítica ni desprecio.

Mi madre nos exigía que anduviéramos siempre limpias y peinadas. No nos dejaba salir a jugar con las vecinitas sin antes peinarnos. Siempre nos decía: "Pueden salir a jugar con las gemelas, pero se van a peinar antes de salir". Así nos acostumbramos a fijarnos si estábamos presentables antes de salir a cualquier lugar.

Luz y yo éramos las menores y las que salíamos a jugar con las vecinitas. Algún tiempo después se nos ocurrió una idea. En vez de ir al espejo y verificar si estábamos listas para salir a jugar o no, ya que eso nos quitaba tiempo, y en lugar de pedir permiso, buscamos nuestro propio sistema. Empezamos a preguntarnos una a la otra: "¿Estoy bien peinada?" "¿Y yo estoy bien así?" Siempre teníamos la respuesta correcta y contestábamos que sí. "Entonces vamos a jugar con Doris y Dorotea". Con eso salíamos a jugar sin perder tiempo, según nosotras. Queríamos aprovechar cada momento posible para jugar.

La Biblia es el mejor espejo que también nos muestra cuando tenemos el rostro radiante, feliz y confiado en el amor de Dios. "Si alguno es oidor de la palabra pero no hacedor de ella, éste es semejante al hombre que considera en un espejo su rostro natural. Porque él se considera a sí mismo, y se va, y luego olvida cómo era. Mas el que mira atentamente en la perfecta ley, la de la libertad, y persevera en ella, no siendo oidor olvidadizo, sino hacedor de la obra, éste será bienaventurado en lo que hace" (Sant. 1:23-25).

"Padre celestial, perdóname si uso el espejo equivocado para ver si estoy limpia y presentable. Ayúdame cada día a verme en el espejo que tú nos has dejado antes de salir a cualquier parte. Gracias, Padre, por tu amor y tu perdón. Amén".

Esperanza Ayala Benavides

Encuentro con el Niño Dios

Porque un niño nos es nacido, hijo nos es dado, y el principado sobre su hombro; y se llamará su nombre Admirable, Consejero, Dios fuerte, Padre eterno, Príncipe de paz. Isaías 9:6.

Afuera la noche es fría. Ha estado nevando suavemente desde poco antes de anochecer. Miro a través de la ventana y de repente me veo envuelta en un mundo de cristal donde los árboles y los tejados son todos del mismo blanco algodón.

Un gozo secreto inunda mi corazón, y de repente siento el deseo de caminar hasta encontrarme con aquella misma estrella que miles de años atrás guiara a los magos hasta el pesebre del Niño Dios.

Usted ve, esta noche es Navidad, es noche de sueños, de milagros, noche cuando nacen nuevos deseos y se renuevan los votos del corazón. Sin embargo, dentro de poco terminará ese encanto especial que recoge al mundo en el mismo sentimiento de paz y armonía y que lo envuelve con el mismo deseo de una mejor hermandad. Otra Navidad habrá quedado en el recuerdo de la historia. El odio, las guerras y la maldad continuarán, pero por un momento, dejaré que el reloj del mundo se detenga en el gozo y la paz del pesebre de Belén.

Una noche en calma me recibe y camino hacia el bosquecillo de verdes pinos que rodea la parte posterior de nuestra casa. Camino lentamente, saboreando cada detalle, respirando el frescor de la nieve recién caída, percibiendo cada objeto que la brillantez de la luna refleja sobre un mundo cubierto por el encanto del hielo.

Entonces, bajo la bóveda celeste, en humildad y admiración, quedo en silencio, y arrobada caigo de rodillas ante el poder creador que me atrae desde las alturas. De nuevo, he encontrado al niño Dios y lo adoro igual que lo hicieron los pastores en aquella noche en Palestina cuando el rumbo del mundo cambió.

Cristo vino a este mundo como un Salvador personal, representó a un Dios personal y como un Salvador personal, ascendió allá alto y vendrá otra vez como ascendió al cielo, como un Salvador personal.

El grande e increíble conocimiento antiguo que la humanidad suele olvidar con el correr de los días, parece haberse renovado en mí. Y con un nuevo y más amplio sentido, mi mente vuelve a captar y aceptar la gran verdad de que Dios todavía nos ama.

Mi búsqueda ha llegado a su final. He encontrado al Niño, ya puedo regresar al calor del hogar.

Olga Valdivia

El cumpleaños de Jesús

¡Gloria a Dios en las alturas, y en la tierra paz, buena voluntad para con los hombres! Lucas 2:14.

El 25 de diciembre de 1995 fue la última Navidad de mi padre. Viajaríamos juntos desde el aeropuerto John F. Kennedy en la ciudad de Nueva York hacia nuestro país de origen, la República Dominicana.

De pronto mi papá se paró frente al lugar donde la línea aérea hace la última revisión y con su voz fuerte y llena de energía todavía a sus 81 años de edad llamó la atención de las damas y los caballeros allí presentes. Les preguntó si sabían qué se estaba celebrando en todo el mundo ese día. Les explicó que se estaba celebrando el cumpleaños de Jesús, quien es el Rey eterno, el Creador del universo. Añadió que ese era el Dios que él adoraba y que se sentía muy feliz de que todos celebraran el nacimiento de su Señor.

La gente escuchaba con atención mientras les hablaba de Jesús, desde su nacimiento en un humilde pesebre hasta el fin de su misión de paz y amor aquí en la tierra, y los animó a obrar a favor de las viudas, los huérfanos, los presos, y todos los necesitados en este mundo; porque Jesús dijo que, al ayudar a otros, "a mí lo hicisteis".

Fue un "sermón" de Navidad de memoria, como tantos otros que había predicado antes de jubilarse como pastor de iglesia. Usó algunos versículos de la Biblia y al final les preguntó: "Y tú, ¿conoces hoy a Jesús? ¿Lo amas? ¿Es él un Rey para ti? ¿Estás celebrando el cumpleaños de Jesús?" Mi padre les explicó que esa era la razón por la cual cantamos: "Noche de paz, noche de amor" y con su armoniosa voz, entonó ese inspirador himno. Luego terminó, amonestando a la gente para que no tomaran bebidas alcohólicas ni celebraran esas fiestas como no le agrada a Jesús; pues a él le agrada que nos amemos unos a otros y que le entreguemos nuestras vidas de tal manera que seamos transformados para hacer sólo el bien.

Mi esposo, quien es pastor también, lo escuchaba, y me comentó que él admiraba el coraje y el valor de mi papá al atreverse a "predicar" en ese lugar y que le gustaría tener tal valentía para testificar así del Evangelio de Jesucristo. Yo también.

Norma Familia

Ánimo a los que sufren

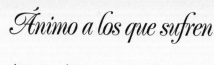

Perece el justo, y no hay quien piense en ello; y los piadosos mueren, y no hay quien entienda que de delante de la aflicción es quitado el justo. Isaías 57:1.

Se acercaban los días navideños y nuestra familia, al igual que muchas otras, planeaba cómo y dónde celebrar esos días festivos. Mi esposo y yo decidimos que era importante ir a pasarlos con nuestra madre en el Estado de Texas. Nuestros hijos decidieron celebrar con las familias de sus cónyuges o amistades. La más pequeña de la familia, Danitza, decidió quedar en nuestra casa y unirse a su hermano, Carlos, para las celebraciones de la época navideña.

El 24 de diciembre me llamó Danitza para contarme que sus planes habían cambiado un poco, pues iría a cenar a la casa de la familia de su ex novio, abrirían los regalos, y luego iría a la casa de su hermano y su esposa. Me sentí inquieta al saberlo y le pedí que no fuera a esa casa, temía que la relación con el ex novio se reanudara. Como siempre, ella muy cariñosamente me dijo: "Mami, te quiero mucho, cuídate".

Nunca imaginé que al despedirme antes de salir de casa o cuando hablé con ella por teléfono esa mañana, sería la última vez que la vería o que escucharía su voz alegre y cantarina. A las 4:30 a.m. del sábado, día de Navidad, tocaron a la puerta de nuestra recámara para darnos el teléfono. Sobresaltada, contesté y alcancé a escuchar la voz de mi hermano que me anunciaba: "Vuelve a tu casa. Danitza ha sufrido un accidente automovilístico". Por supuesto me sobrecogió el dolor, la desesperación y el llanto. Sonó el teléfono de nuevo y oí la voz de mi hermano que me decía: "Creo que no me entendiste bien; Danitza está muerta".

¡Imposible de creer y menos de aceptar! En el avión, miraba por la ventanilla y sólo podía repetir vez tras vez: "¿Por qué, Señor, por qué?" "¿Dónde estaba su ángel? ¿Por qué no la cuidó?"

Han pasado tres años y he dejado de hacerle esa pregunta a Dios. Al leer el versículo que hoy comparto contigo, querida hermana, encontré la respuesta. Junto con la respuesta, he hallado paz, consuelo y fortaleza. He aceptado esta tragedia y creo en su Palabra. El justo muere para ser librado de mayores males que le hubieran sobrevenido si hubiera seguido viviendo. Deseo mantenerme fiel a Dios y predicando su pronta venida en gloria y majestad, ¡cuando he de ver nuevamente a mi Danitza!

Adly Campos

Paz entre la zozobra

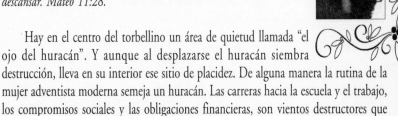

Venid a mí todos los que estáis trabajados y cargados, y yo os haré descansar. Mateo 11:28.

Hay en el centro del torbellino un área de quietud llamada "el ojo del huracán". Y aunque al desplazarse el huracán siembra destrucción, lleva en su interior ese sitio de placidez. De alguna manera la rutina de la mujer adventista moderna semeja un huracán. Las carreras hacia la escuela y el trabajo, los compromisos sociales y las obligaciones financieras, son vientos destructores que dejan en el ánimo una secuela de estrés y ansiedad.

La pluma inspirada lo describe así: "Se está apoderando del mundo un afán nunca visto. En las diversiones, en la acumulación de dinero, en la lucha por el poder, hasta en la lucha por la existencia, hay una fuerza terrible que embarga el cuerpo, la mente y el alma" (*La educación*, p. 254).

¿Por qué no abrirle un ojo al huracán de nuestra agenda como lo hacía María de Betania, quien cuando hospedaba a Jesús se sentaba a sus pies para escucharlo?

María cumplía su parte de los quehaceres, sabía que estos eran necesarios, pero ante la presencia de Jesús, todo ello se tornaba insignificante. Marta su hermana, en cambio, sin quererlo, llegó a ser descortés con Jesús al insinuar en cierta ocasión que, al platicar con María, el Maestro la estaba atrasando. ¡El afán por los afanes! La diferencia es clara: Marta quería obras para Jesús, María quería a Jesús. Marta quería agradar a Jesús al servirle. Eso era importante para ella, pero no era lo más importante para Jesús. ¡Qué ironía! Queriendo ser espléndida con Jesús, llegó a incomodarlo.

El espíritu de profecía nos dice: "Mientras Cristo daba sus lecciones maravillosas, María se sentaba a sus pies, escuchándole con reverencia y devoción. Marta, perpleja por el afán de preparar la comida, apeló a Cristo diciendo: 'Señor, ¿no tienes cuidado que mi hermana me deja servir sola? Dile que me ayude'. Jesús le contestó con palabras llenas de mansedumbre y paciencia: 'Marta, Marta, cuidadosa estás, y con las muchas cosas estás turbada: empero una cosa es necesaria; y María escogió la buena parte, la cual no le será quitada'. La 'una cosa' que Marta necesitaba era un espíritu de calma y devoción, una ansiedad más profunda por el conocimiento referente a la vida futura e inmortal, y las gracias necesarias para el progreso espiritual" (*El Deseado de todas las gentes*, p. 483).

Leticia Uribe de Campechano

No puedes salir solo

Porque yo reconozco mis rebeliones, y mi pecado está siempre delante de mí... Purifícame con hisopo y seré limpio, lávame y seré más blanco que la nieve. Salmo 51:3, 7.

Álvaro es un joven de 26 años, alto, fornido. Llegó a nuestra iglesia un domingo en la mañana. Ese día servíamos desayunos a los indigentes del sector, con la ayuda de las hermanas de la Sociedad Dorcas y otras personas simpatizantes de nuestra fe. Álvaro se notaba cansado. Su rostro revelaba el dolor, el enojo y la culpa por los delitos que bajo el efecto de las drogas se pueden cometer. A pesar de todo, aceptó darse un baño.

Al salir de la ducha y tomar el desayuno nos dijo: "Mi vida no tiene sentido; no sé para qué vivo. No tengo razón para vivir. He hecho cosas muy malas; mi familia cree que estoy muerto. Me alejé de ella desde hace catorce años. Estudié en la universidad, tuve un buen trabajo, fui visitador médico, tenía mi casa, mi auto. Pero acabé con todo y miren cómo me encuentro. No puedo salir de esto.

"Yo sé como actúa la droga en el cerebro. He visto morir a más de una persona a mi lado por sobredosis. Yo estuve en 'El cartucho' —la zona de mayor delincuencia y drogadicción de Bogotá— y allí conocí a un neurólogo investigador, uno de los mejores de Colombia. Este hombre había sido una persona brillante. Al estar investigando, probó un día la droga y quedó sumergido en ella hasta llegar a donde lo conocí. Pero logró salir y ahora trabaja en un hospital. Yo aún no lo he logrado". Le dimos un mensaje de esperanza y lo animamos a buscar ayuda.

Así como Álvaro, nos encontramos sumergidos en el pecado, aún no hemos logrado salir de él. Pero si miramos a Jesús, lo buscamos arrepentidos y lo aceptamos, él está dispuesto a ayudarnos. Nuestro Dios conoce nuestra condición. Sabe que solos, no podemos quitarnos la marca del pecado.

Apreciada amiga y hermana: hoy es el día que debemos buscar al dador de la vida y decir: "Mi vida tiene sentido". Tenemos la bendita esperanza de que Jesús vendrá por nosotros para llevarnos a la patria celestial, porque como escribió Pablo a Tito: "Porque la gracia de Dios se ha manifestado para salvación a todos los hombres, enseñándonos que, renunciando a la impiedad y a los deseos mundanos, vivamos en este siglo sobria, justa y piadosamente".

Nelly García

Mi padre

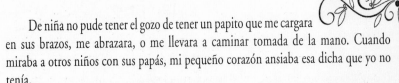

Pues no habéis recibido el espíritu de esclavitud para estar otra vez en temor, sino que habéis recibido el espíritu de adopción, por el cual clamamos: ¡Abba, Padre! Romanos 8:15.

De niña no pude tener el gozo de tener un papito que me cargara en sus brazos, me abrazara, o me llevara a caminar tomada de la mano. Cuando miraba a otros niños con sus papás, mi pequeño corazón ansiaba esa dicha que yo no tenía.

Mi verdadero Padre vio desde los cielos mi triste condición y decidió adoptarme como su hija, y ¡qué maravilloso Padre ha sido! Desde aquel día que mi Padre me hizo saber de su amor por mí, mi vida tomó otro rumbo. Él ha sido mi consejero al tomar decisiones, mi fortaleza en mis debilidades, mi refugio en mis aflicciones, mi amigo incondicional.

Algo que me agrada tanto de mi Padre es que siempre cumple sus promesas. Recuerdo cómo en una ocasión, al regresar de un viaje misionero, estábamos tan cansados que en mi corazón deseaba regresar a casa con la comodidad de los que viajan en "primera clase". Al presentarnos al aeropuerto fuimos los últimos en abordar el avión pero para nuestra sorpresa, los únicos lugares disponibles eran tres asientos en primera clase: uno para mi esposo, uno para mi hija y uno para mí. Entonces recordé la promesa: "Deléitate asimismo en Jehová, y él te concederá las peticiones de tu corazón" (Sal. 37:4). ¡Gracias Papi!

Amo a mi Padre con todo mi corazón porque me ha demostrado, a través de mi existencia, que su amor por mí sobrepasa mi entendimiento.

¿Lo amas tú también? Él desea ser para ti lo que ha sido para conmigo. A sus ojos tú eres muy valiosa, tan preciosa que estuvo dispuesto a dar por tu vida lo más preciado que tenía: su único Hijo. No podemos comprender tal amor. Ahora él desea que confíes en su amor. Confíale toda tu vida. El que hizo el universo puede hacer por ti cualquier cosa que sea necesaria para tu felicidad. Solamente confía en él.

Cenia E. García

Cara a cara

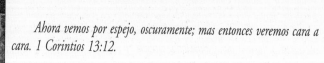

Ahora vemos por espejo, oscuramente; mas entonces veremos cara a cara. 1 Corintios 13:12.

Me sentía nerviosa, cansada, y emocionada. Me encontraba a bordo del vuelo 92 de United Airlines, el cual se dirigía de Los Ángeles a Filadelfia. Era la parte final de mi viaje que había comenzado unas 20 horas antes en la ciudad de Sydney, Australia. Pronto vería cara a cara, por primera vez, al joven con quien había establecido una amistad hacía casi tres meses.

Todo comenzó a través de un mensaje electrónico. Desde aquel primer mensaje nos escribimos casi todos los días. En el tercer mensaje, él me pidió una foto. Como había escuchado muy buenas recomendaciones de él, por medio de su padre (el pastor José Cortés mientras dirigía una campaña evangelística en una de las iglesias de Sydney), no tuve a mal enviarle varias fotos. Yo también le pedí una fotografía suya. Él me envió una foto bien pequeñita.

Tras los mensajes, vinieron las llamadas y con ellas, las altas cuentas telefónicas. A través de la minifoto, los mensajes y las llamadas pude conocer mucho de él. Escuché su voz, aprendí más de su carácter, supe de su vida, y comprendí su trabajo más a fondo. Aunque nunca lo había visto cara a cara, podía sentir que lo conocía.

Por eso me sentía tan nerviosa y emocionada en el vuelo 92 de United, porque sabía que cuando el avión aterrizara, vería al joven que conocía, pero que nunca había visto cara a cara. La emoción aumentó al escuchar al piloto anunciar que estábamos haciendo el descenso final y pronto aterrizaríamos. Todo fue muy rápido. Salí del avión. Apresuré mis pasos en la rampa de salida, y la primera persona que encontré al entrar a la sala de espera fue a José. Es difícil describir el maravilloso encuentro. Finalmente nos veíamos cara a cara.

Para conocer a Jesús antes del encuentro cara a cara, debemos tener una comunicación diaria. Esto lo logramos por medio de las llamadas gratuitas de la oración, la adoración y la alabanza, y también leyendo sus mensajes en la Biblia. Esta es la única manera de ver su foto antes de su venida. Así podrás conocer su carácter de amor, su vida de sacrificio, su trabajo de intercesión y su gran anhelo de pasar la eternidad contigo.

Ya pronto el avión de esta vida aterrizará y podrás ver a Jesús como yo vi a quien hoy es mi querido esposo, cara a cara. ¿Estás cansada, nerviosa, y emocionada?. "Queridas damas, abróchense su cinturón, vamos a aterrizar".

Joanne Cortés

Casi en el hogar

Aguardando la esperanza bienaventurada y la manifestación gloriosa de nuestro gran Dios y Salvador Jesucristo. Tito 2:13.

Hemos llegado al fin de otro año. ¿Se pregunta qué le depara el futuro? Elena de White nos dice que no tenemos nada que temer del futuro a menos que olvidemos cómo el Señor nos ha conducido en el pasado. A través de este año hemos leído relatos maravillosos y experiencias emocionantes de cómo el Señor ha dirigido y protegido de maneras milagrosas la vida de nuestras hermanas hispanas. Basadas en estos hechos, ciertamente no tenemos nada que temer del futuro.

Podemos mirar con gozo hacia el futuro. De hecho, cada nuevo día nos acerca cada vez más al día glorioso cuando veremos a nuestro amado Jesús cara a cara. Apenas podemos imaginar la ocasión de su venida. Todo el cielo será vaciado cuando todos los ángeles, decenas de millares de ellos, acompañarán a Jesús, el Espíritu Santo y Dios el Padre en su jornada rumbo a la tierra para ese momento específico dentro del tiempo. El cielo se alumbrará con la gloria del sol cuando el cortejo celestial irrumpa en nuestra atmósfera. En medio de los eventos catastróficos que rodearán su venida, sus hijos fieles quedaremos arrobados, nuestros ojos fijos en Aquel que hemos llegado a amar y adorar a lo largo de nuestra vida. Con nuestros propios ojos contemplaremos su asombrosa belleza, su brillo, su gloria. Entonces sentiremos la poderosa fuerza de su amor que nos atraerá hacia la nube donde él se encuentra, porque él ya no puede esperar más para tenernos junto a sí.

Exclamaremos: "He aquí, este es nuestro Dios, le hemos esperado, y nos salvará". Nuestro gozo es casi abrumador. Entonces viajaremos por el espacio hasta el Mar de Cristal a las afueras de la nueva Jerusalén. Allí Jesús colocará una hermosa corona sobre nuestras cabezas y nos dará un arpa. Y nos uniremos a los ángeles en alabanzas al Rey de reyes. Luego, cuando Jesús abra las puertas de la ciudad, dirá en su voz melodiosa: "Bienvenidos a vuestro hogar, mis hijos. Heredad el reino preparado para vosotros". Y entraremos a esa ciudad cuyo Constructor y Hacedor es Dios; cuyas calles son del oro más puro, y donde todo es amor y gozo y paz para siempre. ¡Qué pensamiento tan maravilloso y animador! Hermanas, mantengan firme su fe. Nunca se rindan, no importa lo que suceda, porque… ya casi llegamos al hogar.

Nancy Cachero Vásquez

Notas Biográficas

Elena D. Acosta administra la librería adventista (ABC) en Kansas City, Missouri. Es esposa del pastor Juan Acosta, coordinador hispano de la Unión del Centro. Le gusta pintar, tocar piano y acordeón, y compone cánticos para menores y jóvenes. **14 de abril, 25 de junio.**

Isabel Peña de Afanador es colombiana, jubilada, y vive en Laurel, Maryland, con su esposo Enrique. Fue directora y profesora del Colegio Adventista Libertad de Bucaramanga en Colombia por 21 años. Tiene cuatro hijos. **17 de enero, 11 de julio.**

Annie Aldahondo, oriunda de Puerto Rico, es subdirectora de ADRA, y maestra de jóvenes en la Ciudad Universitaria en Río Piedras, P. R. Tiene dos hijos. Ha desempeñado todos los cargos de la Iglesia Adventista. **20 de febrero, 11 de junio, 28 de julio, 19 de noviembre.**

Maribel Alfaro es oriunda de El Salvador. Su esposo es Carlos Alfaro. Actualmente cuida a una familia anglosajona. Tiene dos hijos, Mirza y Carlos. **16 de marzo, 17 de septiembre.**

Rafaela Ángeles Almanza nació en Cuba. Actualmente vive en Nueva Jersey y trabaja como operadora de equipo y como auxiliar de enfermería *(Home Health Care)*. Tiene cuatro hijos. Le gusta escribir poesías y programas para la iglesia. **23 de enero, 26 de abril, 17 de agosto, 23 de octubre.**

Miriam Alonso nació en Cuba. Es licenciada en Ciencias de la Salud, con maestría en Salud Pública. Graduada como médico asistente, trabaja como tal en el Hospital de Johns Hopkins-Bayview, Maryland. Está casada con el pastor Eradio Alonso y tiene dos hijos y cuatro nietos. **16 de agosto.**

Luz Elena R. Alvídrez es ama de casa, trabajó en el área de educación preescolar por varios años. Ella y su esposo viven en Hanford, California. Es autora del libro *Un ramillete de poemas*. **28 de mayo.**

Hilda Mireya Amaro nació en Colombia. Es licenciada en Computación y Negocios. Trabaja como asistente administrativa del Departamento Multilingüe de la División Norteamericana. Fue presentadora del programa de televisión "Panorama Hispano". **1.º de agosto.**

Lorena García de Argueta nació en Guatemala. Ella y su esposo, Manuel Argueta, dirigen un programa musical y de entrevistas en Unión Radio, emisora adventista de Guatemala. Sus aficiones son leer, escribir y tener amigos por correspondencia. **20 de abril, 1.º de octubre.**

La Dra. Celeste Arias, de origen dominicano, es médico naturista, miembro activo de la Iglesia de Fort Washington, Nueva York, y madre de dos hijos, dispuesta a servir. **7 de junio.**

Esther Vega de Ayala es jubilada. Egresada de la Universidad de Loma Linda, fue maestra de inglés y español. Le encanta caminar, nadar, leer, tejer, cultivar árboles, y hortalizas. Disfruta al jugar con sus nietos y se mantiene activa ayudando al necesitado. **29 de enero, 1.º de septiembre.**

Esperanza Ayala-Benavides fue secretaria bilingüe en Colombia, Venezuela y en la Pacific Press. Vive en California con su esposo, Eliezer. Ella disfruta de cocinar, leer y tejer. Tiene cuatro hijos, siete nietos, y dos bisnietos. **9 de marzo, 24 de junio, 2 de agosto, 28 de noviembre, 23 de diciembre.**

Violeta Bence nació en Cuba y estudió en el colegio de las Antillas donde se graduó de maestra. Su esposo es pastor jubilado. Ya jubilados trabajan en Indiantown, en una pequeña iglesia de indígenas de Guatemala. Tiene cuatro hijos. Le encanta escribir y leer. **3 de octubre, 22 de noviembre.**

Ana Garavito Benítez vive en Colombia con su esposo Adán Galindo y sus cuatro hijos. Le agrada la vida en el campo, compartir el Evangelio, hacer obra misionera, escribir y leer. **27 de marzo.**

Dimas Bermúdez nació en Puerto Rico y vive en Florida con su esposo de 47 años de matrimonio. Es asistente administrativa jubilada y tiene cuatro hijos. **16 de noviembre.**

Milca Bermúdez-Pabón es directora de la Clínica *Adventist Home Health* en Maryland. Es esposa de pastor y madre de dos lindas hijas a quienes ella considera el regalo más grande que Dios le ha dado. **8 de mayo.**

Sara Bernal, oriunda de México, reside en Texas. Tiene planes de estudiar periodismo y desea ser editora de revistas adventistas. Le gustan los niños y trabaja con ellos cada día. **21 de octubre.**

Claudia Bernhardt es terapista ocupacional y esposa de pastor. Tiene a su cuidado a sus dos hijas menores, Kaylyn y Gissele. Ama las actividades de la iglesia. **25 de enero, 26 de agosto.**

Dinorah Blackman es maestra, y actualmente directora de escuela sabática. Conduce un programa radial llamado "Place of Praise". Le gusta leer y escribir y tratar con adolescentes. Su esposo también es profesor. **18 de enero, 24 de julio, 22 de octubre, 9 de diciembre.**

Norka Blackman-Richards es panameña y reside en Nueva York con su esposo pastor. Es profesora de inglés como segundo idioma y escritora. Sus artículos devocionales en inglés titulados "From the heart" están disponibles en www.coronasda.org. **28 de enero, 5 de febrero, 17 de noviembre.**

Arlene Bonilla nació en Nueva York y se crió en Puerto Rico. Comenzó a cantar como solista a los 17 años de edad. Se trasladó a Maryland donde continuó cantando y con himnos de su autoría grabó un disco compacto bilingüe titulado "Arlene". **20 de marzo.**

Brigitte Berrocal nació en Perú. Tiene estudios en medicina de la Universidad Ricardo Palma del Perú. Actualmente estudia enfermería en el colegio Montgomery, Maryland. Le gusta escuchar música barroca, escribir y el baloncesto. **25 de mayo**.

Ana María Branham es ecuatoriana. Trabaja en el departamento de Salud Pública en Arizona. Está estudiando educación pastoral clínica en el Hospital Buen Samaritano donde es internista de capellanía. Tiene dos hijos, Chris y Jared. **23 de abril, 9 de noviembre**.

Johanny Brito reside en Virginia. Es directora de admisiones de una universidad adventista. Le gusta escribir, leer y dedica su tiempo especial a la obra de Dios. **21 de septiembre**.

Ana Clemencia Calvo nació en Bogotá, Colombia. Se graduó en Psicología Organizacional y se desempeñó como consejera a nivel familiar y comunitario en su país. Ella y su esposo, el pastor Jaime Calvo, tienen dos hijos. Trabajan en San Angelo, Texas. **8 de enero, 19 de febrero, 10 de marzo, 7 de abril, 27 de mayo, 14 de junio, 13 de julio, 28 de agosto, 27 de septiembre, 13 de octubre, 3 de noviembre**.

Leticia Uribe de Campechano, oriunda de México, es profesora de Educación Preescolar. Su esposo, el pastor Alfredo Campechano, es asistente editorial de la Pacific Press. Ella ha escrito diversos artículos para la revista *Enfoque* de México y la *Revista Adventista*, edición norteamericana. Tiene tres hijos. **19 de junio, 7 de noviembre, 27 de diciembre**.

Adly Campos nació en México y se crió en Puerto Rico. Es enfermera, con maestría en Aconsejamiento Familiar y evangelista. Ha conducido más de 25.000 almas al bautismo durante sus ocho años de ministerio en varios países del mundo. Está casada con el pastor José Luis Campos, director del departamento de Publicaciones de la Asociación General. **2 de marzo, 14 de mayo, 26 de diciembre**.

Flor Elvira Campos nació en Colombia. Está casada con Arnulfo García y tienen tres hijos. Actualmente es miembro de la Iglesia Adventista Los Olivos, del distrito central de Bogotá, donde es secretaria de iglesia y encargada del departamento de hogar y familia. **5 de mayo**.

Sara Capellán es esposa del pastor Rafael Capellán, pastor jubilado de la Asociación del Norte en la República Dominicana. Reside en la Ciudad de Nueva York y es miembro de la Iglesia Hispana de Fort Washington y madre de dos hijos. **24 de enero, 4 de junio**.

Alina Careaga trabaja en un asilo de ancianos. Disfruta al servir en el departamento de niños de la iglesia. Su esposo es pastor de la Asociación de Oregon. Le gusta mantener la casa ordenada y la cocina creativa. Colecciona teteras y tazas. Tiene tres hijos. **17 de junio, 11 de agosto, 15 de octubre**.

Carmen García de Carmona, ama de casa, esposa, madre de cuatro hijos, y abuela de cuatro nietos. Le encantan las artes manuales y cultivar su jardín. Muchos de los ricos frutos los dedica al fondo de inversión. Ama a Jesús y dice que es un privilegio caminar con él todos los días. **7 de octubre**.

Norma Carmona es entrenadora y consultora en el área de educación y desarrollo de organizaciones. Ha trabajado en esta área por más de diez años. **11 de febrero**.

Martha Ayala de Castillo nació en Arizona, Estados Unidos. Celebró con su esposo las bodas de oro. Le gusta escribir cartas misioneras, leer, caminar por el campo, y escuchar música. También ayuda en la oficina médica de su esposo. **30 de mayo, 29 de julio, 9 de agosto, 14 de diciembre.**

Lupita Castillo-Aragón vive en California y es madre de tres varones. Ha servido en el ministerio pastoral con su esposo durante 25 años. Es directora del Ministerio de la Mujer en su Asociación. Se goza en compartir sermones y pláticas en las iglesias y retiros espirituales. **13 de enero.**

Miriam Castillo-López es mexicana, maestra de español y esposa de pastor. Trabaja en Texas. Fue maestra en los colegios adventistas de México. Hoy estudia para obtener su acreditación como maestra en los Estados Unidos. Tiene dos hijos. **23 de febrero, 25 de octubre.**

Naomi S. Castro trabaja como secretaria en el departamento de Educación de la Unión del Pacífico. Su esposo es auditor de la Asociación General. Tiene dos hijos y toma parte activa en los ministerios de la mujer. **25 de abril, 22 de agosto.**

Yaret Castro nació en Puerto Rico. Tiene dos hijas, y dos nietos. Le gusta cantar y hablar en público. Obtuvo su maestría en Consejería Rehabilitacional, en la Universidad de San Bernardino. Desde hace 16 años trabaja para el Centro Regional Inland donde atiende a personas minusválidas. **29 de junio.**

Gloria Ceballos nació en Nueva York de padres puertorriqueños. Es enfermera y actualmente es vicepresidenta del Hospital Adventista de Florida. Está casada con el Dr. Mario Ceballos y tiene un hijo. Es autora de un libro devocional. **1.º de enero, 16 de febrero, 7 de julio, 10 de septiembre.**

Nelva Chacón es oriunda de México y reside en Albuquerque, Nuevo México con su esposo, el pastor Lee-Roy Chacón. Tiene una preciosa niña por la cual suspendió temporalmente su carrera de Odontología para dedicarse más a su hogar. Sus pasatiempos favoritos son viajar y los deportes tales como el baloncesto y el golf. **2 de abril, 16 de julio.**

Ana Rosa Chaviano es oriunda de Cuba. Actualmente vive en Lee's Summit, Missouri con su esposo, el pastor Ignacio Chaviano, su hija, Annette, y su madre, Odelia. **1.º de febrero, 10 de abril, 2 de julio, 31 de agosto, 2 de septiembre.**

Annette Roxie Chaviano vive en Lee's Summit, Missouri. Le gusta tocar el piano y cantar. Está involucrada en muchas actividades en su iglesia como el coro, la sociedad de jóvenes, y el club de conquistadores. Tiene planes de estudiar en la Universidad Adventista del Sur (Southern Adventist University). **20 de septiembre.**

Nurys Cicerón fue nacida en la República Dominicana. Es cantante y declamadora; casada y madre de dos niñas. Es maestra asistente de niños impedidos en la Ciudad de Nueva York. **27 de abril, 11 de septiembre.**

Ruth Collins nació en Guatemala. Es secretaria administrativa en el Departamento Hispano de la Unión del Pacífico. Es escritora. Con su esposo Armando, tienen un ministerio de renovación familiar. Tiene tres hijos. **3 de enero, 6 de febrero, 11 de marzo, 3 de abril, 15 de mayo, 16 de mayo, 6 de julio, 27 de octubre, 25 de noviembre.**

Monín Hernández de Colón vive en Florida. Ha sido esposa de pastor por 35 años. Es coordinadora del ministerio de damas hispanas en la Asociación del Lago. Su esposo es el pastor Rafael Colón Cáceres, ya jubilado. Tiene tres hijos y le gusta tejer y nadar. **24 de mayo, 27 de julio.**

Celia Cortés nació en Cuba. Es esposa del pastor José Cortés. Desarrollaron su ministerio en Cuba y España. Ahora reside en Nueva Jersey donde su esposo es director de Ministerios Multilingües de la Asociación. Sus hijos son José, hijo (pastor), y Josué (médico). **13 de abril.**

Joanne M. Cortés es oriunda de Australia. Reside en Silver Spring, Maryland. Sus aficiones son: cantar, cocinar, leer, hacer ejercicios aeróbicos y pasar tiempo junto a su esposo, el pastor José H. Cortés, hijo, director asociado de Jóvenes de la Asociación de Potomac. **2 de febrero, 12 de mayo, 28 de septiembre, 30 de diciembre.**

Lois E. Covarrubias nació en Puerto Rico y es asistente administrativa del departamento de Ministerios de la Mujer de la División Norteamericana. Está casada con Xavier Covarrubias y tiene dos hijos, Samuel y Rubén. Le gusta gozar de la música, pasear y leer la serie de libros *Tu historia preferida*. **1.º de abril.**

Mercedes Croussett es oriunda de Santo Domingo, República Dominicana y dirige el ministerio de la mujer de su iglesia. Le gusta leer con su esposo y sus tres hijos. **19 de marzo, 22 de abril 12 de julio, 22 de septiembre, 8 de noviembre, 13 de diciembre.**

Marjorie Daubar es directora del ministerio femenino de la Iglesia Adventista de Chino, California. Es enfermera jubilada dispuesta a ayudar a otras, y ofrece apoyo espiritual y consejo a quienes lo necesiten. Marjorie tiene dos hijas, Rosie y Abigail, y tres nietos. **25 de marzo.**

Lucrecia de Jesús nació en la República Dominicana y es sobreviviente del ataque terrorista al Centro Mundial de Comercio del 11 de septiembre de 2001. Es cantante cristiana profesional y ha producido varios casetes y discos compactos musicales. Es casada y madre de dos niños. **13 de noviembre.**

Cristina de la Cruz-López, proviene de la República Dominicana, y es graduada en Psicología. Esposa de anciano de iglesia y madre de dos hijos, es directora del departamento de hogar y familia y maestra y líder de la Iglesia Adventista Hispana de Fort Washington, Nueva York. **18 de noviembre.**

María de León proviene de la República Dominicana, y es madre de diez hijos. Es maestra jubilada del sistema educativo adventista en la República Dominicana. Radica en Nueva York. **22 de mayo.**

Lilian Becerra de Oliveira es fisioterapeuta y esposa de pastor, con dos hijos. Ella y su esposo están terminando una maestría en los EE.UU. para regresar a trabajar en el Colegio Adventista del Noreste Brasileño. Sus aficiones son la decoración y las manualidades. **5 de noviembre.**

Zaida Del Rosario es dominicana y ama de casa. Casada con José Del Rosario, reside en Virginia. Tiene una hermosa familia compuesta por tres niñas y un bebé. **26 de marzo, 21 de diciembre.**

María F. Denneny reside en Phoenix, Arizona. Estudia consejería familiar y dependencia química. Es capellán de un hospital de su ciudad y directora de ministerios de la mujer de su iglesia. Es oradora de congresos y concilios, esposa y tiene cuatro hijos y siete nietos. **7 de febrero, 8 de octubre.**

C. Fe Leira de Díaz nació en Cuba y trabajó junto con su esposo en el entonces Colegio Vocacional de América Central por 17 años, y en la Escuela Misionera Adventista de Calexico, California por 24 años. Fe es jubilada y tiene una hija, un hijo y dos nietos. **26 de febrero.**

Rosanna Andreina Giuliana Misuraca Díaz es de Venezuela y vive en Houston, Texas. Es hija de pastor y está en su último año de secundaria. Está involucrada en el club de conquistadores y el ministerio juvenil en su iglesia. **27 de agosto.**

Nohemí G. Escamilla, de origen mexicano, se educó en la Universidad de Montemorelos. Terminó una maestría en Consejería de Niños y de Familia. Su esposo, el pastor Daniel Escamilla, es coordinador hispano en la Asociación Central de California. Tienen dos hijos y dos nietos. **21 de mayo.**

Keren Espinoza nació en los Estados Unidos de madre salvadoreña y padre mexicano. Es administradora asistente en la oficina de Desarrollo de Estudiantes de Minorías en la Universidad de Loma Linda. Participa en el grupo musical "Amigos para Siempre". **18 de junio, 4 de octubre.**

Carmen Martínez Espósito nació en Argentina. Está casada con el pastor José Espósito. Tienen tres hijos: Paolo, Romina, y Melisa. Es licenciada en Educación de la Universidad Adventista del Plata, Argentina, y de la Universidad Adventista de Chile. **30 de marzo, 10 de mayo, 1.º de julio.**

Keren Familia nació en Mayagüez, Puerto Rico, y es adventista de segunda generación. Nieta del pastor Eligio González e hija del pastor Rafael Familia. Estudia Informática en la Universidad Andrews. **12 de marzo.**

Norma Familia, de Puerto Rico, vive en Nueva York con su esposo el pastor Rafael Familia. Es graduada en Educación. Tiene tres hijos y tres nietos. **17 de febrero, 21 de marzo, 16 de junio, 18 de julio, 18 de agosto, 12 de septiembre, 2 de octubre, 12 de noviembre, 29 de noviembre, 25 de diciembre.**

Esther Familia-Cabrera es hija del pastor Rafael Familia. Nacida en Puerto Rico y casada con David Cabrera. Estudió Administración de Negocios en el Colegio de la Unión del Atlántico (Atlantic Union College). Trabaja con la Sociedad del Cáncer en el departamento de Salud en Nueva York. **25 de julio.**

Raiza de los Ríos Fernández es secretaria del departamento de Ministerios de la Mujer, de la Asociación de la Florida. Ella y su esposo, Leonardo, tienen dos niñas. Sus pasatiempos: el arte, los deportes, la música y conversar. **2 de enero, 6 de marzo, 1.º de mayo, 5 de julio, 24 de octubre, 6 de noviembre.**

Rosa M. Ferraras nació en Cuba y emigró con sus padres y hermanos a España. Ahora reside en California. En 1998 fue diagnosticada con esclerosis múltiple, pero aun con los desafíos que la enfermedad le impone, Rosa sigue confiando en Dios y en sus promesas. **5 de septiembre.**

Dolores Francisco proviene de la República Dominicana y actualmente vive en Massachusetts con su esposo el pastor Domingo Francisco. Enseña español y matemáticas. Le gusta escuchar música, la lectura y la observación de la naturaleza. **26 de noviembre, 10 de diciembre.**

Lucy Gadea reside en Nueva Jersey. Es originaria de Perú donde fue maestra por cinco años. Casada con Salomón Gadea, tienen tres hijos adultos: Neuza, Patty y Salomón, hijo. Ella cuida a su hijo, quien es ciego. Le gusta tocar el piano, cantar, escribir y leer. **26 de julio, 26 de octubre, 4 de noviembre.**

Olga Marly Galindo G. nació en Colombia. Es licenciada en Educación Especial con énfasis en Retardo en el Desarrollo y Manejo de Dificultades en el Aprendizaje. Olga dirige seminarios y talleres a padres de familia, docentes, directivos e instituciones. **5 de enero, 15 de febrero, 17 de marzo, 3 de mayo, 26 de junio, 8 de julio, 3 de agosto, 27 de noviembre, 20 de diciembre.**

Helena Gaona nació en Colombia. Esposa del pastor Alfredo Gaona y graduada en Terapia Física, trabaja en el Memorial Medical Center en Texas. Tiene tres hijos: Seth, Elena, y Esperanza. **6 de septiembre, 7 de septiembre, 8 de septiembre, 9 de septiembre.**

Andrea Chavarro García nació en Santa Fe de Bogotá, Colombia. Es secretaria bilingüe, técnica auxiliar de Laboratorio Clínico, y técnica auxiliar de Enfermería. Es maestra de niños y secretaria de iglesia. **15 de junio, 13 de agosto.**

Aura Julieta García nació en Guatemala. Actualmente es secretaria en la Asociación de Nueva Jersey. Trabajó por muchos años en la División Interamericana al lado de su esposo, el pastor Jorge García. Tiene dos hijos, Edilson y Ada. **18 de octubre, 19 de diciembre.**

Cenia Elizabeth García es licenciada en Educación de la Universidad Andrews. Su esposo es pastor, y coordinan el Ministerio de Oración de los hispanos. Tienen tres hijas, Keren, Cecia y Emely. Le gusta cantar y escuchar música cristiana. **30 de enero, 9 de abril, 29 de diciembre.**

Nelly M. García nació en Colombia. Su profesión y afición es la artesanía. Está casada con Oscar Julio Chavarro y tienen dos hijos. **15 de noviembre, 28 de diciembre.**

Pamela García es de nacionalidad dominicana, y se está preparando para ser partera en su país y trabajar como médica misionera. Ahora trabaja como misionera voluntaria para la Misión del Este en la República Dominicana. **27 de enero, 13 de marzo, 21 de julio, 4 de diciembre.**

Rosalina Gardano nació en Cuba. Es autora del libro *Amor de poesías.* Hoy a sus 81 años sigue trabajando como obrera bíblica. Es viuda y madre de dos hijas. **25 de febrero.**

Dilcia Gonzáles trabaja como secretaria del Departamento Hispano de la Asociación del Gran Nueva York. Sus pasatiempos son coleccionar estampillas, leer y coleccionar monedas y platos. Es madre de dos hijos: Olga, y Carlos, hijo, quien duerme en el Señor. **24 de febrero, 30 de agosto, 14 de noviembre.**

María M. Pérez de González nació en Puerto Rico y vive en las Islas Vírgenes. Fue maestra y directora de escuelas adventistas. Coordinó el programa de ADRA para la Asociación del Este de Puerto Rico. Es esposa del pastor Arnaldo González. **8 de agosto.**

Raquel Haylock está jubilada y vive en Miami con su esposo, Tulio, y su hija, Sylvia. **1.º de junio.**

María del Pilar C. de Hengen trabaja en el departamento de Publicaciones y la Escuela Radiopostal en la Unión Austral, Argentina, donde su esposo, Alfredo Hengen, es tesorero. Le gusta escribir, cantar y predicar. Tiene dos hijas. **24 de marzo, 6 de junio, 5 de diciembre.**

América Mauri de Hernández nació en Cuba y vive en Florida. Es viuda con tres hijas. Le gusta el campo, la naturaleza, las puestas de sol en el mar y escribir poemas. **6 de mayo.**

Doris de Hernández nació en El Salvador. Conoció el adventismo a la edad de diez años junto con su madre y sus hermanos. Sirvió como líder de conquistadores, maestra de escuela sabática infantil y el ministerio de vida familiar. Tiene un hijo, Wilver, y un nieto. **29 de octubre.**

Neyda Hernández nació en Cuba. Estudió enfermería en el Colegio de las Antillas en Puerto Rico. Actualmente trabaja en el Jackson Memorial Hospital en Florida. Tiene dos hijos. Le gusta la jardinería, escribir canciones, programas y meditaciones. **13 de mayo, 5 de octubre.**

Nedelys Holguín, de la República Dominicana, reside en la Ciudad de Nueva York. Es madre de un niño y está casada con un dirigente de la Iglesia Adventista Hispana Central de Manhattan, Nueva York, quien es anciano de iglesia. Ella es directora de dorcas y de jóvenes. **10 de julio, 2 de diciembre.**

Ligia Holmes es la secretaria del Departamento Hispano-Portugués de la Asociación del Noreste. Casada con Roger Holmes, tiene dos hijos. Le gusta pasear por la naturaleza, la música, leer y disfrutar de su familia. **14 de enero, 13 de febrero, 7 de marzo, 15 de abril, 7 de mayo , 20 de julio, 13 de septiembre.**

Dorys Horner, de Bolivia, estudió en Perú, Argentina y Japón. Trabajó en el Hospital Adventista en Takoma Park, Maryland, como enfermera obstétrica. Actualmente es educadora bilingüe de salud en el Hospital Providencia en Washington, D. C. Tiene una hija. **14 de marzo.**

Carmen Julia Huizzi, casada con el pastor Miguel Huizzi, tiene hijos gemelos. Su mayor privilegio es trabajar hombro a hombro con su esposo. Es instructora bíblica y se dedica a las actividades en los clubes juveniles y al ministerio de la mujer. **8 de abril, 22 de julio.**

Nuri (Kuky) Jiménez es mexicana, graduada de Contaduría Pública en la Universidad de Montemorelos. Actualmente reside en el área de Washington, D.C., donde trabaja en la administración de una clínica de salud. **23 de junio.**

Linda Jiménez Salazar vive en la Ciudad de México. Actualmente finalizó la disertación doctoral en Psicología. Se dedica a la psicoterapia de la pareja y de la mujer. Es organista de la iglesia donde dirige el ministerio de la música y el departamento de vida familiar. **11 de diciembre.**

Sayda Johnson es dominicana y graduada en Medicina. Casada con Moisés Johnson, sus hijas son Marlenne, y Esther. Sayda dirige el ministerio de la mujer y es maestra asociada de jóvenes y escuela sabática. Le gusta leer y escuchar música. **22 de junio, 11 de octubre, 30 de octubre, 1.º de diciembre.**

Asceneth Garza de Juárez nació y estudió en México. Actualmente trabaja en auditoría en el departamento de Finanzas de la compañía Samsonite en Rhode Island. Es activa en la iglesia. **26 de enero.**

Sandra Leticia Juárez es directora de programación de la estación de televisión y la estación de radio de los Tres Ángeles (3ABN). A Sandra le gusta pasar su tiempo libre haciendo ejercicio, visitando amistades y le fascina hacer sonreír a su esposo y a sus dos hijos. **3 de marzo, 9 de junio.**

Hortencia Sánchez de López nació en México. Es técnica en Enfermería y licenciada en Música. Vive en Denver, Colorado. Tiene dos hijas. Su esposo pastorea tres iglesias hispanas. Le gusta trabajar con los niños y con la música en la iglesia. **3 de junio.**

Leticia Garzón de López sirve en la Asociación del Noreste de Nueva York con su esposo, el pastor Edwin López. Leticia ha hecho del evangelismo infantil, y del trabajo por las damas de la iglesia, su mayor afición. **24 de agosto.**

Olivia López-Porras trabajó como secretaria. Es madre de cuatro hijos y esposa de pastor. Ella y su esposo sirvieron gozosamente al Señor por 55 años en Centroamérica y Panamá. Aunque jubilados, siguen activos en el ministerio. Sus aficiones son coleccionar monedas y la música. **9 de febrero, 22 de marzo.**

Emma Lutz es esposa de pastor y madre de dos hijas, Kathy y Heidi. Es directora de "Shepherdess" de la Asociación de Téxico. Sus aficiones son coser, tejer y tocar el piano. **10 de febrero, 5 de marzo, 6 de abril, 15 de septiembre.**

Diana Patricia Martínez vive en Colombia y trabaja en programación de computadoras. Actualmente estudia Ingeniería de Sistemas e inglés. Es muy activa en su iglesia y es parte de un grupo musical. Le gusta cantar, interpretar himnos/coros en piano y trabajar con los niños. **28 de abril, 23 de septiembre.**

Nerida Carbonell de Martínez nació en Cuba. Es obrera bíblica, casada con el pastor José Luis Martínez. Actualmente trabajan en una iglesia en San Fernando, California. Ella trabaja en el comité planificador de la Asociación del Sur de California para los retiros de damas. **1.º de marzo.**

Mary Holmes Maxson fue misionera en Argentina y Uruguay con su esposo, Ben. Actualmente es directora del departamento del Ministerio de la Mujer para la División Norteamericana. También está certificada como capellán asociada de hospital. Tiene dos hijos adultos. **15 de marzo, 21 de abril.**

Cynthia Mejía sirvió en el campo misionero como directora de las Escuelas de Idiomas en Bangkok, Tailandia; luego como directora del Instituto de Idiomas de la Universidad Peruana en Lima, Perú. Vive en San Diego, California, y trabaja en el Hospital Adventista Paraíso. **18 de septiembre, 6 de octubre.**

Laura Mena es dominicana. Tiene cuatro hijos y dos nietos. Pertenece a la iglesia de Maranata en Nueva Jersey. Es maestra de escuela sabática y diaconisa. **20 de agosto.**

Marisol Mercado R. fue la primera trabajadora social bilingüe en la historia de las escuelas públicas de Clinton, Massachusetts. Ofrece consejería individual y grupal. Le encanta la lectura y las actividades recreativas con sus tres hijos. Disfruta de las actividades al aire libre. **19 de septiembre.**

Marina Mesa, madre de dos hijos, es esposa del pastor Anselmo Mesa, presidente de la Asociación de Ministros Hispanos de la Unión del Atlántico. Sirvieron en la primera iglesia hispana de Nueva York, la Iglesia de Prospect. **29 de mayo, 10 de agosto, 25 de septiembre, 12 de octubre.**

Rosa Alicia Miranda es licenciada en Psicología Educativa y tiene una maestría en Relaciones Familiares. Su esposo, el pastor Armando Miranda, es vicepresidente de la Asociación General. Tienen tres hijos. Le gusta la lectura, la cocina y las caminatas. **28 de marzo, 26 de mayo, 26 de septiembre.**

Marta Monsalve nació en Colombia. Actualmente trabaja en el sureste de Estados Unidos. Instala programas en instrumentos de laboratorio y entrena al personal que lo opera. Reside en Beltsville, Maryland, con su esposo Rodolfo y sus hijas. **18 de febrero, 18 de abril.**

Wendy Collins Montplaisir nació en California. Es egresada de la Universidad de Portland, Oregon. Investiga en los laboratorios de la Universidad de Ciencia y Salud (Oregon Health and Science University) de Portland. Le gusta la música, el piano, y escribir. Está casada con Brad Montplaisir. **6 de agosto.**

Celia Morales, oriunda de Argentina, es docente jubilada. Le gusta observar paisajes y pintarlos en la mente, leer y visitar iglesias. Su esposo es el pastor Carlos Morales. Tienen dos hijos y cuatro nietos, y agradecen a Dios cada día por esa alegría. **5 de abril, 20 de mayo.**

Lourdes Morales-Gudmundsson, autora y oradora, imparte cátedra en la Universidad de La Sierra en Riverside, California. Tiene un ministerio llamado: "Te perdono, pero...", un seminario sobre los principios bíblicos del perdón. El vídeo del seminario (en inglés o español) puede pedirse al 1-888-357-2341. **22 de enero.**

Sandra Mosquera es estudiante de Psicología Educativa. Le apasiona hacer obra misionera con madres de niños pequeños. Sus pasatiempos son tocar la flauta transversal y la lectura. Su esposo es profesor universitario en una institución adventista. Tienen dos hijas. **11 de enero.**

Elsy Muñoz vive en Columbia, Maryland y trabaja en Adventist Risk Management como representante de servicios al cliente. Está casada con Eduardo Muñoz, tesorero asociado de la Asociación de Chesapeake. Le gusta orar, leer, cocinar y hacer nuevas amistades. Tiene dos hijas. **27 de febrero.**

Sarita Newball es maestra de educación primaria y modista de alta costura. Coordina el ministerio de la mujer, le gusta dar clases de cocina vegetariana y contar historias a los niños. Le gusta pasear, mirar fotos y visitar museos de arte. Su esposo es pastor en Nueva Jersey. **3 de febrero.**

Nancy Newball-Rivera es diseñadora gráfica. Terminó su maestría en Diseño en el Instituto

Pratt de Nueva York. Le encantan las librerías, los juegos de mesa, el estudio de las culturas e idiomas, y la música clásica de guitarra. Vive en Maryland con su esposo. **12 de enero, 19 de agosto.**

Cecilia Ochoa trabaja en la Asociación de Diabetes de El Paso, Texas, en el proyecto de concientización y educación de diabetes en la comunidad y asiste a la Universidad de Texas, en el Centro de Ciencias de la Salud de Houston, con el fin de obtener una maestría en Salud Pública. **20 de junio.**

Wendy Ortega vive en Nueva York. Casada con Ironside Ortega, es miembro de la Iglesia Adventista de Fort Washington. Tiene dos hijos, Aarón y Daniel. **17 de mayo, 2 de junio, 16 de septiembre.**

Nancy Ortiz nació en Puerto Rico. Trabaja como secretaria del presidente de la Asociación de Georgia-Cumberland donde su esposo, Neftaly, es asistente ministerial de asuntos hispanos. Sus hijos son Nixalyz, Wendy, y Benji. Le gusta la lectura, la pintura y las artes manuales. **13 de junio.**

Norma Alicia Osorio ha trabajado como secretaria en varios campos de la Unión Centroamericana. También ha colaborado en el ministerio infantil. Le gusta distribuir literatura, visitar a los enfermos y participar en el círculo de oración de su iglesia. **16 de octubre, 17 de octubre.**

Laura A. de Ottati, maestra de escuela, trabajó por muchos años como directora de una de las escuelas en Quito, Ecuador. Ahora sigue ayudando a los niños y a personas adultas en sus necesidades. Reside en Nueva Jersey. **23 de mayo.**

Nancy Griffin de Pardeiro vive en Arkansas con su esposo, Juan Carlos. Son dueños de *Creation Enterprises International*, una compañía de publicaciones y producción de vídeos. Tienen dos hijas y dos hijos. A Nancy le gusta escribir, cantar y montar a caballo. **4 de enero, 21 de febrero.**

Miriam Pardo trabaja como asistente administrativa en Community Partners in Action (Socios de la Comunidad en Acción) y también estudia en la Universidad de Connecticut. Le gusta el evangelismo, la lectura, los deportes al aire libre, viajar, el canto y la computación. Está casada con Gilberto Pardo. **12 de diciembre.**

Ana E. Parodi nació en Cuba. Licenciada en pedagogía, trabajó con *La Voz de la Esperanza* en México. Se desempeñó como maestra de español en Puerto Rico. Hoy colabora escribiendo para la escuela sabática y la sociedad de jóvenes de la Asociación Puertorriqueña del Este. **20 de noviembre.**

Margarita Parra nació en Colombia. Ha trabajado como maestra en las escuelas adventistas. Sus aficiones son caminar al aire libre, la natación, dar estudios bíblicos y trabajar con los jóvenes. Actualmente vive en Massachusetts con su esposo, el pastor Raúl Parra. **17 de julio, 21 de agosto.**

Agustina Paulino nació en la República Dominicana. Es maestra jubilada y madre de tres hijos. Es líder y dirigente de la Iglesia Hispana de Fort Washington, Nueva York. Su esposo es anciano de iglesia y trabaja en la Academia Adventista del Bronx, en Manhattan, Nueva York. **10 de noviembre.**

Ingrid Paulino es dominicana nacida en el mensaje adventista. Es maestra y líder de la Iglesia Hispana de Fort Washington, Nueva York. Su esposo es anciano de iglesia. Madre de un niño. **23 de agosto.**

Marvin Perdomo, nacida en la República Dominicana, reside en Nueva York. Es cantante y declamadora, y miembro de la Iglesia de Fort Washington, Nueva York. Es madre de dos niñas. **27 de abril.**

Esperanza Pico es maestra bilingüe en una escuela primaria en Houston, Texas. Está escribiendo un pequeño libro sobre medicamentos caseros. Le encanta leer sobre salud y nutrición. Tiene tres hijos. Su esposo es pastor. **7 de enero, 11 de mayo, 4 de septiembre, 18 de diciembre.**

Claudia Portillo trabaja como recepcionista en San Francisco, California. Ha sido líder de jóvenes por más de diez años en los Estados Unidos y El Salvador. Trabaja en la escuela sabática, ministerios de la mujer y de la oración, y es directora del departamento de Comunicación. **24 de abril.**

Damaris Pupo nació en Cuba. Conoció a su esposo, Juan José Pupo, en el Colegio de las Antillas. Residen en Houston, Texas donde administran una compañía. Le gustan las rosas, la lectura, viajar y conocer otras culturas. Tiene dos hijos: Eduardo y Patsy. **28 de febrero.**

Patsy Pupo salió de Cuba cuando era pequeña. Actualmente vive en Houston, Texas, donde trabaja en mercadeo de negocios y como fisioterapeuta. Sus aficiones son la lectura de libros instructivos y pasar tiempo con su familia y su novio. **10 de octubre.**

Eleonor Pusey-Reid tiene una maestría en Enfermería de la Universidad de Loma Linda y es profesora asistente de Enfermería en el Colegio de la Unión del Atlántico (Atlantic Union College). Nació en Panamá, está casada con Delmer Reid y le gusta viajar y hablar. **7 de diciembre.**

Gladys Ramírez es ama de casa en California. Asiste con su esposo e hijos a la Iglesia Hispanoamericana de Los Ángeles donde se ha involucrado por varios años en el ministerio infantil. Cuando el tiempo se lo permite, le gusta leer y cocinar. **5 de junio.**

Nora Espósito de Ramos trabaja como directora de música en Silver Spring, Maryland, coordina los ministerios infantiles y colabora con el Ministerio de la mujer en la Asociación de Potomac. Casada con el pastor Rubén Ramos, coordinador de la obra hispana, tiene tres hijos. **3 de septiembre.**

Sandy Reyes vive en Berrien Springs, Michigan con su esposo, el pastor Otoniel Reyes. Tienen dos hijos, Tony y Cindy. Sandy trabajó en la Academia de Broadview como directora de Admisiones y Asuntos Académicos y secretaria del Departamento Hispano de la Asociación de Illinois. **22 de febrero.**

Verónica Reyes es maestra y madre de dos hijos: Stanley y Claire. Sus pasatiempos son leer, escribir, cocinar, artes, y manualidades. **15 de diciembre.**

Carmen de Rivas se graduó en Administración de Oficinas. Su esposo es el pastor Juan

Rivas. Ella trabaja en la iglesia con la clase de los menores y como asistente de tesorería. Le gusta la computación, leer, cantar, y pasear con su esposo. **18 de mayo, 21 de noviembre.**

Judith Rivera vive en California con su esposo, el pastor Juan Rivera. Es enfermera y le gustan las flores, la vida al aire libre, y trabajar en el jardín. Está escribiendo su primer libro titulado *Mi experiencia en el jardín de oración.* **18 de marzo, 12 de agosto, 24 de septiembre.**

Alicia Robertson, nacida en Nicaragua, es dentista en el área de Silver Spring, Maryland. Tiene un ministerio de música a nivel internacional, el programa radial de salud, "Los Diez Mandamientos", y dedica tiempo al servicio a la comunidad. **2 de noviembre.**

Migdalia Ríos de Rodríguez nació en Puerto Rico. Se graduó del Colegio del Sur (Southern College) en Educación Preescolar. Actualmente, reside en Orlando, Florida con su esposo, Pedro Rodríguez. Sus pasatiempos son leer, y coleccionar libros y figuras de ángeles. **4 de mayo.**

Sara Rodríguez se graduó de Enfermería en Argentina. Actualmente vive en West Nueva York, con su esposo Carlos Rodríguez, predicador itinerante. Le gusta la lectura y organizar diferentes actividades en la iglesia como viajes a lugares históricos adventistas. Tiene una hija. **3 de julio.**

Ruthie Rojas imparte consejería a personas y familias, y ejerce el liderazgo de la organización "Adventistas Latinoamericanos", una organización que ella fundó para ministrar a personas solteras en Norteamérica. Está casada con el pastor José Vicente Rojas, quien ha servido como director de Jóvenes Adventistas y Ministerios Voluntarios en la División Norteamericana. Tiene cuatro hijos. **2 de mayo, 28 de junio, 5 de agosto, 9 de octubre, 16 de diciembre.**

Laura Ottati de Romero es esposa de pastor, y ha trabajado en Ecuador y en Nueva Jersey. Le gusta participar activamente en el ministerio, dando especial atención a los menos afortunados y necesitados. Tiene un hijo. **17 de abril, 27 de junio.**

Esther Saguar nació en España. Obtuvo un doctorado en la Universidad Complutense de Madrid en la especialidad de Literatura Española. Actualmente es profesora de Lengua y Literatura Españolas en la Universidad de La Sierra, California. **6 de diciembre.**

Laura Sánchez, nacida en Puerto Rico, está casada con Daniel Sánchez. Tienen dos hijos, Daniel y Génesis. Trabaja en la Asociación General de los Adventistas del Séptimo Día. **19 de enero, 8 de febrero, 4 de julio.**

Virginia P. Sánchez ha trabajado en Cuba, su país natal, Venezuela y los Estados Unidos, con su esposo, el pastor Lázaro Sánchez. Estudió Secretariado Ejecutivo y Nutrición. Le gusta mucho la música, y posee una marcada afición por el ejercicio físico y la lectura. **12 de junio, 4 de agosto, 23 de noviembre.**

Ruth Elizabeth Cortés de Santos vive en Bakersfield, California, donde su esposo es el pastor de la iglesia hispana. Ella tiene tres hijos, Sara, Priscilla y Jason. Ruth estudia en la Universidad de California, Bakersfield, cursos en arte y psicología. **16 de enero.**

Amanda Sauder estudia periodismo y mercadeo en el Colegio Unión y es redactora del periódico estudiantil *Clocktower.* Le gustan el helado de menta con chocolate, el equipo de fútbol americano los Vaqueros de Dallas, el sol, su perro y su gato. **4 de abril, 8 de junio, 17 de diciembre.**

Ildalicia Sención es oriunda de la República Dominicana. Es madre y misionera en su país donde presenta campañas de evangelización y construye capillas de adoración; a esto ha dedicado todo su tiempo. Es miembro de la Iglesia Adventista Hispana de Fort Washington, Nueva York. **3 de diciembre.**

Keila C. Silva, nació en Puerto Rico, es secretaria ejecutiva del Banco Santander. Dirige un ministerio a favor de los presos. Ha escrito para la revista *El Centinela*. Le gusta la naturaleza y criar animales. Tiene dos hijos, Wallen y Keymari. **6 de enero, 12 de febrero, 23 de marzo, 19 de abril, 7 de agosto, 25 de agosto, 28 de octubre.**

Christina Suárez nació en Guatemala y trabajó en la Pacific Press y en la División Interamericana. Le gusta la música, las artes manuales y la cocina vegetariana. Toca el piano y el acordeón. Está casada con Manuel Suárez y juntos residen en Moorpark, California. **23 de julio.**

Rosario Burgos Tello trabajó por 25 años en el sector público del gobierno de Panamá como analista en desarrollo institucional. Actualmente es profesora en la Universidad Santa María la Antigua. Disfruta dando estudios bíblicos. **19 de julio**

Carmen Toledo es obrera jubilada después de haber trabajado como maestra y directora de ADRA en Puerto Rico. Tiene una hija y un hijo. Actualmente sirve como directora de servicios a la comunidad y de escuela sabática en Florida. **8 de marzo, 10 de junio, 15 de julio, 14 de septiembre.**

Amarilys Torres es esposa de pastor y tiene dos hijas, Keyla y Esther. Trabaja en Kiddie Corner Academy y es voluntaria en la cárcel de Broward, Florida Es directora de la escuela sabática de su iglesia y le gusta leer, tocar el piano y diseñar ropa. **20 de enero.**

Chary Torres es secretaria del Ministerio Juvenil, y su esposo, Sergio, es director de Jóvenes de la Asociación de Florida. Ella es editora de la revista *Gentejoven*. Le encanta leer, escribir, tocar la guitarra y escuchar música folklórica sudamericana. Tienen dos hijas. **9 de mayo, 14 de julio.**

Ellen Torres es enfermera con una maestría en Educación/Administración. Actualmente trabaja como educadora para los empleados del Hospital de Redlands, California. **14 de octubre.**

Gloria Roque Turcios trabajó como misionera al lado de su esposo en Sydney, Australia durante seis años. Actualmente es secretaria ejecutiva en la Asociación de Nueva Jersey. Tiene dos hijos y un precioso nietecito llamado Daniel. **15 de enero.**

Carmen Uriarte, de Corona, California, trabaja con su esposo limpiando casas y oficinas. Sirve como directora de escuela sabática y ministerios de la mujer en su iglesia. Le gusta escribir dramas y poesías. Tiene dos hijos ya grandes. Ha empezado su primer año de colegio. **4 de marzo.**

Norma Utz es esposa del pastor Osvaldo Utz y radica en Nueva Jersey. Es diseñadora de arreglos florales. Sus aficiones son las manualidades, leer, escribir, impartir seminarios sobre la mujer y el ministerio infantil, el que incluye un ministerio de marionetas. **10 de enero, 16 de abril.**

Clara Valdés vive en California y ha trabajado en el sistema educativo por los últimos 30 años, y ayudado a su esposo, quien es pastor. Sus pasatiempos favoritos son convivir con sus tres nietos, hacer artefactos manuales y trabajar en su jardín. **14 de febrero.**

Olga L. Valdivia se desempeña como asistente legal del Fiscal General de Idaho, donde actualmente reside junto con su esposo Miguel y sus tres hijos. Asiste a clases universitarias con el fin de adquirir una maestría en Literatura Hispana. Tiene un libro publicado y otro en vías de publicarse. **21 de enero, 4 de febrero, 24 de diciembre.**

Beatriz Vallejo, casada con el pastor Isaac Vallejo, estudió enfermería y es licenciada en Flebotomía. Tiene un ministerio musical con su familia, y ya grabó cuatro volúmenes. Tiene tres hijos varones. **20 de octubre, 24 de noviembre.**

Gladys Vendeuvre, oriunda de Paraguay, es empleada doméstica y cuida niños. Su pasatiempo favorito es el canto. Representó a su iglesia en Oxford, Inglaterra donde cantó para el Señor el himno "Sublime gracia" frente a una hermandad muy selecta. **1.º de noviembre.**

Lori A. Vásquez vive en Virginia. Trabaja como enfermera pero se le conoce mejor por su amor por los viajes y su pasión por el buceo. Es madre orgullosa de dos hermosos perros. **11 de abril, 31 de julio.**

Nancy Cachero Vásquez trabaja en la División Norteamericana. Es coautora de *La línea directa a Dios: Oración,* con su esposo, el pastor Manuel Vásquez, y editora de *Páginas del alma.* Tienen tres hijas adultas y un nieto. Le gusta leer, escribir e ir de compras. **9 de enero, 29 de abril, 19 de mayo, 21 de junio, 15 de agosto, 29 de septiembre, 11 de noviembre, 8 de diciembre, 22 de diciembre, 31 de diciembre.**

Sherri J. Vásquez es directora de *Internet Media* para *Faith for Today,* un ministerio televisivo. Reside en Redlands, California y le gusta viajar, correr y la comida italiana. Tiene un ministerio de canto y disfruta mucho la compañía de sus amigos. **9 de julio.**

Lorena Villalobos es secretaria del vicepresidente hispano de la Asociación de Texas y madre de dos hijos: Oswald Louis y Bryan Alberto. Es esposa del pastor de las iglesias de Alvarado y Wahaxachie. Sus pasatiempos son: la decoración, la costura, cocinar, las relaciones públicas y los negocios. **14 de agosto.**

Zoila Rocha de Villareal y su esposo, Flavio, pastor jubilado, tienen dos hijos y un nieto. Se ha desempeñado como secretaria y profesora en Costa Rica, y directora del Ministerio de la Mujer en la Asociación Panameña. Le gusta leer y disfruta haciendo manualidades. **12 de abril.**

Elena Gould Harmon de White, cofundadora de la Iglesia Adventista del Séptimo Día. De todos los autores en la historia norteamericana, ella es la autora cuyas obras se han traducido a más idiomas. **31 de enero, 31 de marzo, 30 de abril, 31 de mayo, 30 de junio, 30 de julio, 29 de agosto, 30 de septiembre, 31 de octubre, 30 de noviembre.**

Mercedes Torres de Williams trabaja en la Asociación de Nueva Jersey como secretaria del departamento de Jóvenes Adventistas. Su mayor satisfacción es hablar a otros del amor de Jesús. **29 de marzo.**